SCOTT GALLOWAY
Die Algebra des Geldes

SCOTT GALLOWAY

DIE ALGEBRA DES GELDES

DIE GENIAL EINFACHE STRATEGIE FÜR FINANZIELLE UNABHÄNGIGKEIT

Aus dem Englischen von Bernhard Schmid

Die Originalausgabe erschien 2024 unter dem Titel *The Algebra of Wealth* bei Portfolio/Penguin. An imprint of Penguin Random House LLC.

Der Verlag behält sich die Verwertung der urheberrechtlich geschützten Inhalte dieses Werkes für Zwecke des Text- und Data-Minings nach § 44 b UrhG ausdrücklich vor.
Jegliche unbefugte Nutzung ist hiermit ausgeschlossen.

Bibliografische Information der Deutschen Bibliothek

Die Deutsche Bibliothek verzeichnet diese Publikation in der Deutschen Nationalbibliografie; detaillierte bibliografische Daten sind im Internet unter www.dnb.de abrufbar.

Penguin Random House Verlagsgruppe FSC® N001967

Aus dem Englischen von Bernhard Schmid
© Scott Galloway, 2024
© der deutschsprachigen Ausgabe 2024 Ariston Verlag in der Penguin Random House Verlagsgruppe GmbH,
Neumarkter Straße 28, 81673 München
Alle Rechte vorbehalten
Redaktion: Evelyn Boos-Körner
Umschlaggestaltung: Nele Schütz Design nach Vorlage des Original-Covers
Satz: Satzwerk Huber, Germering
Druck und Bindung: GGP Media GmbH, Pößneck
Printed in Germany

ISBN: 978-3-424-20292-2

Inhalt

Einführung: Geld 7
Die Algebra des Wohlstands. 9
Wieso Vermögen? 11
Sie dürfen 12
Die Zahl 16
Zwei Jacken und ein Handschuh 19
Die Ochsentour 23

Kapitel eins: Stoizismus 25
Charakter und Verhalten 27
Ein starker Charakter 40
Der Aufbau einer starken Gemeinschaft................ 59
Zum Abarbeiten: das Kapitel in Punkten 72

Kapitel zwei: Fokus 75
Ausgewogenheit 76
Vergessen Sie Ihre Leidenschaft 82
Folgen Sie Ihrem »Talent«............................. 86
Karriere-Optionen..................................... 97
Berufe mit akademischem Hintergrund 113
Best Practices 123
Zum Abarbeiten: das Kapitel in Punkten 146

Kapitel drei: Zeit 149
Die Macht der Zeit: Zinseszins......................... 151
Jetzt.. 157
Was gemessen wird, wird auch verwaltet 167

Die Zukunft	196
Zum Abarbeiten: das Kapitel in Punkten	202

Kapitel vier: Diversifikation 205
Grundprinzipien der Geldanlage 208
Das Handbuch des Kapitalisten........................ 223
Anlageklassen und Anlagespektrum..................... 255
Die letzte Instanz aller Investments: das Finanzamt 305
Ratschläge aus einem Anlegerleben..................... 323
Zum Abarbeiten: das Kapitel in Punkten 328

Epilog: Alles, was es dazu zu sagen gibt 331

Dank... 333

Literaturverzeichnis 335
Stoizismus und Lebenskompetenzen 335
Fokus und Berufsplanung 336
Finanzplanung und Investment......................... 336

Anmerkungen 338

Einführung: Geld

Der Kapitalismus ist das produktivste Wirtschaftssystem der Weltgeschichte – und ein Raubtier. Er favorisiert die Etablierten gegenüber den Innovativen, die Reichen gegenüber den Armen, das Kapital gegenüber der Arbeit und verteilt Freud und Leid oftmals eher grotesk als gerecht. Den Kapitalismus zu verstehen, sich in diesem System zurechtzufinden und zu investieren, kann seine Vorteile haben: Entscheidungsfreiheit, Selbstbestimmung, Beziehungen ohne Sorgen ums liebe Geld. Es geht in diesem Buch nicht darum, was *sein sollte*, sondern darum, was *ist*, und um die besten Methoden, innerhalb dieses Systems erfolgreich zu sein.

Es gibt mehr als einen Weg, zu Geld zu kommen. So entwickelte Shawn Carter, ein Highschool-Aussteiger aus einem New Yorker Sozialviertel, sein Talent zum rhythmischen Umgang mit Worten unter dem Markennamen Jay-Z zu einem Imperium und wurde der erste Hip-Hop-Milliardär. Ronald Read, der Erste in seiner Familie mit einem Highschool-Abschluss, arbeitete sein Leben lang als Hausmeister, lebte sparsam und legte seine Ersparnisse in Aktien erstklassiger Unternehmen an. Als er mit zweiundneunzig Jahren starb, hinterließ er ein Vermögen von 8 Millionen Dollar. Warren Buffett, der aus besseren Verhältnissen kam, setzte, was er als Jugendlicher bei einem Börsenmakler in Omaha aufgeschnappt hatte, in einer Karriere als Investor um, im Lauf derer er es auf ein Privatvermögen von über 100 Milliarden Dollar gebracht hat.

Mein erster Rat für Sie wäre der, sich weder für Jay-Z noch für Ronald Read oder Warren Buffett zu halten. Sie sind Ausnahmeerscheinungen, nicht nur was ihr Talent anbelangt, sondern auch in Bezug auf ihr Glück. Weniger romantisch, aber dafür häufiger sind die sparsamen Hausmeister und umsichtigen Investoren, deren früher Werdegang sich eher durch Beständigkeit auszeichnet. Ausreißer mögen die Inspiration beflügeln – als Vorbilder taugen sie nicht.

Als Twen hatte ich mir in den Kopf gesetzt, so ein Ausnahmefall zu werden. Die äußerlichen Zeichen kapitalistischen Erfolgs vor Augen, legte ich mich ins Zeug. Inmitten dieses Strebens unterhielt ich mich mal mit Lee, einem guten Freund von mir, über Geld. Er sagte mir, er hätte 2000 Dollar in seine private Altersvorsorge investiert. An eine Altersvorsorge hatte ich damals noch nicht mal gedacht. »Wenn für mich mit fünfundsechzig 2000 Dollar zählen«, sagte ich ihm, »jage ich mir eine Kugel in den Kopf.«

Das war so arrogant wie falsch. Meine Strategie – »in die Vollen zu gehen« – war nicht nur unangenehmer, sondern auch riskanter und stressiger als die meines Freundes. Letztendlich hat sie freilich funktioniert. Oder hatte ich einfach nur Glück? Die Antwort darauf lautet: Ja. Ich habe neun Unternehmen gegründet, von denen mehrere erfolgreich sind, und ihr Erfolg hat mir ein Medienbusiness beschert, das wirtschaftlich lohnend ist und mich emotional erfüllt. Wirtschaftliche Sicherheit ist nur Mittel zum Zweck. Insbesondere verschafft sie mir die Zeit und die Ressourcen, mich ohne finanzielle Sorgen auf meine Beziehungen zu konzentrieren. Der Weg meines Freundes zu wirtschaftlicher Sicherheit war weniger unbeständig und stressig als meiner. Mein Weg war zwar von Erfolg gekrönt, aber eine Handvoll grundsätzlicher Prinzipien hätten, beizeiten eingesetzt, sowohl früher als auch mit weniger Ängsten zum Erfolg geführt.

Meine Erfahrung bezieht sich natürlich hauptsächlich auf die USA, aber die grundlegenden Prinzipien der Vermögensbildung sind so universell, dass sie auch Ihnen nützen werden. Sehen Sie es mir nach, dass ich die in Ihren Ländern geltenden Regelungen zu Steuern und Altersvorsorgeplänen nicht kenne, aber diese Details werden Sie schnell selbst recherchieren können und ich möchte Sie ermuntern, dies zu tun.

Die Algebra des Wohlstands

Wie ist wirtschaftliche Sicherheit zu erreichen? Darauf gibt es eine Antwort – das ist die gute Nachricht. Die schlechte Nachricht? Die Antwort lautet: langsam. Dieses Buch destilliert eine Vielzahl von Informationen über Märkte und Vermögensaufbau zu vier konkret umsetzbaren Prinzipien.

VERMÖGEN =
Fokus + (Stoizismus x Zeit x Diversifikation)

Das hier ist alles andere als das typische Buch über persönliche Finanzen. Sie finden hier keine Tabellen, weder Kalkulationstabellen zum Ausfüllen noch seitenlange Tabellen mit kleinteiligen Vergleichen zwischen verschiedenen Ruhestandsplänen oder den unterschiedlichen Gebührenstrukturen diverser Investmentfonds. Ich werde Ihnen weder raten, Ihre Kreditkarten zu zerschneiden, noch sollen Sie sich Motivationssprüche an den Kühlschrank kleben. Nicht, dass diese Art von Ratschlägen nicht wertvoll wäre oder dass Sie es zu wirtschaftlicher Sicherheit bringen werden, ohne hier und da eine Tabelle zu erstellen. Aber für derlei Lektionen und gute Ratschläge, Sie aus dem Rückwärtsgang und auf den richtigen Weg zu bringen, gibt es

Dutzende von Büchern, Websites, YouTube-Videos und TikTok-Accounts. Kurzum: Ich versuche nicht, Suze Orman mit ihren eigenen Waffen zu schlagen – und falls bei Ihnen der Gerichtsvollzieher klingelt, wenden Sie sich besser an sie. Dieses Buch ist für diejenigen unter Ihnen, die ihr Leben auf der Reihe haben und sichergehen wollen, das Beste aus ihren Talenten und Vorzügen zu machen. Zwei Menschen, die heute gleich viel verdienen, werden sich nach so und so vielen Jahren mit einiger Wahrscheinlichkeit in ganz unterschiedlichen finanziellen Situationen wiederfinden, je nachdem, wie sie ihre berufliche Laufbahn und ihre Finanzen angehen.

Wir werden uns damit befassen, wie man sich ein Fundament nicht nur in materieller Hinsicht schafft, sondern auch in Form von Fähigkeiten, Beziehungen, Gewohnheiten und Prioritäten, die vorteilhaft sind. Die hier vermittelten Konzepte sind erprobt und wissenschaftlich unterfüttert, aber vor allem handelt es sich dabei um Prinzipien, die Sie sich tatsächlich zu eigen machen können. Der letzte Teil des Buches bietet eine Einführung in die Kernkonzepte unserer Finanz- und Marktwirtschaft. Dies ist ein wichtiges Thema für alle, die in unserem System leben und arbeiten, auch wenn es an Schulen, ja sogar in einem Großteil der Literatur über persönliche Finanzen, eher stiefmütterlich behandelt wird. Alles, was Sie hier lesen, basiert auf persönlichen, im Lauf einer Karriere voller Höhen und Tiefen gesammelten Erfahrungen, von der Unternehmensgründung über die Einstellung von und Zusammenarbeit mit Hunderten von erfolgreichen Menschen bis hin zur Beobachtung von Generationen junger Leute, die ich unterrichtet habe und die nach ihrem Abschluss in ihrem Leben Erfolge völlig unterschiedlichen Ausmaßes – von gering bis riesig – erzielt haben.

Wieso Vermögen?

Ein Vermögen ist ein Mittel zum Zweck, nämlich dem der wirtschaftlichen Sicherheit. Anders gesagt: Ein Vermögen bedeutet die Abwesenheit finanzieller Sorgen. Befreit von dem Druck, etwas verdienen zu müssen, können wir selbst entscheiden, wie wir leben wollen. Unsere Beziehungen mit anderen sind somit nicht überschattet von finanziellem Stress. Das klingt recht elementar, ja sogar leicht. Ist es aber keineswegs. Wir leben in einem globalen wettbewerbsorientierten Markt mit einem Händchen dafür, Probleme zu schaffen, die nur durch Ausgaben für immer Größeres und Besseres zu bewältigen sind.

Dies ist denn auch die erste Lektion dieses Buchs: Wirtschaftliche Sicherheit hängt nicht davon ab, was man verdient, sondern davon, was man behält, und davon, zu wissen, wann es reicht. Um es mit den Worten der großen Philosophin Sheryl Crow zu sagen: »Glück ist nicht, zu bekommen, was man will, sondern, zu wollen, was man hat.«[1] Es geht also nicht darum, mehr zu bekommen, sondern darum, festzustellen, was Sie brauchen, und um die richtige Strategie, die Ihnen das ermöglicht, um sich dann auf Wichtigeres konzentrieren zu können.

Mein Lernziel für Sie ist schnell auf den Punkt gebracht. Wirtschaftliche Sicherheit erwächst aus dem Erwerb von Vermögenswerten – Vermögenswerten, nicht Einkommen! – in einer Größenordnung, die sicherstellt, dass das von diesen Vermögenswerten generierte passive Einkommen das von Ihnen gewählte Ausgabenniveau – Ihre Cash-Burn-Rate – übersteigt. Passives Einkommen ist Geld, das Sie mit Ihrem Geld verdienen: Zinsen, die Sie für Geld bekommen, das Sie jemandem leihen, Wertzunahmen Ihrer Immobilien, Dividenden aus Wertpapieren, Miete, die der Mieter einer in Ihrem Besitz befindlichen Wohnung zahlt. Auf diese und andere Quellen passiven Einkommens gehe ich später noch näher ein; hier sei nur so viel gesagt: Passives Einkommen ist jedes Einkommen, das kein Entgelt für geleistete Arbeit darstellt. Ihre Cash-Burn-Rate ist das, was Sie Tag für Tag, Monat für Monat ausgeben. Ist Ihr passives Einkommen höher als Ihre Cash-Burn-Rate, brauchen Sie nicht zu arbeiten (wenn Sie nicht wollen), weil das Entgelt für diese Arbeit nicht zur Bestreitung Ihrer Ausgaben nötig ist.

WIRTSCHAFTLICHE SICHERHEIT =
Passives Einkommen > Cash-Burn-Rate

Wir bezeichnen so etwas als Vermögen. Zu diesem führen zahlreiche Wege; die verlässlichen erfordern Zeit und Fleiß, liegen aber für die meisten von uns durchaus im Bereich des Machbaren. Der Vermögensaufbau sollte jedoch unbedingt Priorität für Sie haben, und zwar beizeiten. Wirtschaftliche Sicherheit bedeutet Kontrolle. Sie bedeutet, zu wissen, dass man für die Zukunft planen kann, seine Zeit so einsetzen kann, wie man es für richtig hält, und dabei in der Lage ist, für alle die zu sorgen, die von einem abhängig sind.

Sie dürfen

Nach Vermögen zu streben, ist nicht immer in Mode. In einer Gesellschaft, die sich zu Recht Sorgen um eine sich immer weiter öffnende Einkommensschere macht, wirkt Wohlstand wie eine ungerechte Bevorzugung durch ein manipuliertes System nach dem Motto: »Jeder Milliardär ist ein Versagen der Politik.« Mag sein, vielleicht auch nicht. Aber das tut hier nichts zur Sache. Ihr vordringliches Problem ist die Sicherstellung Ihrer wirtschaftlichen Sicherheit, nicht die Tugendhaftigkeit Ihrer Mitmenschen.

Geld regiert, um Bob Dylan zu paraphrasieren, die Welt schimpfend.[2] Meiner Erfahrung nach ändert Geld in der Tat mit seinem Wachstum den Ton. Es beschimpft einen, wenn nicht genug da ist, und es tröstet einen, wenn es sich vermehrt. Aber das Geschimpfe, das die meisten zu hören bekommen, wird immer lauter. Der durchschnittliche Hauspreis in den USA beträgt das Sechsfache des durchschnittlichen Jahreseinkommens – vor fünfzig Jahren war es noch das Zweifache –, und der Anteil der Erstkäufer ist kaum halb so hoch wie der historische Durchschnitt und so niedrig wie nie zuvor.[3] Arztbesuche und Medikamente und die daraus resultierenden Schulden sind die Hauptursache für den privaten Konkurs; die Hälfte aller amerikanischen Erwachsenen wäre nicht in der Lage, eine Arztrechnung über 500 Dollar zu bezahlen, ohne sich zu verschulden.[4] Die Heiratsrate in den USA ist, außer in der wohlhabendsten Bevölkerungsgruppe, seit 1980 um 15 Prozent gesunken, da die Leute es sich schlicht nicht mehr leisten können, zu heiraten, geschweige denn Kinder zu bekommen.[5] Trotz Rekordzunahme unseres allgemeinen Wohlstands verdienen gerade mal 50 Prozent aller in den 1980er-Jahren geborenen Amerikaner mehr als ihre Eltern im gleichen Alter – das sind weniger denn je zuvor.[6] 25 Prozent der so genannten Generation Z glauben nicht, jemals in Rente gehen zu können.[7] Scheidung, Depressionen und Arbeitsunfähigkeit folgen dem finanziellen Stress auf dem Fuß.

Als Bob Dylan 2020 seinen Songkatalog verkaufte, bekam er dafür 400 Millionen Dollar. Bobs Geld beschimpft ihn nun sicher nicht mehr. Als er 1965 den oben paraphrasierten Text schrieb, hatte man mit einem Leben in der oberen Mittelschicht 90 Prozent des-

NUR DIE HÄLFTE DER MILLENNIALS VERDIENT MEHR ALS IHRE ELTERN

Anteil der Kinder, die mehr verdienen als ihre Eltern, auf dem tiefsten Stand seit Beginn der Aufzeichnungen

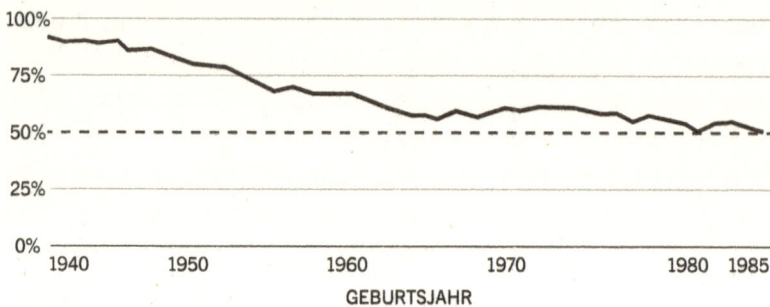

Quelle: The Equality of Opportunity Project
Anmerkung: Vergleicht Einkommen 30-jähriger Millennials mit dem ihrer Eltern im selben Alter

sen, was die Reichen hatten. Die wohlhabendsten Familien hatten ein größeres Haus, trugen bessere Kleidung und spielten Golf im Privatclub statt auf dem öffentlichen Golfplatz der Stadt. In den sechzig Jahren seither hat sich der »reich-industrielle Komplex« herausgebildet. Wenn die Reichen heute Urlaub machen, wohnen sie nicht nur in einem schöneren Quartier als der Normalverbraucher, sie fliegen auch in einem anderen Flugzeug (Bob in einer Gulfstream IV), sie fliegen in ein anderes Resort, sehen andere Sehenswürdigkeiten (oft nach Feierabend, unter Ausschluss der Öffentlichkeit). Das eine Prozent geht zu anderen Ärzten, isst in anderen Restaurants, kauft in anderen Geschäften ein. Reichtum bedeutete früher einen besseren Sitzplatz. Jetzt kommt es einem Upgrade auf ein besseres Leben gleich.

Der Schlüssel zum Glück sind unsere Erwartungen und unrealistische Erwartungen ein Garant für unerfülltes Glück. Doch jedes Mal, wenn Sie aus dem Haus oder ans Telefon gehen, bringen Ihnen die Gesellschaft und ihre Organisationen entweder ein Ständchen oder beschimpfen Sie. Der Unterschied zwischen dem Leben des einen Prozents und dem der 99 Prozent wird uns Tag für Tag vor Augen geführt – allein um die »Influencer« hat sich eine ganze Branche ebenso falschen wie protzigen Reichtums entwickelt: Wohlstandspornografie – eine ständige Erinnerung nicht an das, was man erreicht hat, sondern an das, was man nicht erreicht hat.

Mag sein, dass das System der Reparatur bedürfte, aber bis dahin müssen Sie es nehmen, wie es ist. Besser noch, bedienen Sie sich seiner und entwickeln Sie die Fähigkeiten und Strategien zur Erhöhung der Wahrscheinlichkeit, in diesem System erfolgreich zu sein. Was Churchill über die Demokratie gesagt hat – dass sie die schlechteste aller Regierungsformen sei, abgesehen von allen anderen, die wir ausprobiert haben –, gilt auch für den Kapitalismus. Ungleichheit stachelt den Ehrgeiz an, Anreize führen zu Resultaten, und so dreht sich das Rad. Wenn das System Ihnen passt, bedienen Sie sich seiner, so gut Sie können. Wenn es Ihnen nicht passt – passen Sie sich so gut wie möglich an. Nichts von alledem ist Ihre Schuld. Die Gesellschaft sieht sich größeren Risiken ausgesetzt, als dass Sie Millionär werden könnten. Und bis Sie es zu wirtschaftlicher Sicherheit bringen, wird Ihre Zeit nicht wirklich Ihnen gehören und ein Großteil Ihres Stresses unproduktiv sein. (Siehe oben: Geld zankt Sie aus.)

Nach Vermögen zu streben, bedeutet weder, dass Sie unmoralisch, gierig oder egoistisch sind, noch setzt es diese Eigenschaften voraus. Im Gegenteil, Sie erschweren das Erreichen wirtschaftlicher Sicherheit eher und untergraben, sobald Sie sie erreicht haben, Ihr Glück. Um die Hindernisse auf dem Weg zu einem Vermögen zu überwinden, brauchen Sie Verbündete. Man hat Ihnen wahrscheinlich geraten, früh mit Sparen/Investieren anzufangen. Beginnen Sie auch frühzeitig damit, sich Verbündete/Fans heranzuziehen. Sie sollten auch hier, wie überhaupt in allen

Aspekten Ihres Lebens, auf den Heimvorteil achten. Sie sollten, ja Sie können den Leuten als Erster in den Sinn kommen, wenn sie sich gefragt sehen: »Wer wäre geeignet für diesen Job, diese Investition, dieses Board?« Und letztlich geht es doch darum, ein mit sinnvollen Beziehungen gesegnetes Leben führen, und nicht etwa darum, mit der größten »Zahl auf dem Konto« zu sterben.

Die Zahl

Im Normalfall geht es bei der persönlichen Finanzberatung um den »Ruhestand«. Mit anderen Worten um eine klare Trennung zwischen »arbeiten« und »nicht mehr arbeiten«. Das ist ein überholtes Konzept und steht entsprechend nicht im Mittelpunkt unserer Betrachtungen zum Thema Vermögen. Ich möchte, dass Sie sich wirtschaftlich auf der sicheren Seite sehen, *bevor* Sie in den Ruhestand gehen. Je früher, desto besser. In dem Augenblick, in dem Sie Ihre wirtschaftliche Sicherheit erreicht haben, können Sie sich entscheiden, sich weiterhin auf Ihre Arbeit und Ihren beruflichen Erfolg zu konzentrieren. So wie ich das getan habe. Nur, in dem Augenblick, in dem die Schwimmweste zum Surfbrett wird, nimmt der mit Arbeit verbundene Stress drastisch ab. Mit gesteigerter Selbstsicherheit erbringen wir bessere Leistungen. Mit der Arbeit verhält es sich in dieser Hinsicht ein bisschen wie mit dem Dating – je weniger Sie Ihren Job brauchen, desto mehr braucht er Sie.

Sie könnten bei Anwendung der Prinzipien dieses Buches mit etwas Glück und viel harter Arbeit mit vierzig auf einem Boot in der Karibik leben, ohne je wieder auch nur einen Dollar verdienen zu müssen. Oder Sie könnten mit siebzig in dem einen oder anderen Board sitzen und für ein vierstelliges Stundenhonorar CEOs beraten. Wirtschaftliche Sicherheit eröffnet Ihnen Möglichkeiten. Und diese Sicherheit lässt sich auf eine Zahl reduzieren: eine ausreichende Basis von Vermögenswerten zur Finanzierung Ihres Lebensstils. Sie können sich dann durchaus dafür entscheiden, noch einige Jahre zu arbeiten. Zahlreiche Studien belegen, dass Arbeit Ihr Leben und Ihr Wohlbefinden zu verlängern vermag. Was einen umbringt, ist Stress, und ein Gutteil dieses Stresses ist auf einen Mangel an wirtschaftlicher Sicherheit zurückzuführen. Arbeit ohne wirtschaftlichen Stress entwickelt sich von der Notwendigkeit zur Absicht.

Also, wie viel Geld *muss* man denn nun auf der hohen Kante haben? Darauf gibt es keine einheitliche Antwort, aber es gibt eine Antwort für *Sie*. Das heißt, eigentlich ist es mehr eine Zielvorgabe als eine Antwort, da wirtschaftliche Sicherheit keine Frage von Erfolg oder Misserfolg ist. Je größer die Strecke, die Sie auf dem Weg zu Ihrem Ziel hinter sich gebracht haben, desto einfacher und erfüllender wird Ihr Leben. Dem Business-Theoretiker Thomas J. Stanley zufolge ist Wohlstand keine Frage der Intelligenz, sondern eine Frage der Arithmetik. Denken Sie an unsere Rechnung: passives Einkommen größer als Cash-Burn-Rate.

Also, wie hoch ist *Ihre* Cash-Burn-Rate? Oder, genauer gesagt, wie hoch ist das Niveau Ihrer Ausgaben, das Sie auf Dauer beibehalten wollen? Diese Frage ist umso leichter zu beantworten, je älter, das heißt je näher sie der »ewigen« Rente sind. Aber auch wenn Sie noch am Anfang Ihrer Karriere stehen oder gar noch zur Schule gehen, können Sie sich einen Überblick verschaffen, indem Sie von Grund auf ein Budget erstellen, Familienmitglieder nach ihren Ausgaben fragen und die typischen Kosten für Wohnung, Lebensmittel und andere Dinge recherchieren. Sie brauchen Ihre Ausgaben dabei nicht vierzig Jahre in die Zukunft zu projizieren, sollten das auch gar nicht, da es weder möglich noch notwendig ist. Eine grobe Skizze ist ein guter Anfang, den Sie verfeinern können, wenn Ihr Ziel in Sicht kommt.

Diese Übung ist sowohl finanzieller Art als auch zutiefst persönlich. Mit zunehmender Erfahrung lernen Sie sich besser kennen und bekommen ein Gespür für Ihre Bedürfnisse. Jeder Mensch setzt sich eine andere Burn-Rate zum Ziel. Für meinen Vater ist sie gar nicht so hoch. Ein paar rein praktische Erfordernisse, eine Einzimmerwohnung in der Seniorenwohnanlage Wesley Palms, ein Streaming-Netzwerk für seine Maple-Leafs-Spiele und ein Abend (um sieben ist er wieder zu Hause) mit mexikanischem Essen und einer Michelada. Ich bin da anders gebaut. Bei meinen Ausgaben verbrennt das Geld lichterloh. Wie eine Supernova. Wie auch immer, ob Sie nun Bier oder Prada mögen, überschlagen Sie Ihre voraussichtlichen Ausgaben für ein Jahr und addieren Sie sie. Erhöhen Sie die Summe um Ihren jeweiligen Steuersatz und Sie haben Ihre jährliche Cash-Burn-Rate.

Jetzt multiplizieren Sie diese mit 25. Damit haben Sie (in etwa) Ihre Zahl – die Basis an Vermögenswerten, die Sie benötigen, um ein passives Einkommen zu erzielen, das höher ist als Ihr Verbrauch. Warum 25? Nun, wir gehen hier davon aus, dass Ihre Vermögenswerte ein Einkommen von 4 Prozent über der Inflationsrate erzeugen. Der eine oder andere Finanzplaner wird leicht davon abweichende Zahlen vorschlagen, aber für die Zwecke einer groben Skizze liegen Sie mit 4 Prozent in etwa richtig, und das 25-Fache vereinfacht die Rechnung. Das ist, wie gesagt, nur eine grobe Skizze. Unsere Steuerschätzung ist vereinfacht. Ihre Cash-Burn-Rate steigt, wenn Sie Kinder im Haus haben, und sinkt, wenn diese ausziehen. Wir haben die Sozialversicherung nicht berücksichtigt. Ob es die bei uns in den Staaten in dreißig Jahren noch geben wird, steht in den Sternen. (Ich persönlich denke, dass es sie noch geben wird, da alte Menschen immer länger leben und zur Wahl gehen, sodass ich es für wahrscheinlicher halte, dass wir Schulen, das Raumfahrtprogramm und die halbe Marine abschaffen, bevor uns das Geld für die

Sozialversicherung ausgeht.) Aber jedes Kunstwerk beginnt mit einer groben Skizze.

Wenn Sie also zur Deckung Ihrer Burn-Rate 80 000 Dollar im Jahr brauchen, dann sind 2 Millionen Dollar *Ihre* Zahl. Haben Sie die erst mal angelegt, dann haben Sie gewonnen und den Kapitalismus besiegt. (Der Kapitalismus hat freilich einige Tricks auf Lager: 2 Millionen Dollar sind Ihre *heutige* Zahl – wenn Sie die auf fünfundzwanzig Jahre planen, wird die Inflation Ihre Zahl auf eher 5 Millionen erhöhen. Dazu kommen wir gleich noch.)

Zwei Jacken und ein Handschuh

Vor einigen Jahren waren wir Ski fahren, ein Hobby, das ich über mich ergehen lasse, um meine Jungs auf einem Berg festhalten zu können, damit sie Zeit mit mir verbringen müssen. Eines Nachmittags sitze ich in unserem Hotelzimmer in Courchevel und nehme meine Arbeit als Vorwand, um meinen Verpflichtungen auf der Piste zu entgehen. Mein Ältester, er war damals elf, kommt herein, und ich weiß sofort, dass da was nicht stimmt. In der Regel melden sich meine zwei Söhne reflexartig mit einer Frage oder einer Körperfunktion, wenn sie einen Raum betreten. (»Kann ich fernsehen?« »Wo ist Mama?« Rülps.) Aber diesmal: Funkstille – bis er vor mir steht. Er hat geweint. »Was ist denn?«

»Ich habe einen Handschuh verloren.« Weitere Tränen.

»Ist doch nicht so schlimm, ist doch nur ein Handschuh.«

»Du verstehst nicht. Mama hat sie mir gerade gekauft. Sie haben 80 Euro gekostet. Das ist viel Geld. Sie wird wütend sein.«

»Sie wird das verstehen. Ich verliere dauernd was.«

»Aber ich möchte nicht, dass sie mir noch ein Paar kauft – sie haben 80 Euro gekostet.« Ich konnte mich gut in ihn hineinversetzen. Die Neigung, ständig was zu verlieren, hat er von mir. Meine Ex-Frau meinte mal, wenn mein Penis nicht angewachsen wäre, würden wir ihn irgendwann in SoHo finden, auf einem Kartentisch neben einem Drehbuch von *Goodfellas* und Büchern aus dem Secondhandstore. Ich habe nie Schlüssel bei mir – ich würde sie nur verlieren.

So habe ich die Situation auch sofort im Griff. Wir beschließen, seinen Weg zurückzuverfolgen. Unterwegs überschlagen sich meine Gedanken: Ist das eine Lektion fürs Leben? Würde ich ihn verwöhnen, wenn ich ihm neue Handschuhe kaufe? Mein Blick ist auf den Boden gerichtet – er weint. Der Boden tut sich unter meinen Füßen auf und im nächsten Augenblick bin ich wieder neun Jahre alt.

Nachdem meine Eltern sich getrennt hatten, schlug bei uns wirtschaftlicher Stress um in wirtschaftliche Angst. Sie nagte an meiner Mutter, sie nagte an mir; sie flüsterte uns ins Ohr, dass wir nichts wert, dass wir Versager seien. Meine Mutter, eine Sekretärin, war so klug wie fleißig, und das Einkommen unseres Haushalts betrug 800 Dollar im Monat. Als ich neun war, sagte ich meiner Mutter, dass ich keine Babysitterin bräuchte, weil ich wusste, dass wir die zusätzlichen 8 Dollar die Woche gut gebrauchen konnten. Außerdem gab meine Babysitterin jedem ihrer Kinder 30 Cent für den Eismann, mir aber nur 15.

»Es ist Winter, du brauchst eine Jacke«, sagte meine Mutter, und so fuhren wir zu Sears. Wir kauften eine, die eine Nummer zu groß war, weil meine Mutter meinte, sie würde es wohl zwei, vielleicht auch drei Jahre tun. Sie kostete 33 Dollar. Zwei Wochen später ließ ich die Jacke bei den Pfadfindern liegen, und ich versicherte meiner Mutter, wir würden sie beim nächsten Treffen zurückbekommen. Ich sah sie nie wieder.

Also machten wir uns auf den Weg, um eine neue Jacke zu kaufen, diesmal bei JCPenney. Meine Mutter sagte mir, diese

Jacke sei mein Weihnachtsgeschenk, da nach zwei Jacken kein Geld mehr für Geschenke da sei. Ich weiß nicht, ob das stimmte oder ob sie mir eine Lektion erteilen wollte. Wahrscheinlich beides. Jedenfalls versuchte ich, so zu tun, als freute ich mich über mein verfrühtes Weihnachtsgeschenk, das übrigens ebenfalls 33 Dollar gekostet hatte.

Einige Wochen darauf verlor ich auch die zweite Jacke. Ich saß nach der Schule zu Hause und wartete bange darauf, dass meine Mutter heimkam und diesen weiteren Schlag für unseren wirtschaftlich ohnehin schon schwächelnden Haushalt einsteckte. Ich hörte den Schlüssel im Schloss, sie kam herein, und schon platzte ich nervös heraus: »Ich hab die Jacke verloren. Aber das macht nichts, ich brauch keine – ich schwör's.«

Mir war zum Weinen zumute, wirklich zum Heulen. Aber es kam noch schlimmer. Meine Mutter begann selbst zu weinen. Dann beruhigte sie sich, kam zu mir herüber, machte eine Faust und schlug mir mehrmals auf den Oberschenkel, als versuchte sie, in einem Sitzungssaal für Ordnung zu sorgen – als sei mein Oberschenkel der Tisch, auf den sie mit der Faust schlug. Ich weiß nicht, ob das eher beunruhigend war oder eher peinlich. Jedenfalls ging sie nach oben in ihr Zimmer. Eine Stunde später kam sie wieder herunter und wir haben darüber nie wieder auch nur ein Wort verloren.

Wirtschaftliche Angst ist wie Bluthochdruck – immer da und allzeit bereit, aus einer Unpässlichkeit eine lebensbedrohliche Krankheit zu machen. Und das ist keine Metapher. Kinder aus einkommensschwachen Haushalten haben einen höheren Blutdruck als Kinder aus wohlhabenden.[8]

In der Zwischenzeit sind in den Alpen ein Vater und sein Sohn, Letzterer mit nur einem Handschuh, bei einer Temperatur von knapp über dem Gefrierpunkt bereits eine halbe Stunde lang unterwegs. In dem Versuch, seinen geschwächten Zustand auszunutzen, mache ich mich an einen langen Sermon darüber, dass Sachen doch weit weniger wichtig seien als Beziehungen. Mitten in dieser drittklassigen Familienszene bleibt mein Sohn plötzlich stehen und sprintet dann auf einen kleinen Weihnachtsbaum vor einem Philipp-Plein-Outlet zu. Es ist derselbe Laden, in dem tags zuvor sein achtjähriger Bruder seinem Vater das Geld für einen 250-Euro-Kapuzenpulli mit einem glitzernden Strass-Totenkopf auf dem Rücken aus dem Kreuz zu leiern versuchte. Auf der Spitze des Baumes, anstelle des Sterns, steckt ein leuchtend blauer Jungenhandschuh. Ein ebenso netter wie kreativer Zeitgenosse hatte ihn gefunden und in Sichtweite eines möglicherweise nach dem knalligen Accessoire suchenden Jungen platziert. Sichtlich erleichtert und dankbar, greift sich mein Sohn den Handschuh und drückt ihn mit einem Seufzer an seine Brust.

Wir leben in einer Zeit finanzieller Innovationen, aber weder Kryptowährungen noch Bezahl-Apps bieten das, was ich mir am sehnlichsten wünsche – Geld in die Vergangenheit zu schicken, an die Menschen, die ich liebte und die keines hatten. Die Unsicherheit und Scham, die bei mir zu Hause herrschten, werden nie vergehen. Aber das ist in Ordnung, schließlich hat es mich motiviert.

Hinter Ihrem eigenen Streben nach Wohlstand steckt womöglich ein anderer Antrieb. Vielleicht die Suche nach Bestätigung oder Sinn. Vielleicht eine Leidenschaft für gutes Leben, den Luxus und die Erfahrungen, die nur Geld bringen kann. Vielleicht auch der Wunsch, etwas gegen die Missstände in der Welt zu tun. Meiner Erfahrung nach sind hehre Absichten eine gute Motivation für harte Arbeit, aber auch Verlangen ist ein starker Motor. Angst jedoch übertrifft beides. Was Sie antreibt, geht nur Sie etwas an. Finden Sie es heraus, pflegen Sie es und tragen Sie es stets bei sich.

Sie werden Motivation brauchen, denn Sie haben ein gutes Stück harter Arbeit vor sich.

Die Ochsentour

Wie also lässt sich wirtschaftliche Sicherheit erreichen? Es gibt eigentlich nur zwei Möglichkeiten. Die eine, die gescheitere, ist wohl, sie zu erben. Aber die meisten von uns werden sich wohl für die andere entscheiden müssen und das ist die Ochsentour. Sie ist schnell erklärt: Verdienen Sie Ihr Geld mit harter Arbeit. Sparen Sie etwas davon. Legen Sie es an. Wenn Sie Ihr Einkommen maximieren, Ihre Ausgaben minimieren und die Differenz klug anlegen, kann ich Ihnen mit einiger Gewissheit versichern: Sie werden es zu wirtschaftlicher Sicherheit bringen.

Das ist freilich leichter gesagt als getan. Die Umsetzung dieses Plans geht hinaus über die finanzielle Seite und das, was sich in einer Tabelle erfassen lässt. Wohlstand ist das Ergebnis eines vernünftig geführten Lebens, das heißt harter Arbeit, Sparsamkeit und Umsicht. Das bedeutet keineswegs, ein mönchisches Dasein führen zu müssen – es gibt durchaus Raum für Vergnügungen, Fehler und das Leben an sich. Aber es bedeutet harte Arbeit und es bedeutet ein gewisses Maß an Disziplin. Und es ist die Mühe wert. Die Algebra des Wohlstands für den Ruheständler hat vier Komponenten:

Stoizismus impliziert ein bewusstes, maßvolles Leben, sowohl beruflich als auch privat. Selbstverständlich geht es darum, Geld zu sparen, aber nicht nur. Es ist jedoch nicht weniger wichtig, einen starken Charakter zu entwickeln und sich in eine Gemeinschaft einzubringen.

Im **Fokus** steht in erster Linie das Einkommen. Wie bereits angedeutet, macht Sie Einkommen allein noch nicht reich, aber es ist der unabdingbare erste Schritt. Und es darf nicht zu knapp ausfallen. So helfen wir Ihnen bei Planung und Steuerung eines beruflichen Werdegangs ebenso wie bei der Maximierung des daraus resultierenden Einkommens.

Zeit ist Ihr wichtigster Aktivposten. A und O dabei ist das Verständnis der mächtigsten Kraft des Universums: der Zinseszinsen. Wir werden Ihnen zeigen, wie Sie sie für sich einspannen können. Zeit ist die wahre Währung, der einzige Vermögenswert, der uns allen in die Wiege gelegt wurde, und die Grundlage allen Wohlstands.

Diversifizierung ist unsere Antwort auf die traditionellen Fragen zum Thema persönliche Finanzen, ein Leitfaden für solide Investitionsentscheidungen und eine kundige Teilnahme am Finanzmarkt.

Na denn mal los!

Kapitel eins: Stoizismus

Was einen Großteil meines Lebens zwischen mir und meiner wirtschaftlichen Sicherheit stand, war der sture Glaube an meine Außergewöhnlichkeit. Der Markt hat mich darin bestärkt. Ich gründete Unternehmen, sah mich in Zeitschriften porträtiert und brachte zweistellige Millionensummen für meine Startups auf. Mir standen also (offensichtlich) zwei-, wenn nicht gar dreistellige Millionensummen ins Haus, da ich (offensichtlich) außergewöhnlich war. Dass ich ein paar Mal kurz davor war, bestärkte mich nur in diesem Glauben.

Von meinem bevorstehenden Eintritt in die finanzielle Stratosphäre felsenfest überzeugt, ignorierte ich den Gedanken, unter meinen Möglichkeiten zu leben, zu sparen, zu investieren. Der Börsengang oder eine vorteilhafte Übernahme standen unmittelbar bevor. In meinen Zwanzigern und Dreißigern hätte ich leicht 10 000 bis 100 000 Dollar jährlich sparen können, aber warum Opfer bringen, wenn so viel mehr in greifbarer Nähe ist? Richtig? Falsch. Das Platzen der Dotcom-Blase 2000, eine Scheidung und die Weltfinanzkrise führten dazu, dass meine Bälle, sosehr sie nach Treffern aussehen mochten, ihr Ziel dann doch immer wieder verfehlten. Und dann, ich war zweiundvierzig, kam mein erster Sohn auf die Welt.

Singende Engel? Ein erbaulicher Augenblick fürs Familienalbum? Von wegen. Mir war so schlecht, dass ich nicht mehr stehen konnte. Und es waren weder das Blut noch das Geschrei, was mich außer Gefecht setzte, sondern die Welle von Scham, die über mir zusammenschlug. Ich hatte Scheiße gebaut. Ich hätte locker ein paar Millionen auf der Bank haben können, aber das hatte ich nicht. Ich hatte versagt. Noch wenige Minuten zuvor hätte ich das verkraften können, denn da hätte ich nur mich selbst enttäuscht. Womit ich nicht umgehen konnte, war die Erkenntnis, meinen Sohn im Stich gelassen zu haben.

Mein Versagen war nicht etwa auf mangelndes Wissen zurückzuführen, sondern allein auf unglückliche Entscheidungen. Ich hatte einen Abschluss als MBA; ich hatte viele Millionen Dollar an Kapital aufgebracht; ich hatte Woche für Woche Gehaltsabrechnungen erstellt und jedes Quartal Gewinn eingefahren. Ich will damit sagen, ich *verstand* was von Geld. Ich konnte nur nicht damit *umgehen*. Und ich war damit nicht allein. Einer Studie unter britischen Verbrauchern zufolge tragen fehlender finanzieller Sachverstand und mangelnde Selbstbeherrschung zwar durchaus zur Überschuldung bei, aber den zugrunde liegenden Daten zufolge spielt »mangelnde Selbstbeherrschung bei der Erklärung der Überschuldung von Verbrauchern eine gewichtigere Rolle … als mangelnder finanzieller Sachverstand«.[9]

Wirtschaftliche Sicherheit kommt nicht aus einer bloßen Überlegung, sie ist vielmehr das Resultat eines Verhaltensmusters. Aber wie lässt sich das Verhaltensmuster vermeiden, das zur Überschuldung führt, und dasjenige entwickeln, das uns das erwünschte Vermögen einbringt? Anders ausgedrückt: Wie bringen wir unser tatsächliches Verhalten mit unseren Absichten in Einklang? Auf den ersten Blick sieht das nach reiner Selbstbeherrschung aus. Aber Selbstbeherrschung suggeriert Willenskraft, eisernes Festhalten an einem Plan. Ständig gegen die eigenen Impulse anzukämpfen, ist ermüdend. Es muss also eine zugrunde liegende Eigenschaft geben, die es manchen Menschen ermöglicht, ihr Verhalten über Jahre hinweg konsequent an ihren Absichten auszurichten.

Die Essenz der Antwort darauf lautet: Charakter. Angesichts der Verlockungen des modernen Kapitalismus, unserer eigenen menschlichen Schwäche sowie Rückschlägen und schlichtem Pech bedürfen die von uns anvisierten Verhaltensweisen der Beständigkeit, und die erreichen wir nur, wenn diese Verhaltensweisen in unserem wahren Charakter verwurzelt sind. Wenn dauerhafte Veränderungen unserer Verhaltensweisen allein aus der guten Absicht erwachsen könnten, würden wir unsere Neujahrsvorsätze auch tatsächlich einhalten und nie ein Dankeschön vergessen. Unsere Handlungsweise ist ein Ausdruck dessen, wer wir sind. Aller landläufigen Meinung zum Trotz ist es eben nicht der Gedanke, der zählt.

Dieses Kapitel befasst sich in drei Abschnitten mit der Entwicklung unseres Charakters. Als Erstes gehe ich auf die wesentlichen Mechanismen und Prinzipien der Charakterbildung ein. Dann behandle ich die Anwendung dieser Prinzipien in meinem eigenen Leben und gebe einige Anregungen für Ihre Überlegungen hinsichtlich der Entwicklung Ihres eigenen starken Charakters. Und schließlich weite ich den Blickwinkel aus, um auf die Rolle des Charakters in der Gemeinschaft einzugehen. Der Mensch ist eine soziale Spezies und wir können unser volles Potenzial nur in Zusammenarbeit (und manchmal auch im Wettbewerb) mit anderen erreichen.

Charakter und Verhalten

Die ganze Menschheitsgeschichte über haben wir unseren Charakter zu entwickeln versucht. Die gute Nachricht: Wir wissen, wie es geht. Die schlechte: Es ist alles andere als leicht. Dabei ist es weder geheimnisvoll noch kompliziert. Charakter und Verhalten existieren innerhalb eines sich selbst verstärkenden

Kreislaufs. So wie unsere Handlungen unseren Charakter widerspiegeln, ist unser Charakter letztlich das Produkt unserer Handlungen. Dieser Kreislauf kann eine Aufwärtsdynamik haben oder zum destruktiven Teufelskreis werden – das liegt ganz bei Ihnen. Und das gilt nicht nur für Ihren wirtschaftlichen Erfolg. Zielstrebig und konsequent zu leben, bedeutet, ein authentisches Leben zu führen und alles zu geben, auch wenn man mal etwas nicht schaffen mag. Das Streben nach Wohlstand ist, ähnlich wie sein Cousin, das Streben nach Glück, ein Projekt für den ganzen Menschen.

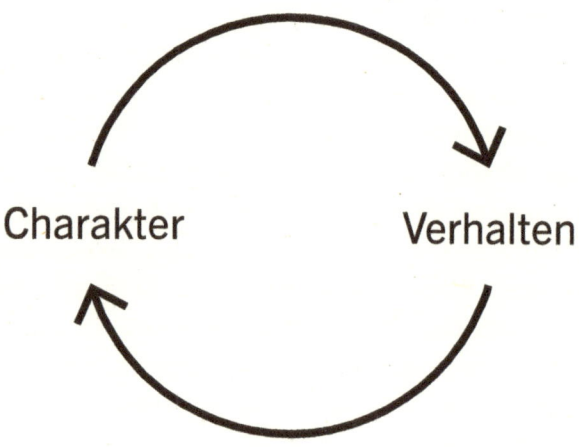

Die Menschheit hat diesen Prozess viele Male gelernt, nicht zuletzt durch die Lehren des Stoizismus. Der Stoizismus ist eine im klassischen Griechenland begründete philosophische Schule, die ihre Blütezeit im Römischen Reich erlebte und von modernen Interpreten wiederbelebt wurde. Die Stoiker sehen in der Entwicklung des eigenen Charakters die höchste Tugend und haben ausführlich darüber geschrieben. Ich habe diesem Kapitel den Titel »Stoizismus« gegeben, weil die Sprache der stoischen Philosophen und ihrer modernen Interpreten bei mir eine Saite zum Klingen bringt und ihre Lehren darauf wirken, wie ich mein berufliches und persönliches Leben angehe. Dennoch soll dieser Abschnitt nicht der Auslegung der stoischen Philosophie dienen und beschränkt sich auch nicht auf ihre Lehren. So schlug Marcus Aurelius keineswegs vor, »sich reiche Freunde zu suchen«, wie ich das hier tun werde. Aber ich denke, dass er den größten Teil dieses Kapitels durchaus abnicken würde.

Etwa um die Zeit, als die ersten stoischen Philosophen in Griechenland über Tugend nachdachten, arbeiteten die Schüler von Siddhartha Gautama dessen Lehren aus und legten dabei besonderen Wert auf die Rechte Absicht, das Rechte Handeln und die Rechte Achtsamkeit, die den Kern des Buddhismus bilden. Jahrhunderte später predigte Jesus die Bedeutung von Rechtschaffenheit und Widerstand gegen die Versuchung und warnte uns: »Das Fleisch ist willig, aber der Geist ist schwach.« Im Amerika des 19. Jahrhunderts meinte Henry David Thoreau, »Geistreiche Gedanken … machen noch keinen Philosophen«, man müsse vielmehr einige »Probleme des Lebens … nicht nur theoretisch, sondern auch praktisch lösen«.[10] Ich vermute, dass es in allen Kulturen und Philosophien die eine oder andere Variante dessen gibt, was ich hier behandle. Nehmen Sie aus diesen Traditionen das, was Ihnen nützlich scheint.

(H)Ungarn

Nach meinem Abschluss an der UCLA machte ich eine Europareise. Am Wiener Flughafen wechselte ich 300 Dollar in American Express Travelers Cheques (fragen Sie nicht – deren Sinn entzog sich mir schon damals). Jedenfalls erhielt ich im Austausch für die drei Pseudo-Hunderter, die mir ein American-Express-Reisebüro (deren Sinn? siehe oben) zu 96 Cent umtauschte, mehrere Bündel Forints und war damit der große

Player, für den ich mich hielt. Damit trennte mich nur noch eine kurze Bahnfahrt von der Konsumorgie, die mich in Budapest erwartete.

In einem Schaufenster sah ich eine schöne Lederreisetasche und so ging ich rein. Die Leute, die dort einkauften, fragten nach Garnspulen und Nadeln. Noch bevor ich Gelegenheit hatte, nach der Tasche zu fragen, deutete die Frau hinter der Kasse darauf und sagte: »Nicht zu verkaufen.« Bald stand ich mit meinem nur geringfügig geschrumpften Packen Forints wieder im Reisebüro und erhielt eine Lektion in Sachen Devisentausch und Geld-Brief-Spanne.

Fünfunddreißig Jahre Kapitalismus später ist es egal, ob Sie in Budapest, Ungarn, oder Budapest, Georgien (ja, das gibt es), Zahnpasta mit Olivenöl für empfindliche Zähne oder Müsli mit Arme-Ritter-Geschmack haben wollen – kein Problem. Es gibt diese Produkte und Sie können sie noch am selben Nachmittag geliefert bekommen. Man kann über den Kommunismus sagen, was man will, aber das Sparen machte er einem leicht.

Die einfachste Art, einen Dollar zu verdienen, besteht einer alten Weisheit zufolge darin, einen Dollar zu sparen. Dennoch sehen wir uns jeden Tag mehrere Hundert Mal mit Botschaften, Argumenten und Appellen zum Geldausgeben konfrontiert. Der Kapitalismus spannt Einfallsreichtum und Energien einer ganzen Gesellschaft vor den Karren eines einzigen Ziels: Sie davon zu überzeugen, Ihr Geld auszugeben. Das nämlich ist es, was das System am Laufen hält. Die Verlockungen reichen von Impulskäufen von Kaugummi an der Kasse über unabdingbares Zubehör in Ihrem Amazon-Warenkorb bis hin zum Upgrade auf Economy-Komfort mit Priority-Boarding und Gratisgetränken. Ach, übrigens, wollen Sie nicht vielleicht Ihre Reise »schützen« (sprich eine Versicherung abschließen), falls was passiert? Nein? Dann kreuzen Sie das Kästchen »Ich möchte meine Reise nicht schützen« an und kommen sich verantwortungslos, ja fahrlässig vor. Keine Bange, für zusätzliche 39,95 Dollar gibt Ihnen American Airlines (oder deren Versicherungspartner) das gute Gefühl, ein verantwortungsbewusster Fluggast zu sein.

Das Verlangen liegt in unserer DNA

Über seine Ausgangsbasis kann der Kapitalismus sich nicht beklagen. 99 Prozent ihrer Existenz über ist kaum einer aus unserer Spezies älter als fünfunddreißig geworden. Und die Todesursache Nummer eins war Hunger, mit anderen Worten ein Mangel an »Dingen«. Ihnen flüstert damit nicht nur »YOLO« (You Only Live Once: Man lebt nur einmal) ins Ohr, sondern etwas viel Stärkeres: »YNSN« – You Need Stuff Now: Sie brauchen das *jetzt* oder Sie kommen um.

Wir sind biologisch auf die ständige Suche nach Zucker, Fett und Salz programmiert, da diese Stoffe den größten Teil unserer Existenz über knapp waren. Allein ihr Kontakt mit unseren Geschmacksknospen löst eine Kaskade chemischer Reaktionen aus, die unser Bewusstsein als Genuss interpretiert. Unser Gehirn verknüpft die Erinnerung an diesen Genuss mit allem Möglichen, von der Farbe einer Schokoladenverpackung bis hin zu der Kreuzung, an der es die für uns leckersten Burger gibt. Unser Gehirn versucht, uns damit zu helfen, da es uns einen Weg zurück zur ultimativen Belohnung weist, dem größten Gefühl überhaupt: zu überleben.

Aber es kommt noch schlimmer. Kaum ist ein Häkchen hinter »Überleben« gesetzt, schreit auch schon die Stimme des nächsten Instinkts auf Sie ein: Pflanz dich fort! Ich weiß, in meinem Alter habe ich gut reden, wenn ich jungen Menschen rate, sie sollen sparen, investieren etc. Aber Zwanzigjährige haben die Aufgabe, Partner zu finden. Und um Partner zu finden, muss man Signale setzen, was wiederum mit Ausgaben verbunden ist. Panerai-Uhren und Manolo Blahniks sind eine Reverenz an unsere evolutionäre Verpflichtung, einen Partner zu finden, der stärker, schneller und klüger ist als man selbst, damit sich unsere Gene mit denen des Partners vermischen und in alle Ewigkeit weiterleben.

Mit dreiundzwanzig erhielt ich, nach meinem ersten Jahr bei Morgan Stanley, einen Bonus von 30 000 Dollar. Bis zu diesem Zeitpunkt hatte ich nie mehr als 1000 Dollar auf dem Girokonto gehabt. So hatte ich endlich eine Basis, auf der sich aufbauen ließ. Eine Basis? Von wegen. Ich ging her und legte mir einen BMW 320i zu. (Hallo, die Damen!) Er war marineblau und ich hängte eine Schwimmbrille an den Rückspiegel. Und warum? Weil ich einmal die Woche – *großer Tusch!* – schwimmen war. Nichts von alledem hatte mit Fortbewegung oder Sport zu tun, sondern signalisierte, dass ich ein kräftiger Kerl mit Geld auf dem Konto war – und dass man mit mir ins Bett gehen sollte. Tja, wie gesagt, leichter gesagt als getan. Und einer gewissen Logik zufolge ist ein gewisses Maß an Signalen – gut auszusehen, sich in Umgebungen mit Paarungsmöglichkeiten (Clubs, Coachella, Cancun) zu bewegen – ja durchaus gerechtfertigt.

Als moderne Menschen sehen wir uns in doppelter Hinsicht benachteiligt. Wir leben in einer Welt des Überflusses, sind aber entwicklungsgeschichtlich auf Mangel programmiert. Und unsere Wirtschaft baut auf die Ausbeutung dieser Diskrepanz. Da können Sie sich drehen und wenden, wie Sie wollen, aus dem Dilemma kommen Sie nicht heraus.

Du bist, was du tust
An Ratschlägen zu Karriere, Haushaltsplanung und Geldanlage herrscht kein Mangel. Bücherregale, das Internet und Zusammenkünfte, geselliger wie familiärer Art, bieten sie uns zuhauf. Nicht einer davon bringt etwas, wenn er nicht umgesetzt wird.

Die Diskrepanz zwischen Ihren Absichten und Ihrem Tun ist ein passabler Indikator für Ihren künftigen Erfolg, sowohl in emotionaler als auch in finanzieller Hinsicht. Wenn wir Menschen beschreiben, die wir bewundern, nennen wir sie »mutig, unternehmerisch, innovativ« und dergleichen mehr. Wir bezeichnen damit unterschiedliche Nuancen von Tun, insbesondere das von Menschen, die zu Taten neigen, die mit ihren Werten, Worten und Plänen im Einklang stehen. Wie Carl Jung mal gesagt hat: »Du bist, was du tust, nicht, was du sagst, was du tun wirst.«

Dummerweise bombardiert man uns mit Botschaften, die uns Abkürzungen zur Überbrückung der Diskrepanz zwischen Absicht und Handeln versprechen. Bei der Vorbereitung zu seinem klassischen Leitfaden zur Selbstverbesserung *Die sieben Wege zur Effektivität* hatte Stephen Covey nicht nur erfolgreiche Menschen unter die Lupe genommen, sondern auch die gängigen Erfolgsratgeber ausgewertet. Seit der Nachkriegszeit konstatierte er eine Verlagerung von der »Charakterethik«, wie er das nannte, hin zu einer »Persönlichkeitsethik«. So ermutigten ältere Werke die Leser zur Entwicklung ihres Charakters, zu Förderung und Pflege bestimmter Prinzipien und Werte im eigenen Selbst, und zur Arbeit am Erfolg auf der Grundlage von Tugenden wie Mäßigung, Fleiß und Geduld.[11] Die neueren Ratgeber hingegen richten ihr Augenmerk auf die bloße Veränderung der Persönlichkeit, anders gesagt, wie man sich anderen gegenüber präsentiert. Wie der Titel des Urvaters dieser Art von Literatur schon gesagt hat: *Wie man Freunde gewinnt. Die Kunst, beliebt und einflussreich zu werden.*[12]

Covey schrieb sein Buch in den 1980er-Jahren, aber man braucht nur etwas Zeit im Internet zu verbringen, um zu sehen, dass dieser Trend sich nur noch beschleunigt hat. Die sozialen Medien sind voll von »Life Hacks« (Mushroom Coffee?), Dating-Tipps für die besten »Anmachsprüche« und Tausende andere »seltsame Tricks«. Für jeden Aspekt unseres Lebens findet sich eine hippe »Diät« zu seiner Verbesserung. Was diese »persönlichkeitsethischen« Ratschläge so populär macht, ist, dass Sie Ihnen vielleicht kurzzeitig Auftrieb geben. Aber über einen längeren Zeitraum oder im Angesicht ernsthafter Widerstände funktionieren sie nicht. (Eine Untersuchung von 121 einschlägigen Studien ergab, dass Diäten, egal auf welcher Theorie sie bauen oder welcher Prominente sie anpreist, zuweilen ein paar Monate lang Wirkung zeigen, aber nach einem Jahr ist damit Schluss.)[13]

So wie Anhänger von Modediäten unweigerlich auf ihr altes Gewicht zurückfallen, wird auch Erfolgsstrategien, die nichts weiter sind als das, nämlich Strategien, die ausschließlich auf ein bestimmtes Regime bauen, aller Wahrscheinlichkeit nach kein dauerhafter Erfolg beschert sein. Wenn ich Ihnen sage, der Schlüssel zum Erfolg bestehe darin, morgens um halb sechs aufzustehen, kalt zu duschen und fünf Meilen zu laufen, ist das sicher kein schlechter Rat. Gut möglich, dass Sie an Tagen, an denen Sie ihn befolgen, konzentrierter und produktiver sind. Und vielleicht befolgen Sie ihn auch ein paar Tage lang, wenn Sie besonders diszipliniert sind, vielleicht sogar ein paar Wochen. Aber der Reiz des Neuen lässt nach und der Morgen bleibt finster und kalt. Ich habe einen großen Teil meines Berufslebens unter wohlhabenden Menschen verbracht und einige von ihnen stehen tatsächlich um halb sechs auf, duschen kalt etc. Aber das ist nicht der Grund, *warum* sie erfolgreich sind. Der besteht vielmehr in Gewohnheiten, die selbst das Produkt von Fleißig- und Diszipliniert-Sein sind. Charakter und Verhalten sind untrennbar miteinander verbunden.

Antike Schilde gegen moderne Versuchungen

Die Stoiker arbeiteten folgende vier Tugenden heraus: Courage, Weisheit, Gerechtigkeit und Mäßigung. Meiner Ansicht nach sind sie auch die Schlüssel dazu, den oben genannten Versuchungen zu widerstehen.

Courage ist unsere Hartnäckigkeit, heute auch gerne als »Grit« bezeichnet, die wir zeigen, wenn wir unser Handeln nicht von Angst leiten lassen: Angst vor Armut, Angst vor Blamage, Angst vor Versagen. Stattdessen bleiben wir fleißig, positiv und selbstbewusst. Vermarkter sind Meister im Ausnutzen unserer Ängste und Unsicherheiten. Aber Courage ist billiger als Chanel – und effektiver.

Weisheit, wie Epiktet sie versteht, ist die Fähigkeit, »die Dinge zu erkennen und voneinander zu unterscheiden, um mir klar machen zu können, über welche äußeren Umstände ich keine Macht habe, und welche von Entscheidungen abhängen, die in meiner Macht stehen«.[14] Oder wie Annie Proulx es in *Brokeback Mountain* ausdrückte: »Aber wenn man's nicht ändern kann, muß man's aushalten.«[15]

Gerechtigkeit ist eine Form des Engagements für das Gemeinwohl, eine Erkenntnis, dass wir aufeinander angewiesen sind. Für den römischen Kaiser Marcus Aurelius, der ebenfalls ein Stoiker war, ist Gerechtigkeit »die Quelle aller anderen Tugenden«. Wenn wir gerecht handeln, sind wir ehrlich und übernehmen voll und ganz die Konsequenzen unseres Handelns. Wir können uns gute Gewohnheiten jedoch nicht allein aneignen, und so befasst sich der letzte Teil dieses Kapitels damit, inwiefern der Charakter des Einzelnen, jedenfalls teilweise, eine Funktion der Gemeinschaft ist.

Mäßigung ist für mich die wichtigste Tugend, weil sie von unserer modernen Kultur auf eine besonders harte Probe gestellt wird. Unser Mangel an Selbstbeherrschung, unsere Besessenheit von Status und Konsum sind der Treibstoff des Kapitalismus. Und das nicht nur im offensichtlichen Sinne einer Luxushandtasche und der Riesenportion Pommes. Unsere westliche Gesellschaft fördert nun mal Konsumsucht, emotionale Ausbrüche, Schikane und Opfertum. Mäßigung ist in diesem Sinne Widerstand – oder zumindest der Versuch der Kontrolle – *sämtlicher* Spielarten unserer Maßlosigkeit.

Nicht so schnell

Wie sieht nun die praktische Umsetzung dieser Tugenden aus? Wie bauen wir uns einen Charakter auf, der aus dem ständigen Kampf gegen Impulse, als den wir »Selbstbeherrschung« begreifen, eine ganz natürliche, intuitive Seinsweise macht? Nun, wir können damit beginnen, alles etwas langsamer anzugehen.

Womöglich treffen Sie täglich Hunderte relativ belangloser Entscheidungen. Was Sie zum Frühstück essen, ob Sie ins Fitnessstudio gehen, wie Sie auf eine anzügliche Slack-Message eines Kollegen reagieren, was Sie am Feierabend machen, wenn Sie endlich Herr Ihrer Zeit sind. Es liegt in der menschlichen Natur, derlei Entscheidungen rein reaktiv zu treffen, also ohne zu überlegen, emotional oder instinktiv. So geht es am schnellsten. Rückblickend neigen wir dazu, unsere Reaktion den Umständen zuzuschreiben – wir haben das Frühstück ausgelassen, *weil* wir spät dran waren, wir haben nur knapp geantwortet, *weil* die kritische Nachricht unsinnig war.

Denken Sie an die stoische Tugend der Weisheit – zu wissen, was in unserer Macht steht und was nicht. Die Grenze, so Marcus Aurelius, ist leicht zu ziehen: »Du hast Macht über deinen Verstand – nicht über äußere Ereignisse.« Ein gemeinhin dem Psychologen Viktor Frankl zugeschriebenes Zitat drückt das folgendermaßen aus: »Zwischen Reiz und Reaktion liegt ein Raum. In diesem Raum liegt unsere Macht zur Wahl unserer Reaktion.

In unserer Reaktion liegen unsere Entwicklung und unsere Freiheit.« Wir haben keine Macht über unsere Umwelt, aber es steht sehr wohl in unserer Macht, wie wir auf sie reagieren.

Wenn Sie diesen von Frankl beschriebenen Raum zwischen Reiz und Reaktion in nur einigen der unzähligen täglich von ihnen getroffenen Entscheidungen finden und dabei Ihre Werte, Ihren ganz speziellen Plan berücksichtigen, wird Ihnen das schon beim nächsten Mal leichterfallen. Selbst wenn Sie sich nur einmal am Tag sagen: »Ich habe hier die Kontrolle, meine Reaktion ist *meine* Entscheidung«, und sich dann für das Verhalten entscheiden, von dem Sie wissen, dass es das Richtige ist, und nicht für das, das Ihren momentanen Gefühlen entspricht, ist das ein Schritt auf dem Weg zum Stoizismus.

Das soll jetzt nicht heißen, dass ich nie wütend bin – im Gegenteil, das passiert mir viel zu oft. Es bedeutet auch nicht, nie bestürzt, frustriert oder beschämt zu sein. Das alles sind gesunde menschliche Reaktionen auf Rückschläge und Fehler. Unser Ziel ist hier, Wut, Angst – oder auch Gier – zur Kenntnis zu nehmen, ohne zuzulassen, dass eine dieser Reaktionen unser Verhalten bestimmt.

Die Wechselwirkung von Charakter und Verhalten kann zu einem sich verstärkenden Kreislauf führen. Beginnen Sie mit einigen handverlesenen Verhaltensweisen, und Sie werden den nötigen Charakter entwickeln, um den Prozess auf andere auszuweiten.

Machen Sie eine Gewohnheit draus

Durch die Entwicklung von Gewohnheiten können wir diesen Kreislauf forcieren. Gewohnheiten machen sich die Neigung unseres Gehirns zur Reaktivität zunutze und programmieren diese auf die von uns gewünschte proaktive Reaktion. In den letzten Jahrzehnten sehen wir sowohl ein wissenschaftliches als auch kulturelles Interesse an der *Macht der Gewohnheit*, wie einer der Bestseller zum Thema heißt.[16] Wie sich herausstellt, tun wir vieles von dem, was wir tun, aus reiner Gewohnheit, und das ist gut so. Müssten wir jede Entscheidung über einen bewussten Prozess treffen, kämen wir nie übers Frühstück hinaus.

Der Schlüssel liegt darin, unsere Gewohnheiten proaktiv zu trainieren, sodass unsere reaktive, automatische Reaktion auf Reize mit der Reaktion übereinstimmt, für die wir uns entscheiden würden, hätten wir ausreichend Zeit dafür. Je größer die Zahl der Situationen ist, für die wir uns die gewünschte gewohnheitsmäßige Reaktion antrainieren können, desto mehr kognitive und emotionale Energie bleibt uns, um die Zügel bei den wirklich wichtigen und schwierigen Entscheidungen/Reaktionen wieder in die Hand zu nehmen.

Es gibt mehrere Rahmenkonzepte für die bewusste Bildung von Gewohnheiten. In *Die Macht der Gewohnheit* beschreibt Charles Duhigg die Schleife »Auslösereiz, Routine, Belohnung«; James Clear, der Autor von *Die 1 %-Methode – Minimale Veränderung, Maximale Wirkung*, fügt ein zwischen Auslösereiz und Reaktion (sein Begriff für Routine) entstehendes Verlangen hinzu.[17] Ich bin sicher, dass es noch weitere Konzepte gibt. Wie der Stoizismus und der Buddhismus sind dies ähnliche Wege zum selben Ziel.

Tun Sie es einfach

An einem Donnerstagabend Ende 2016 schrieb ich meinen ersten Blog-Beitrag. Das Team meines jüngsten Start-ups, L2, hatte überlegt, wie man für das Unternehmen werben könnte, und wir kamen auf die bahnbrechende Idee eines »Blogs« – gerade mal 20 Jahre nach dessen Erfindung. Ich hatte im Laufe meiner täglichen Arbeit schon viel geschrieben (Briefe an Investoren, Pitches an Kunden etc.), und so war mir nach Prägnanz und Kolorit. Ich hätte mich freilich nie und nimmer als »Autor« bezeichnet. Ebenso wenig wie ich mich als jemanden sah, der sich darauf einlassen würde, etwas Woche für Woche zu tun. Ich war immer eher der »Wenn-es-mir-in-den-Sinn-kommt-Typ«. Wie auch immer, mein erster Post fiel mir recht leicht: Ich kritisierte »Zuck«, mokierte mich über die Dating-Gewohnheiten der Silicon-Valley-CEOs, und mein Team machte dazu ein paar gute Grafiken. Wir gaben ihm den Titel »No Mercy / No Malice« (Keine Gnade / Keine Bosheit) und mailten ihn an unsere mehrere Tausend Leute zählende Kundenliste. Wir bekamen sogar einiges an positivem Feedback darauf.

Dann kam, wie jede Woche, der nächste Donnerstag. Es musste also ein weiterer Beitrag her. Der Reiz des Neuen war nicht mehr so groß und das Ganze mehr Arbeit. Aber ich schaffte es und wir verschickten ihn. Und dann eine Woche darauf noch einen. Der Titel dieses Beitrags gibt einen Eindruck von meiner Stimmung am dritten Donnerstagabend: »Ich hasse mich Tag für Tag weniger.« Es machte keinen Spaß mehr. Aber es lohnte sich zunehmend, als der Blog an Bedeutung gewann und wir jede Woche etwas Anständiges unter die Leute brachten. Mein Gehirn verband das Schreiben mit der Befriedigung, die ich empfand, wenn Menschen meine Arbeit lasen und darauf reagierten. Donnerstagabende wurden zu einem Auslösereiz, und auch wenn das Schreiben selbst nicht einfacher wurde, die Entscheidung, mich an den Computer zu setzen und die ersten Worte zu schreiben, wurde zur Gewohnheit. Nach ein, zwei Jahren war ich jemand, der Deadlines einhielt und Content von gleichbleibender Qualität produzierte. Meine Gewohnheit war zu meiner Identität geworden. Ich war ein Autor.

Heute ist *No Mercy / No Malice* länger, analytischer und besser. Der Blog bekam 2022 einen Webby Award und geht jede Woche an über 350 000 Menschen. Er schlägt Kapital aus einem meiner wichtigsten Leitsätze: Größe kommt durch die Mitwirkung anderer. Das Team bei Prof G Media ist für alle unsere Kanäle zuständig, einschließlich *No Mercy / No Malice*. Und trotzdem sitze ich jeden Donnerstagabend mit meinen Hunden und einem Glas Zacapa auf der Couch und mache mich an die Arbeit. Weil ich Autor bin.

Das vorliegende Buch, mein fünftes, kommt mir fast wie eine Unmöglichkeit vor. Es scheint mir unmöglich, dass es das erste jemals gegeben hat. Dass ich tatsächlich ein Buch konzipiert, geschrieben, redigiert und verlegt bekommen haben sollte. Ich hätte genauso gut nie ein Exposé schreiben, es einem Agenten pitchen und selbst an den Wochenenden bis in die Puppen daran arbeiten, anders gesagt, es gar nicht erst angehen können. Sicher, es war eine gute Idee, aber die macht gerade mal 10 Prozent des Werts aus. Maximal. Die anderen 90 Prozent passieren jeden Donnerstagabend. Es ist eine lohnende Frage, die sich jeder stellen sollte: Was liegt an, was Sie einfach nur zu »tun« brauchen? Womit sollten Sie beginnen? Und ich meine heute. James Clear, dessen Buch *Die 1 %-Methode* sich wohl um die acht Milliarden Mal verkauft haben dürfte, formuliert es so: »Ihre Identität entsteht aus Ihren Gewohnheiten.«[18]

Ein starker Charakter

Womit die Mechanismen, die grundlegenden Prinzipien abgehakt wären. Wie – oder ob – wir sie anwenden, ist eine persönliche Angelegenheit, die aber durchaus nicht privat sein muss. Ich bin (noch) kein Ausbund an Tugend und guten Gewohnheiten, aber in den letzten fünfzehn Jahren bin ich auf so einiges gekommen, was für mich funktioniert. Es ist kein Zufall, dass das auch die Jahre waren, in denen ich wirtschaftlich am erfolgreichsten und meine Beziehungen am erfüllendsten waren.

Das war nicht immer so. Die ersten vierzig Jahre meines Lebens verbrachte ich, um der damit verbundenen Dopaminschübe willen, mit der Jagd nach einer bestimmten Sorte westlicher Relevanz. Siehe oben: Ich war (jedenfalls meiner Ansicht nach) außergewöhnlich, konnte nicht genug kriegen und blieb doch immer hinter meinen Erwartungen zurück. Meine erste Ehe und der Fokus, den zwei meiner erfolgreichen Start-ups erforderten, gaben mir eine Zeit lang Halt, aber mit dreiunddreißig ließ ich mich scheiden und zog mich aus dem aktiven Management beider Firmen zurück. Und nicht nur aus meinen Unternehmen. Ich hatte ganz bewusst den Entschluss gefasst, mich zurückzuziehen: von meiner Ehe, von meiner Gemeinschaft und von unseren Freunden. Aber auch wenn hinter diesem Impuls die Erkenntnis stand, dass das, was ich damals hatte, offensichtlich nicht das Richtige für mich war, ging sie unter einem Berg von Egoismus verloren.

Ich zog nach New York City, um mich nur noch Scott zu widmen. Ein bisschen zu arbeiten, mit falschen Freunden abzufeiern und auf niemanden angewiesen oder für niemanden da zu sein. Ich war eine Insel auf einer Insel. Thomas Wolfe schrieb einmal: »Man gehört sofort zu New York.« Wie ich feststellte, konnte ich mich auch sofort mit dem Alleinsein anfreunden. Vielleicht lag es daran, dass ich ein Einzelkind war, vielleicht auch daran, dass mehr und mehr der Introvertierte durchkam, der ich tatsächlich war. Ich konnte tagelang keinen Kontakt zu anderen haben und fühlte mich dennoch wohl.

Ich unterrichtete an der New York University, machte Party im »Lotus« und im »Pangea« und Urlaub in St. Barts, und gelegentlich beriet ich einen Hedgefonds – egoistisch zu sein, fiel mir leicht. Ich fiel zurück auf den Entwicklungsstand eines Höhlenmenschen und verließ mein Loft nur noch zum Essen, zum Sex oder zur Jagd (nach Geld). Es war eine Erfahrung ohne Nährwert, die mir gerade genug Vergnügen bereitete, um nicht damit aufzuhören.

Ich sehe meine damaligen Schwächen heute deutlicher. Anstatt meine Energien von einem inneren Kompass lenken zu lassen, reagierte ich auf die dringlichsten Reize in meinem unmittelbaren Blickfeld. Und der Reiz mit der höchsten Dringlichkeitsstufe war das Geld. Es ging mir dabei nicht um wirtschaftliche Sicherheit, nein, es diente allein dazu, meine Sucht, die Bestätigung durch andere, zu stillen. Ich wollte schöne Dinge, sicher, und ich wollte in der Lage sein, für meine Mutter zu sorgen, aber meinen Wert maß ich mit den Augen der anderen und meinte, ihr Kriterium dafür sei mein wirtschaftlicher Erfolg. Und ich habe das alles bekommen. Ich schuf mir einen gewissen Status, ich hatte Spaß, aber echte wirtschaftliche Sicherheit und dauerhaftes Glück fand ich nicht. Ich wusste es nicht besser; ich war, wie ich war.

Was sich geändert hat? Nun, der äußere Anreiz war die Geburt meines ersten Kindes. Aber äußere Veränderungen sind lediglich eine Chance. Durch die sich damit öffnende Tür musste ich erst noch gehen. Die Scham und das Bedauern, die ich empfand, waren sowohl Aufforderung zur Bestandsaufnahme als auch Motivation zur Veränderung. Das war der Augenblick, in dem mein Weg wirklich begann. Im Folgenden finden Sie die Einsichten, die mir auf diesem Weg vergönnt waren. Bevor ich auf die erfolgreichen Methoden zu sprechen komme, hier eine Handvoll Erkenntnisse darüber, was *nicht* funktioniert.

Fleiß ist nicht gleich Charakter

Von der Wall Street bis hinüber zum Silicon Valley ist das die große Lüge der Arbeitswelt: Wer rund um die Uhr ranklotzt, ist diszipliniert, tugendhaft, stark. Und auch wenn diese Gleichung nicht aufgeht, war sie jahrelang mein Ethos. Ich arbeitete diszipliniert, ich arbeitete hart, aber mit Vermögensbildung hatte das nichts zu tun. Ich habe mir eingeredet, Charakter zu haben, weil ich fleißig war.

In meinen Zwanzigern, bei Morgan Stanley, waren Überstunden bis in die Puppen die Tugend schlechthin. »Wie lange warst du letzte Nacht hier?« So lautete die große Herausforderung, eine Art Brustgetrommel unter Hermès-Hosenträger tragenden Alphamännchen, als die wir uns der Welt präsentierten. Zu diesem Überstundenfetisch kommen heute noch »Shakes« statt Mahlzeiten, die uns die drei Minuten ersparen sollen, die es bräuchte, um sich ein Truthahnsandwich zu bauen.

Wenn ich Sie im nächsten Kapitel zu harter Arbeit anhalte, dann nicht nur weil sie meiner Ansicht nach für Ihre wirtschaftliche Sicherheit, sondern auch für Ihre persönliche Erfüllung von enormer Bedeutung ist. »Wagen Sie sich an etwas Schwieriges.« Einen besseren Rat werden Sie nie bekommen. Aber so unabdingbar harte Arbeit für den persönlichen und beruflichen Erfolg auch sein mag, sie allein *reicht nicht aus*, und, wichtiger noch, *sie ist nicht Selbstzweck*. Harte Arbeit allein verbrennt nur Energie, die in der kapitalistischen Leere verpufft. Werden Sie stark, um für andere sorgen zu können. Suchen Sie Macht, um Gerechtigkeit üben zu können. Arbeit um der Arbeit willen ist wirtschaftliche Selbstbefriedigung.

Für viele Menschen ist harte Arbeit nur eine Ausrede. Eine Ausrede dafür, ihren Partner oder ihre Gesundheit zu vernachlässigen, unmanierlich oder grausam zu sein oder andere auszubeuten. Das Streben nach Wohlstand ist, wie bereits erwähnt, oft nur ein Vorwand. Wer Fleiß mit Charakter gleichsetzt, könnte sich genauso gut die Finger in die Ohren stecken und »Roxanne« singen, um zu übertönen, was ihn wirklich antreibt, woran er wirklich arbeiten muss.

Harte Arbeit ist unabdingbar, aber sie hat ihren Preis. Versuchen Sie, den zu minimieren, oder ignorieren Sie ihn? Ein guter Indikator dafür sind Ihre Ausgaben. Beim Rückblick auf meine Zwanziger und Dreißiger stelle ich fest, dass es mir beim Geldausgeben an Disziplin mangelte. Ich hatte schöne Dinge *verdient*, schließlich arbeitete ich dafür (das jedenfalls redete ich mir ein). Und zu sparen *brauchte ich nicht*, weil ich hart genug arbeitete, um immer mehr zu bekommen (sagte ich mir). Keiner der Ratschläge, die ich im nächsten Kapitel – Fokus – für Sie habe, wird Sie ans Ziel bringen, wenn Sie nicht in der Lage sind, auch die Ratschläge zu Ausgaben und Sparen im übernächsten Kapitel – Zeit – zu beherzigen.

Hinter der irrigen Gleichsetzung von harter Arbeit mit Charakter verbergen sich jedoch weit wesentlichere Mängel als nur schlechte Gewohnheiten beim Geldausgeben. Meine größte Sünde in den ersten zwei Jahrzehnten meiner Karriere war die, nicht in Mitmenschen und Beziehungen zu investieren. Und hart zu arbeiten, bot mir dafür eine super Ausrede. Aber ich log mir damit nur in die eigene Tasche – Zweckfreundschaften und Spaßpartner würden mich nicht zur Verantwortung ziehen, und sicher würden sie mir nicht sagen, dass ich mein Geld nicht länger zum Fenster hinauswerfen soll. Vermögensbildung ist jedoch ein Projekt für den ganzen Menschen.

Wenn Geld Ihr Ziel ist, werden Sie nie genug haben

In den 1970er-Jahren stießen die Psychologen Donald Campbell und Philip Brickman bei ihrer Forschungsarbeit über das Glück immer wieder auf einen hartnäckigen Fakt: Veränderungen der Lebensumstände hatten kaum messbare Auswirkungen auf das subjektive Empfindungsglück – wir passen uns der neuen Realität einfach an. In einer ihrer Studien verglichen sie Lottogewinner mit Querschnittsgelähmten. Dabei stellte sich heraus, dass Erstere trotz ihrer hohen Gewinne nicht glücklicher waren als die Kontrollgruppe und die Querschnittsgelähmten nur geringfügig unglücklicher. Außerdem waren Letztere am optimistischsten, was ihre Zukunft anging.[19] Nachfolgende Studien mit unterschiedlichen Gruppen von Lottogewinnern und unterschiedlichen Gewinnen konstatierten bisweilen einen messbaren Anstieg des Glücks, aber nicht im Sinne des Quantensprungs, den man bei einem plötzlichen Reichtum erwarten könnte.[20]

Campbell und Brickman prägten den Begriff »hedonistische Tretmühle« zur Beschreibung dessen, was sie in den Daten sahen: Egal, wie viele scheinbare Fortschritte wir auf dem Weg zu unserem Ziel machen, wir treten auf der Stelle und drehen die Tretmühle nur immer schneller.

HEDONISTISCHE TRETMÜHLE

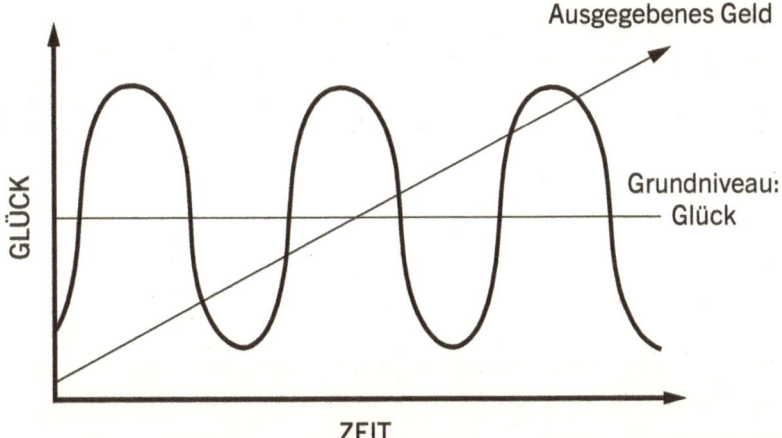

Der Historiker Yuval Noah Harari, Autor des Bestsellers *Eine kurze Geschichte der Menschheit*, schrieb: »Eines der ehernen Gesetze der Geschichte lautet, dass ein Luxus schnell zur Notwendigkeit wird und neue Zwänge schafft.«[21] Der »Lifestyle-Creep«, die schleichenden, aber stetigen Veränderungen in unseren Konsumgewohnheiten, ist unvermeidlich und gleicht einem Wettrüsten. Von den alten Klamotten, in denen man sich neben den Designeroutfits der Kollegen schäbig vorkommt (vielleicht hilft da ja das Homeoffice sparen), bis hin zum Nachhilfelehrer für den Erstklässler, weil der mit Kindern mit zwei Nachhilfelehrern zu konkurrieren hat (es gibt kaum ein Einkommen, das Ihr Nachwuchs nicht kleinkriegen würde). Aber selbst die kleinste Verbesserung, die Sie an Ihrem Lifestyle vornehmen, lässt jeden anderen Aspekt Ihres Lebens schäbig und auffrischungsbedürftig erscheinen. So bringt jede Verbesserung Sie der nächsten näher, die dann von Mal zu Mal weniger abwegig oder unvernünftig erscheint. Das gilt übrigens nicht nur für unbedeutende Verbesserungen. So werden Sie wahrscheinlich heiraten und möglicherweise Kinder haben, was Sie natürlich eine bestmögliche Gesundheitsversorgung, eine gesunde Ernährung und ein sicheres Auto in Betracht ziehen lässt. Sie werden Ihr Einkommen und all die schönen Dinge, die Sie gekauft haben, versichern wollen. Dass Ihr Einkommen schneller wächst, als sich Ihr Verstand auf dem neuen Niveau einrichten kann, ist eher unwahrscheinlich.

Ich bin Mitglied bei Barton & Gray, was unterm Strich bedeutet, dass ich ein Boot zur Verfügung habe, ohne tatsächlich eines zu besitzen. Ich würde nie eine Jacht haben wollen, da mir nichts daran liegt und jeder meiner Bekannten, der eine hat, immer nur jammert, wie viel das kostet und wie viel Mühe damit verbunden ist. Als Mitglied von Barton jedoch kann man ein Boot buchen, woraufhin ein netter Typ mit einem großartigen – mit Zacapa, Eis und Cashews – ausgestatteten Wasserfahrzeug aufkreuzt. Der umgängliche Skipper nimmt einen mitsamt Familie für einen Nachmittag mit hinaus und setzt einen dann (das ist das Geniale dran) wieder am Dock ab und verschwindet wieder.

Als ich neulich auf einem Boot von Barton & Gray die Marina von Palm Beach verließ, sah ich beim Auslaufen eine Wahnsinnsjacht. Obwohl ich generell was gegen große Schiffe habe, dachte ich in dem Augenblick: »Das wäre die Jacht für mich.« Einer meiner Freunde auf unserem (plötzlich schäbigen) Boot sagte, sie gehöre Eric Schmidt (dem Ex-CEO von Google). Nicht schlecht. Aber als wir an Schmidts Boot vorbeifuhren, sahen wir direkt dahinter die von Steve Jobs in Auftrag gegebene Jacht (er starb, bevor sie fertiggestellt wurde). Erics Jacht ist größer, Steves ist cooler. Mein erster Gedanke galt der hohen Wahrscheinlichkeit, mit der Eric *in diesem Augenblick* auf der anderen Seite seiner Jacht stand und sich beim Anblick von Steve Jobs Kahn dachte: »*Das* wäre wirklich die Jacht für mich.«

Es gibt immer ein besseres Boot, ein schnelleres Auto, ein schöneres Haus. Aber es besteht auch die Möglichkeit der Sättigung – oder zumindest gibt es praktische Grenzen. Irgendwann ist Ihr Dock nicht mehr lang genug. Wirklich fatal sind jedoch abstrakte Belohnungen. Es gibt da eine großartige Episode der (genialen) Sitcom *Frasier*, in der Frasier und sein Bruder Miles sich Zugang zu einem exklusiven Spa erschleichen, nur um dort festzustellen, dass es eine VIP-Ebene nach der anderen gibt. Als sie schließlich glücklich auf der vermeintlich höchsten Ebene angelangt sind, entdecken sie eine Platin-Tür zu einer weiteren Ebene, was ihre Erfahrung sofort wieder entwertet. »Weil das hier nur der Himmel für die Menschen ist«, ruft Miles aus, »die nicht in den richtigen Himmel kommen können.«[22]

Die größte aller abstrakten Belohnungen? Nun, natürlich das Geld selbst. Denn Geld ist nur eine Zahl und Zahlen sind unendlich. Und so hat man denn auch nie genug. Luke Skywalker versprach Han Solo für die Rettung von Prinzessin Leia »unvorstellbaren Reichtum«. Worauf Han meinte: »Ich weiß nicht, ich kann mir ziemlich viel vorstellen.«[23] Und genau das ist der Haken an einer Gesellschaft, in der sich alles nur um Geld dreht: Wir können uns alle mehr vorstellen.

Nicht genug, dass es immer mehr Geld geben wird, hat Geld auch die unselige Eigenschaft, weniger wert zu sein, je mehr man hat. Volkswirtschaftler bezeichnen das als »abnehmenden Grenznutzen«. Wenn Sie 100 Dollar auf dem Konto haben, ist jeder zusätzliche Dollar von Bedeutung, und 1000 Dollar sind lebensverändernd. Haben Sie 10 Millionen Dollar auf dem Konto, spielt ein weiterer Tausender keine Rolle mehr.

Die Forschung zu Glück und Einkommensniveaus bestätigt dies. Im Gegensatz zu den Ergebnissen einiger früherer Studien zeigen die aktuellen Arbeiten (Stand 2023), dass ein höheres Einkommen zwar mit größerem Glück verbunden ist, aber die Glückszunahme hinkt hinter der Einkommenszunahme her, und für manche Menschen besteht bei höherem Einkommen überhaupt keine Korrelation.[24] Der mit einem Einkommenssprung von 60 000 auf 120 000 Dollar verbundene Glückszuwachs entspricht dem eines Einkommenssprungs von 120 000 auf 240 000 Dollar. Dann jedoch muss man es schon auf 480 000 Dollar bringen, um wieder denselben Glückszuwachs zu erleben. Das deckt sich mit dem hinlänglich belegten Konzept des abnehmenden Grenznutzens. Je mehr man von etwas hat, desto weniger Nutzen hat man pro Einheit davon. Je mehr Sie verdienen, desto weniger haben Sie davon.

Geld ist wohl die Tinte in Ihrem Füller, aber es ist keineswegs Ihre Geschichte. Es kann neue Kapitel schreiben und Sie ein wenig aufmuntern, aber was Ihr Berufsleben braucht, das ist ein Erzählbogen.

Es reicht

Die Tretmühle muss jedoch nicht zur Falle werden. Sie können ihr zwar nicht entkommen, aber haben Sie ihre Mechanismen erst mal durchschaut, brauchen Sie nicht länger ihr Sklave zu sein. Die Forschung legt nahe, dass bis zu 50 Prozent unseres Glücks vererbt, das heißt vorherbestimmt sind.[25] Was sich mit unserer eigenen Erfahrung deckt – jeder von uns kennt Zeitgenossen, die praktisch immer beschwingt und fröhlich sind, und andere, die ständig niedergeschlagen wirken. Nur ganz nebenbei: Beides ist meganervig. Aber selbst bei 50 Prozent genetischer Veranlagung bleiben 50 Prozent unter Ihrer Kontrolle. Und damit meine ich unter *Ihrer* Kontrolle. Sie sind weder Produkt der Umstände noch des Glücks noch von was weiß ich sonst etwas.

Das Bestreben nach der Erfüllung unserer Wünsche, das die Tretmühle in Gang hält, ist angeboren und durchaus *nützlich*. Der Schlüssel im Umgang damit liegt darin, externe Belohnungen nur insofern als erstrebenswerten Luxus zu betrachten, als er es einem gestattet, sich auf die innere Erfüllung zu konzentrieren. Junge Menschen sollten sich durchaus von Geld motivieren lassen, aber immer in dem Bewusstsein, dass es nur Mittel zum Zweck ist, und sich auf ein gewisses Maß an wirtschaftlicher Sicherheit konzentrieren. Darüber hinaus wird es zur persönlichen Angelegenheit, wenn Sie mehr tatsächlich glücklicher machen und Ihnen neue Möglichkeiten eröffnen kann. Aber manche Menschen entscheiden sich eben dafür, zu arbeiten, um zu leben – im Gegensatz zur amerikanischen Gesellschaft, die einen anhält, für die Arbeit zu leben.

Ihr Ertrag kann sich durchaus irgendwann ins Negative kehren. Eine Besessenheit von Karriere und Geld über das hinaus, was man je ausgeben könnte, wird irgendwann die Quelle wahrer Zufriedenheit versiegen lassen: unsere Beziehungen zu anderen. Dem römischen Stoiker Seneca zufolge kann man sich an etwas Wertvollem nur erfreuen, wenn man jemanden hat, mit dem es sich teilen lässt. Viele erfolgreiche Menschen erkennen dies erst, wenn wertvolle Dinge alles sind, was ihnen geblieben ist.

... und etwas Glück

Wenn ich auf meinen eigenen Erfolg zurückblicke, sind die Gründe dafür rasch genannt. Erstens wurde ich in den 1960er-Jahren als Amerikaner geboren, und zweitens hatte ich (mit meiner Mutter) jemanden, dem mit geradezu irrationaler Leidenschaft an meinem Erfolg lag. Selbst ohne große Zuneigung aufgewachsen, kannte diese bei ihrem Sohn keine Grenzen. Für mich füllte ihre Zuneigung die Kluft zwischen der Hoffnung, dass mich jemand für wunderbar und seiner Liebe würdig halten könnte, und der Gewissheit, dass ich es tatsächlich war.

Der zuverlässigste Hinweis auf Ihren späteren Erfolg ist, wo und wann Sie geboren sind. Bei alledem predigt die westliche Kultur Unabhängigkeit und Selbstständigkeit, und die implizite Botschaft lautet, dass unsere Entwicklung – zum Guten oder zum Schlechten – allein das Ergebnis unserer eigenen Anstrengungen ist. Wenn wir nicht sehen, was für eine enorme Rolle der glückliche Zufall oder, ganz allgemein, außerhalb unserer Kontrolle liegende Kräfte bei dieser Entwicklung spielen, ziehen wir die falschen Lehren daraus und schmälern so unsere Chancen auf künftigen Erfolg.

Erfolgreiche Menschen neigen zur Unterschätzung der Rolle des glücklichen Zufalls bei ihrem Erfolg, was sie dann auch in die Bredouille bringt. Gerne überschätzen sie ihre Fähigkeiten und verbrennen ihr Geld mit Geschäften, von denen sie keine Ahnung haben. Und das gibt es auf jedem Erfolgslevel, vom Junior-Sales-Manager mit 100 000 Dollar Jahresgehalt, der beim Daytrading Haus und Hof verzockt, bis hin zum Milliardär, der sich mit einem Football-Team verkauft. Und nie ist man anfälliger für einen großen Fehler als dann, wenn man sich nach einem großen Erfolg dazu versteigt, das alleinige Verdienst für diesen Erfolg bei sich selbst zu sehen. Sicher, Sie sind brillant und obendrein fleißig, aber Erfolg kommt durch das Zutun anderer, und glückliche Zufälle wie Ort und Zeit sind alles.

Jeder Mensch ist in dieser Hinsicht anders gestrickt, aber unterm Strich neigen wir einer wie der andere zu etwas, das die Psychologie als »Attributionsbias« bezeichnet: Wir schreiben positive Ergebnisse eher uns selbst und negative eher externen Kräften zu. Nehmen Sie Ihre letzten wichtigen Erfolge, seien sie beruflicher oder privater Art. Wo waren Sie erfolgreich, wie kam es dazu? Und falls Sie versagt haben, woran lag's? Es kommt selten vor, dass ein Ergebnis nicht aufgrund einer Mischung persönlicher und externer Faktoren zustande kommt. Wenn Sie also alles auf die eine oder andere kausale Karte setzen oder eine deutliche Schieflage bei der Erklärung Ihrer Erfolge und Misserfolge feststellen – nun, dann bedeutet das vermutlich nichts anderes, als dass Sie ein Mensch sind.

Von diesem Attributionsbias mal abgesehen, birgt das Verkennen der Rolle des Glücks gerade beim Erfolglosen seine Gefahren. Es ist dies die verhängnisvolle Kehrseite eines Ethos, das da lautet: »Du kannst alles, wenn du nur willst.« Warum? Nun, weil es impliziert, dass man selbst schuld ist, wenn mal etwas nicht klappt. Die Wahrheit ist, dass wir alle Fehler machen, und so gut wie alle Misserfolge sind zum Teil auf Fehler zurückzuführen. Aber so einiges ist dabei dem Zufall zuzuschreiben, Ereignissen mit anderen Worten, die sich unserer Kontrolle entziehen. Ein Unternehmer, dessen erste Firma baden geht, ist deswegen noch kein Versager. Er ist danach, so möchte man hoffen, nur klüger und hungriger als zuvor.

Ich habe in meinem Leben oft Schiffbruch erlitten. Und dass ich damit fertigwurde, hat mir den Erfolg erst ermöglicht. Wir konzentrieren uns auf die traditionellen Grundlagen des Erfolgs – Bildung, Risikobereitschaft, Networking etc. Die wichtigste Eigenschaft für den Erfolgreichen, da deckt sich meine persönliche Erfahrung mit der Winston Churchills, ist die Bereitschaft, Misserfolge zu überwinden, ohne die Begeisterung zu verlieren.

Nichts ist je so gut oder so schlecht, wie es scheint

Churchills Rat ist weit leichter zu befolgen, wenn wir unsere Misserfolge (wie auch unsere Erfolge) relativieren. So wie wir zur Unterschätzung des glücklichen Zufalls neigen, überschätzen wir bei Weitem die Bedeutung des gegenwärtigen Augenblicks. Das gilt besonders in unserer Jugend. Wir extrapolieren unseren aktuellen Gefühlszustand in die Zukunft, obwohl wir unweigerlich wieder auf dem Boden der Tatsachen landen werden. Entwickeln Sie die nötige Charakterstärke, Schmerz zu spüren und Freude zu genießen, aber vergessen Sie dabei nie die ewige Wahrheit: »Auch das geht vorbei.«

Eine Umfrage unter Senioren ergab, dass sie vor allem eines bedauerten – sich zu viele Sorgen gemacht zu haben.[26] Wenn Sie sich rückblickend ansehen, was Ihnen besonders zu schaffen machte, dann werden Sie erkennen, dass es halb so schlimm war. Gleichzeitig werden Sie im Hinblick auf besonders erfolgreiche Augenblicke sehen, dass – siehe oben – eine Menge Glück mit im Spiel war.

Sie werden sich bei der Relativierung Ihrer Perspektive einfacher tun, wenn Sie das Ereignis von Ihrer Wahrnehmung beziehungsweise Ihrer Reaktion darauf unterscheiden können. Ryan Holiday hat dies in *Das Hindernis ist der Weg* so formuliert: »Es gibt kein Gut und kein Schlecht, es gibt nur Wahrnehmungen. Es gibt ein Ereignis, und es gibt die Geschichten, mit denen wir dieses Ereignis für uns interpretieren.«[27] Nicht dass wir uns falsch verstehen, Ereignisse sind wichtig – aber unsere unmittelbare Wahrnehmung dieser Ereignisse ist oft übertrieben, emotional, eine Reaktion aus dem Bauch heraus. Die modernen Medien gießen da noch Öl ins Feuer mit ihrer Tendenz, jede Wendung der Ereignisse zur Katastrophe zu stilisieren. Lassen Sie sich Ihre Perspektive davon nicht trüben.

Zorn, Gleichgültigkeit und Rache

Mein Problem ist der Jähzorn. Er kommt einer Behinderung gleich und ist ein echtes Hindernis für Erfolg und Erfüllung. Ich habe ihn geerbt. Mein Vater hat nie viel geredet, oder jedenfalls nicht mit mir. Er war charmant, intensiv und neigte zu unvorhersehbaren Wutanfällen. Wie viele Jungs war ich von ihm fasziniert. Wenn er mich übers Wochenende abholte, saß ich auf dem Beifahrersitz und starrte ihn an. Dann begann er, mit sich selbst zu sprechen, nur dass er nicht wirklich mit sich selbst sprach. Er sprach mit weiß Gott wem. Vielleicht mit jemanden von der Arbeit? Wer auch immer es war, der Dialog eskalierte, und irgendwann begann er die Person am anderen Ende der imaginären Leitung mit verhaltener Stimme zu beschimpfen. Er war immer so was von zornig.

Bei mir braucht bloß jemand – oder etwas – auf den falschen Knopf zu drücken, und ich habe meine lieben Schwierigkeiten, darüber hinwegzukommen. Bis in meine Vierziger hinein führte ich immer (und überall) über alles Buch. Jede Kränkung, Unverschämtheit oder Respektlosigkeit musste mit einem entsprechenden Konter geahndet werden, damit meine Welt wieder in Ordnung kam. Mein Gott, was für eine Energieverschwendung! Machen Sie diesen Fehler nicht. Sie wissen ja nicht, was mit dem Betreffenden los ist. Vielleicht wurde er gerade gefeuert, hat sich scheiden lassen oder herausgefunden, dass sein Kind Diabetes hat. Oder vielleicht ist er einfach nur ein Bully. Wen interessiert das? Es sollte Sie nicht weiter kümmern. Sie müssen nicht auf jede Kränkung, jede kleine Ungerechtigkeit reagieren.

Das ist natürlich leichter gesagt als getan. Seinen Zorn zum Ausdruck zu bringen, hat seinen kurzfristigen Nutzen, da man so Dampf ablassen kann. Die Bürde einer unverarbeiteten Kränkung kann eine nicht weniger große Belastung sein, als darüber in Wut zu geraten. Warum jemanden – oder etwas – mietfrei in Ihrem Kopf wohnen lassen? Es kommt einer Hausbesetzung gleich. Energie und Bandbreite ließen sich anderswo besser investieren.

Die stoische Reaktion auf Zorn besteht darin, sich in Gleichmut zu üben. Wir haben keinen Einfluss darauf, was andere tun, aber wir können unsere Reaktion darauf kontrollieren. Manche meditieren, um ihren Geist zu befreien. Mir persönlich ist das praktisch unmöglich. Ich habe mich stattdessen darin geübt, Missetäter in einen finsteren Winkel zu verbannen. In einen finsteren Winkel meines Verstands, versteht sich. Zuerst halte ich mich dabei an den Rat der Finanzanalystin Lyn Alden: »Betrachten Sie Ihre Feinde nicht als Feinde, sondern als Menschen. Lassen Sie sie in dem Glauben, dass Sie ihr Feind sind, aber lernen Sie daraus und schlagen Sie ein neues Kapitel auf.« Ich versuche, aus der Situation zu lernen (z. B. womit habe ich diese Handlung ausgelöst, könnte ich die Situation / Beziehung reparieren etc.). Und dann verbanne ich die Person in einen finsteren Winkel und versuche, nie wieder an sie zu denken.

Aber wie ich zugeben muss, reicht das nicht immer aus. Manche Menschen wollen einfach nicht in ihrem finsteren Winkel bleiben. Das ist okay, schließlich weiß ich, wie ich mich rächen kann. Vor fünfundzwanzig Jahren sagte Hamid Moghadam (CEO von ProLogis) etwas zu mir, das mir spürbar geholfen hat, meinen Jähzorn in den Griff zu bekommen, und ich beherzige es bis auf den heutigen Tag. Ich lag damals seit Jahren im Clinch mit Sequoia Capital, insbesondere mit einem der Partner dort, den ich unglaublich kleingeistig fand (siehe oben: Schwierigkeiten, darüber hinwegzukommen). Als er mich so jammern hörte, unterbrach mich Hamid und sagte: »Scott, die süßeste Rache ist, ein besseres Leben zu führen.« Was für ein großartiger Rat.

Schwitzen Sie sich produktiv
Einer der besten Ratschläge, die ich in finanzieller Hinsicht für Sie habe, hat nicht eigentlich mit Finanzen zu tun: Verschaffen Sie sich ausreichend Bewegung. Das ist vielleicht das Effektivste, was Sie, kurz- wie langfristig, zur Verbesserung Ihrer Lebensqualität tun können. Unter den vielen hocheffizienten Menschen, die ich kenne oder mit denen ich zusammengearbeitet habe, gibt es Morgenmenschen und Nachteulen, Ordnungsfanatiker mit aufgeräumten Schreibtischen und zerstreute Genies, Introvertierte und Extrovertierte, aber was die meisten von ihnen gemeinsam haben, ist, dass sie konsequent der einen oder anderen sportlichen Betätigung nachgehen. Und ich habe hier die Wissenschaft auf meiner Seite. Einer Untersuchung von über sechzig Studien aus aller Herren Länder, Kulturen und Berufen zufolge ist »der wissenschaftliche Beweis für die Wirksamkeit körperlicher Fitness-Aktivitäten am Arbeitsplatz auf die Produktivität unwiderlegbar«.[28] Finden Sie eine sportliche Betätigung, die Ihnen liegt, und die Zeit, die Sie investieren, wird Ihnen Dividenden bringen – in Form von Gesundheit und Produktivität.

Meiner Erfahrung nach bekommt man durch sportliche Betätigung sogar Zeit zurück. Wenn Sie sich zwischen vier und sechs Stunden pro Woche Zeit für körperliche Fitness nehmen, bekommen Sie diese Stunden zurück – in Form von erhöhter psychischer Gesundheit, körperlicher Leistungsfähigkeit und mehr Energie. Wie so vieles sorgen auch körperliche Ertüchtigung und Charakter für eine positive Koppelungsschleife: Je mehr wir uns bewegen, desto stärker wird unsere Zielstrebigkeit, und je stärker unsere Zielstrebigkeit ist, desto mehr bewegen wir uns.[29] Der Stress harter Arbeit wirkt verheerend auf unser Nervensystem, und Bewegung hilft uns, diesen Raubbau zu regulieren. Bewegung regt die Produktion stimmungsaufhellender Neurochemikalien an und hilft uns, besser zu schlafen. Einer kritischen Sondierung siebenundneunzig separater Studien zufolge ist Bewegung bei der Behandlung von Depressionen um 50 Prozent wirksamer als eine Therapie oder Medikamente.[30] Der Journalist Steven Kotler, der die Beschäftigung mit außergewöhnlichen Menschen, die Höchstleistungen erbringen, zum Beruf gemacht hat, bringt es auf den Punkt: »Bewegung ist für Spitzenleistungen unverzichtbar.«[31]

Das kann alles Mögliche sein, vom flotten Spaziergang um den Block bis zur Bergtour, aber wenn Sie sich in letzter Zeit nicht sportlich betätigt haben, beginnen Sie mit einem flotten Spaziergang. Schreiten Sie forsch genug aus, um Ihren Herzschlag auf Trab zu bringen; das verbessert Ihre Stimmung und klärt Ihren Kopf. Das bauen Sie dann nach und nach aus.

Ich selbst bin ein großer Fan von kurzen, intensiven Work-outs und der Arbeit mit schweren Gewichten. In unserer Kultur rankt sich ein merkwürdiger Irrglaube um das Krafttraining. Die Leute denken, dass es die Beweglichkeit einschränkt (das Gegenteil ist der Fall) oder dass man ein Muskelprotz wird (nur wenn man daraufhin trainiert). In Wirklichkeit verbessert die Arbeit mit Gewichten Stimmung und Gedächtnis und bringt darüber hinaus langfristig gesundheitliche Vorteile.[32] Ich kann aus eigener Erfahrung sagen, dass es mich selbstsicher macht, ich fühle mich stark. (An dieser Stelle habe ich früher immer gesagt, was Körperkraft angeht, sollte man, wenn man einen Raum betritt, das Gefühl haben, jeden Einzelnen dort töten und verspeisen zu können. Merkwürdigerweise sagte man mir, das sei dann doch etwas stark.)

Die Algebra der Entscheidungen

Unser Leben ist eine endlose Abfolge von Entscheidungen, großen wie kleinen. Entsprechend merkwürdig finde ich es, dass »Entscheidungsfindung« keine anerkannte Disziplin ist oder als Kurs an der Highschool belegt werden kann. Jede Buchhandlung sollte ein eigenes Regal dafür haben. George W. Bush sah sich heftig angegriffen für seine Beschreibung seiner Aufgabe als Präsident: »Ich bin der Entscheider.« Dabei sagte er damit etwas durchaus Profundes über dieses Amt. Dasselbe wollte Truman mit der Plakette an seinem Schreibtisch sagen: »The buck stops here.« (Die Verantwortung liegt bei mir.) Für alle leichten und die meisten schweren Entscheidungen hat das Weiße Haus einen ganzen Apparat von Experten. Auf dem Schreibtisch des Präsidenten landen nur die besonders harten, aussichtslosen. Diese Entscheidungen haben Sie auch in Ihrem Leben, nur eben kein Personal, das all die anderen für Sie trifft. So lohnt es sich durchaus, ein wenig darüber nachzudenken, wie Entscheidungen zu treffen oder gar zu verbessern sind.

Grundsätzlich gilt natürlich, dass Sie mehr richtige als falsche Entscheidungen treffen sollten. Ihre Instinkte taugen ganz gut für Überleben und Fortpflanzung, aber eine komplexe Welt, wie die unsere es ist, bietet exponentiell mehr Herausforderungen und Belohnungen. Ich habe im Laufe meines Lebens gelernt, dass ich eine Struktur brauche – eine Reihe von Werten, die mir bei der Überlegung helfen, wie ich mein Leben leben möchte, und obendrein als Linse dienen, durch die ich mein Denken filtern kann.

- Für mich ist der Wettbewerb der kapitalistischen Marktwirtschaft ein wichtiges Prinzip. Was schafft den größten Wert? Welcher Schritt bringt den größten Erfolg, selbst wenn ich einem anderen den Vorzug geben würde?

- Außerdem habe ich gelernt, auf meine Gefühle zu hören, ihren Anweisungen aber nicht unbedingt zu folgen. Bauchgefühle haben durchaus ihren Nutzen, aber man muss unterscheiden können zwischen der Weisheit des Unterbewusstseins und dem Signal der Amygdala, die den Panikknopf drückt. Oder den Knopf für die Gier (oder Lust). Hier nicht zu unterscheiden, kann wirklich fatal für Sie sein.
- Wie ich weiter hinten in diesem Kapitel ausführen werde, ist es gerade bei großen Entscheidungen wichtig, den Rat anderer einzuholen.
- Und zu guter Letzt versuche ich, die wichtigsten Entscheidungen im Schatten des Todes zu treffen. »Memento mori« hieß das bei den alten Römern – eine Aufforderung, seine Sterblichkeit nicht zu vergessen. Ist Ihnen das zu düster? Das sollte es nicht sein. Ich selbst bin Atheist, glaube also, dass mit dem Tod alles vorbei ist. Wie Frida Kahlo sagte: »Ich hoffe, fröhlich zu gehen, und ich hoffe, nie wiederzukehren.«[33] Mich in diesen Augenblick vor dem Tod zu versetzen, hilft mir, mein Leben zu sichten und die Entscheidungen abzuwägen, die mir Frieden geben werden. Ich weiß, ich werde mich am Ende mehr über die nicht eingegangenen Risiken ärgern als über die Auswirkungen derer, die ich einging.

Wir werden bei alledem noch genug falsche Entscheidungen treffen und so gehört zu dieser wichtigen Lebenskompetenz auch der richtige Umgang mit Fehlern. Als ich jünger war, meinte ich, jede Entscheidung durch Führungsqualitäten und Überzeugungskraft zur richtigen machen zu können. Mehr, als die bestmöglichen Entscheidungen zu treffen, lag mir am Beweis, dass meine Entscheidungen richtig waren – weil ich ein so toller Hecht bin. Zugegeben, schnelle Entscheidungen haben ihre Vorteile, da Tempo Fehlentscheidungen bis zu einem gewissen Grad kompensieren kann. Aber Entschlossenheit hat nichts zu tun mit einer Allergie gegen Kurskorrekturen. Man verwechselt Letztere oft mit Prinzipienlosigkeit, aber sie haben damit nichts zu tun. *Ihre Entscheidungen sind Richtlinien, ein Aktionsplan, kein Selbstmordpakt.* Seien Sie immer bereit, sich weiterzuentwickeln, Ihre Meinung zu ändern, wenn sich neue Daten oder überzeugende An- und Einsichten auftun. Ein Schritt zurück auf dem Holzweg ist ein Schritt in die richtige Richtung.

Ein erfolgreicher Kleinunternehmer sagte mir kürzlich, seiner Erfahrung nach schneide nicht derjenige am besten ab, der die *beste* Entscheidung trifft, sondern derjenige, der die *meisten* Entscheidungen trifft. Je mehr Entscheidungen Sie treffen, desto mehr Feedback bekommen Sie, und desto besser werden wiederum Ihre Entscheidungen. Jede Entscheidung, die Sie treffen, bietet Ihnen die Möglichkeit zur Neuorientierung, und je mehr Entscheidungen Sie treffen, desto weniger steht auf dem Spiel, wenn Sie mal falschliegen. Richtige Entscheidungen anzuhäufen, schafft Selbstvertrauen, die Anhäufung falscher Entscheidungen führt zu Narbengewebe.

Der Aufbau einer starken Gemeinschaft

Als Fehler, der mir lange ein Hemmschuh war, erwies sich die fehlende Erkenntnis, dass ich andere Menschen brauchte und in andere Menschen investieren musste. Unsere Gemeinschaft ist vielschichtig, sie reicht von der Familie über Mentoren und Ihr berufliches »Netzwerk« bis hin zu den unzähligen Anbietern, Partnern, Mitarbeitern und ganz zufälligen Personen, mit denen man Tag für Tag zu tun hat. Die erfolgreichsten Menschen, die ich kenne, schaffen über ihre Gemeinschaft eine Unmenge Wert und geben gar noch mehr zurück.

Das Wissen um und der Glaube an unsere gegenseitige Abhängigkeit ist nicht nur einer unserer wesentlichen Charakterzüge, es leistet auch einen Beitrag zu unserem Erfolg. In *Die sieben Wege zur Effektivität* beschreibt Stephen Covey drei Arten der Beziehung zu anderen: »*Abhängigkeit* (Dependenz), *Unabhängigkeit* (Independenz) und ... *wechselseitige Abhängigkeit* (Interdependenz)«.[34] Unabhängigkeit ist natürlich mit dem amerikanischen Selbstverständnis verwoben. Aber sie ist, seien wir ehrlich, schwer aufrechtzuerhalten und auf lange Sicht schlicht nicht produktiv. Und da sie rasch mal in Egoismus umschlägt, kann sie sogar toxisch sein. Interdependenz ist Coveys Begriff für die Art von Beziehungen, die erfolgreiche Menschen entwickeln. Es ist das, was die Stoiker unter *sympatheia* verstanden, die Vorstellung, dass, um es mit Marc Aurel zu sagen, alle Dinge miteinander verbunden und einander wesensverwandt sind. Entsprechend schlägt er vor, mit unseren Mitmenschen umzugehen, als wären sie Teile von uns selbst.

Seien Sie nicht dumm

Unser Handeln hat Auswirkungen nicht nur auf uns selbst, sondern auch die Menschen um uns herum. Setzen Sie sich das Ziel, nützlich für beide zu sein. In *Die Prinzipien der menschlichen Dummheit* zeichnet Carlo Cipolla eine 2x2-Matrix, um diese beiden Gruppen und unseren Einfluss auf sie zu erfassen.[35] Im unteren linken Quadranten (Anmerkung: Dort sollten Sie sich auf keinen Fall befinden!) definiert er einen dummen Menschen als einen, »der einem anderen Menschen oder einer anderen Gruppe von Menschen einen Schaden beibringt, ohne zugleich einen Gewinn für sich selbst dabei herauszuziehen, oder der sogar einen Verlust erleidet«. Wir unterschätzen außerdem »die Anzahl dummer Individuen, die sich in Umlauf befinden«, da »die Wahrscheinlichkeit, daß eine bestimmte

Person dumm ist, ... unabhängig von jedweder anderen Eigenschaft derselben Person« bestehe, also mit sonstigen Merkmalen oder Qualifikationen nichts zu tun habe. (So können sie zum Beispiel einen Doktortitel haben oder Präsident sein.) Wir (die Nicht-Dummen) sind anfällig für die Dummen und ihr Tun, weil wir uns nur schwerlich einen Angriff vorstellen können, dem es an rationaler Struktur oder kalkulierbaren Zügen fehlt, geschweige denn, dass wir ihn verstehen oder eine rationale Verteidigung dagegen organisieren könnten. Mit der Dummheit, so sagte Friedrich Schiller, kämpfen Götter selbst vergebens.

DUMMHEITSMATRIX NACH CIPOLLA

NUTZEN FÜR ANDERE ↑	
DIE UNBEDARFTEN Hungernde Künstler etc. leisten einen Beitrag, auch wenn Sie nicht erfolgreich sind	**DIE INTELLIGENTEN** Setzen ihren Intellekt sowohl zum eigenen als auch zum Nutzen anderer ein
DIE DUMMEN Fügen sich selbst und anderen Schaden zu	**DIE BANDITEN** Sind anderen nicht nützlich, aber clever genug, um im Alleingang zu überleben und zu profitieren

NUTZEN FÜR SICH SELBST →

Nach Carlo Cipolla, *Die Prinzipien der menschlichen Dummheit*

Halten Sie sich immer vor Augen, dass Dummheit eine Realität ist, und versuchen Sie, dahinterzukommen, wie Sie sich vermeiden lässt; streben Sie stattdessen nach der diametral gegenüberliegenden, erhabenen Realität: der Intelligenz.

Größe kommt aus dem Zutun anderer

Einer landläufigen Karikatur zufolge sind alle Reichen wie Monty Burns von den *Simpsons*: hinterhältig und falsch. Und reich wird man dadurch, andere – oder viele andere – übers Ohr zu hauen. Meiner Erfahrung nach gilt jedoch eher das Gegenteil. Die meisten Reichen sind charakterstarke Menschen. In der Regel begegnen sie anderen mit Wohlwollen, arbeiten hart, sind prinzipienfest und haben ihre Ausgaben und Schwächen im Griff. Das sollte eigentlich nicht überraschen, denn erfolgreich zu sein, ist weit einfacher, wenn die Leute zu einem stehen. Ein starker Charakter ist ein Wohlstandsbeschleuniger.

Wie jede Regel hat natürlich auch diese ihre Ausnahmen, und der eine oder andere häuft seine Reichtümer trotz – oder gerade wegen – seines miesen Charakters an. Das muss uns aber kein Vorbild sein. Außerdem kommen auf charakterlose Art reich gewordene Menschen nicht selten vom Weg ab und verlieren dabei ihren Reichtum wieder. Nicht zuletzt deshalb, weil sie durch die Fehler, die sie machen, ihr Unterstützungsnetz, ihre wahren Freunde verlieren, zu denen sie offen sein und die sie wieder in die Spur bringen könnten. Sie sind wohl eher von Speichelleckern umgeben. Charakter hilft nicht nur dabei, es zu Wohlstand zu bringen, er ist auch der Schlüssel zu dessen Schutz.

Suchen Sie Bindungen und Leitplanken

Sorgen Sie für Bindungen, indem Sie anderen Ihre Dienste anbieten. Für die meisten von uns ist die Familie die tiefste und stärkste aller Bindungen. Bei den Mormonen führen Familien traditionell einen Teil ihres Einkommens (zuweilen auch ihres Vermögens) an die Kirche ab. Das ist insofern ein starker Anreiz, als es ihre Arbeit direkt mit einem höheren Ziel in Verbindung bringt. Meiner Erfahrung nach kommen die Kosten für diesen »Zehnten« durch die größere Ertragskraft von Menschen, die für einen höheren Zweck arbeiten, wieder herein. Demokratien stellen ihre Spitzenleute in den Dienst der Wähler; Unternehmen binden die CEOs an die Interessen der Aktionäre (in der Theorie und meist auch in der Praxis).

Dies wird umso wichtiger, je erfolgreicher Sie werden. Egal auf welchem Gebiet, mit Erfolg geht Macht einher – die Macht des Reichtums an sich, die Macht über die berufliche Laufbahn anderer, die Macht, die Welt zu verändern. Und Macht ist eine Droge, die die Kosten herunterspielt und die Belohnungen vergrößert. Menschen mit Macht neigen psychologisch gesehen eher dazu, ihren Instinkten zu folgen als Menschen ohne Macht. Dies trägt zum Beispiel auch zur sexuellen Belästigung am Arbeitsplatz bei: Macht hat einen unbewussten Einfluss auf die sexuelle Erregbarkeit. Eine der Gemeinsamkeiten von sexuellen Aggressoren und Belästigern ist die Überzeugung, ihre Annäherungsversuche seien erwünscht. Macht berauscht also buchstäblich.

Abhilfe schafft hier, sich in den Dienst der Gemeinschaft zu stellen. Dies kann persönlicher Art sein, etwa wenn man Kinder hat, institutioneller Art im Engagement für seine Kirche oder struktureller Art durch die Arbeit in einem Vorstand. In dem Film *Wall Street* rät der Hohepriester der egoistischen Gier, Gordon Gekko, seinem Protegé, sich einen Hund zuzulegen, wenn ihm nach einem Freund sei. Ein bezeichnender Rat für einen egoistischen Scheißkerl wie Gekko. Aber andererseits ist er so schlecht auch wieder nicht. Nicht etwa, weil ein Hund treu (das ist er) oder anhänglich ist (auch das ist richtig), sondern weil er dich braucht.

Bilden Sie ein Küchenkabinett

Bilden Sie, ergänzend zu den unverrückbaren Geleisen Ihrer Leitplanken, eine Art informelle Führungsriege in Form eines Küchenkabinetts. Der Begriff »Küchenkabinett« kam während der Zeit der Präsidentschaft von Andrew Jackson auf, der sich mehr oder weniger regelmäßig mit einer kleinen Gruppe vertrauenswürdiger, aber inoffizieller Berater traf. Das Konzept ist fast allen erfolgreichen Führungskräften vertraut. Sie brauchen dazu eine Gruppe von Personen außerhalb der formalen Struktur Ihrer Organisation, die Ihnen ungeschminkt und uneigennützig raten kann.

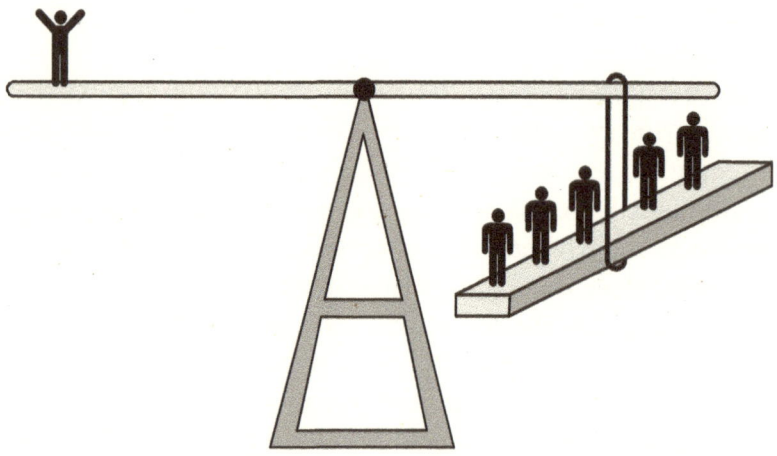

Bauen Sie sich zusammen mit Ihrer Karriere so ein Küchenkabinett auf. Umgeben Sie sich mit Leuten, die Sie nicht nur voranbringen, sondern auch dafür sorgen, dass Sie auf dem Teppich bleiben, indem sie ehrlich zu Ihnen sind. Es sollten dies Menschen sein, denen Sie vertrauen, die Ihr Bestes im Sinn haben und die sich nicht scheuen, Ihnen zu sagen, wenn Sie ein Esel sind. An dieses Küchenkabinett wenden Sie sich, wenn Sie beruflich Rat benötigen, eine zweite Meinung zu geschäftlichen oder persönlichen Entscheidungen einholen und generell Ideen austauschen wollen.

Am besten suchen Sie sich für Ihr Küchenkabinett kluge Köpfe mit einem großen Erfahrungsschatz, was aber keinesfalls ihr wichtigster Vorzug ist. Ihr eigentlicher Mehrwert ist der, dass sie *nicht* Sie sind. Es ist schwierig, ein Etikett aus dem Innern der Flasche zu lesen, und Ihr Küchenkabinett bringt Ihnen etwas, was Sie allem Talent und allen Bemühungen zum Trotz nicht haben: eine andere Perspektive. Und um Rat zu fragen, bedeutet ja nicht gleich, dass man ihn auch annehmen muss. Oft ist das Wertvollste an einem Rat weniger die empfohlene Vorgehensweise als der Fragenkatalog, den man als Antwort erhält – er ist eine Art Test dafür, ob Ihre Argumentation Bestand hat.

Selbst in meiner egoistischsten Phase wusste ich den Rat anderer immer zu schätzen (auch wenn ich ihn nicht immer befolgte). Ich sammle Menschen, denen ich vertraue und die mich kennen und bereit sind, mir zu sagen, was sie wirklich denken, und nicht, was ich hören will. Einige der wertvollsten Ratschläge, die ich so bekomme, beziehen sich nicht darauf, was ich tun, sondern, was ich lassen soll. Ich habe in meinem Leben so viele Dummheiten gemacht. Aber so manche Massenkarambolage konnte verhindert werden, weil jemand sagte: »Hey, vielleicht besser nicht.«

Knausern Sie nicht beim Trinkgeld

Es ist nicht immer einfach, das Richtige zu tun. Ob es nun darum geht, die emotionale Reaktion auf einen persönlichen Verrat auszutarieren oder ein Team durch die Talsohle eines schlimmen Produktivitätseinbruchs zu führen – das sind Feuerproben, die unserem Charakter alles abverlangen. Aber meist ist es eigentlich recht einfach, das Richtige zu tun. So einfach, dass wir die

Gelegenheit dazu leicht mal übersehen. Das ist jedoch ein Fehler, denn indem wir das Richtige tun, wenn es einfach ist, üben wir uns in Großzügigkeit, Takt und Verständnis – Eigenschaften, die wir brauchen, wenn wir uns dann wahren Herausforderungen gegenübersehen. Denken Sie immer daran: Sie sind, was Sie tun.

In diesem Sinne: Knausern Sie nicht mit dem Trinkgeld. Ich meine das nicht nur wörtlich, im Sinne einer monetären Belohnung für eine erbrachte Leistung, sondern auch in einem weiteren Sinne: Seien Sie grundsätzlich freundlich zu Dienstleistern: in Restaurants und Hotels, beim Arzt, am Steuer eines Uber-Fahrzeugs und am Flughafen, wo der Dienst am anderen mit am schwierigsten ist. Wir leben in einer Dienstleistungsgesellschaft und haben täglich zahlreiche Begegnungen mit Dienstleistern. Jede dieser Interaktionen ist eine Gelegenheit, sich von seiner besten, großzügigsten Seite zu zeigen und den eigenen Charakter zu stärken. Ein lausiger Milchkaffee oder ein doppelt gebuchter Termin bietet die Möglichkeit für eine Entscheidung: Sie können die Muskeln Ihrer Kleinlichkeit spielen lassen und einen Fremden für Ihre Unannehmlichkeiten bestrafen, oder Sie können Gnade vor Recht ergehen lassen und Ihren und den Tag des Betreffenden ein wenig besser machen.

Zu anderen freundlich zu sein, baut Stresshormone ab und macht Sie glücklicher; für andere Geld auszugeben, kann Ihren Blutdruck ebenso stark senken wie eine gesunde Ernährung und Sport, und Altruismus wirkt buchstäblich analgetisch.[36] Also gönnen Sie sich noch eine Portion Pommes, geben Sie dem Mann am Imbiss einen Zwanziger und Sie profitieren beide davon. Ich liebe die Wissenschaft.

Suchen Sie sich reiche Freunde

Von frühester Kindheit an lernen wir, indem wir andere nachahmen. Unablässig beobachtet unser Unterbewusstsein das Verhalten der Menschen um uns herum und richtet unser eigenes Verhalten danach aus. Die Menschen um uns herum haben einen immensen Einfluss auf uns. Die Folge davon liegt auf der Hand: Geben Sie Ihrem Unterbewusstsein die bestmöglichen Vorbilder, an denen es sich orientieren kann.

Unser Gehirn neigt von Natur aus dazu, unser eigenes Verhalten mit dem anderer zu verbinden. Sogenannte Spiegelneuronen sind spezifische biologische Schaltkreise in unserem Gehirn, die sowohl dann feuern, wenn *wir* selbst handeln, als auch dann, wenn wir eine *andere* Person bei einer Handlung beobachten (und einige feuern womöglich selbst dann, wenn wir uns lediglich eine andere Person bei dieser Handlung vorstellen). Als soziale Tiere vergleichen wir uns ständig mit anderen, lernen von ihnen und passen unser eigenes Verhalten den Normen unserer Gruppe an. Menschen essen sogar mehr, wenn sie in Gesellschaft anderer essen.[37] Der Mensch ist außergewöhnlich talentiert im Nachahmen. In der Kindheit lernen wir vor allem durch Nachahmung, aber auch wir Erwachsenen neigen dazu. Es gibt sogar Belege dafür, dass Erwachsene *eher* dazu neigen, andere gedankenlos zu imitieren. Während Kinder klug genug sind, nur die Verhaltensweisen nachzuahmen, die ein Problem lösen oder eine Belohnung bringen, imitieren Erwachsene sklavisch einen Lehrer – bis hin zu dessen Manierismen.[38] Das gilt auch für unseren Umgang mit Geld. 78 Prozent aller jungen Erwachsenen geben an, dass sie sich hinsichtlich ihrer finanziellen Gepflogenheiten bewusst nach ihren Freunden richten[39] – ich vermute, die wahre Zahl liegt näher bei 100 Prozent.

Wie so oft war die Philosophie auch hier schon vor der Wissenschaft da. So schrieb Seneca vor 2000 Jahren: »Verkehre mit denen, die dich besser machen werden, und verstatte solchen den Zutritt, die du besser machen kannst. Hierbei findet eine Wechselwirkung statt, und die Menschen lernen, indem sie lehren.«[40]

Dies ist einer meiner kontroverseren Ratschläge, und was die Leute daran wirklich aufbringt, ist seine logische Konsequenz: dass Sie – taktvoll, versteht sich – persönliche Beziehungen abbrechen sollten, die Sie nur am Vorankommen hindern. Damit wir uns richtig verstehen: Ich lege Ihnen hier keineswegs nahe, Ihre Freunde aus Kindertagen abzuschreiben oder sich von jemandem allein seines Bankkontos wegen zu trennen. Langjährige Beziehungen haben einen eigenen inneren Wert, den Sie sonst nirgendwo finden. Wahre Freundschaft ist ein Geschenk. Aber die unbequeme Wahrheit ist, dass selbst einst starke Freundschaften toxisch werden können. Nicht jeder entwächst seiner Unreife, einem auf Nehmen und Egoismus gebauten Leben, und jeder hat Freunde, auf die das zutrifft. Es ist kein nachahmenswertes Verhalten, und man ist nicht verpflichtet, sich mit jemandem abzugeben, nur weil das Schicksal einen in der Schule oder am ersten Arbeitsplatz zusammengebracht hat. Der stoische Philosoph Epiktet hat das so formuliert: »Vor allem ziehe eines in Betracht: Lasse dich nie so stark an deine ehemaligen Bekannten und Freunde binden, dass sie dich auf ihr Niveau herunterziehen. Wenn du das nicht beachtest, bist du ruiniert ... Du musst wählen, ob du von diesen Freunden geliebt werden möchtest und immer derselbe bleibst, oder ob du dich auf Kosten deiner Freunde verbessern willst ... Wenn du beides versuchst, wirst du weder Fortschritte machen noch das behalten können, was du einmal hattest.«[41]

Der Umgang mit wohlhabenden Menschen bietet Ihnen Vorbilder für den Erwerb von Wohlstand und den Umgang damit. Das ist umso wichtiger für alle, die – wie ich – nicht mit dem goldenen Löffel im Mund aufgewachsen sind und mit Geld nicht viel zu tun hatten. Reiche Leute kennen in der Regel andere reiche Leute und ein solches Netzwerk kann von unschätzbarem Wert für Sie sein. Man misst Beziehungen oft eine zu große Bedeutung bei, Tatsache ist, dass sie selten ausreichen, um einen Mangel an Fähigkeiten oder Fleiß zu kompensieren. Sie können jedoch durchaus »Hebel« für Ihre tatsächlichen Qualitäten sein.

Seien Sie jedoch vorsichtig mit allem, was Ihre reichen Freunde über ihre Investitionen sagen (aber das gilt letztlich für alles, was Sie über Investitionen hören). Wir alle sprechen lieber über unsere Gewinne als über unsere Verluste, sodass Sie, wenn es um Investitionen geht, wahrscheinlich den Eindruck haben, Sie seien der Einzige ohne eine Wand voll Trophäen. Lernen Sie aus den Gewinnen, aber halten Sie sich immer vor Augen: Diese Leute haben auch Geld verloren.

Sprechen Sie über Geld

Haben Sie sich entsprechende Beziehungen aufgebaut, sprechen Sie über Geld. Reiche Leute (und Arbeitgeber) beharren gern auf der althergebrachten Ansicht »über Geld spricht man nicht« – das gehöre sich einfach nicht. Was für ein Bullshit! Wir leben in einer kapitalistischen Gesellschaft, ob wir das nun wollen oder nicht, und Geld ist nun mal deren Betriebssystem. Natürlich sehen es die, die Geld haben, nicht gern, wenn alle Welt davon spricht – da könnten andere ja etwas von lernen. Musiker reden über Musik, Programmierer über Codes, Golfer über Golf (*unablässig* – ich bedauere keinen Augenblick, damit aufgehört zu haben). Wir sind alle Kapitalisten, ob uns das nun passt oder nicht – also warum reden wir nicht über Geld? So können Sie Informationen über Vergütungen einholen, Ihre Strategien zur Steuersenkung verfeinern, die eigene Finanzplanung bewerten, Ihre Notfallpläne einem Stresstest unterziehen. Machen Sie sich das Gespräch über Geld zur Gewohnheit – Sie lernen, damit besser umzugehen.

Die wichtigste Beziehung überhaupt

Die wichtigste wirtschaftliche Entscheidung ihres Lebens ist nicht, was Sie studieren, wo Sie arbeiten, welche Aktien Sie kaufen oder wo Sie wohnen. Sie besteht vielmehr darin, welche Partner Sie wählen. So ist etwa die Beziehung zu Ihrem Ehepartner die wichtigste Beziehung Ihres Erwachsenenlebens; sie wird einen großen Einfluss auf Ihre wirtschaftliche Entwicklung haben.

Aus wirtschaftlicher Sicht kann man sich kaum etwas vorstellen, was mehr Vorteile bringen würde als der Bund – nach Möglichkeit – fürs Leben. Verheiratete sind um 77 Prozent wohlhabender als Alleinstehende. Mit jedem Jahr, das Sie verheiratet sind, steigt Ihr Nettowert im Durchschnitt um 16 Prozent.[42] Abgesehen davon leben Verheiratete länger und sind – statistisch gesehen – glücklicher als Alleinstehende.[43] Was viele Gründe hat, aber für mich persönlich zählt vor allem die Tatsache, dass man Ehepartnern gegenüber rechenschaftspflichtig und Rechenschaftspflicht der Schlüssel zum Erfolg ist. So wie sich CEOs von ihren Vorständen und Aktionären zur Rechenschaft gezogen sehen, ist Ihr Ehepartner die Person, die Ihnen helfen wird, Ihr Ziel zu erreichen, schließlich hat er das größte Interesse an Ihrem Erfolg. In den erfolgreichsten Ehen, die ich kenne, haben beide Parteien erkannt, wie wichtig es ist, den Erwartungen des Partners gerecht zu werden.

Wie jede wichtige Entscheidung birgt auch diese ihre Risiken. So ist wirtschaftlich gesehen einer der denkbar schlechtesten Schritte die Scheidung. Im Durchschnitt führt eine Scheidung in Amerika zu einem Vermögensverlust von etwa drei Vierteln – sowohl bei Männern als auch bei Frauen.[44]

Natürlich ist eine gute Ehe ein lebenslanges Projekt mit vielen Dimensionen, aber Geld spielt eine größere Rolle, als wir uns eingestehen wollen. Die zuverlässigste Variable zur Vorhersage einer Scheidung in Amerika ist – und das gilt sowohl für Männer als auch für Frauen – weder Untreue noch Erziehungsentscheidungen oder Karriereziele, sondern der Streit ums liebe Geld. Geld ist der zweithäufigste Grund für Auseinandersetzungen unter amerikanischen Paaren (ganz obenan steht der Ton bzw. das Verhalten gegenüber dem anderen an sich).[45] Die Hälfte der Amerikaner mit finanziellen Problemen spricht von negativen Auswirkungen auf die Intimität mit dem Partner.[46] Geldmangel ist mit die größte, wenn nicht sogar tatsächlich die größte Belastung für eine Beziehung, weshalb die Scheidungsrate bei Amerikanern mit niedrigem Einkommen deutlich höher liegt.[47] Jemanden zu heiraten, der besser mit Geld umgehen kann als man selbst, kann ein erheblicher Vorteil sein (Vorsicht: »besser mit Geld umgehen zu können« ist nicht gleich »knausrig sein«). Es ist auch durchaus in Ordnung, jemanden zu heiraten, der mit Geld weniger gut umzugehen versteht als man selbst (das ist bei der Hälfte aller Ehen der Fall), aber Sie sollten wissen, worauf Sie sich einlassen. Ich habe einen Freund, der unglaublich viel verdient, und sein Ehegespons wirft das Geld zum Fenster hinaus. Diese Person gibt, ungelogen, 1500 Dollar für Blumen für eine Dinnerparty aus. Ich nenne das einen finanziellen Dachschaden. Und der ist ein Quell der Sorge für die beiden als Paar. Krankhafte Beziehungen zu Geld können viele Formen annehmen und fressen eine Beziehung auf.

Sie müssen sich, von Beginn Ihrer Beziehung an, den finanziellen Realitäten stellen. Eine Ehe ist vieles – nicht zuletzt ein wirtschaftlicher Vertrag. Das bedeutet, dass man darüber reden muss. Geld als Tabu zu behandeln, ist womöglich eine der dümmsten gesellschaftlichen Normen. Setzen Sie sich doch einfach mal zusammen und unterhalten sich über Geld, das muss erst gar nicht mal so detailliert sein. Wie denken wir über Geld? Gibt es konkrete Belege dafür? (Die Frage ist ja nicht, wie wir gern mit Geld umgehen würden.) Welche wirtschaftliche Gewichtsklasse streben wir an? Wie tragen wir beide zur Erhaltung dieser Gewichtsklasse bei (einige der wichtigsten Beiträge sind nicht monetärer Art)? Besonders wichtig ist bei finanziellen Problemen die Kommunikation. Ähnlich wie in einem Firmenvorstand sind schlechte Nachrichten nicht das Problem. Das Problem sind Überraschungen.

Zum Abarbeiten: das Kapitel in Punkten

- Bringen Sie Ihr Tun in Einklang mit Ihren Absichten. Wirtschaftliche Sicherheit ist nicht das Produkt einer intellektuellen Übung; sie ist das Ergebnis eines Verhaltensmusters. Sie schaffen das weder mit Wissen noch Planung allein.
- Denken Sie beim Aufbau Ihres Charakters langfristig. Charakter ist der Schlüssel zur Vermählung von Absicht und Tun. Charakter ist Ihr Bollwerk sowohl gegen die Schwächen unserer Spezies als auch gegen die Versuchungen, mit denen der Kapitalismus diese Schwächen auszunutzen versucht.
- Treten Sie auf die Bremse. Achten Sie bewusst auf eine Handvoll der vielen Entscheidungen, die Sie tagtäglich treffen – ob Sie das Frühstück auslassen, wie Sie auf eine Kränkung reagieren. Bevor Sie handeln, sagen Sie sich: »Ich bin Herr der Situation, meine Reaktion ist meine Entscheidung.«
- Akzeptieren Sie Ihre emotionalen Reaktionen. Zorn, Scham, Angst, leugnen Sie nichts; sie sind natürlich, sie sind gesund. Nur lassen Sie nicht zu, das sie Ihr Tun bestimmen. Manchmal brauchen Sie ein Ventil. Sehen Sie zu, dass dieses gesund für Sie ist.
- Trainieren Sie Ihre Gewohnheiten. Identifizieren Sie Verhaltensweisen, die Sie gerne an sich sähen, und nutzen Sie die wissenschaftlichen Erkenntnisse über die Gewohnheitsbildung, um sie zu instinktiven Reaktionen zu machen.

- Machen Sie einfach. Hüten Sie sich vor zu viel Analyse; sie lähmt Sie nur. Verwechseln Sie nicht Planung mit Handeln. Sie lernen mehr und machen größere Fortschritte durch Ihre ersten Versuche und Fehler als durch Theorie.
- Suchen Sie die Belohnung, aber werden Sie nicht süchtig danach. Motivation ist nötig und Belohnungen wie Geld und Status sind starke Anreize. Aber es wird immer ein größeres Haus geben, einen exklusiveren Club – je mehr Geld Sie verdienen, desto weniger ist es wert. Erwarten Sie nicht, dass diese Belohnungen alleine Sie glücklich machen.
- Erkennen Sie die Rolle des glücklichen Zufalls. Resultate – gute wie schlechte – lassen sich nur bedingt kontrollieren. Die meisten von uns überschätzen den Eigenanteil an positiven Ergebnissen und schreiben negative gern über Gebühr den Umständen zu. Einige von uns tendieren in die entgegengesetzte Richtung. Seien Sie sich Ihrer persönlichen Tendenzen bewusst und beziehen Sie diese bei der Auswertung der Resultate mit ein.
- Kommen Sie ins Schwitzen. Die Korrelation von regelmäßiger Bewegung und Gesundheit ist unbestreitbar. Nehmen Sie sich Zeit für körperliche Ertüchtigung, und Sie werden, dank höherer Produktivität, unterm Strich Zeit sparen. Heben Sie Gewichte. Laufen Sie. Bewegen Sie sich.
- Treffen Sie gute Entscheidungen. Seien Sie sich Ihrer persönlichen Entscheidungsprozesse bewusst, analysieren Sie gute wie schlechte Entscheidungen und lernen aus ihnen. Unterm Strich werden Sie nicht eingegangene Risiken wahrscheinlich mehr bereuen als die Folgen Ihrer schlechten.
- Seien Sie nicht dumm. Dumme Leute schaden mit ihrem Tun nicht nur sich selbst, sondern ihrer Gemeinschaft. Erfolg hängt ab von Ihrem ganz persönlichen Netzwerk und der Gesundheit des Ökosystems, von dem Sie abhängig sind.

- Suchen Sie sich Leitplanken und Rat. Erkennen Sie die Menschen und Strukturen in Ihrem Leben, die Ihnen Halt geben und alternative Sichtweisen auf Ihr Handeln bieten, und lernen Sie sie zu schätzen. Das ist besonders wichtig bei zunehmendem Wohlstand und wachsender Macht, da Sie sich dann weniger denn je darauf verlassen können, eine ehrliche Meinung zu hören.
- Geben Sie ordentlich Trinkgeld. Das beschert Ihnen nicht nur einen besseren Service, sondern auch mehr Glück und ein längeres Leben.
- Suchen Sie sich reiche Freunde. Wohlhabende Menschen sind Vorbilder für das Leben mit Geld, sorgen für Gelegenheiten und sind ein Ansporn für Ihren Ehrgeiz.
- Sprechen Sie über Geld. Ob Ihnen das passt oder nicht, Geld ist das Betriebssystem unserer Gesellschaft. Machen Sie das Gespräch über Geld zur Normalität; Geld ist zu wichtig, um nicht darüber zu sprechen.
- Investieren Sie in Ihre Partnerschaft. Ihre wichtigste Entscheidung ist die Wahl des Partners, mit dem Sie als Team durchs Leben gehen, und Ihr Partner ist die wichtigste Beziehung, die Sie je eingehen werden. Eine Ehe ist wirtschaftlich gesehen eine Vitaminspritze, aber sie erfordert Arbeit und anhaltende Aufmerksamkeit.

Kapitel zwei: Fokus

Unser Fokus definiert uns. Alle Augenblicke verarbeitet unser Gehirn Unmengen von Daten, die unsere Sinne und unser Unterbewusstsein senden. Das Bewusstsein – unser Ich-Erleben – ist die skrupellose Missachtung fast aller dieser Daten. In jedem einzelnen Augenblick verfolgen wir nur einen einzigen Gedankengang, überwachen gerade mal einen schmalen Strom von Reizen. Der Fokus ist die Entscheidung, worauf wir unsere Aufmerksamkeit konzentrieren.

Woche für Woche, Jahr für Jahr bietet uns unsere Gesellschaft eine stattliche Reihe von Verlockungen und Schrecken, besseren Möglichkeiten und Gabelungen auf unserem Weg. Unser Leben ist die Summe all der Entscheidungen, die wir dabei treffen. Wir können ziellos vor uns hin wandern, in einem Jahr in den Wohlstand stolpern, in einem anderen vom Weg abkommen. Oder wir können uns bewusst für einen Weg entscheiden, unter der Maßgabe von Weitblick und Flexibilität. Wir können bewusst leben. Wir können uns fokussieren.

Der Aufbau unserer wirtschaftlichen Sicherheit erfordert anhaltende Anstrengungen über Jahrzehnte hinweg, und die lassen sich nicht aufrechterhalten, wenn man sich keinen Fokus setzt. Mein Erfolg basiert auf vielen Faktoren, von denen die meisten sich meiner Kontrolle entzogen. Das Einzige, worüber ich die Kontrolle hatte, können auch Sie kontrollieren: Ich habe hart gearbeitet, ich meine wirklich hart – und das fokussiert. Harte Arbeit sind die Pferdestärken. Harte Arbeit ist der Motor, der Ihre Karriere voranbringen wird. Ohne Fokus verbrennt er womöglich nur Treibstoff, dreht sich im Leerlauf, man kommt nicht voran.

Es genügt jedoch nicht, Ihnen zu sagen, sich einen Fokus zu setzen, und so geht es in diesem Kapitel darum, wie Sie Ihren Fokus erreichen und ausrichten können – vor allem in Bezug auf Ihre Karriere, auf die Sie meiner Ansicht nach einen Großteil Ihrer Energie konzentrieren sollten. Es handelt sich dabei um Ratschläge, die sich aus meinen Erfolgen – und erheblichen Fehlern – ergaben sowie aus dem, was bei Kollegen, Kunden, Studenten und Freunden funktioniert hat. Sie sind in gewisser Weise chronologisch angeordnet. So beginne ich mit Ratschlägen für die Wahl der beruflichen Richtung, gefolgt von Einsichten, die eher für den weiteren Verlauf Ihrer Laufbahn geeignet sind. Auch wenn Berufswege unterschiedlich verlaufen und in ständiger Veränderung begriffen sind, gelten diese Prinzipien meiner Ansicht nach für so gut wie jede Karrierestufe und so gut wie alle Sektoren.

Ausgewogenheit

Einer Binsenweisheit zufolge kann man alles haben, nur nicht alles auf einmal. So universell diese Wahrheit ist, sie wirkt sich auf jeden anders aus. Mein Leben hat durchaus seine Logik: Mein Leben heute ist ziemlich ausgewogen, gerade weil es mir in meinen Zwanzigern und Dreißigern an Ausgewogenheit mangelte. Von zweiundzwanzig bis vierunddreißig erinnere ich mich, abgesehen vom Wirtschaftsstudium, nur an meine Arbeit und nicht viel mehr. Stunden um Stunden im Büro, tagelang unterwegs, gecancelte Pläne und immer wieder Erfahrungsverzicht. Mein Mangel an Ausgewogenheit als junger Berufstätiger kostete mich meine Ehe, mein Haar und wohl auch meine Zwanziger.

Anders gesagt, ich bezahlte einen ausgesprochen realen Preis. Für mich hat sich dies, angesichts des weiteren Verlaufs meines Lebens, durchaus gelohnt. Es gibt einiges, was ich heute anders machen würde. Weniger zu arbeiten, gehört nicht dazu.

So sieht der Weg vieler aus. Ehrlich gesagt, wüsste ich niemanden unter denen, die nicht clever genug waren, ihr Geld zu erben, der nicht hart gearbeitet und mindestens zwanzig Jahre lang kaum was anderes gemacht hat. Einer neueren Studie zufolge, die 233 Millionäre unter die Lupe nahm, arbeiten 86 Prozent von ihnen mehr als fünfzig Stunden die Woche.[48]

Okay, aber nicht jeder ist in der Lage oder willens, derart viel Zeit und Energie in seine Karriere zu investieren. Und auch wenn ich nicht glaube, dass es einen (legalen) Weg gibt, es ohne harte Arbeit zu wirtschaftlicher Sicherheit zu bringen, haben Sie doch einige Hebel zur maximalen Nutzung Ihrer Zeit. Und genau darum geht es in diesem Kapitel – ob Sie nun dreißig oder sechzig Stunden die Woche arbeiten, Sie wollen diese Stunden effizient genutzt sehen. Aber wenn Sie eher nur dreißig Stunden arbeiten, dann ist es umso wichtiger, das Maximum aus dieser Zeit herauszuholen.

Akzeptieren Sie den Vorrang der Arbeit

In der Praxis wird die Zeit, die Sie auf Ihre Arbeit verwenden können, begrenzt sein, sei es aufgrund einer bewussten Entscheidung, sei es aufgrund von Faktoren, die sich Ihrem Einfluss entziehen. Packen Sie hier auf keinen Fall auch noch Einschränkungen psychologischer Art drauf. Sie werden den Vorrang der Arbeit in den kritischen Jahren schlicht akzeptieren müssen (für die meisten Menschen reichen diese von den frühen Zwanzigern bis weit in die Vierziger, aber das sind keine festen Grenzen). Sie werden *eine Menge* Zeit mit Arbeit verbringen – wollen Sie wirklich die ganze Zeit über schmollen?

Es wird Ihnen, wie ich in diesem Kapitel ausführen werde, leichterfallen, die Rolle der Arbeit zu akzeptieren, wenn Sie etwas machen, was Sie gut können, wenn sich finanziell lohnt, was Sie machen, und wenn Sie eine Leidenschaft für die zunehmende Beherrschung Ihres Metiers kultivieren. Das ist die Aufwärtsdynamik des Fokus. Wenn Sie verschnupft sind, weil Ihre Hobbys und Leidenschaften hinter Überstunden und Wochenendarbeit zurückstehen müssen (zu schweigen von den emotionalen und kognitiven Energien, die sie damit verbrennen), werden Sie nie Ihr Bestes geben, Sie werden Ihre Arbeit nicht gut machen, und zu allem Überfluss werden Sie auch den Rest Ihres Lebens nicht genießen können, weil der Groll alles färbt. Erinnern Sie sich daran, dass die künftige Version Ihrer selbst sich jetzt vielleicht noch etwas unwirklich anfühlt, aber sie wird Ihnen Ihr Opfer danken.

Geben Sie auch nicht vor, jemand zu sein, der Sie nicht sind, und ärgern Sie sich nicht über Ihre eigenen Grenzen. Sie werden Menschen kennenlernen, die starke Beziehungen haben, fit sind, sich beim Tierschutzverein engagieren, einen Food-Blog schreiben und beruflich die absoluten Kanonen sind. Gehen Sie ruhig davon aus, dass Sie nicht so sind (höchstwahrscheinlich machen Ihnen diese Leute ohnehin nur was vor – man weiß nie, welche Opfer sie hinter den Kulissen bringen oder welche Unterstützung sie erhalten). Ich bin schon früh dahintergekommen, dass ich nicht diese Art Mensch bin. Ich bin talentiert, aber nicht talentiert genug, um wirtschaftlich erfolgreich zu sein, ohne dafür zu arbeiten, und (im Lichte der Realität) gilt das auch für Sie. Finden Sie sich mit Ihren Grenzen ab.

Flexibilität

Sie bringen mehr Arbeitsstunden die Woche unter, wenn Sie diese um andere Verpflichtungen herum anordnen und nach Belieben verschieben können. Die moderne Technik macht Geistesarbeit insgesamt flexibler, nur ist diese Flexibilität ungleich verteilt. Eine fixe Anwesenheitspflicht finden Sie eher bei der Zusammenarbeit mit anderen, in Führungspositionen und größeren Organisationen. Alles, was mit Kunden, Patienten oder direktem Kundenkontakt zu tun hat, ist von Natur aus weniger flexibel. Flexibilität wird Ihnen umso mehr Nutzen bringen, je weniger Zeit Sie Ihrem Beruf widmen müssen.

Flexibilität lässt sich durch eine gewisse Reputation erwerben, aber seien Sie vorsichtig, denn diese wird stets organisationsspezifisch sein. Fünf bis zehn Jahre beim selben Unternehmen bringen einem tüchtigen Mitarbeiter genügend Vertrauen eines (fähigen) Managements und damit die Möglichkeit zur Diskussion seiner Arbeitszeit ein. Wechselt er jedoch das Unternehmen, beginnt die Arbeit an seiner Reputation wieder von vorn.

Je höher Ihre Position, desto mehr Flexibilität dürfte Ihnen gutes Management einbringen. Es gibt beruflich kaum etwas Befriedigenderes, als eine komplexe Aufgabe an ein Team delegieren und darauf vertrauen zu können, dass es diese auch tatsächlich erfüllen wird. (Management ist eine Fähigkeit, keine Charaktereigenschaft, und lässt sich lernen.)

Wenn Sie also unbedingt auf zeitliche Verpflichtungen außerhalb Ihres Jobs bestehen, dann sollten Sie Ihre berufliche Laufbahn eher auf individuelle Leistung ausrichten und sich einen Ruf dafür erwerben, Ihre Arbeit zu tun. Und wenn Sie in einem Unternehmen arbeiten, sollten Sie ein guter Manager werden, der zu delegieren vermag.

Teamwork

Der wichtigste Hebel zur Maximierung Ihrer Effizienz ist die Suche nach dem richtigen Partner. Ein Zweierteam kann mehr erreichen als zwei Einzelpersonen, denn ein Haushalt erfordert nun mal ein fixes Minimum an Zeit und Aufmerksamkeit, um richtig zu funktionieren. Sie sollten diese Last mit jemandem teilen. Das gilt natürlich besonders dann, wenn Sie Kinder haben.

Auch die Rolle der Ehe an sich als Karrierebeschleuniger wird unterschätzt. Die meisten wirklich erfolgreichen Menschen, die ich kenne, sind Teil eines Teams, in dem den Partnern hinsichtlich ihrer beruflichen und privaten Verpflichtungen unterschiedliche Rollen zugeteilt sind. So wie Sie die rechte Balance im Lauf der Zeit – und nicht binnen eines einzigen Tages – zu erreichen versuchen sollten, finden die meisten erfolgreichen Paare ihr Gleichgewicht nicht unabhängig voneinander, sondern gemeinsam. Sehen Sie es nicht als gegeben, dass Sie der Partner mit der Karriere oder der für die Haushaltsführung zuständige Partner sein werden. Hier kommt die Flexibilität ins Spiel. Eine Mitbegründerin von L2 konnte sich, als ihre Kinder noch klein waren, voll und ganz ihrer Karriere (beim Fernsehen) widmen, weil ihr Mann gerade mit der Gründung eines eigenen Unternehmens beschäftigt war. Die zeitlichen Verpflichtungen beider waren immens, aber eben auch durchaus flexibel – wenn also ein erkranktes Kind von der Schule abzuholen oder zu Hause ein Lieferant zu empfangen war, konnte er seinen Zeitplan darauf einstellen und sie im Studio ihrer Arbeit nachgehen.

Die Macht der Zwänge

Wie immer Ihre Prioritäten aussehen mögen, Sie sollten nie unterschätzen, wie viel Sie tatsächlich arbeiten und wie viel Sie schaffen können. Ich habe das bei mir selbst gesehen, als ich Prophet gegründet habe, ein Beratungsunternehmen für Markenstrategie. Unsere Firma hatte von Anfang an Probleme, mit der Nachfrage Schritt zu halten. Ich konnte zwar Kunden finden, fand aber nicht genügend gute Leute, um so schnell zu expandieren, wie es uns möglich gewesen wäre. Der Grund lag auf der Hand: Erfahrene Berater hatten es nicht nötig, bei einem Sechsundzwanzigjährigen frisch von der Businessschool anzuheuern. Unsere (völlig ungeplante) Lösung bestand darin, frischgebackene Mütter einzustellen, die wieder zurück ins Berufsleben wollten. Die großen Firmen waren unflexibel hinsichtlich ihrer Forderungen und konnten sich das auch leisten. Wir waren unbekannt, mussten also kreativer sein. So stiegen diese klugen und erfahrenen Beraterinnen bei uns ein, weil ich ihnen sagte, sie könnten früher Feierabend machen oder sogar ein paar Tage die Woche (man höre und staune!) von zu Hause aus arbeiten.

Sie waren mit die produktivsten und wertvollsten Kräfte der Firma. Und sie hatten über ihre Verpflichtungen zu Hause hinaus eine Menge zu bewältigen: Kunden, Anleitung von Nachwuchskräften, nicht zu vergessen die kreative Arbeit selbst. Es blieb ihnen also nichts anderes übrig, als effizient zu sein. Ihre Kollegen, die Deadlines verpassten, hatten nicht annähernd so viel um die Ohren, was sich jedoch als Nachteil erwies, da sie meinten, sich beim Mittagessen Zeit lassen, vom Schreibtisch aus ihr Fantasy-Football-Team managen und dann einfach abends länger bleiben zu können. Hier bewahrheitete sich eine alte Devise: »Wenn du etwas erledigt haben willst, geh zu jemandem, der zu tun hat.«

Womit wir wieder beim Fokus wären. Fokussieren heißt, Nein zu sagen. Laut Steve Jobs besteht die wichtigste Aufgabe eines CEOs darin, Nein zu sagen. Als Elon Musk das beste Auto aller Zeiten baute, lautete sein Mantra: »Das beste Teil ist *kein* Teil.« Finden Sie heraus, wie sich Ihr Leben vereinfachen und rationalisieren lässt, um sich auf das Wesentliche konzentrieren zu können. Und das erledigen Sie dann.

Vergessen Sie Ihre Leidenschaft

Wenn Ihnen jemand rät, Ihrer Leidenschaft zu folgen, bedeutet das, dass er bereits reich ist. Und in der Regel haben solche Leute ihr Vermögen mit etwas ganz Unspektakulärem wie, sagen mir mal, einer Eisenhütte gemacht. Ihre Aufgabe besteht vielmehr darin, etwas zu finden, worin Sie gut sind, und dann die Tausenden von Stunden, den Fleiß und die Opferbereitschaft aufzubringen, die es braucht, um darin großartig zu werden. Auf dem Weg dorthin wird das Gefühl, zu wachsen, und die zunehmende Beherrschung ihres Handwerks in Verbindung mit den finanziellen Vorteilen, der Anerkennung und der Kameradschaft zwangsläufig zur Begeisterung für was auch immer Sie machen, führen. Niemand sagt sich von Kindesbeinen an: »Meine Leidenschaft ist das Steuerrecht«, aber die besten Steueranwälte des Landes fliegen mit dem Privatflugzeug, haben eine größere Auswahl bei der Partnersuche und empfinden – weil sie so gut darin sind – eine Leidenschaft für das Steuerrecht. Es ist kaum wahrscheinlich, dass Sie es jemals in etwas zur Meisterschaft bringen, was Sie nur ungern tun, aber die Wahrscheinlichkeit, dass Meisterschaft zur Leidenschaft führt, ist durchaus real.

Sie wissen nicht, was Sie nicht wissen
Der womöglich problematischste Aspekt des Ratschlags »Folge deiner Leidenschaft!« ist, dass er für die meisten von uns schlicht nicht umsetzbar ist. William Damon, Psychologe an der Stanford University, fand heraus, dass nur 20 Prozent aller Menschen unter sechsundzwanzig eine Leidenschaft nennen können, die

sie bei ihren Lebensentscheidungen leiten würde.[49] Das heißt, vier von fünf unter uns können, selbst wenn sie wollten, ihrer Leidenschaft schon deshalb nicht folgen, weil sie keine Ahnung haben, worin sie besteht. Und selbst wenn wir eine Leidenschaft nennen können, spiegelt diese oft nur wider, was unsere Kultur von uns erwartet, ist also eher durch die Gesellschaft als durch unser Wesen bestimmt. Forscher, die sich mit den Ambitionen junger Menschen beschäftigten, fanden heraus, dass sich deren »Leidenschaften« als in hohem Maße form- und beeinflussbar erwiesen durch Faktoren wie die Ausstattung eines Klassenzimmers für ein bestimmtes Fach.[50] Den meisten von uns ist die Art von Leidenschaft, die einem als Leitstern dient, nicht mit in die Wiege gelegt. Sie ist vielmehr etwas, das wir durch harte Arbeit finden.

Der Autor Cal Newport hat mit *Die Traumjoblüge* ein ganzes Buch zum Thema geschrieben, in dem er die »Leidenschaftstheorie«, wie er sie nennt, entlarvt. Dazu knöpft er sich als Erstes den vielleicht berühmtesten Verfechter dieses Mythos vor: Steve Jobs. Jobs gab bei einer Rede in Stanford dem Abschlussjahrgang von 2005 den Rat mit auf den Weg, herauszufinden, »was euch richtig Spaß macht ... Wer sich über seinen Traumjob noch nicht im Klaren ist ... muss weitersuchen«.[51] Allein auf YouTube hatte diese Rede über vierzig Millionen Klicks. Newport weist jedoch darauf hin, dass Jobs' eigene Karriere im krassen Widerspruch zu seinem Rat steht. Vor der Gründung von Apple hatte Jobs eine ganze Reihe von Leidenschaften: Meditation, Kalligrafie, Frutarismus und Barfußlaufen. Was Technik anbelangt, so galt sein erstes Interesse einem Gerät, mit dem sich kostenlos Ferngespräche führen ließen (falls Ihnen das nichts sagt, fragen Sie Ihre Eltern). Als er schließlich seine Berufung fand, hatte diese mit alledem nichts zu tun. Er machte Werbung für einen Hobbycomputer, der nicht von ihm, sondern von seinem Freund Steve

Wozniak gebaut worden war. Jobs fand also nicht, was er liebte, er fand sein Talent. Er *entwickelte* eine Leidenschaft für die Vermarktung kleiner, später von ihm als »Fahrräder für den Geist« bezeichneter Computer für jedermann – weil er darin so gut war.

Karrieren aus Leidenschaft können Sie vergessen

Der Glaube, Leidenschaft für was auch immer sei die Voraussetzung dafür, den steinigen Weg zur Meisterschaft darin anzugehen, führt Sie in Berufe, in denen das Angebot an diensteifrigen Arbeitskräften die Nachfrage bei Weitem übersteigt – Tätigkeiten mit anderen Worten, die sich eher als Nebenbeschäftigung eignen denn als Beruf. Nur 2 Prozent aller Berufsschauspieler leben von ihrem Beruf, das oberste 1 Prozent aller Musiker erzielt 77 Prozent aller Einnahmen aus Tonträgern und die Hälfte aller bildenden Künstler erzielt weniger als 10 Prozent ihres Einkommens mit ihrer Kunst. Die digitalen Medien sollten hier für Chancengleichheit sorgen, aber sie haben die herkömmliche Wirtschaft, in denen der Löwenanteil an die Gewinner geht, nur noch verstärkt. Die obersten 3 Prozent der YouTube-Kanäle erhalten 85 Prozent aller Klicks auf der Plattform, und selbst wenn jemand diese Schwelle knackt (wofür eine Million Aufrufe pro Monat nötig sind), bringt ihm seine Leidenschaft gerade mal 15 000 Dollar im Jahr.[52]

In der Unterhaltungsbranche und bestimmten anderen Berufen, die Außenstehenden erstrebenswert erscheinen, wissen Casting-Direktoren, Produzenten, Manager – also die winzige Gruppe von Menschen mit Macht –, dass der Nachschub an Leuten mit Talent, aber ohne Erfahrung nie versiegen wird und sie entsprechend billig zu haben sind. Sie haben wenig Grund, in Leute zu investieren oder Talente zu fördern, die nicht bereits Stars – also profitabel – sind. Ob Investmentbanking, Sport, Musik oder Mode, sie alle leiden unter diesem Problem. Zu meinen

Kunden gehörte Chanel, eine der stärksten Marken der Welt, deren Preispunkte in die Tausende gehen und deren Bruttomargen bei über 90 Prozent liegen. Die Familie, der Chanel gehört, ist milliardenschwer. Und doch arbeitete man mit unbezahlten Praktikanten. Wir sprechen hier von Milliardären, die beschlossen haben, dass sie den (meist) jungen Frauen, die von einem Job in der Modebranche träumen, noch nicht einmal Mindestlohn zahlen. Warum? Weil sie konnten. Leidenschaftsbranche ist nur ein anderes Wort für Ausbeutungsbranche.

Mein Rat gilt selbst dann, wenn sich Ihre Leidenschaft tatsächlich mit einer potenziellen Laufbahn deckt, zumindest zu Beginn Ihres Berufslebens. Juristische Fakultäten sind voll von Leuten, die mit der Serie *Law & Order* aufgewachsen sind und davon träumen, Anwalt zu werden, ihre Berufswahl aber schon nach wenigen Jahren bereuen. Wie ein Job von außen (oder noch schlimmer, im Fernsehen) aussieht, entspricht selten dem, was er in der Praxis ist. Was nicht heißen soll, dass er schlechter ist, er ist nur anders. Profisportler, vor allem in Mannschaftssportarten, mögen den Wettkampf, aber wenn sie in den Ruhestand gehen, vermissen sie meist weniger die Siege als die Kameradschaft, die Augenblicke selbstloser Fokussierung, die Verbundenheit mit anderen, die die harte Arbeit auf dem Trainingsplatz schafft – Dinge, die wir Fans in der Regel nicht sehen.

Arbeit tötet die Leidenschaft

Seiner Leidenschaft zu folgen, ist nicht nur schlecht für die Karriere, sondern auch für die Leidenschaft. Arbeit ist mit Problemen verbunden und birgt Rückschläge, Ungerechtigkeiten, Enttäuschungen. Wenn Sie sich beruflich für Ihre »Leidenschaft« entscheiden, laufen Sie Gefahr, dass sie Ihnen verwelkt. Morgan Housel drückt das folgendermaßen aus: »Fremdbestimmt etwas zu tun, das man liebt, kann sich genauso anfühlen, als mache man etwas, das man hasst.«[53] Jay-Z ist seiner Leidenschaft gefolgt und ist heute Milliardär. Gehen Sie ruhig davon aus, dass Sie kein Jay-Z sind. 99 Prozent von uns sollten ihrer Leidenschaft am Wochenende nachgehen.

Folgen Sie Ihrem »Talent«

Im Gegensatz zur Leidenschaft ist Talent objektiv zu erkennen und überprüfbar, es lässt sich leichter in eine einträgliche Laufbahn ummünzen, und es entwickelt sich, je mehr man es nutzt. Leidenschaft für etwas mag dazu führen, dass man darin besser wird – bei Talent steht das außer Frage. Volkswirtschaftler bezeichnen die Übereinstimmung von Talent und Arbeitsplatz als »Match-Qualität«.[54] Und wie Studien immer wieder gezeigt haben, erbringen Menschen mit hoher Match-Qualität bessere Leistungen, verbessern sich schneller und verdienen mehr Geld. Zu tun, worin man gut ist, sorgt für einen positiven Kreislauf. Ihre Erfolge stellen sich schneller ein, stärken Ihr Selbstvertrauen und ermutigen Sie zu weiteren fokussierten Anstrengungen. Auch Ihr Gehirn funktioniert besser, da der Strom belohnender Neurotransmitter das Gedächtnis und die Entwicklung von Fähigkeiten verbessert.[55] So empfindet man die Erfahrung an sich eher angenehm als strapaziös, was es leichter macht, sie Tag für Tag, Jahr für Jahr zu wiederholen.

»Talent«
Meine Definition von Talent ist eher breit. Eine gute allgemeine Definition lautet: Was fällt Ihnen leicht, das anderen schwerfällt? Was übrigens auch die Wurzel aller Geschäftsstrategie ist: Was können Sie, was andere nicht können? Wir denken bei »Talent« gern an die Beherrschung eines Instruments oder daran, wirk-

lich gut in Mathe zu sein. Doch um beruflich Erfolg zu haben, braucht es einen weiter gefächerten Satz von Fähigkeiten.

Eine der ersten Personen, die ich als Beraterin bei Prophet einstellte, war Connie Hallquist, die, bevor sie zu uns stieß, Romanistin, Tennisprofi und Devisenhändlerin gewesen war. Das sind alles Berufswege, die auf ganz spezifische und offensichtliche Talente bauen. Aber worin Connie wirklich gut war, wie sie bei Prophet feststellte, das war die Führung von Menschen. Ich habe selten jemanden gesehen, der so gut darin war, einen Plan aufzustellen, ein Team zu motivieren und alle auf ein gemeinsames Ziel hinzuführen. Und das musste sie auch sein, denn von der ersten Woche an, in der sie an Bord war, machte ich es mir zur Strategie, ein so großes und ambitioniertes Projekt zu verkaufen, wie ich nur konnte, und mich dann an Connie zu wenden, um es durchzuziehen. Und das tat sie. Sie gründete später ihr eigenes Unternehmen und mehrere andere Firmen haben sie seither als CEO rekrutiert. Im Gegensatz zum Tennis oder zum Devisenhandel ist »Menschen-Management« eine amorphe Angelegenheit und als »Talent« schwer auszumachen. Aber ist es einmal erkannt und wird kultiviert, dann ist es wohl das wertvollste Talent, das man haben kann. Man geht oft davon aus, dass ein kluger und guter Mensch auch ein guter Manager ist. Das stimmt jedoch nicht. Menschenführung ist eine ganz eigene Fähigkeit, die man trainieren kann, aber wie die meisten Fähigkeiten besonders in Menschen mit einem natürlichen Talent dafür zum Tragen kommt.

Einer der Menschen, die mich in meinem Leben inspiriert haben, ein Namensvetter von mir, Scott Harrison, hat mit charity: water eine ebenso einzigartige wie überzeugende gemeinnützige Organisation auf die Beine gestellt. Ich kannte Scott schon in seinem früheren Leben als New Yorker Club-Promoter. Scott verdiente seinen Lebensunterhalt damit, die Hand am Puls der

Szene zu haben. Er wusste, wo man hingehen musste und wer dort war. Scott war cool – und ist es heute noch. Was sich als Talent entpuppte. Und als er irgendwann an einen Punkt gelangte, an dem er sich mehr vom Leben wünschte als eine endlose Abfolge durchfeierter Nächte, nutzte er dieses Talent zum Spendensammeln. Er baute die Spenderbasis, die die Grundlage für charity: water bildet, nach demselben Prinzip auf wie die Gästeliste für die After-Hour-Partys in Downtown Manhattan. Scott hat noch viele andere Talente, und charity: water ist in vielerlei Hinsicht so innovativ wie bewundernswert, aber nichts von alledem wäre passiert, hätte Scott nicht sein Talent zum Knüpfen von Kontakten gepflegt.

Talent ist *alles*, was man kann und andere nicht können oder nicht tun wollen. In meinem ersten Job nach dem College war ich Analyst bei Morgan Stanley. Die meisten meiner Kollegen brachten dafür bessere Voraussetzungen mit als ich. Sie hatten sich diesen Job verdient. Ich dagegen war nur hineingerutscht – der Abteilungsleiter war wie ich am College im Ruderteam gewesen und schloss daraus, dass ich einen tollen Investmentbanker abgeben würde. Meine Kollegen kannten sich besser aus im Finanzwesen und in den Gepflogenheiten der Wall Street, sie hatten mehr Gemeinsamkeiten mit unseren »Master-of-the-Universe«-Bossen, und, was das Entscheidende war, sie wussten, im Gegensatz zu mir, sie gehörten dort hin. Nie und nimmer würde ich einen besseren Investment-Analysten abgeben als Chet aus Falls Church oder Shannon aus Greenwich. In einem Punkt jedoch hatte der Abteilungschef, der mich einstellte, recht. Am College im Ruderteam zu sein, bedeutet, um fünf Uhr morgens aufzustehen und zu rudern, bis einem buchstäblich das Kotzen kommt: Ich hatte gelernt, Schmerzen zu ertragen. Also legte ich mich auch hier in die Riemen. Wenn Chet und Shannon um zwei Uhr morgens nach Hause gingen, blieb ich im Büro. Wenn sie um acht zurückkamen, war ich immer noch da. Ich hatte immer ein zweites Hemd in meiner Schublade und das zog ich dann an. Jeden Dienstag arbeitete ich von neun an sechsunddreißig Stunden durch. Damit habe ich mir einen Namen gemacht. Und in diesem Umfeld hatte das einen Wert. Wenn sich das krank oder gar nach einem Fetisch anhört, vertrauen Sie ruhig Ihren Instinkten. Mein Rat lautet nicht: »Arbeiten Sie die Nacht durch, nur um die ganze Nacht zu arbeiten.« Hätte ich mit Chet und Shannon konkurrieren können, ohne auf meinen Schlaf zu verzichten, hätte ich es getan.

Entscheidend ist, herauszufinden, was man kann, was andere nicht können oder nicht tun wollen. Hart zu arbeiten, ist ein Talent. Neugier ist ein Talent. Geduld und Einfühlungsvermögen sind Talente. Für Ringer und Boxer ist es ein Talent, Gewicht zu machen. Für einen Jockey ist es ein Talent, klein zu sein. Kurzum, Sie sollten sich bei der Suche nach Ihrem Talent keine Grenzen setzen und nicht nur Ihre *Fähigkeiten* berücksichtigen, sondern auch Ihre Vorteile, Ihre Unterschiede zu anderen, was Sie aushalten können, was Sie einzigartig macht. Das erfordert Zeit, Flexibilität und Selbstreflexion.

Wie ich mein Talent fand

Ich habe Jahre und viele Fehlentscheidungen gebraucht, bevor ich auf meine wirklichen Talente kam (mal abgesehen von dem, Schmerzen wegstecken zu können). Ich wechselte vom Consulting zum E-Commerce und von da zu Hedgefonds und zu weiß Gott was, von dem ich dachte, damit andere beeindrucken zu können. Meine Mitte habe ich nie wirklich gefunden. Alle diese Berufswege lagen insofern knapp daneben, als einer wie der andere das streifte, was ich wirklich gut kann, nämlich kommunizieren. Im Nachhinein scheint das so offensichtlich, damals war es das nicht.

Ich kam dem näher, als ich mit achtunddreißig zur Fakultät der New York University stieß. Das war der eigentliche Start meiner Karriere. Vor fünfzehn, dann fünfzig, dann dreihundert MBA-Studenten im zweiten Jahr zu stehen und in zwölf 140-minütigen Sitzungen zu versuchen, die Prinzipien des Marketings zu vermitteln, hat dieses Kommunikationstalent geschärft. Dann startete ich einen wöchentlichen Newsletter (*No Mercy/No Malice*), begann eine wöchentliche YouTube-Show zu produzieren, mein erstes Buch zu schreiben, honorierte Reden zu halten und zwei Podcasts. Irgendwann entwickelte sich mein Talent zu meinem eigentlichen Beruf und zu etwas, das mich noch heute, lange nach Erreichen meiner wirtschaftlichen Sicherheit, arbeiten lässt. Es wurde mir, und das klingt bei der Niederschrift so merkwürdig wie beim Lesen, zur Leidenschaft.

Der lange Umweg, den es brauchte, um mein Talent zu finden, hatte aber auch seine Vorteile, deren größter darin besteht, dass ich durch die jahrelange Erfahrung als Unternehmer und Berater etwas habe, worüber ich kommunizieren kann. Aber es war eben auch ein Luxus und alles andere als der effizienteste Weg. Sie können Ihr Talent viel bewusster erkennen.

Finden Sie Ihr Talent

Aber wie nun findet man sein Talent? Bei den meisten von uns dominiert die Schule die ersten zwei Jahrzehnte unseres Lebens, aber unser Bildungssystem konzentriert sich darauf, was wir produzieren können, und nicht darauf, wer wir sind. Talente zeigen sich nur selten, wenn sie nicht gefordert werden, und im Klassenzimmer kommt nur ein Bruchteil der Talente zum Vorschein, die man am Arbeitsplatz nutzen kann.

Setzen Sie sich unterschiedlichen Kontexten, Positionen und Organisationen aus. Ehrenamtliche Arbeit, Studentenvertretung, Jobs, Sport – kein Umfeld, dass nicht irgendein Talent herauskitzeln würde. Also setzen Sie sich frühzeitig mehreren aus. Noch mal: Um herauszufinden, wozu sie nicht taugen, worin Sie nicht gut sind, ist Teil Ihrer Suche nach dem, worin Sie gut sind. Diese Sondierung ist in der Schule und am Anfang Ihrer Karriere am nützlichsten, da Sie in diesen Jahren die nötige Zeit dazu haben. Sie tun gut daran, Ihre Zwanziger als Zeit zum Job-Shopping zu betrachten, Ihre Dreißiger als die Jahre, in denen Sie es in dem von Ihnen gewählten Bereich zur Meisterschaft bringen, und die Vierziger- und Fünfzigerjahre als Zeit der Ernte.

Vorgefertigte Persönlichkeitstypen können bei dieser Talentsuche behilflich sein. Ich selbst bin kein großer Freund solcher Systeme und die Wissenschaft dahinter ist so begrenzt wie umstritten.[56] Auf der anderen Seite ist der Zeitaufwand, um diese auszuprobieren, kaum der Rede wert, und selbst die kleinste Kurskorrektur, die kleinste Anregung zu Beginn Ihrer Karriere kann enorm nützlich sein. Der milliardenschwere Hedgefonds-Manager Ray Dalio schwört auf Persönlichkeitstests und setzt sie in seiner Firma Bridgewater Associates ein. Mithilfe sogenannter »Baseball-Karten« bittet Bridgewater seine Mitarbeiter, sich gegenseitig nach verschiedenen Kriterien wie »Kreativität« oder »extrovertiert« zu bewerten, um ihre Talente besser zu verstehen. Mir persönlich geht das zu weit, aber Dalio kann auf weit über 100 Milliarden Gründe (das von Bridgewater verwaltete Vermögen in US-Dollar) dafür verweisen, dass ich falschliege.

Das bekannteste dieser Hilfsmittel ist der Myers-Briggs-Typenindikator. Anhand einer Reihe von Fragen erstellt Myers-Briggs mittels vier Dimensionen Ihr Persönlichkeitsprofil. Ich glaube nicht, dass viele Menschen von ihrem Myers-Briggs-»Score« überrascht sein werden, aber sowohl die Beantwortung der Fragen als auch die Resultate sind aufschlussreich. Sehen Sie über die Etiketten hinweg und lesen Sie die Kurzzusammenfassungen Ihrer Vier-Buchstaben-Kategorie. Ein weiteres Hilfsmittel, das

Sie in Betracht ziehen sollten, ist CliftonStrengths von Gallup, das explizit auf die Identifizierung von Talenten ausgerichtet ist. Es werden fünfunddreißig »Stärken« ermittelt und Sie nehmen teil an einem Bewertungstest zur Ermittlung Ihrer Top 5.

Suchen Sie jenseits stereotyper Fragebögen nach Anzeichen für Ihre wahren Talente. Welche Rollen bittet man Sie, zu übernehmen? Wo hatten Sie Erfolg, womit hatten Sie Mühe? Es ist wichtig, unter die Oberfläche dieser Erfahrungen zu gehen und dort nach den tieferen Talenten zu suchen, die auf Ihre Karriere übertragbar sind. Fragen Sie sich, *warum* diese Erfahrungen so verlaufen sind, wie sie verlaufen sind. Dass Sie tolle Partys geben können, heißt nicht (unbedingt), dass Sie Partyplaner werden sollten. Aber es könnte ein Hinweis darauf sein, dass Sie kreativ und methodisch sind, dass Sie etwas auf die Beine stellen und verkaufen können, dass Sie unternehmerische Fähigkeiten haben oder dass Sie Menschen dazu bringen können, zu tun, was Sie wollen (nämlich zu Ihrer Party zu kommen). Manche Leute nennen so etwas Führungsqualitäten. Kurzum, nehmen Sie sich Ihre Erfolge (und Misserfolge) vor und analysieren Sie die Fertigkeiten, denen Sie sie verdankten. Geben Sie sich eine Note für jede dieser Fertigkeiten. Was brachte Ihnen Erfolg, was führte zum Misserfolg? (Zu wissen, was Sie *nicht* können, ist die andere Seite der Medaille der Selbsterkenntnis.) Wenn Sie etwas mit Leidenschaft betreiben, dann hinterfragen Sie Ihr Verhältnis dazu. Was genau macht Ihnen daran solchen Spaß? Ich möchte wetten, das ist der Aspekt, bei dem Ihr Talent zum Vorschein kommt. Was können Sie sonst noch anfangen mit diesem Talent?

Man bekommt nicht immer, was man will

So ungerecht das auch sein mag, aber unsere Talente decken sich selten mit unseren ersten Ambitionen. Und das nicht nur im Sinne des Kindertraums, Baseball-Star zu werden. Selbst in den ersten Berufsjahren neigen wir dazu, uns unsere Vorstellung davon, wer wir sein wollen, auf der Grundlage minimaler Daten zu bilden: auf Tätigkeit und Wertvorstellungen unserer Eltern, auf die Talente unserer Freunde, auf was auch immer in dem Job, den wir nach dem College bekommen, zählt. Es mag schwer zu akzeptieren, ja schwer zu erkennen sein, dass unser Talent wahrscheinlich woanders liegt.

Manchmal läuft man direkt neben einer Tür mit dem Kopf an die Wand. Ein weiterer meiner ersten Mitarbeiter bei Prophet, Johnny Lin, war einige Jahre in der Finanzbranche tätig gewesen. Der junge Mann ging mit Zahlen und quantitativen Analysen so natürlich um wie ein Musiker mit einem Instrument, von dem er weiß, wie man es zum Klingen bringt. Egal wie inkongruent die Datensätze waren, die man ihm vorlegte, er verwandelte sie unter jedem nur gewünschten Gesichtspunkt in eine saubere, logische Kalkulationstabelle. Der Einzige, der von Johnnys Gabe nicht beeindruckt war, war Johnny selbst. Er wäre lieber »Stratege« gewesen, einer, der aus PowerPoint-Folien Narrative webt. Er ging schließlich in den Einzelhandel, wo ihn ein Unternehmen nach dem anderen seines genialen Umgangs mit Zahlen wegen in Führungspositionen beförderte. Letztendlich söhnte er sich mit seiner Begabung aus und lernte, wie sie sich in einer übergeordneten Rolle zuerst als Vertriebsleiter und schließlich als CEO verschiedener Einzelhandelsketten einsetzen ließ. Auf dem Weg dorthin arbeitete er an seinen Schwächen und wurde denn auch ein guter Kommunikator. Die Lehre daraus lautet, seinem Talent zu folgen, sich aber von diesem keine Grenzen setzen zu lassen.

Die Diskrepanz zwischen unserer und Johnnys eigener Wahrnehmung seiner Zahlenbegabung ist keine Seltenheit. Wir neigen dazu, unsere eigenen Talente herunterzuspielen (während wir die anderer Menschen deutlicher sehen), gerade *weil* wir so gut darin sind. Wir wissen, nicht zu schätzen, was uns leichtfällt. Wenn wir hingegen jemanden etwas tun sehen, was uns schwerfällt, bestaunen wir sein Talent. Höchstwahrscheinlich geht es anderen mit uns genauso.

Unsere Fähigkeit, unsere eigenen Talente zu erkennen, kann durch alles Mögliche gestört werden. Unser Chefredakteur bei Prog G Media, Jason Stavers, war ein erfolgreicher Anwalt und ist heute ein hervorragender Autor und Blogger, besteht aber immer noch darauf, dass er eigentlich Programmierer hätte werden sollen. Warum hat er diesen Weg dann nicht eingeschlagen? Von Kindheit an von Codes fasziniert und im Umgang damit begabt, scheute er davor zurück, weil es nicht cool war. »Es ist mir peinlich, das zuzugeben«, gestand er mir, »aber mit dreizehn hatte ich, obwohl ich buchstäblich im Silicon Valley lebte, schlicht nicht das Selbstvertrauen, mich im Computerraum blicken zu lassen. Ich hatte Angst um meine Popularität.« Die Welt ist voll Lärm, und es ist nicht immer einfach, diesen auszublenden und auf das zu hören, was uns wirklich erfüllt.

Bevor ich all Ihre Träume zertrete, lassen Sie mich etwas einschieben: Es gibt Menschen (weniger als 1 Prozent), die schon früh ein derartiges Talent in einer »Leidenschaft« (Sport, Kunst etc.) an den Tag legen, sodass es durchaus sinnvoll sein kann, diese als Berufsweg zu wählen. Sollten Sie Beweise dafür haben, dass dies auf Sie zutreffen könnte, sollten Sie es auf jeden Fall versuchen. Aber legen Sie die Messlatte hoch, damit Sie frühzeitig einschätzen können, ob Ihr Talent echt ist und (noch wichtiger) ob auch die Welt es erkennt. In den meisten der unter »Leidenschaft« fallenden Kategorien müssen Sie zum obersten Zehntelprozent gehören, um damit Ihren Lebensunterhalt zu verdienen. In den meisten Berufen (all denen, die ein Fünfjähriger *nicht* nennt, wenn er gefragt wird, was er später mal werden will) verdient man sich seine Brötchen damit, einfach jeden

Tag zur Arbeit zu gehen. Anders ausgedrückt: Es ist tausendmal einfacher, seinen Lebensunterhalt in »unromantischen« Berufen zu bestreiten – und das in einem Maß, das es Ihnen nicht nur erlaubt, wirtschaftliche Sicherheit zu erlangen, sondern darüber hinaus (siehe oben) auch noch, an den Wochenenden Ihrer Leidenschaft nachzugehen.

Finden Sie Ihre Leidenschaft

Das Happy End Ihrer Talentsuche besteht darin, dass sie Sie zur Leidenschaft führt. Nur wird diese nicht Ihre blauäugige Jugendliebe sein, sondern die dauerhafte Leidenschaft eines für sie bedeutungsvollen Berufs – mit anderen Worten genau das, was Sie brauchen, um die Jahre harter Arbeit zu überstehen. Diese Leidenschaft erwächst aus der Beherrschung dessen, was Sie machen, und dem Gefühl, etwas Schwieriges wirklich, wirklich gut zu machen. In *Mach, was Du willst*, einem Buch, das auf ihrem gleichnamigen beliebten Stanford-Seminar basiert, formulieren Bill Burnett und Dave Evans das folgendermaßen: Leidenschaft ist das Ergebnis solider Lebensgestaltung, nicht ihre Ursache.[57]

Talent + Fokus → Beherrschung seines Metiers → Leidenschaft

Man kann den Wert der Beherrschung seines Metiers gar nicht hoch genug einschätzen, und noch schwieriger ist es, ihn jungen Menschen zu vermitteln, die dazu noch nicht die Zeit hatten. Meiner Erfahrung nach haben nur sehr wenige Menschen unter fünfundzwanzig, wenn nicht gar dreißig, ein komplexes Unterfangen tatsächlich gemeistert. Selbst Spitzensportler, die in der Regel ihrem Sport ihre ganze Jugend gewidmet haben, sind Anfänger, wenn sie ihren ersten Profivertrag unterschreiben, und spielen in der Regel auch so. Es brauchen selbst erwachsene Profis noch Jahre, um es in ihrem Handwerk zur Meisterschaft zu bringen. Zu einer beliebten Faustregel hat es hier Malcolm Gladwells These gebracht, der zufolge es zur Meisterschaft 10 000 Stunden Übung braucht.

Der Weg zur meisterlichen Beherrschung unseres Talents hat sein Gegenstück in großartigem Produktdesign. Innovation vollzieht sich schrittweise. Der Schlüssel liegt darin, etwas auszuliefern und es dann sukzessive zu verbessern. Bei jedem Unternehmen, das ich gegründet habe, sah das erste Produkt nicht so aus, wie es zwei Jahre später aussehen sollte. Ich bin in geradezu irrationalem Maß von dem Gedanken des Erfolgs im Fernsehen besessen und habe entsprechend jahrelang daran gearbeitet. Unser erstes YouTube-Video war furchtbar. Aber, und das ist das Entscheidende, wir haben es schließlich geschafft. Und haben es wieder und wieder gemacht. Im Laufe der Jahre haben wir Hunderte von kleinen Tweaks vorgenommen: hinsichtlich Beleuchtung und Ton sowie einer einheitlichen Designsprache, aber auch in Sachen Aufbereitung und Präsentation der Inhalte. Schließlich waren wir so gut, dass Vice mir 2020 eine eigene Sendung anbot. Wir drehten die erste Folge (beziehungsweise unterzeichneten unseren ersten Vertrag) und ich ging damit zu meiner Frau. Sie weinte (und das nicht vor Glück). Wir waren blutige Anfänger. Aber wir wurden besser. Zwei Jahre später bat man mich, eine eigene Sendung bei Bloomberg zu moderieren (aus der nichts wurde, was eine lange Geschichte ist, die einen Auftritt von mir ohne Hemd involviert), und ein Jahr später moderierte ich meine eigene Sendung bei CNN+, die wesentlich besser war als alles, was ich zuvor gemacht hatte. Als CNN+ dichtmachte, bot mir die BBC eine Show in ihrem neuen Streaming-Netzwerk an, und die wäre wieder besser gewesen, aber Veränderungen auf dem Medienmarkt funkten dazwischen, und das Netzwerk ist nie gestartet. Und das ist auch gut so. Jede Show ist besser geworden als die vorige und infolgedessen bekommen wir jetzt regelmäßig Angebote von Sendern für eine Show.

Der langen Rede kurzer Sinn: Es geht um die Beherrschung seines Metiers. Ich muss das Fernsehen erst noch erobern, aber meine Stärke besteht darin, vor einem Publikum zu stehen und über Business und andere Themen zu sprechen, an denen mir liegt. Ich befinde mich dann in genau jenem Flow-Zustand, der charakteristisch ist für die Beherrschung, die Meisterschaft. Der Begriff »Flow« stammt von dem Psychologen Mihály Csíkszentmihályi und beschreibt einen Zustand intensiver Konzentration und Selbstvergessenheit, in dem wir so sehr mit unserer Tätigkeit verschmelzen, dass wir jedes Gefühl für uns und die Zeit verlieren. Flow ist nicht nur ein leistungssteigernder Zustand, sondern auch der Zustand, in dem wir am besten lernen. Und er ist angenehm: ein Rausch von Neurochemikalien, nach dem wir uns sehnen, wenn er vorüber ist, und der uns zu dem zurückzieht, was wir da gerade so meisterhaft tun. Und das ist der Trick hinter einer erfolgreichen Laufbahn: Finde deine Leidenschaft, kultiviere sie bis zur Meisterschaft, und die Leidenschaft kommt von selbst. Das Motto »Folge deiner Leidenschaft« ist weniger falsch, als dass es den Prozess auf den Kopf stellt.

Karriere-Optionen

Nach einem Fehlstart im Investmentbanking entschied ich mich für das Unternehmertum, oder genauer gesagt, ich entschied mich für das Unternehmertum, weil ich nicht über die Fähigkeiten verfügte, um als Arbeitnehmer erfolgreich zu sein. Ich war zu unsicher, um für andere zu arbeiten, und war darin auch nicht sonderlich gut. Wie sich herausstellte, bin ich da nicht der Einzige. Bei der Untersuchung einer Gruppe traditioneller Angestellter und Unternehmer stellte sich heraus, dass Unternehmer bei der »Verträglichkeit« (eine der sogenannten »Big Five«, der Hauptdimensionen der Persönlichkeit) deutlich schlechter abschnitten als traditionelle Arbeitnehmer.[58] Nicht zu fassen! Es gibt auch Hinweise darauf, dass Unternehmertum mit Risikobereitschaft korreliert[59] und vererbt ist.[60] Was lernen wir daraus? Wenn Sie wissen, wer Sie sind, kann und sollte das Ihre Berufswahl beeinflussen.

Sie wissen also jetzt, wer Sie sind, und kennen Ihre Talente. Wie können Sie diese mit einem Beruf in Einklang bringen? Hier könnte eventuell ein Eliminierungsprozess helfen – eine Laufbahn zu vermeiden, für die Sie nicht geeignet sind, ist vermutlich noch wichtiger, als den »einzigen« richtigen Weg zu finden. Ich habe im Investmentbanking angefangen und festgestellt, dass ich weder die Arbeit mochte noch die Leute dort oder deren Klientel.

Passen Sie jedoch auf, dass Sie nicht etwas aus den falschen Gründen abschreiben. Bill Burnett fordert seine Leser auf, mit anderen zu sprechen, die in der einen oder anderen Laufbahn schon weiter sind. Er vergleicht das mit einer Zeitreise, da man so einen Riesensatz in die Zukunft tun und sich ein Bild davon machen kann, wie ein Beruf Jahre später aussehen könnte – nämlich oft ganz anders als auf der Einstiegsebene. Wenn Sie noch am Anfang Ihrer Laufbahn stehen, sollten Sie Ihre beruflichen Entscheidungen danach ausrichten, wohin Sie wollen, und nicht danach, wo Sie anfangen. Wie Burnett es ausdrückt: »Wollen Sie, dass Ihr 22-jähriges Ich Ihrem 40-jährigen Ich sagt, was es machen soll?«[61] Hören Sie auf Ihre Zukunft. Viele Berufe erfordern in den ersten Jahren, dass Sie sich schinden, und vermutlich hat jeder Beruf seine öden Seiten, vor allem, wenn man mal die Grundlagen gemeistert hat. Sich bei der einen oder anderen *Aufgabe* zu langweilen, so Burnett, sei durchaus in Ordnung, da man sich auf der Leiter nach oben im Allgemeinen mit anderen Aufgaben konfrontiert sehen wird. Was es zu vermeiden gilt, ist, von der *Materie* an sich gelangweilt zu sein.

Einige Basics zu Berufen an sich

Unser aller Berufe und Branchen sind sehr unterschiedlich. Der Job eines Finanzleiters bei Disney hat nichts von dem eines Animationsdirektors bei Disney. Und besagter Finanzleiter bei Disney hat auch nicht denselben Job wie der Finanzleiter eines Startups mit zwanzig Mitarbeitern. Staatsanwälte und Patentanwälte sind beide Juristen, ihr Alltag nach Abschluss des Jurastudiums (und oft auch schon währenddessen) unterscheidet sich jedoch erheblich. Was Sie tatsächlich tun (und welche Talente Sie dabei einsetzen), hängt von der Branche ab, dem Fachgebiet, dem Arbeitgeber, der geografischen Lage und vielen anderen Faktoren.

Entscheidend bei der Bewertung Ihrer Optionen ist das Gewinnpotenzial im Lauf der Zeit. Wie stehen Sie wirtschaftlich da, wenn alles wie gewünscht läuft? Wenn das nicht ausreicht, um Sie wirtschaftlich an Ihr Ziel zu bringen, müssen Sie entweder Ihre Erwartungen oder Ihre Laufbahn ändern.

Apropos Gewinnpotenzial: Manche Branchen lassen sich besser skalieren als andere, und das gilt auch für die Vergütung. Sie sollten sich also nach Stellen umsehen, bei denen die Vergütung mit den Gewinnen oder dem Wertzuwachs des Unternehmens steigt. Die Finanzbranche ist das beste Beispiel dafür – viele Jobs rund um die Börse, bei Investmentbanken und in anderen investitionsnahen Bereichen bieten einen Anteil an den Gewinnen aus dem Investmentgeschäft. Der Vertrieb, insbesondere bei Wachstumsunternehmen, skaliert in guten Zeiten entsprechend gut. Auch im Immobilienbereich fällt oft ein Stück vom Kuchen für einen ab. Software ist besonders skalierbar, da der Löwenanteil der Arbeit in die Produktion des ersten Exemplars fließt –

was immer man danach verkauft, ist Profit. Produkte, deren Lieferung von menschlicher Arbeit abhängt, lassen sich dagegen nur schwerlich skalieren. Eine medizinische Praxis oder eine Anwaltskanzlei kann nur so viele Patienten beziehungsweise Mandanten betreuen, wie sie Ärzte oder Anwälte hat. Aber bei aller Skalierbarkeit der Branche lässt sich Ihre Vergütung nur dann skalieren, wenn sie an den Gewinn gebunden ist, sei es in Form eines Bonusplans, sei es in Form von Anteilen. Kurz gesagt: Sie wollen ein Stück vom Kuchen abhaben.

Marktdynamik sticht individuelle Leistung. (Ich weiß, wie schrecklich das klingt.) Jemand mit durchschnittlichem Talent bei Google hat in den letzten zehn Jahren besser abgeschnitten als jemand mit herausragendem Talent bei General Motors. Vor allem zu Beginn Ihrer Karriere sollten Sie sich gut überlegen, auf welche Welle Sie da mit Ihrem Brett paddeln. Sie sollten jede Gelegenheit, die sich in jungen Jahren bietet, zwischen verschiedenen Wegen zu wählen, als glückliche Fügung sehen.

Halten Sie Ausschau nach dem besten Strand mit den größten Wellen. Vor fünfundzwanzig Jahren entschied ich mich für die E-Commerce-Welle. Mit meinem ersten Anlauf (Red Envelope) ging ich baden. Schlimmer noch, ich ging langsam baden – über zehn Jahre hinweg (siehe im Folgenden: »Wissen, wann man aufhören muss«). Aber ich hatte die richtige Welle erwischt. Also paddelte ich zurück und gründete eine Firma, die anderen Unternehmen bei der Entwicklung ihrer digitalen Strategien half (L2). Es dauerte eine Weile, aber Stärke und Größe der Welle trugen mich eine ganze Weile weiter, was den Leuten den Eindruck vermittelte, ich sei ein talentierterer Surfer, als ich tatsächlich bin. Bin ich aber nicht – ich surfte nur eine Monsterwelle.

Makroökonomische Zyklen sorgen für die Art von Gelegenheiten, die gute Surfer groß machen. Ein konjunktureller Abschwung ist meiner Ansicht nach der beste Zeitpunkt für eine

Unternehmensgründung. Ich habe neun Unternehmen gegründet, und der einzige Faktor, den ich bei den erfolgreichen davon ausmachen kann, ist der, dass ich sie während einer Rezession gegründet habe. Und ich bin da nicht der Einzige. Microsoft wurde Mitte der 1970er-Jahre gegründet, in einer Rezession, Apple kurz nach deren Ende. Die große Rezession nach 2008 brachte Airbnb, Uber, Slack, WhatsApp und Block hervor. Dafür gibt es mehrere Gründe. In Phasen des Abschwungs sind gut dotierte Arbeitsplätze Mangelware, weil niemand kündigt. Das führt dazu, dass es gute Leute (und billige Betriebsmittel) im Überfluss gibt. Gibt es kein billiges, leicht verfügbares Kapital, muss das Konzept vom ersten Tag an funktionieren. Gründer, die während eines Abschwungs zuschlagen, sorgen für eine disziplinierte Unternehmenskultur – sie haben keine andere Wahl. Außerdem sind Kunden und Verbraucher offener für Veränderungen als in fetten Zeiten, in denen es wenig Anreize gibt, etwas anderes zu machen als das, was man bisher gemacht hat.

Eine weitere übergeordnete Überlegung ist die Suche nach Möglichkeiten zum Einsatz von Fremdinvestitionen. Extremen Reichtum schaffen in der Regel Unternehmen, die staatliche Investitionen oder brachliegende Werte als Hebel einsetzen. Ihr Genie besteht in einer dicken Schicht von Innovationen auf einem Fundament aus massiven staatlichen Investitionen in Forschung und Infrastruktur. Oder sie erfahren einen massiven Schub durch günstige Steuerregelungen und Regulierungsregimes – man braucht sich nur den Immobiliensektor anzusehen. Silicon Valley ist im Grunde die erfolgreichste staatliche Investition aller Zeiten. Klicken Sie auf ein beliebiges wichtiges Tech-Produkt oder Tech-Unternehmen und Sie stoßen auf staatlich finanzierte Technologie. Apple, Intel, Tesla und Qualcomm, sie alle profitierten von staatlichen Krediten. Tesla würde ohne staatliche Rettungsleine vermutlich nicht mehr existieren.

Der Kernalgorithmus von Google wurde mithilfe eines Zuschusses der National Science Foundation entwickelt. In den USA, so schreibt die Wirtschaftswissenschaftlerin Mariana Mazzucato in ihrem Buch *Das Kapital des Staates*, erfolgte etwa ein Viertel der Gesamtfinanzierung für Tech-Unternehmen in deren Frühphase durch staatliche Stellen. In der Pharmaindustrie (einem Sektor, der immense Experimente und die Bereitschaft zum Scheitern erfordert) wurden gar 75 Prozent aller neuen molekularen Wirkstoffe von öffentlich finanzierten Labors oder staatlichen Stellen entdeckt.[62] Wir zahlen Steuern, diese Investitionen gehören uns, also warum sollten wir sie nicht nutzen?

Wie wir bereits gesehen haben, sind aus Leidenschaft eingeschlagene Berufswege eine Falle. Je attraktiver eine Branche von außen aussieht, desto größer ist die Wahrscheinlichkeit, dass Sie sich als Laufbahn nicht lohnt. Nach Los Angeles zu ziehen, um Schauspieler zu werden, hört sich romantisch an, aber wenn Sie dort ankommen, sind Sie einer von Zehntausenden, allesamt die attraktivsten, charismatischsten Kids ihrer Highschool, die sich alle um dieselben paar Hundert Rollen bemühen. Das Problem, das dadurch entsteht, ist weniger der Wettbewerb als die Ausbeutung.

Für viele ist der beste Berufsweg (vor allem für den Einstieg) das auf den ersten Blick nicht sehr attraktive Hochklettern der Unternehmensleiter. Das amerikanische Unternehmen ist immer noch das beste Instrument zur Schaffung von Wohlstand, das es je gab. Wenn Sie das Glück haben, einen Job bei Goldman Sachs, Microsoft, Google & Co. zu bekommen, sollten Sie ihn vermutlich annehmen. Es ist leicht, sich über die Sicherheit eines großen Arbeitgebers zu mokieren, aber Sie müssen ja nicht für immer bleiben. Lernen Sie und verdienen Sie erst mal was. US-Konzerne sind die größten Wohlstandsschöpfer aller Zeiten. Sie brauchen politisches Geschick, um sich in einem Unternehmen zurechtzufinden, und Sie benötigen die nötige Reife, um die Ungerechtigkeiten wegzustecken, die unabdingbarer Teil der Unternehmenswelt sind. Wenn Sie diese Fähigkeiten besitzen (oder sich die Mühe machen, sie zu entwickeln), können Sie langsam, aber sicher Vermögen aufbauen.

Von einigen zunehmend dünner gesäten Ausnahmen abgesehen, ist eine Fertigkeit, die jede Karriere beschleunigt, die Fähigkeit, seine Ideen zu kommunizieren. Das muss kein angeborenes Talent sein; es ist durchaus zu lernen. Wenn es eine Fähigkeit gibt, von der ich möchte, dass meine beiden Jungs sie bis zum Eintritt ins Berufsleben leidlich beherrschen, dann ist das nicht Informatik oder Mandarin, sondern Kommunikation. Ich meine nicht deren Geschichte oder linguistische Aspekte, sondern wie man sich in verschiedenen Medien ausdrücken kann. Vor Kurzem habe ich meinem Jüngsten eine insta360-Kamera geschenkt, weil er gerne Videos macht; mit meinem älteren Sohn habe ich Podcasts gemacht, für die ich zwei, drei Minuten lange Beiträge schreibe und aufnehme, in denen ich ihm Fragen zu beliebigen Themen stelle. Es geht bei Podcasts hauptsächlich um den verbalen Ausdruck, aber man sollte die Bedeutung der visuellen Kommunikation nicht unterschätzen. Die Bedeutung des Designs nimmt ständig zu. Es kommt nicht von ungefähr, dass die CEOs von AirBnb und Snap Absolventen der Rhode Island School of Design und der Stanford Design School sind.

Zu guter Letzt sollten Sie immer daran denken, dass jeder Beruf auch eine eigene Kultur mit sich bringt, da ein bestimmtes Umfeld bestimmte Persönlichkeitstypen anzieht. Natürlich gibt es Unterschiede zwischen einzelnen Anwaltskanzleien, aber eine Kanzlei wird immer mehr mit einer anderen Kanzlei gemeinsam haben als mit einem Filmset oder einer Notaufnahme. Aller Wahrscheinlichkeit nach verbringen Sie zu viel Zeit mit Menschen, die Sie nicht ausstehen können, und zu wenig Zeit mit

Menschen, die Sie mögen oder mit denen Sie zumindest gerne zusammen sind. Überlegen Sie: Welche Menschen haben bei Ihnen die besten Seiten zum Vorschein gebracht?

Um herauszufinden, in welcher beruflichen Umgebung Sie sich am wohlsten fühlen, schlägt Autor Richard Bolles in seinem klassischen Leitfaden für die Stellensuche *Durchstarten zum Traumjob* die »Partyübung«, wie er es nennt, vor. Sechs Gruppen stehen zur Auswahl, die für realistische, investigative, künstlerische, soziale, unternehmerisch denkende und konventionelle Menschen stehen. Die Übung ist einfach: Stellen Sie sich vor, Sie sind zu einer Party eingeladen. In sechs verschiedenen Ecken dieser Party befinden sich sechs Gruppen von Menschen, die jeweils eine der genannten Typen repräsentieren. Zu welcher Gruppe gehen Sie zuerst? Mit wem möchten Sie zusammen sein? Wen meiden Sie? Die Menschen, mit denen Sie arbeiten, haben die Macht, Ihnen Ihren Arbeitsplatz zum Traum oder unerträglich zu machen, weil wir sie, wie Bolles schreibt, entweder als »energiespendend« oder »energieraubend« empfinden.[63]

Welches ist also das richtige Umfeld für Sie?

Ich möchte hier nicht so tun, als wüsste ich, was in welchem Beruf zum Erfolg führen wird. Sie müssen die kritischen Erfolgsfaktoren für die von Ihnen in Betracht gezogene Laufbahn selbst durchgehen. Gehen Sie dabei auf keinen Fall davon aus, dass diese für den Außenseiter offensichtlich sind. Einen allgemeinen Überblick über die Persönlichkeitsmerkmale und andere Faktoren, die für den Erfolg in einer ganzen Palette unterschiedlicher Bereiche ausschlaggebend sind, finden Sie in Paul Tiegers Buch *Do What You Are*, in dem auf der Basis des Myers-Briggs-Typenindikators Hunderte von Berufsmöglichkeiten nach Persönlichkeitstyp aufgeschlüsselt werden. Selbst wenn Sie von Myers-Briggs nicht so begeistert sind, finden Sie hier ein nützliches Kompendium aller nur erdenklichen Möglichkeiten, Ihr Geld zu verdienen.[64]

Allerdings kenne ich mich in einigen Bereichen besser aus als in anderen und so möchte ich mich im Folgenden nur zu diesen äußern. Fangen wir mit den Bereichen an, die ich am besten kenne: Unternehmertum, akademische Welt und Medien. Im ersten war mir ein bescheidener Erfolg gegönnt, im zweiten wurde ich nach und nach besser, und der dritte kam in meiner späten Laufbahn als Überraschung. In diesen und einer Handvoll anderen Bereichen weiß ich Bescheid. Es sind jedoch bei Weitem nicht alle Möglichkeiten, die sich Ihnen bieten.

Unternehmer

Eines der unzähligen Dinge, die ich bei meiner Arbeit bei Morgan Stanley gelernt habe, war, dass ich nicht bei Morgan Stanley arbeiten wollte, weder dort noch bei einem anderen Großunternehmen. Oder überhaupt für jemand anderen. Ich ärgerte mich über meine Vorgesetzten, konnte keine Kritik vertragen, ärgerte mich über triviale Ungerechtigkeiten und war nur dann motiviert, wenn ich eine unmittelbare Verbindung zu einer Belohnung sah. Siehe oben: Mir fehlen die Fähigkeiten, die es braucht, um in einer großen Organisation erfolgreich zu sein. Zum Glück ist das genau die Eigenschaft, die man als Unternehmer braucht. Die amerikanische Gesellschaft sieht das Unternehmertum in einem romantischen Licht.

Ich habe Hunderte, womöglich Tausende von Unternehmern kennengelernt, und ich bin überzeugt, dass die meisten von ihnen ihr Unternehmen nicht gegründet haben, weil sie dazu in der Lage waren, sondern weil sie keine andere Möglichkeit sahen.

Junge Leute scheinen enttäuscht zu sein, wenn ich ihnen das sage, aber die Arbeit bei einer Organisation oder einer Plattform bietet – risikobereinigt – den besseren Ertrag. Die Organisation existiert, weil sie Ressourcen zu bündeln vermag und mehr sein kann als nur die Summe ihrer Teile. Seien Sie einer dieser Teile und sie wird diesen überschüssigen Wert mit Ihnen teilen. Wenn Sie die Fähigkeiten und die Geduld haben, sich durch die Hindernisse und die politischen Manöver zu navigieren, zu schweigen von der Reife, die garantierten Ungerechtigkeiten zu ertragen, werden Sie mittel- und langfristig die Ernte dafür einfahren. Ich fing bei Morgan Stanley zusammen mit einem Kollegen an, der heute Vice Chairman ist. Ich vermute, dass wir wirtschaftlich eine vergleichbare Situation erreicht haben. Ich würde aber auch vermuten, dass er wesentlich weniger Stress und Unbeständigkeit hinter sich hat als ich.

Die US-Wirtschaft profitiert von der Mythologisierung des Unternehmertums, insofern wir Menschen brauchen, die die Entwicklung auf eine Weise vorantreiben, die orthodoxe Denkweisen infrage und traditionelle Unternehmen auf den Kopf stellt. Nur basieren die Geschichten, die wir uns über das Unternehmertum erzählen, fast ausschließlich auf den wenigen Unternehmen, die phänomenal erfolgreich sind. 20 Prozent der Neugründungen scheitern im ersten Jahr und in gewisser Weise haben sie da noch Glück. In den nächsten zehn Jahren sehen sich weitere 45 Prozent von ihrem Elend erlöst und weniger als 15 Prozent aller Neugründungen sind mehr als zwei Jahrzehnte beschert.[65] Die Medien stürzen sich dabei auf die Ausreißer unter den Ausreißern – Verbraucher-Apps und Produkte beziehungsweise Dienstleistungen, die uns vertraut beziehungsweise verständlich sind. Die meisten dieser Ausnahmen, die Start-ups also, die ihre Gründer und Investoren reich machen, finden sich in Kategorien angesiedelt, die wir kaum als sexy bezeichnen würden (die höchsten Überlebensraten haben Unternehmen in der Versorgungswirtschaft und im Fertigungsbereich) und die Branchenerfahrung und Fachkenntnisse erfordern, nicht nur eine gute Idee und etwas Ehrgeiz. Zwei Kids, die in einer Garage einen Computer basteln, können die Welt verändern, das ist schon ein paar Mal passiert, aber als Strategie zur Erlangung wirtschaftlicher Sicherheit arbeitet man besser bei Google und behält sich das Basteln in der Garage für die Wochenenden auf.

Dem nicht genug, verpflichten Sie sich, wenn Sie sich als Unternehmer versuchen, egal ob Sie nun gewinnen oder verlieren, zu Arbeit und Stress rund um die Uhr. Je größer der Anfangserfolg, desto mehr Stress haben Sie. Mal angenommen, Ihre Produktidee ist überzeugend und Sie sichern sich die Finanzierung. In die Realität übersetzt bedeutet »Finanzierung« Geld, um Leute einzustellen. Wenn Sie am ersten Morgen in Ihr neues Büro kommen (für das Sie wahrscheinlich einen zweijährigen Mietvertrag unterschrieben haben, den zu bezahlen Ihnen die Mittel fehlen) und die unverbrauchten Gesichter der ehrgeizigen jungen Leute sehen, die Sie von Ihrer Vision überzeugen konnten, ist das ein tolles Gefühl. Dieses Gefühl hält bis zum Mittagessen an, dann beginnt Ihnen die Realität aufzugehen: Von Ihrer verrückten Idee hängt nicht mehr nur Ihre eigene wirtschaftliche Sicherheit ab, Sie haben jetzt auch noch die Verantwortung für die wirtschaftliche Zukunft anderer am Hals. Und mit jedem neuen Mitarbeiter, jedem neuen Kunden wächst die Verantwortung, wächst der Stress – die Mitarbeiter müssen krankenversichert und bezahlt werden, der Neue, den Sie sich kaum leisten konnten, wird nach zwei Tagen im Büro arbeitsunfähig, und Ihr Kontaktmann bei Ihrem wichtigsten Kunden verliert seinen Job. Oh, und Ihre wichtigste Mitarbeiterin zeigt Anzeichen einer ernsthaften psychischen Erkrankung, und Sie überlegen den ganzen Abend, ob Sie ihre Eltern anrufen sollen. Und zu allem Überfluss sagt Ihnen ihr Finanzchef, dass Sie eine Vorstandssitzung einberufen müssen, weil Ihr opiatabhängiger

Assistent Ihre Kreditkarte in Manhattans Apotheken mit 120 000 Dollar belastet und sich des Rezeptbetrugs schuldig gemacht hat.

All das ist in ein und demselben Monat in ein und derselben Firma passiert. Ein Hurra auf das Unternehmertum! Aber da Sie offensichtlich immer noch hier sind: Wie sehen denn die positiven Voraussetzungen für die erfolgreiche Gründung eines eigenen Unternehmens aus?

Erfolgreiche Unternehmer sind im Normalfall exzellente Kommunikatoren, die es sowohl verstehen, ein Team zu motivieren, als auch, Investoren zum Engagement zu bewegen und Kunden an Bord zu holen. Unternehmer ist ein Synonym für Verkäufer. Wir verkaufen unsere Vision an Investoren, Mitarbeiter und Kunden, denn sie ist am Anfang alles, was wir haben. Aber woher wissen Sie, ob Sie ein Verkaufstalent sind? Nun, in der Regel weiß man schon relativ früh, ob man in dieser Richtung begabt ist oder nicht. Man entgeht der Strafe für nicht gemachte Hausaufgaben, man bringt die Mama dazu, einem das Auto zu leihen, man baggert jemanden um seine Telefonnummer an. All das ist nichts anderes als Verkaufstraining für Jugendliche.

Man muss in der Lage sein, wieder auf die Beine zu kommen, wenn man auf der Matte gelandet ist. Unternehmer verfehlen das Tor öfter, als sie es treffen, und sie kassieren eine Menge Treffer. Bei mir begann das an der Highschool. Ich kandidierte drei Jahre als Klassensprecher und verlor jedes Mal. Trotz dieser Bilanz beschloss ich, für das Amt des Schülersprechers zu kandidieren, wo ich – warten Sie – wieder verlor. Amy Atkins gab mir einen Korb für den Abschlussball und ich flog aus dem Baseball- und Basketballteam. Dann lehnte mich die University of California, Los Angeles, ab, das einzige College, das ich mir leisten konnte (da ich zu Hause wohnen konnte).

Aber nicht einen Augenblick habe ich meinen Enthusiasmus verloren. Ich legte Einspruch gegen den Bescheid ein, die UCLA nahm mich auf und im Abschlussjahr war ich Präsident des Interfraternity Council. Schwaches Bild, ich weiß, aber mir war das damals wichtig. Ich machte meinen Abschluss mit einem Durchschnitt von 2,27, aber das hielt mich nicht davon ab, einen Job im Analystenprogramm von Morgan Stanley zu ergattern (ich bewarb mich bei dreiundzwanzig Firmen, bekam ein Jobangebot). Ebenso wenig wie es mich daran hinderte, in Berkeley zu studieren (ich bewarb mich bei neun Unis, sieben lehnten mich ab).

Kurz gesagt, das Geheimnis meines Erfolgs ist: abgelehnt zu werden.

Für den Kleinunternehmer ist Cashflow das Wichtigste. Wer nicht willens und in der Lage ist, Tag für Tag darauf zu achten, was reinkommt und, noch wichtiger, was rausgeht, wird baden gehen. In dem Augenblick, in dem Ihre Verpflichtungen über Ihre Möglichkeiten hinauswachsen, ist Ihre Pleite perfekt. Wenn Sie in der Tech-Branche sind und der Konjunkturzyklus in einer Boomphase, wird sich vermutlich ein Risikokapitalgeber finden, der bereit ist, einen Batzen Geld in Ihr Unternehmen zu stecken. Aber nicht aus reiner Freundlichkeit, lassen Sie sich da bloß nicht täuschen. Je mehr Sie ausgeben, desto mehr brauchen Sie, und schließlich gehört das Unternehmen Ihren Geldgebern, und Sie werden vom Unternehmer zum Angestellten. Sehen Sie zu, dass Ihr Unternehmen so schnell wie möglich mit dem arbeitet, was hereinkommt. Das Produkt ist wichtig, Market-fit unerlässlich, Unternehmenskultur und Bindung von Talenten sind von kritischer Bedeutung, aber der Cashflow ist der Lebensnerv Ihres Unternehmens.

Zu guter Letzt müssen Gründer gleichzeitig zwei diametral entgegengesetzte Weltanschauungen unter einen Hut bringen. Zum einen müssen sie von einem irrationalen Optimismus in Bezug auf ihren endgültigen Erfolg beseelt sein. Das ist natürlich die Voraussetzung für Geschäftstüchtigkeit und Widerstandsfähigkeit gegen Misserfolge, aber seine Bedeutung reicht noch viel tiefer. Ist die Idee für Ihr Start-up rational, haben Google oder GE sie längst umgesetzt. Der einzige Grund, aus dem Marktführer Ihnen die freie Bahn überlassen haben, ist der, dass Ihre Idee aller Wahrscheinlichkeit nach irrational ist. Es braucht Optimismus, das zu übersehen. Gleichzeitig müssen Sie Tag für Tag der größte Pessimist Ihrer Firma sein und sich um wirklich *alles* sorgen. Ist ein Account gefährdet, könnten wichtige Mitarbeiter das Unternehmen verlassen. Sind Sie einen schlechten Monat davon entfernt, Ihre Mitarbeiter nicht bezahlen zu können? Die Antwort darauf ist: Ja.

Die gute Seite des Unternehmerdaseins gleicht der Erfahrung von Eltern: Sie setzen etwas in die Welt, kümmern sich darum, lieben es, und vermutlich wird nichts in Ihrer Laufbahn Ihnen so viel Stress oder so viel Freude machen. Wenn alles läuft wie am Schnürchen, ist es ein echtes Erfolgserlebnis, etwas begonnen zu haben, das tatsächlich funktioniert. Die Leute erkennen an, wie schwer es ist, ein Unternehmen zu führen, und zeigen ein Maß an Wertschätzung und Respekt, das dem Gefühl ähnelt, geliebt zu werden. Außerdem gibt es keine Obergrenze für das, was man verdienen kann. Angestellte, selbst CEOs, sind in gewisser Weise an das gebunden, was an Vergütung »fair oder vernünftig« erscheint. Ich habe in den Jahren, in dem ich meine Firmen verkauft habe, zig Millionen verdient. Kein Arbeitgeber hätte mir so viel gezahlt, und wäre ich noch so gut gewesen.

Die akademische Welt

Zunächst in aller Bescheidenheit: Ich bin Clinical Professor an der zur NYU gehörigen Stern School of Business, und ich bin stolz darauf. Aber wie aus meinem Titel zu ersehen, bin ich nicht dort, um zu forschen und die Grenzen unseres Wissens zu erweitern, ich bin dort, um praktisches Wissen zu vermitteln. Ich bin dort, um die Erfahrungen aus meinem Berufsleben in Fachkenntnisse umzusetzen, mit denen die Studenten draußen auf dem Markt etwas anfangen können. Mein Weg in die akademische Welt führte über einen zwanzigjährigen Umweg über Unternehmertum und Fachdienstleistungen. Es ist ein super Job, aber im Gegensatz zu vielen meiner (brillanten) Kollegen handelt es sich dabei nicht um *meine* Laufbahn. Auch wenn es, nur ganz nebenbei, eine großartige Laufbahn ist. Das Umfeld auf dem Campus ist wunderbar, der Zeitplan flexibel, und die Aufgabe besteht letztendlich darin, die sachkundigste Person der Welt zu einem bestimmten Thema zu werden – ganz gleich, wie begrenzt dieses ist. Die Verfolgung dieses Ziels ist, auch wenn das Wissen keine kommerzielle Anwendung findet, intellektuell bereichernd.

Die Vergütung kann lohnend sein, ist aber sehr unterschiedlich. Wenn man die akademische Leiter von der ersten Sprosse an hochklettert, gibt es Jahre mit lachhaft niedrigen Gehältern, einige wenige Disziplinen ausgenommen, in denen sie nur beleidigend niedrig sind. Professoren mit Lehrstuhl haben es da besser und verdienen in Bereichen, in denen die Konkurrenz aus der Privatwirtschaft groß ist (angewandte Wissenschaften, Recht, Medizin, Wirtschaft), durchaus gut. Das richtige Geld jedoch verdienen sie nebenbei. Universitäten sind großartige Plattformen, um anderweitig Geld zu verdienen (z. B. mit Büchern, Vorträgen, Beratertätigkeiten, Tätigkeiten in Boards etc.) – aber auch hier gilt: nur in Bereichen, in denen es Geld aus der Privatwirtschaft gibt. In der akademischen Welt werden, wie überall, die Reichen noch reicher.

Akademiker können in diesen öffentlichen Bereichen gut verdienen, sofern sie über das nötige Kommunikationstalent verfügen, insbesondere über die Fähigkeit zur überzeugenden Vermittlung von Medienwissen. Jonathan Haidt (eines meiner

Vorbilder) ist mit einem einzigartigen Einblick in gesellschaftliche Themen gesegnet. Seine Fähigkeit jedoch besteht darin, lange, fesselnde Artikel zu schreiben, die sich finanziell auszahlen (er hat den meistgeklickten Artikel der Geschichte für *The Atlantic* verfasst). Adam Alter schreibt Bücher, die im Gegensatz zu 99 Prozent der akademischen Forschung ihren Weg in die Bestsellerlisten finden. Aswath Damodaran und Sonia Marciano sind (im Klassenzimmer) wahrscheinlich zwei der besten Lehrer der Welt. Die Bravour, mit der Yale-Professor Jeffrey Sonnenfeld ein Sechs-Minuten-Segment in den Kabelnachrichten absolviert, sucht ihresgleichen.

Der Rest des Eisbergs arbeitet sich jedoch in weit obskureren Verhältnissen auf – nicht, dass das nicht auch ein Segen sein kann. Wenn Sie es nicht draufhaben, mit weniger brillanten Menschen auszukommen, ist das nicht weiter schlimm, solange Ihr Talent Sie die Grenzen unseres Wissens verschieben lässt. Da es hier an Struktur fehlt, müssen Sie sich freilich selbst motivieren. Sie sollten also ein Einzelkämpfer sein (Forschung impliziert Einsamkeit) sowie wirklich neugierig, strukturiert und ein disziplinierter Denker, der die Tiefen engster Bereiche ausloten kann. Im Studium gut abzuschneiden, ist hier zwar ein wichtiger Indikator, aber eben nicht alles – wie können Sie fokussieren, wenn die Leitplanken von Aufgaben und Noten wegfallen? Meine Kollegin an der NYU, Sabrina Howell, bezeichnet die akademische Laufbahn als gute Laufbahn für kluge Menschen, die unternehmerisch denken, denen es aber an Management- oder Verkaufstalent fehlt.

Medien

Im Medienbereich gibt es viele Berufswege, und im Allgemeinen sind sie alle überlaufen, und hier seinen Lebensunterhalt zu verdienen, ist alles andere als leicht. Auch auf die Gefahr hin, dass ich mich wiederhole, möchte ich nur sagen, dass es sich um eine unbeständige Branche handelt, in der man sich schnell mal ausgenutzt fühlt. Der Mediensektor – Verlagswesen, Film, Fernsehen, Journalismus – ist etwas für Menschen, die ihrer Leidenschaft folgen, und ein gutes Beispiel dafür, warum man etwas *nicht* machen sollte. Jobs in sexy Branchen bieten einen geringeren Ertrag, da sie überlaufen sind, was die Gehälter und Honorare drückt. Sie wollen sich nicht am Sonntag um drei Uhr morgens ums Wetter kümmern? Okay, wir finden ein Dutzend andere, deren Ansicht nach genau das ihr Weg zur Moderation der Abendnachrichten ist.

Die Schlange vor der Tür ins Mediengeschäft ist viel zu lang. Es hat seinen Grund, dass #MeToo seinen Anfang in der Medienbranche hatte, und das nicht etwa, weil Männer in der Medienwelt anders wären als sonst. Vielmehr ist die Machtdynamik hier so unverhältnismäßig, dass die wenigen Mächtigen so lange mit ihrem abscheulichen Verhalten davonkommen konnten. 87 Prozent aller Absolventen eines Journalistikstudiums bereuen ihre Entscheidung, 72 Prozent der Absolventen eines Informatikstudiums tun dies nicht.[66]

Berufe mit akademischem Hintergrund

Berufe wie Arzt, Anwalt, Architekt und Ingenieur erfordern weitere Ausbildungsschritte, bei denen eine spezielle, oft durch eine Zulassung geprüfte Palette von Fähigkeiten vermittelt wird. Berufe mit akademischen Voraussetzungen eignen sich in der Regel für Menschen, die gut in der Schule waren. Denn man muss gut in der Schule gewesen sein, um es in den meisten Berufen, die eine höhere Schulbildung voraussetzen, zu etwas zu bringen, da man noch mehr lernen muss. Den Kern der meisten akademischen Berufe bilden nach wie vor die formalen, größtenteils schriftlich vermittelten Fähigkeiten: Lernen, Denken, Kommunizieren. Ein Prozessanwalt muss zwar vor Gericht überzeugend und wortgewandt sein, aber für jeden Tag, an dem er einen Zeugen verhört, verbringt er Wochen mit dem Studium von Dokumenten und Präzedenzfällen und dem Aufsetzen von Schriftsätzen – alles in allem mit Kram, der verdächtig nach Hausaufgaben aussieht. Auch Ärzte setzen je nach Spezialgebiet unterschiedliche körperliche und emotionale Fähigkeiten ein, aber auch ihre Arbeit beruht auf einem soliden Fundament aus Studium, Auswendiglernen und strukturiertem Denken. Gut möglich, dass Sie eines Tages ein großartiger Arzt werden, wenn Sie sich unter einem Arzt jemanden vorstellen, der gut mit Patienten umgehen kann und Menschen aus Leidenschaft (wieder dieses Wort) hilft, aber wenn Sie darüber hinaus nicht auch wirklich gut darin sind, nächtelang in der Bibliothek zu sitzen und schwer verständliche Lehrbücher zu wälzen, wird dieser Tag nie kommen.

Alles in allem sind das solide Berufswege, da aufgrund der hohen Anforderungen bei der Zulassung eine (relative) Knappheit an akademischen Fachkräften herrscht. Aber um Anwalt zu werden, braucht es sieben Jahre tertiäre Bildung, um Herz-Lungen-Chirurg zu werden, fast zwei Jahrzehnte. Entsprechend gibt es nicht viele und sie können für ihre Dienste ordentliche Rechnungen stellen. Wenn Ihnen die Möglichkeit einer tertiären Ausbildung offensteht, sind freiberufliche bzw. Fachdienstleistungen ein solider Plan. Darüber hinaus ist die Dienstleistungsbranche eine hervorragende Schule, da sie aufgrund ihres Anspruchs eine ganze Reihe unterschiedlicher »Muskelgruppen« (Umgang mit Kunden, Forschung, Verkauf etc.) trainiert. Viele Fachdienstleister wechseln auf die Kundenseite und sind dort erfolgreich, da sie die Erfahrung mitbringen, auf der anderen Seite der Kunden-Anbieter-Beziehung zu stehen.

Wirtschaftlich gesehen haben Berufe mit akademischem Hintergrund freilich eine Kehrseite, da sie oft gehaltsabhängig sind und damit nur begrenzte Möglichkeiten zur Einkommenssteigerung bieten. Und wie ich in Kapitel vier (im Abschnitt »Die sechsstellige Einkommensfalle«) erörtere, knöpft unser Einkommenssteuersystem gerade den Großverdienern im mittleren sechsstelligen Bereich den größten Teil ab. Gerade wenn Sie zu dieser Einkommensgruppe gehören, sind die Lektionen über Mäßigung, Sparen und langfristiges Investieren in diesem Buch unerlässlich, wenn Ihnen nicht nach einer Laufbahn mit langen Arbeitszeiten ist, die nie zu echter wirtschaftlicher Sicherheit führt.

Unternehmensberatung

Berater sind überwiegend Fachleute ohne Befähigungsnachweis. Jeder kann sich Berater nennen und seinen eigenen Laden aufziehen – ich selbst habe das als Sechsundzwanzigjähriger mit nur zwei Jahren einschlägiger Berufserfahrung getan. Und ich war fast mein ganzes Berufsleben lang in irgendeiner Form als Berater tätig. Es ist eine interessante Tätigkeit, kann eine großartige Schule sein (eine Art Erweiterung des Studiums) und erfordert viele Fähigkeiten: analytisches Denken, Kundenorientiertheit, Kreativität, Präsentationstalent etc. Zudem ist es eine Möglichkeit, an seiner Karriere zu arbeiten und gleichzeitig herauszufinden, was man »wirklich« tun möchte, da es einem Einblick in eine Vielzahl von Sektoren und Rollen gewährt. Die Bezahlung ist gut, sogar sehr gut, wenn auch kein Weg zu Reichtümern, da wir hier dasselbe Problem haben wie bei jeder anderen Tätigkeit, bei der man seine Zeit verkauft: Es ist schwer zu skalieren. Außerdem ist es etwas für junge Leute, da man sich nach den Prioritäten und dem Zeitplan anderer (will sagen der Kunden) zu richten hat. Das ist physisch so aufreibend wie psychisch, da man oft von seiner Familie getrennt ist, selbst wenn man in derselben Stadt wohnt. Der Beruf ist eher ein Sprungbrett zu etwas anderem, es sei denn, Sie mögen ihn wirklich. Im Allgemeinen ist Consulting eine Laufbahn für die Elite und die Planlosen: qualifizierte, talentierte Menschen, die noch nicht wissen, was sie wirklich wollen. Mit anderen Worten Twens.

Finanzen

Ein weiterer enger Verwandter der freien Berufe mit akademischem Hintergrund (für den es jedoch in einigen Teilbereichen eine Zulassung braucht) ist die Finanzbranche. Es gibt nur wenige Branchen, die mehr Möglichkeiten für überzogene (sprich: verrückte) Vergütungen bieten als das Finanzwesen. Es gibt keinen Stoff mit weniger Reibungswiderstand als das Geld. So lässt sich denn auch nichts so gut skalieren wie das Geschäft mit Geld. Meine erste Consulting-Firma von zehn auf hundert Mitarbeiter hochzufahren, war eine echte Herausforderung. Als ich in den 1980er-Jahren Geld für aktivistische Investitionen zu beschaffen hatte, war es eine Herausforderung, von 10 Millionen Dollar Kapital auf 100 Millionen zu kommen, aber es war weit weniger anstrengend, als ein Dienstleistungsunternehmen um das Zehnfache zu skalieren. Wir werden auf diese Ära zurückblicken und uns fragen, wie so wenige so viel für so wenig Arbeit verdienen konnten. Es ist ein schwieriger Job, aber es gibt keine Branche, die der Finanzbranche hinsichtlich Rendite für Fleiß und Talent auch nur nahekommt.

Sie müssen klug sein, fleißig und gut mit Zahlen. Vor allem aber braucht es eine Faszination für die Märkte. Wenn Sie sich nicht für Aktien, Zinssätze, Renditen und deren Zusammenspiel interessieren, werden Sie im Finanzwesen kaum Erfolg haben. (Der Test hierfür wird das vierte Kapitel des Buches sein – wenn es Ihr Lieblingskapitel ist, haben Sie vielleicht Ihre Berufung gefunden.) Die Branche hat verschiedene Seiten (Investmentbanking, Trading, Verbraucherkreditgeschäft). Sie müssen in der Lage sein, Unberechenbarkeit und Stress zu ertragen. Ganze Banken ziehen sich aus einer Region zurück oder schließen über Nacht eine Abteilung. In der Finanzbranche gibt es keine Laufbahn an sich, sondern nur eine Reihe von Jobs und Plattformen, bei denen Sie zu unterscheiden versuchen, was Sie kontrollieren können und was nicht. Um es noch mal zu sagen: Wenn Sie den Stress und die Unberechenbarkeit aushalten, dann gibt es keine bessere Branche für Sie.

Immobilien

Es gibt nur wenige bessere Möglichkeiten zum Vermögensaufbau als Immobilien, da sich in den USA wohl kaum eine Anlageklasse findet, mit der Sie steuerlich besser fahren. Es gibt nur wenige Anlagewerte, die Sie zu 80 Prozent finanzieren und dann die Zinsen für diese Fremdfinanzierung abschreiben können. Außerdem sind Immobilien einer der wenigen Anlagewerte, die mittels eines »1031-Tauschs«* auf unbestimmte Zeit steuerlich nachgelagert an Wert gewinnen können, noch während Sie mit ihnen handeln.

Wenn Sie ein Haus kaufen, werden Sie wahrscheinlich zu irgendeinem Zeitpunkt zumindest Teilzeit-Immobilieninvestor sein. Das Eigenkapital in Ihrem Haus wird einen wesentlichen Teil Ihres Vermögens und letztendlich Ihrer Rücklage für den Ruhestand ausmachen. Der Besitz eines Eigenheims weist zahlreiche Merkmale unserer Vermögensrechnung auf, da es sich um eine Form des Zwangssparens (in Form Ihrer Hypothek) han-

---

* Nach Paragraf 1031 des U.S. Internal Revenue Code ein erlaubter steuerlich aufgeschobener »Tausch«, bei dem die Kapitalertragssteuern einer verkauften Immobilie bei gleichzeitigem Neukauf einer anderen u. U. auf später verschoben werden können.

delt, und erfordert langfristige Überlegungen. In den Vereinigten Staaten herrscht ein erheblicher Mangel an Wohnraum, und es ist eher unwahrscheinlich, dass Sie, sofern Sie sie ein Jahrzehnt oder länger halten können, mit (echten) Wohnimmobilien Geld verlieren.

Eine Variante der unternehmerischen Laufbahn ist der Aufbau eines Portfolios von Mietobjekten. Der Kauf von Häusern, Wohnungen oder Gewerbeimmobilien wie etwa kleinen Einzelhandelsgeschäften oder Selfstorage-Anlagen kann *letztendlich* eine lukrative Laufbahn sein. Ich bin eher spät auf dieses Gebiet gestoßen und habe den langwierigen Prozess, klein anzufangen und mein Portfolio nach und nach zu erweitern, übersprungen. Was jedoch nur dank meines Vermögens und guten Timings möglich war. Ich habe in Start-ups, Technologie, Hedgefonds und Medien investiert. Die beste(n) Investition(en) jedoch war(en) die in Immobilien.

Im Gefolge der Krise von 2008 brachen die Immobilienwerte in Florida ein. Ich sah mich unverhofft in Miami, auf der Flucht vor dem New Yorker Privatschulsystem, in dem es keinen Platz für meinen dreijährigen Sohn mit seinem verzögerten Spracherwerb gab. (Nur nebenbei: Er gehörte letztes Semester zu den besten seines Jahrgangs.) Wie auch immer, nach meinem Umzug nach Delray Beach im Jahr 2010 sah ich überall Schilder mit Verkaufsangeboten und Hinweisen auf Zwangsversteigerungen. Also begann ich, zwangsversteigerte Eigentumswohnungen zu kaufen. Meine Schwiegereltern waren in die Gegend gezogen und halfen mit Kompetenz und handwerklicher Begabung aus: Eigentumswohnungen müssen instand gehalten werden, die Mieter erwarten, dass die Klimaanlage funktioniert, es gibt immer etwas zu reparieren. Die Rendite jedoch ist beeindruckend. Wenn Sie sich für Immobilien interessieren, sollten Sie Kurse für Grundlagenwissen in Sachen Finanzen besuchen; Sie sollten sich ein Gespür für Immobilien in Ihrer Gegend erarbeiten und natürlich auf Ihre erste Anzahlung sparen. Könnte ich noch mal von vorn anfangen, würde ich als junger Mensch versuchen, sparsamer mit dem Geld umzugehen und in Mietobjekte zu investieren, die ich instand setzen und beleihen könnte, um weitere Objekte kaufen zu können.

Eine gute Strategie für wirtschaftliche Sicherheit ist der Erwerb eines renovierungsbedürftigen Hauses, in dem man zwei Jahre wohnt, in denen man es (sorgfältig) auf Vordermann bringt, um es dann zu verkaufen (wobei Gewinne von bis zu 500 000 Dollar – für verheiratete Paare – steuerbefreit sind). Und dann dasselbe noch mal: Waschen – Spülen – Wiederholen. Erweitern Sie Ihre Kapitalbasis, Ihre Fähigkeiten und Ihr Netzwerk, und machen Sie das Ganze schließlich mit mehr als einem Haus auf einmal. Es ist dies beileibe *kein* Selbstläufer. Sie müssen den örtlichen Markt kennen, sie müssen diszipliniert vorgehen, und sie müssen ein Gespür dafür haben, welche Arten von Renovierungsarbeiten die größte Rendite bringen. Außerdem müssen Sie mit Lieferanten umgehen können, was Ihnen weit besser gelingen wird, wenn Sie selbst handwerklich begabt sind. Es handelt sich hier beileibe nicht um eine Investitionsstrategie für den Schreibtisch.

Linienpilot

(Damit haben Sie nicht gerechnet, was? Aber bleiben Sie dran.) Ich bin von der Luftfahrt fasziniert. Kaum ein Flugzeug, das über mich hinwegfliegt, von dem ich Ihnen nicht Hersteller und Modell nennen könnte. Manche Leute sehen sich nach Schuhen um, andere nach Urlaubsorten. Ich schaue mir Jets an und lese in meiner Freizeit Literatur über Strahltriebwerke und Bordelektronik. Als ich meinen eigenen Jet kaufte, wurde ich praktisch zum Manager einer kleinen Fluggesellschaft mit einem einzigen

Kunden: mich. Es überrascht mich nicht, wenn man mich immer wieder fragt, ob ich nicht fliegen lernen möchte.

Ganz und gar nicht. Siehe oben: Vergiss deine Leidenschaft und folge deinem Talent! Und die Kluft zwischen meiner Leidenschaft für Flugzeuge und meinem potenziellen Talent, sie zu fliegen, ist enorm. Fliegen ist zum Teil eine Frage physischer Fertigkeiten – selbst mithilfe der Technik brauchen Piloten ein ausgeprägtes räumliches Bewusstsein, ein gutes Sehvermögen und ein gutes Gehör. Aber das ist es nicht, was mir den Pilotensitz verleidet. Als Pilot geht es letztlich darum, in zwei sehr unterschiedlichen Situationen keine Fehler zu machen. Erstens gilt es, bei Routinetätigkeiten wie Routenplanung und Preflight-Checks wach zu bleiben. Das setzt Immunität gegen Langeweile voraus. Die habe ich nicht. Ich sehne mich nach Neuem, nicht nach Kompetenz. Zweitens, und das ist der eigentliche Knackpunkt: In den ausgesprochen seltenen Fällen, in denen die Routine durch eine Krise gestört wird, unterscheiden sich gute Piloten von toten Piloten durch die Fähigkeit, Protokolle zu befolgen und mit ebendieser Checklisten-Mentalität zu handeln – und das während die Situation eskaliert. In der Luft kann viel passieren. Während meiner Arbeit an diesem Buch las ich von einem Piloten in Südafrika, der mitten im Flug eine anderthalb Meter lange Kapkobra an sich hochkriechen sah. Unser Held machte den nächstgelegenen Flughafen ausfindig, arrangierte eine Notlandung, landete, setzte die Maschine sicher auf und brachte seine Passagiere in Sicherheit, während ein giftiger blinder Passagier sich im Cockpit umsah.[67]

Das Vorbild hier ist Iceman, nicht Maverick.

Die Main Street Economy

Als Letztes möchte ich auf eine Kategorie eingehen, mit der ich (außer als Kunde) keine direkten Erfahrungen gemacht habe, die aber ein enormes Potenzial hat und oft übersehen wird. Ich spreche von der Wirtschaft auf dem flachen Land oder der Main Street Economy, wie ich sie nenne. Sie ist wahrscheinlich der Teil unseres Arbeitsmarktes mit dem geringsten Zulauf (er findet einfach nicht genügend Interessenten), was bedeutet, dass sich hier im Verhältnis zu den erforderlichen Investitionen enorme Möglichkeiten bieten. Dazu gehören zum einen das Handwerk (Elektriker, Klempner und andere Facharbeiter), zum anderen der Besitz kleiner beziehungsweise regionaler Unternehmen (oft Handwerksbetriebe).

Über 140 000 Amerikaner verdienen mehr als 1,5 Millionen Dollar im Jahr, und die meisten von ihnen sind weder Gründer von Tech-Start-ups noch Anwälte oder Ärzte, sondern Inhaber regionaler Unternehmen: Autohäuser, Getränkehändler etc. Kleine Unternehmen (weniger als 500 Beschäftigte) schaffen jedes Jahr zwei Drittel der neuen Nettoarbeitsplätze und sind verantwortlich für 44 Prozent des BIP.[68] Und es handelt sich auch nicht nur um Autohäuser und chemische Reinigungen. Eine Studie über innovative Unternehmen befand, dass kleinere Firmen – mit durchschnittlich 140 Beschäftigten – fünfzehnmal mehr Patente pro Mitarbeiter anmeldeten als Unternehmen mit Zehntausenden von Mitarbeitern.[69] Angesichts der zunehmenden Besorgnis über die Anfälligkeit globaler Versorgungsketten steigen die Chancen für hoch spezialisierte Fertigungsbetriebe im eigenen Land.

Selbst auf unterster Ebene ist die Nachfrage nach qualifizierten Arbeitskräften enorm – fragen Sie nur jemanden, der versucht hat, Solarzellen installiert oder in einem heißen Wohnungsmarkt seine Küche renoviert zu bekommen. Der Arbeitsmarkt für Elektriker wird voraussichtlich um 40 Prozent schneller wachsen als der Gesamtarbeitsmarkt (und grüne Energieprojekte sind in erster Linie *Elektrifizierungsprojekte*).[70] Es wird prognostiziert, dass uns bis 2027 eine halbe Million Klempner fehlen werden, um den Bedarf des Marktes zu decken.[71] Dennoch interessieren sich gerade mal 17 Prozent aller Highschool-Schüler und College-Studenten für eine Laufbahn im Baugewerbe.[72]

Viele von uns, die ihren Lebensunterhalt in einem Bereich verdienen, der einen Abschluss an einer Eliteschule erfordert, schauen auf diese Berufe herab. Realiter sind viele von uns zu dem Schluss gekommen, dass wir als Eltern und als Gesellschaft versagt haben, wenn unser Kind nicht am MIT studiert und dann bei Google landet. Zu viele von uns fetischisieren die IT- und Tech-Branche in einem Ausmaß, dass wir eine ganze Generation davon überzeugt haben, dass ein handwerklicher Beruf bedeutet, dass man es zu nichts gebracht hat.

Für jemanden, der Zugang zu Kapital hat, gibt es auf der Main Street zunehmend Möglichkeiten für Akquisitionen, da die Babyboomer unter den Elektrikern in den Ruhestand gehen und ihre Betriebe verkaufen wollen. Dies sind reelle Wege zum Wohlstand, über die CNBC kein Wort verliert. Die U.S. Small Business Association, eine Bundesbehörde auf Kabinettsebene, bietet eine Reihe von Programmen an, darunter auch finanzielle Unterstützung für Gründung und Entwicklung solcher Unternehmen. Es hilft natürlich, wenn Sie tatsächlich auf dem flachen Land leben wollen – die Hälfte des amerikanischen BIP wird außerhalb der fünfundzwanzig größten Ballungsräume erwirtschaftet. Der größte Teil meiner Beispiele und Ratschläge (einschließlich denen im folgenden Absatz über den Umzug in eine Stadt) sind durch meine Erfahrungen im Bereich der Wissensarbeit geprägt. Aber die Kernaussage dieses Buches und der Weg zum Wohlstand lässt sich auf jede berufliche Laufbahn anwenden und die Main Street Economy ist ein wirtschaftlicher Motor für Millionen von Amerikanern. Machen Sie nicht den Fehler, sie zu übersehen.

Best Practices

Ziehen Sie in eine Stadt, gehen Sie ins Büro

Zu Beginn Ihrer beruflichen Laufbahn brauchen Sie Folgendes: eine Ausbildung, Mentoren und Herausforderungen. Keine virtuelle Präsenz kann ein reales Umfeld aus intelligenten, kreativen Menschen ersetzen, die etwas aufbauen. Je mehr Gelegenheiten Sie haben, unter die Leute zu gehen, Ihre Interessen auszuloten, Mentoren und im Privatleben potenzielle Partner zu finden und Verbindungen zu knüpfen, desto besser. Wie beim Tennis verbessert man sich, wenn man mit Besseren spielt. Und in einer Stadt ist man gezwungen, mit den Besten zu spielen. Das muss nicht gleich New York sein, obwohl meiner Ansicht nach New York das beste Umfeld für junge Leute (zwischen zwanzig und vierzig) in Berufen mit akademischem Hintergrund ist. Es sollte jedoch eine Stadt sein, die Ihnen diese Möglichkeiten und diesen Wettbewerb bieten kann. Die Annehmlichkeiten der Arbeit von zu Hause aus verblassen im Vergleich zu den – persönlichen und beruflichen – Möglichkeiten, die sich daraus ergeben, vor Ort zu sein. Vermutlich haben Experten schon vom ersten Gebäude mit einem Obergeschoss an den Tod der Städte vorausgesagt. Aber größere Städte sind ein Treibhaus für Komplexität: Hier gibt es mehr innovativere Unternehmen, hier entstehen mehr Patente und mehr wissenschaftliche Studien als andernorts.[73] Über 80 Prozent des weltweiten BIP wird in Städten erwirtschaftet.[74]

Außerdem sind Städte *unterhaltsam, interessant und gesellig*. Sie werden Menschen mit ungeahnten Biografien kennenlernen, deren Ansichten über das Leben Ihre eigenen verändern werden. Wenn Sie in eine Stadt kommen, sollten Sie was Neues ausprobieren und sich in neue Situationen begeben – so lernen Sie etwas über Ihren wichtigsten Besitz: Sie selbst. Das Leben in der Stadt kann teuer sein, aber das sollte Sie nicht abhalten. Die ersten Berufsjahre sind vor allem deshalb wichtig für Ihre spätere wirtschaftliche Sicherheit, weil Sie in dieser Zeit den richtigen Beruf finden, die für Ihren Erfolg notwendigen Fähigkeiten erwerben und Beziehungen aufbauen. Wie ich im nächsten Kapitel ausführe, ist das Geld, das Sie tatsächlich sparen, weniger wichtig als der Aufbau der Muskeln, die Sie zum Sparen benötigen, und es ist völlig in Ordnung, Ihr Leben zu leben, solange Sie ohne Gepäck unterwegs sind. Sehen Sie sich nach der billigsten Wohnung um, in der Sie es aushalten, richten Sie sie erst gar nicht ein, verbringen Sie nicht unnötig Zeit darin und üben Sie, »Ja« zu sagen.

Gehen Sie lieber ins Büro, vorzugsweise ins Hauptquartier. Das Büro ist der ideale Ort, um Beziehungen aufzubauen und Mentoren zu finden. Und Mentoren sind Menschen, die sich Ihrem Erfolg verpflichtet fühlen, und damit einer der Schlüssel zum Erfolg in einer Organisation. Wer wird wohl den Zuschlag erhalten, wenn eine Beförderung ansteht? Die Person mit der besseren Beziehung zu demjenigen, der die Entscheidung trifft. Sicher, Beziehungen lassen sich auch aus der Ferne aufbauen, aber sie werden nie so intim sein wie die persönlichen. Die Nähe zum Büro (d. h. Ihre Anwesenheit dort) steht in direkter Beziehung zu Ihrem Werdegang. Laut einer Umfrage unter C-Level-Führungskräften aus dem Jahr 2022 schätzen über 40 Prozent von ihnen die Beförderungschancen von nicht direkt im Büro tätigen Mitarbeitern geringer ein. Und Studien bestätigen dies.[75] Umgekehrt ist bei Entlassungen die Zahl der Mitarbeiter ohne Profil und Fürsprecher überdurchschnittlich hoch. Es ist einfacher, Leute zu feuern, die man nur von der Videoschalte her kennt.

Ist diese Realität gerecht oder auch nur durchdacht? Vermutlich nicht. Aber Sie arbeiten nun mal in der realen Welt und nicht in der Welt, wie sie sein könnte. Kurz gesagt: Ziehen Sie sich, solange Sie können, ein nettes Hemd an, und gehen Sie ins Büro.

Mit der Zeit entwickeln Sie sowohl Ihre Fähigkeiten als auch Ihr Netzwerk, womit die Bedeutung des städtischen Umfelds ebenso abnimmt wie die Ihrer persönlichen Anwesenheit im Büro. Außerdem werden wohl die meisten von uns persönliche Beziehungen (Partner, Kinder, Hunde) eingehen, was Kosten gerade in den Megastädten denn doch zur Belastung macht. Bis das Verhältnis von Kosten und Nutzen dann irgendwann kippt. Sie können dann in eine kleinere Stadt umsiedeln, einen Vorort vielleicht oder aufs Land, idealerweise in eine Gegend mit günstigen Steuern und guten Schulen, ohne dabei in dieser Phase Ihres Werdegangs den Fokus auf Ihre Karriere aus den Augen zu verlieren.

Der Wunsch allein ist nicht genug

Ob wir nun in der Schule sind, bei einem Start-up oder einem Konzern, wir wollen alle das Gleiche: Erfolg, Anerkennung, Fertigkeiten und wirtschaftliche Sicherheit. Aber dem Universum ist das egal. Das Verlangen danach ist unabdingbar, reicht aber nicht aus.

Was das Setzen von Zielen in Leben und Beruf anbelangt, herrscht an Ratschlägen kein Mangel. Ziele sind gut, ja sogar notwendig, und messbare Zielvorgaben können in der Geschäftswelt wichtige Werkzeuge sein. (Untersuchungen legen nahe, dass schon das bloße Aufschreiben von Zielen einen großen Einfluss auf die Ergebnisse haben kann.)[76] Aber der bloße Wunsch, ein Ziel zu erreichen, ist nicht genug.

Zunächst einmal vollzieht Fortschritt sich weniger gleichmäßig als vielmehr im Stop-and-go. Die Leute gratulieren mir immer zu meinem Blitzerfolg. Von wegen. Für diesen »Blitzerfolg« habe ich fünfunddreißig Jahre lang rangeklotzt und wie oft habe ich mich dabei nach einem Schlag ins Gesicht wieder aufrappeln müssen. Wenn sich Ihre Motivation für die Arbeit im Wunsch nach einem Endziel erschöpft, werden Sie furchtbar frustriert sein, wenn Sie bei all der Mühe auf Ihrem Weg zum Ziel keine Fortschritte sehen. Und je höher das Ziel, je länger der zeitliche Horizont, desto größer ist die Wahrscheinlichkeit, dass Ihr Wunsch verglüht, bevor Sie es erreichen.

Und was, wenn Sie Ihren Herzenswunsch erreicht haben? Wie geht es weiter? Je mehr Sie für etwas gekämpft, je mehr Sie dafür geopfert haben, desto enttäuschter werden Sie sein, wenn Sie endlich den Preis in Händen halten und Ihr Leben nicht grundlegend verändert sehen. Denn Sie werden immer noch der Alte sein, mit all Ihren Neurosen, all Ihren Ängsten, mit allem, was Sie bereuen, nur dass alles noch schlimmer sein wird – schließlich haben Sie ja, wonach Sie sich verzehrt haben. Was also soll Sie *dann* motivieren?

Einer bekannten Sentenz zufolge ist das Leben eine Reise, kein Ziel. Oder wie der Gewohnheitsguru James Clear so schön sagt: »Wenn Sie bessere Ergebnisse erzielen wollen, sollten Sie sich keine festen Ziele setzen, sondern sich lieber auf Ihr System konzentrieren.«[77] Ihre Aufgabe besteht darin, Ihren Wunsch, Ihren Ehrgeiz und alles, was Sie sonst noch motiviert (Angst ist übrigens ein hervorragender Motivator), auf die Entwicklung Ihrer Fertigkeiten, auf das Knüpfen von Kontakten und den Erwerb von Referenzen zu konzentrieren – und natürlich hart zu arbeiten, ich meine wirklich hart. Finden Sie Ihren Lohn in dem Wissen, dass Sie die Arbeit geleistet haben, seien Sie stolz auf Verbesserungen und Zwischenerfolge, und was immer Sie sich wünschen, wird in Erfüllung gehen. Bill Walsh, der als Trainer mit den San Francisco 49ers drei Super Bowls gewonnen und die NFL revolutioniert hat, schrieb seine Managementphilosophie später in einem Buch nieder, dessen Titel sein Ethos auf den Punkt bringt: *Das Resultat kommt von selbst.*[78]

Grit – Beharrlichkeit führt zum Ziel

In Verbindung mit dem richtigen Berufsweg sorgen Talent und Wunsch für einen guten Start. Was dieses Dreigestirn jedoch in wirtschaftliche Sicherheit verwandelt, sind Jahre harter Arbeit. Es gibt kein Geheimnis, keine Abkürzung – um sie zu erreichen, muss man sich reinknien. »Grit« ist die Fähigkeit, Tag für Tag aufzustehen und seine Arbeit zu erledigen, auch wenn sie keine Anerkennung findet und keine Ergebnisse bringt, auch wenn man ausgepowert oder abgelenkt ist – das *ist* Erfolg, nur eben in seiner Embryonalphase.

Die Neurowissenschaftlerin Angela Duckworth, die als Guru des Grit gilt, definiert diese Eigenschaft als »Schnittstelle von Leidenschaft und Ausdauer«. Ihre wesentliche Erkenntnis besteht darin, dass diese Eigenschaft mehr zum individuellen Erfolg beiträgt als die Intelligenz, auf die sich unsere Gesellschaft so konzentriert. Wie sich gezeigt hat, sind die von ihr gemessenen Werte für Grit in den unterschiedlichsten Umgebungen ein ausgezeichneter Indikator für den späteren Erfolg.[79]

Für mich bedeutete harte Arbeit in der Regel lange Arbeitszeiten und nahezu totale Hingabe. Als ich L2 aufbaute, war ich tagsüber im Büro, fuhr nach Hause, um die Kinder zu baden, und ging dann zurück ins Büro. Sonntags arbeitete ich halbtags. Wenn ein Kunde anrief und ein Meeting verlangte, stieg ich oft am nächsten Tag in den Flieger. Aber nicht jeder hat das Privileg – oder den Wunsch nach – einer derartigen Fähigkeit zur Hingabe. 110 Prozent Einsatz sind keine Garantie für den Erfolg und 90 Prozent schließen ihn keinesfalls aus. Sie können auch fokussiert und erfolgreich sein, ohne Ihr Geschäft gleich wie ein Navy SEAL anzugehen. Überlegen Sie, wie Sie mehr beitragen können als die anderen. Baseball-Statistiker haben mit der Kennzahl »Wins above Replacement« eine Möglichkeit, festzustellen, wie viele Spiele ein Team mit einem Starspieler auf dem Platz im Vergleich zu der Zahl der Siege gewinnt, die es laut Statistik mit einem durchschnittlichen Spieler in derselben Position errungen hätte. Finden Sie eine Möglichkeit, Ihren Wins-Above-Replacement-Wert zu erhöhen.

Grit zu pflegen, ist nicht einfach – man geht davon aus, dass es sich dabei um ein Produkt sowohl der Gene als auch der frühen Kindheit handelt. Die überzeugendste Annahme jedoch geht davon aus, dass Grit aus einer »Wachstumsmentalität« resultiert, mit anderen Worten aus der Erkenntnis, dass Talent, wie Steven Kotler es ausdrückt, nur ein Ausgangspunkt und eigentlich die Übung das alles Entscheidende ist.[80] Lassen Sie sich Ihre eigene Erfahrung mit dem Lernen und Ihren Erfolgen dabei durch den Kopf gehen: Sicher gab es etwas, das anfangs frustrierend und schwierig war und durch Arbeit einfacher wurde. Wohlgemerkt: durch *Arbeit*.

Wenn man's nicht ändern kann, muss man durch

Alles, was wir tun, tun wir inmitten einer Kulisse von Kräften, die sich unserer Kontrolle entziehen. Es gibt jedoch vieles, was wir durch die Investition von Zeit und Energie sehr wohl beeinflussen können, also verschwenden Sie nicht unnötig Ressourcen auf Schlachten, die nicht zu gewinnen sind.

In ihrem Buch *Mach, was du willst: Design Thinking fürs Leben* definieren die Stanford-Professoren Dave Evans und Bill Burnett »Gravitationsprobleme« als Hindernisse oder gegenläufige Kräfte, gegen die man nichts unternehmen kann. »Wenn man nichts dagegen tun kann«, so schreiben sie, »ist es kein Problem, sondern ein Umstand.«[81] Mitten im Getümmel kann man Ratschläge zu Beharrlichkeit, Grit und Fokus leicht dahin gehend missverstehen, dass man niemals aufgeben sollte, oder schlimmer noch, dass man etwas richtig machen muss, wenn einem nach all den Versuchen, mit dem Kopf durch die Wand zu kommen, der Schädel brummt. Hier müssen wir einen Schritt zurücktreten und die Umgebung in Betracht ziehen. Rennen Sie gegen eine Wand an, die sich einrennen lässt? Oder kämpfen Sie gegen die Schwerkraft an?

Laut einem Sprichwort auf dem Markt »kommt man gegen die Fed nicht an«. Es bedeutet: Nur ein Dummkopf würde dagegen wetten, wenn die Federal Reserve die Wirtschaft in eine bestimmte Richtung bugsieren will. Makroökonomische Faktoren sind in dem Fall die Schwerkraft – und wenn man nicht gerade der Chef der Fed ist, kann man daran vermutlich nicht drehen. Schwerkraft gibt es aber auch einige Nummern kleiner. So ist etwa unerwiderte Liebe ein Problem der Schwerkraft, es sei denn, man ist ein Dichter. Er/sie liebt Sie nun mal nicht. Finden Sie sich damit ab. Wenn Ihr Chef die fetten Aufgaben nebst Beförderungen nur Kollegen gibt, die sich mit ihm gut verstehen, und Sie drei Kinder zu Hause haben und kein Interesse am Golfen, dann klingt das nach einem Gravitationsproblem. Ich habe die Beratertätigkeit an den Nagel gehängt, weil es ein Beziehungsgeschäft ist und ich spürte, dass ich einfach nicht mehr die Disziplin – oder die Persönlichkeit – hatte, um mit meinen Kunden befreundet zu sein.

Mit der Schwerkraft gehen Sie in zwei Schritten um. Der erste besteht darin, sie zu erkennen. Der zweite besteht darin, seine Reaktion darauf so umzudeuten, dass man es mit einem Problem zu tun hat, das man lösen *kann*. Schwerkraft bedeutet nicht, dass wir keine Steilwände erklimmen oder nicht fliegen können. Nur muss die Lösung für diese Herausforderungen *mit* den realen Gegebenheiten der Schwerkraft arbeiten, nicht *gegen* sie. Wenn Sie ständig Partnern, Jobs oder Hobbys hinterherjagen, die Ihre Aufmerksamkeit nicht erwidern, dann liegt das vermutlich daran, dass Ihr Talent sich nicht mit Ihrer Leidenschaft deckt. Was haben Sie zu bieten? Lässt es sich verbessern? Welche Art Mensch interessiert sich dafür?

Wissen, wann man aufhören muss

Beharrlichkeit sollte eine Eigenschaft sein, kein Selbstmordpakt. Sie sollten auf Ihrem beschwerlichen Weg durch den Dschungel regelmäßig Ihren Kompass checken und sich vergewissern, dass die Richtung stimmt. In dieser Situation kommt Ihr Küchenkabinett zu seinem Recht. Stecken Sie nicht auf, nur weil Sie sich schwertun – es *soll* ja nicht einfach sein. Stecken Sie auf, weil die Daten, ein bewährter Mentor oder diverse externe Signale darauf hindeuten, dass Ihre Zeit anderswo besser investiert wäre. Sie brauchen sich deswegen nicht zu genieren.

1997 gründete ich ein E-Commerce-Unternehmen namens Red Envelope. Es war großartig, bis dann der Lack ab war, aber es dauerte zehn Jahre, bis ich den Laden endlich dichtmachte. Das Schlimmste daran? Die Firma scheiterte langsam. Den Großteil meines Nettovermögens zu verlieren, war an sich schon nicht komisch, aber wirklich schmerzlich war, dass sich das Ende zehn Jahre hinzog.

Zwei Jahre nach der Gründung des Unternehmens versprach mir Red Envelope immer noch Reichtum und Ruhm, und so gründete ich Ende 1999 ein Inkubator-Unternehmen für E-Commerce namens Brand Farm, das unter anderem Mittel von Goldman Sachs und JP Morgan bekam. Die Idee war recht einfach: eine gemeinsame Infrastruktur, eine gemeinsame Rechtsabteilung, eine gemeinsame Tech-Abteilung, eine gemeinsame

Abteilung für Geschäftsentwicklung, eine gemeinsame Bürofläche – und dann sollten dort E-Commerce-Unternehmen am Fließband entstehen. Mittels einer PowerPoint-Präsentation brachte ich 15 Millionen Dollar auf. Sechs Monate später – *Peng!* – platzte die Dotcom-Blase. Wir sahen, dass das Konzept angesichts des allgemeinen wirtschaftlichen Klimas sinnlos geworden war. Wir schlossen das Mutterunternehmen, baten die Firmen in unserem Portfolio, ihre Ausgaben um die Hälfte zu kürzen, um den »nuklearen Winter« überstehen und weitermachen zu können, dann zogen wir uns zurück. Was ein Segen war. Erfolg ist das Beste; das Nächstbeste ist ein Ende über Nacht.

Man sollte sich bei jeder Wette, die man eingeht, die Option des Aufgebens offenhalten. In der Tech-Branche sagen wir lieber »Pivoting« statt Aufgeben, das klingt weniger hart. Große Zocker sind große Aussteiger – Kenny Rogers' bekannter Song erinnert uns daran, uns immer darüber im Klaren zu sein, wann wir ein Blatt halten und wann wir passen sollten. Annie Duke, Poker-Ass und Bestsellerautorin, hat ein ganzes Buch über das Aufhören geschrieben, in dem sie überzeugend darlegt: Aufhören ist einer der Schlüssel zum Erfolg – sowohl in der Geschäftswelt als überhaupt im Leben.[82] Einer ihrer Tipps: Planen Sie Ihren Ausstieg im Voraus, um ein verlässliches Signal zu haben, wenn die Emotionen des Augenblicks die Oberhand zu gewinnen drohen. Zu wissen, wann man aufhören muss, ist von elementarer Bedeutung. Es ist eine Kunst. Alle erfolgreichen Menschen haben irgendwann aufgegeben. Manche sogar öfter. Suchen Sie sich Menschen mit genügend Rückgrat und Perspektive, um Ihnen zu sagen, ob und wann Sie durchhalten oder die Brocken hinschmeißen sollten.

Gipfel und Täler – und keine Leiter in Sicht

Das Vorwärtskommen im Beruf hat längst nichts mehr vom gleichmäßigen Aufstieg die Karriereleiter hinauf zur Chefetage von einst. Die starre Erwartung einer linearen Aufwärtsentwicklung kann dazu führen, dass Sie diagonale Möglichkeiten übersehen. Betrachten Sie Ihre Karriere nicht als Leiter, die Sie nur hinaufzusteigen brauchen, sondern als ein Gebirge, das es zu überqueren gilt – mit unterschiedlichen Herausforderungen und Umgebungen, die Ihr Instrumentarium unterwegs bereichern. Nur so kommen Sie weiter.

ERFOLG ...

... wie er allgemeiner Ansicht nach aussieht

... wie er wirklich aussieht

Quelle: Konzept der Illustration von Dimitri Martin

Fokus ist nicht zwangsläufig gleichbedeutend mit linearer Progression. Auch Abwechslung hat ihren Wert. Einer Studie zufolge ist der beste Prädiktor für den Erfolg eines neuen CEO die Zahl der unterschiedlichen Stellen, die er innehatte, bevor er das Ruder übernahm.[83]

Erfolgreiche vermögensbildende Berufswege beinhalten (im Gegensatz zum Unternehmertum) in der Regel strategische Jobwechsel, die Sprünge in Verantwortung und Verdienst mit sich bringen. Es ist traurig, aber wahr, dass Außenstehende Ihnen mehr Wertschätzung entgegenbringen werden als Ihr derzeitiger Arbeitgeber. Das liegt in der menschlichen Natur: Wir sehnen uns nach Neuem, und Chefs sind da nicht anders. Es ist ein bei Managern häufig anzutreffender Fehler, einen Mitarbeiter durch die Linse des einen Augenblicks zu betrachten, in dem er bei der Firma anfing, anstatt ihn als erfahrene Führungskraft und anerkannten Aktivposten für die Firma zu sehen.

Selbst wenn man nicht gleich den Arbeitgeber wechselt, kann ein Blick auf den Markt sich auszahlen. In meinem ersten Jahr an der Stern School of Business bekam ich 12000 Dollar. Mein Wert für die Schule stieg rasch an (beliebtester Kurs am Institut, häufige Auftritte außerhalb der Uni), meine Vergütung jedoch nicht: Universitäten bezahlen Clinical Professors und Lehrbeauftragten zu wenig, um (allzu oft) unproduktive Lehrkräfte mit Dauerstellung zu subventionieren. Und so habe ich den Leuten alle paar Jahre ein Angebot von einer anderen Universität vorgelegt und klargestellt: »Das ist mein Marktwert, ich möchte bleiben, aber ich verlange, dass Sie mich entsprechend bezahlen.« Was Sie denn auch taten. Irgendwann machten meine anderen Unternehmungen meine Vergütung an der NYU weniger interessant (siehe oben: Grenznutzen), und heute gebe ich der Stern School meine Vergütung zurück, um die Hand beißen zu können, die mich (nicht) füttert. Schließlich schreibe/spreche ich über die Unzulänglichkeiten des höheren Bildungswesens, und da wäre es ein komisches Gefühl, nach meinen Tiraden gegen den Apparat dessen Schecks einzulösen. Aber viele Jahre hatten diese Gehaltserhöhungen eine enorme Bedeutung für mich. Zusammenfassend lässt sich sagen: Wenn Ihr Gehalt schneller steigen soll als die Inflation, sollten Sie vermutlich entweder kündigen oder wenigstens glaubhaft Ihre Bereitschaft dazu vorbringen (siehe oben: Angebote von anderen Hochschulen).

Sorgen Sie für eine Präsenz auf LinkedIn, pflegen Sie Ihr Profil dort und messen Sie sich an der Konkurrenz, sprechen Sie mit Freunden, ehemaligen Kommilitonen und Kollegen über deren

Jobs. Die Auffassung, über Geld oder Beförderungen zu sprechen, sei stillos, ist falsch. Sie kommt nur Ihrem Arbeitgeber zugute, da er von Ihrer Unwissenheit profitiert. Wenn Sie in einem Bereich tätig sind, in dem sich Headhunter herumtreiben, sollten Sie ab und zu deren Anrufe entgegennehmen. Lassen Sie sich von ihnen zum Mittagessen einladen und horchen Sie sie über die Marktlage aus: Wer stellt ein, was genau suchen die? Welche Fähigkeiten und Eigenschaften sind im Moment gefragt? Wer tut sich schwer, sich durchzusetzen? Und was am wichtigsten ist: Was sind Sie wert und wo können Sie diesen Wert maximieren?

Einen Vorbehalt freilich gibt es dabei: Sie sollten anderen Möglichkeiten mit einer gesunden Skepsis begegnen und sich bewusst fragen, was Ihnen an Ihrem derzeitigen Arbeitgeber gefällt. *Jeder* Job kann mal frustrieren, *jeder* Chef reagiert mal gereizt, und was wie eine grenzenlose schillernde Chance erscheint, ist nach sechs Monaten wahrscheinlich nur noch Ihr Job.

Die radikale Option wäre die, aufgrund all dieser Informationen tatsächlich den Arbeitsplatz zu wechseln. Im März 2023 hatten Amerikaner, die in den zwölf Monaten zuvor den Arbeitsplatz gewechselt hatten, ihr Gehalt in dieser Zeit um 7,7 Prozent verbessert, während die anderen, die den Arbeitsplatz nicht gewechselt hatten, nur um 5,7 Prozent mehr verdienten.[84] Der Wert fluktuiert natürlich, aber Leute, die den Job wechseln, sind denen, die bleiben, fast immer um eine Nase voraus. Auch erweitert ein neues Umfeld Ihre Erfahrungsbasis und verbessert in einer in Veränderung begriffenen Wirtschaft Ihre Flexibilität und Anpassungsfähigkeit.

Sosehr sich die Auffassung vom »Jobwechsler« ändert, insgesamt ging die Dauer der Betriebszugehörigkeit nur geringfügig zurück. 1983 lag die durchschnittliche Betriebszugehörigkeit von

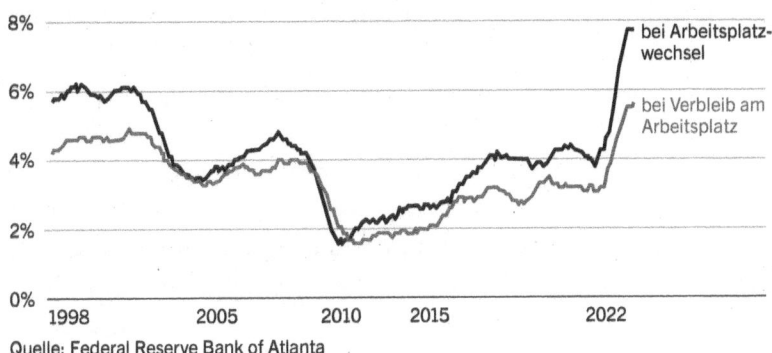

ENTWICKLUNG DES STUNDENLOHNS IM MEDIAN (%)

Quelle: Federal Reserve Bank of Atlanta

Arbeitnehmern über fünfundzwanzig bei 5,9 Jahren.[85] Bis 2022 war dieser Wert zwar gesunken, allerdings nur um 17 Prozent (über fast vier Jahrzehnte) auf 4,9 Jahre.[86] Am schnellsten hat der Arbeitsplatzwechsel bei jüngeren Arbeitnehmern zugenommen. 21 Prozent der Millennials geben an, im letzten Jahr den Arbeitsplatz gewechselt zu haben, das sind mehr als dreimal so viele Jobwechsler im selben Zeitraum wie bei den Nicht-Millennials. Angehörige der Generation Z wechseln LinkedIn-Daten zufolge ihren Arbeitsplatz um 134 Prozent häufiger als 2019. Im Vergleich dazu sind es bei den Millennials 24 Prozent mehr und bei den Boomern 4 Prozent weniger. Und bei der Generation Z möchte man auch weiterhin wechseln: 25 Prozent geben an, sie hofften oder planten, ihre Stelle in den nächsten sechs Monaten zu kündigen, verglichen mit 23 Prozent bei den Millennials und 18 Prozent bei der Generation X.[87]

Ein Wechsel des Arbeitsplatzes ist jedoch ein zweischneidiges Schwert, das mit Vorsicht zu handhaben ist. Nicht selten bedeutet dies, Investitionen aufzugeben, die man beim Kennenlernen eines Unternehmens getätigt hat, und sich in der neuen Firma erneut einen Ruf und ein Netzwerk aufzubauen. Das impliziert ein Risiko, denn kein noch so gutes Vorstellungsgespräch kann Ihnen garantieren, dass Sie der Richtige für das neue Unternehmen sind. Und dann ist da noch die kumulative Wirkung auf Ihren Lebenslauf, die Botschaft, die Ihre Beschäftigungshistorie an künftige Arbeitgeber sendet. Wenn Sie innerhalb von sieben Jahren drei Jobs hatten, dürfte die Person, mit der Sie das Einstellungsgespräch führen, davon ausgehen, dass Sie das Problem sind. Nicht dass ich Ihnen hier raten möchte, nur aus Gründen einer sauberen Vita in einem miesen Job zu verharren. Wenn Sie jedoch in Ihrem letzten Job weniger als zwei Jahre gearbeitet haben und Sie Ihren jetzigen Job nicht mögen, würde ich lange und gründlich überlegen, was es braucht, um drei oder vielleicht auch mehr Jahre zu bleiben, bevor Sie gehen.

Junge Leute, die sich als regelmäßige Jobwechsler wohlfühlen, sollten nicht davon ausgehen, dass es allen so geht. Um Ihnen ein Gefühl dafür zu vermitteln, was wir früher von häufigen Jobwechslern hielten (und sicher geht es vielen auch heute noch so): 1974 prägte ein Psychologe aus Berkeley den Begriff »Hobo-Syndrom« für »den periodischen Drang, einen Arbeitsplatz an einem Ort zugunsten einer Stelle anderswo aufzugeben«. Er verglich diesen mit dem Impuls, »der Vögel zu Zugvögeln macht«.[88] Sie wollen wirklich nicht, dass potenzielle Arbeitgeber das Etikett »Hobo-Syndrom« auf Ihren Lebenslauf kleben.

Wann also sollten Sie den Arbeitsplatz wechseln? Wenn der nächste Schritt Ihnen mehr nützt, als Ihnen der Ruf eines ständigen Jobwechslers schadet. Will sagen, wenn der Wechsel, einen strategischen Wert für Sie hat, das heißt, wenn er für Sie von materiellem Vorteil und nicht einfach nur ein Wechsel zu etwas anderem ist. Fügen Sie damit Ihrem Lebenslauf einen wertvollen Markennamen hinzu? Ist es eine Gelegenheit, Ihr Netzwerk auf produktive Weise zu erweitern? Das Wichtigste ist, dass die neue Stelle, der neue Arbeitgeber Ihnen die Erweiterung Ihrer Fähigkeiten ermöglicht. Das können technische Kompetenzen sein wie etwa der Umgang mit neuer Software oder Analysetools, aber auch Soft Skills – die Gelegenheit, andere zu führen, Kontakte zur Geschäftsleitung, bessere Mentoren, direkteren Kundenkontakt. Wenn Sie keine klaren und konkreten Vorteile der neuen Stelle nennen können, fragen Sie sich, ob es sich nur um einen Wechsel um des Wechsels willen handelt und ob Sie sich nicht womöglich schon ein Jahr später nach einer neuen Stelle umsehen werden.

Seien Sie loyal zu Menschen, nicht zu Unternehmen

Loyalität ist eine Tugend und sie beruht auf Gegenseitigkeit. Wenn Sie jemand einstellt, sagt er damit, dass er an Ihr Potenzial glaubt. Dasselbe gilt für einen Mentor. Er setzt auf Sie und Sie sollten seine Loyalität mit Ihrer eigenen belohnen. Es wird sich für Sie beide auszahlen: Es ist erwiesen, dass eine Mentorschaft sowohl die Karriere des Mentors als auch die des Schützlings fördert. In einem bestimmten großen Tech-Unternehmen war die Wahrscheinlichkeit, dass Mentor und Schützling befördert werden, mindestens fünfmal höher als bei Mitarbeitern, die nicht an einem Mentorenprogramm teilgenommen hatten.[89]

Um Rat zu fragen, ist eine der besten Möglichkeiten, um für Bindungen am Arbeitsplatz zu sorgen. Es ist ein Ausdruck gegenseitigen Vertrauens – weshalb man sich auch nie so recht traut. Aber Vertrauen schafft Vertrauen und tiefere Beziehungen. Suchen Sie Rat und Ihr Mentor wird Ihren Erfolg persönlich nehmen.

Nichts von alledem gilt für Organisationen. Sie haben weder Rat zu geben noch Perspektiven zu bieten und *werden Ihnen gegenüber niemals loyal sein*. Ihr Chef mag noch so große Stücke auf Sie halten, aber wenn der Chef Ihres Chefs Mist baut und Ihre Abteilung gegen die Wand fährt, stellt man Ihnen beiden

den Stuhl vor die Tür. Loyalität ist eine menschliche (und hündische) Tugend; Organisationen kennen sie nicht.

Früher war die Grenze zwischen Unternehmen und Einzelpersonen nicht ganz so klar. Wenn Sie und Ihre Kollegen vierzig Jahre bei IBM waren, dann war Loyalität gegenüber IBM gleichbedeutend mit Loyalität gegenüber den Menschen, die dort beschäftigt waren – der Unterschied war rein nominell. Heute haben eine Generation von Shareholder-Value-Management-Strategien und innovationsgetriebenen Umbrüchen einen Keil zwischen uns und unsere Unternehmen getrieben. Was unsere Loyalität zueinander, als Individuen, noch wichtiger macht.

Mike Bloomberg hat mal gesagt: »Mein Grundsatz war schon immer: Wenn ein Freund befördert wird, rufe ich ihn erst gar nicht an. Wenn wir uns mal über den Weg laufen, ziehe ich ihn damit auf. Wenn er gefeuert wird, möchte ich noch am Abend mit ihm essen gehen. Und zwar in aller Öffentlichkeit, wo mich jeder sehen kann. Ich weiß nämlich noch, als ich bei Salomon Brothers rausflog – ich kann Ihnen jeden einzelnen nennen, der mich angerufen hat. Das bedeutete etwas. Als ich Partner wurde? Daran erinnere ich mich noch nicht mal mehr.«[90] Mein Freund Todd Benson drückt das folgendermaßen aus: »Sei da, wenn es eine Rolle spielt, wenn es etwas bedeutet. Verpasse keine Beerdigung. Geh zu jeder Hochzeit.«

Seien Sie ein Serien-Monogamist

Sie kommen auf dem Weg durch das beschwerliche Terrain Ihrer Karriere besser voran, wenn Sie sowohl Ihr Ziel als auch die jeweilige Herausforderung fest im Blick haben. »Nebenjobs« lenken Sie meiner Meinung nach nur ab und verwässern den Fokus, der für Ihren Erfolg nötig ist. Wenn etwas der Mühe wert ist, dann machen Sie es zu Ihrer Hauptbeschäftigung. Wenn Sie eine Nebenbeschäftigung haben, bedeutet das wahrscheinlich, dass Ihre Hauptbeschäftigung nicht so ist, wie sie sein sollte. Würden 10 bis 20 Prozent mehr Fokus und Einsatz dazu führen, dass Ihre Hauptbeschäftigung mehr abwirft als Ihr Nebenjob? Beim Fokus geht es nicht darum, was man tun sollte, sondern darum, was man nicht tun sollte.

Es gibt allerdings Ausnahmen. Wenn Sie Freiberufler sind und mehrere Kunden haben, dann ist es nur vernünftig, hinsichtlich Kundenbestand und Einnahmequellen zu diversifizieren. Als Freiberufler sind Sie ein Einzelunternehmen, und es ist für Sie –wie für jedes andere Unternehmen auch – gefährlich, von einem einzigen Kunden oder einer einzigen Produktlinie abhängig zu sein. Genauso gefährlich ist es jedoch, jeder Gelegenheit hinterherzujagen und begrenzte Ressourcen auf unterschiedliche Dienstleistungen mit wenigen Synergien zu verteilen. Während der ersten Zeit meiner Start-ups war die Versuchung immer groß, etwas einfach nur des Geldes wegen zu machen, und hier und da muss man Projekte übernehmen, die strategisch irrelevant sind, nur um seine Leute bezahlen zu können. Aber letztendlich sind das leere Kalorien. Reine »Geld-Projekte« schlucken genauso viel (manchmal sogar mehr) Gemeinkosten und geistige Energie wie Projekte im Kerngeschäft und fressen obendrein Ressourcen, die zur Erweiterung von Kompetenzen und Dynamik in diesem Kerngeschäft nötig wären. Auch hier handelt es sich um eine Ermessensentscheidung, die man mit seinem Küchenkabinett besprechen sollte.

Die zweite Ausnahme – für den Fall, dass Sie meine Warnungen hinsichtlich einer Unternehmensgründung in den Wind geschlagen haben – ist folgende: Es kann aus offensichtlichen, praktischen Gründen durchaus sinnvoll sein, in den ersten Tagen Ihres Start-ups einen Job mit Gehalt und Sozialleistungen zu behalten. Womöglich brauchen Sie den Tagesjob auch, um den Umstieg auf eine vermögensbildende Karriere, etwa den

Aufbau eines Portfolios von Mietimmobilien, zu finanzieren. In diesem Fall sollten Sie keine der beiden Tätigkeiten als Nebenerwerb betrachten, sondern als Einheit und in sie als zwei sich ergänzende Geschäftszweige investieren. Planen Sie den Wechsel von der Festanstellung zur Karriere als Vermögensverwalter.

Hochschulstudium

Ein verlockender Umweg, den die meisten Wissensarbeiter zumindest in Betracht ziehen, ist ein Hochschulstudium. In einigen Berufen ist ein solches Studium unabdingbar, was reifliche Überlegung erfordert, da man nicht erst nach zwei Jahren Assistenzzeit feststellen sollte, dass man die Medizin nicht mag. Ganz gleich, wie sehr Sie sich auf einen Beruf fixiert haben, für den Sie ein Fachstudium brauchen, versuchen Sie, sich einen praktischen Einblick zu verschaffen, bevor Sie Jahre Ihres Lebens auf die Erfüllung irgendwelcher Zugangsvoraussetzungen verwenden.

Als ich meinen MBA an der Haas School of Business (UC Berkeley) machte, lagen die Studiengebühren bei 2000 Dollar pro Jahr – womit die Entscheidung so gut wie auf der Hand lag. Aber da Studiengebühren ins Astronomische gestiegen sind, liegt die Messlatte für die Rechtfertigung dieser Investition um einiges höher. Das heißt nicht etwa, dass ein Wirtschaftsstudium nicht wertvoll sein kann (ich unterrichte an einer solchen Universität und bin von ihrer Mission überzeugt), es heißt nur, dass es nicht für jeden geeignet oder für jeden notwendig ist. Ein MBA ist zweifelsohne eine wertvolle Qualifikation, aber dasselbe gilt auch für eine Stelle bei einem Top-Arbeitgeber. Und ertragstechnisch bringt ein Wirtschaftsstudium umso weniger, je weiter man aufsteigt. Anders gesagt, niemand stellt einen CEO wegen eines Studiums an der Wharton School of Business ein, und die

200 000 Dollar, die Sie dafür ausgegeben haben, hätten Ihnen während dieser Zeit in Ihrem Portfolio Zinsen gebracht. Überhaupt werden Opportunitätskosten ernstlich unterschätzt. Doch dazu mehr im nächsten Kapitel.

Vom Prestige einmal abgesehen, ist das Wertvollste an einem Wirtschaftsstudium für die meisten das Netzwerk, das es mit sich bringt. Vor allem, wenn Ihnen Ihre Biografie keine Kontakte zu Bankern und Führungskräften mit auf den Weg gegeben hat, kann ein Wirtschaftsstudium viel dazu beitragen, das wieder wettzumachen. Was man tatsächlich lernt, ist eher begrenzt, aber das gilt für die meisten Hochschulen. Um der Kontakte und des Renommees willen empfehle ich nur eine der Top-Ten-Business-Schools. (Anmerkung: Die Top Ten umfasst vermutlich fünfzehn.) Arbeitgeber sagen das Gleiche, nur nicht mit Worten, sondern mit Geld: MBA-Absolventen von einer amerikanischen Top-Universität können das Dreifache dessen verdienen, was ihre Kollegen von Unis mit den schlechtesten Bewertungen bekommen.[91]

Schnelle Gewinne

Eine Taktik, die wir in meiner Zeit als Unternehmensberater einsetzten, um bei einem neuen Klienten anzukommen, war die der »Quick Wins«. Beratungsprojekte von Teams frischgebackener MBAs mit neuen Ideen starten in einem Rausch von Optimismus und Energie. Das Problem dabei ist, dass Monate vergehen können, und alles, was die Wunderkinder vorzuweisen haben, sind Meetings, PowerPoint-Präsentationen und sechsstellige Rechnungen. Also suchten wir nach dem Prinzip der »niedrig hängenden Früchte«, also schnell und einfach umsetzbare Projekte, bei denen sich einige Aspekte unserer Empfehlungen in kleinem Maßstab umsetzen ließen: Pilotprojekte, simple Kundenumfragen, alles, was sich schnell und vor allem sichtbar bewerkstelligen ließ. Die vielen Vorteile lagen auf der Hand: Wir rechtfertigten unsere Rechnungen durch sichtbaren Fortschritt, wir nahmen dem Kunden die Angst vor der Umsetzung weit ehrgeizigerer Empfehlungen und wir gewannen einen Einblick in die tatsächliche Funktionsweise seiner Organisation.

Gelegenheiten für Quick Wins zu schaffen, ist in vielen Bereichen eine wirksame Technik. Hinsichtlich unserer persönlichen Entwicklung ist sie der Schlüssel zur Arbeit an unseren Gewohnheiten und zum Befeuern der Dynamik, die wir brauchen, um weit größere Aufgaben anzugehen. Finanzguru Dave Ramsey rät – im Widerspruch zur volkswirtschaftlichen Doktrin – gerade stark verschuldeten Menschen zu solchen Quick Wins. Er fordert seine Kunden auf, ihre Schulden der Reihe nach aufzulisten, von der kleinsten bis hinauf zur größten. Vergessen Sie Zinsen, Zahlungsfristen oder was auch immer, listen Sie einfach Ihre Schulden ihrer absoluten Höhe nach auf. Und dann tilgen Sie sie in dieser Reihenfolge. Vom steuerlichen Standpunkt aus ist das alles andere als vernünftig (die Kredite mit den höchsten Zinssätzen sollten zuerst abbezahlt werden), aber wie Ramsey erklärt, zieht er »eine Veränderung des Verhaltens der Mathematik« vor. Sie könnten Ihrem Cousin das 100-Dollar-Darlehen tatsächlich zurückzahlen, auch wenn Sie es noch jahrelang hinausschieben könnten, und es wäre für Sie ein Quick Win. Und Ramsey zufolge ist das genau das, was Sie brauchen: »schnelle Erfolge, um sich zu motivieren«.[92]

Streichen Sie einige Hobbys und investieren Sie in den Rest

Freizeitaktivitäten, vom Lesen von Liebesromanen bis zum Bergsteigen, halten Körper und Geist aktiv und sorgen womöglich sogar für nachhaltiges Glück. Und wenn Sie meine Ratschläge befolgen, können Sie davon ausgehen, dass Sie irgendwann die Zeit und das Geld haben, um ihnen mit echter Leidenschaft nachzugehen. Ja, irgendwann werden Sie nichts anderes mehr tun. Und so befriedigend der Erwerb einer neuen Fähigkeit auch sein mag, Sie sollten nicht als Siebzigjähriger mit vollem Konto aufwachen, aber mit Nichts-zu-Tun. Natürlich können Sie auch mit siebzig surfen, aber wenn Sie es mit fünfundzwanzig gelernt haben, werden Sie sich leichtertun.

Ihr augenblickliches Problem ist jedoch, sich auf Ihre Karriere zu konzentrieren, was die Ihnen verbleibende Zeit kostbar macht. Aber wie lässt sich entscheiden, welche Hobbys man streichen und in welche man investieren soll?

Stellen Sie eine Rangliste Ihrer Freizeitaktivitäten auf. (Will sagen, listen Sie sie in der Reihenfolge auf, in der sie Ihnen am wichtigsten sind; von oben nach unten; auf keinen Fall zwei auf demselben Platz.) Unter Freizeitbeschäftigung fällt alles, was Sie über ihre Grundbedürfnisse hinaus machen und womit Sie kein nennenswertes Einkommen erzielen (oder über ein realistisches Potenzial dazu verfügen). Berücksichtigen Sie beim Ranking folgende Faktoren:

- Handelt es sich um eine gemeinsame Aktivität mit Menschen, an denen Ihnen etwas liegt, sodass sie also mit ihrer Ausübung gleichzeitig in diese Beziehungen investieren? Seien Sie ehrlich: Wenn Ihr Ehepartner sonntags mit Ihnen golfen geht, weil er Sie liebt, aber eigentlich lieber etwas anderes machen würde, ist das keine gemeinsame Aktivität. Sollte es doch eine sein, ist das ein großes Plus, dass die Aktivität im Ranking nach oben schiebt.
- Handelt es sich um Sport? Jeder sollte mindestens ein sportliches Hobby auf seiner Liste haben. Meines ist Crossfit. Ich mag Crossfit, aber so doll auch wieder nicht. Aber bis ich ein

sportliches Hobby finde, das mir mehr zusagt, steht Crossfit auf meiner Liste ganz oben.

- Wie steht es mit dem Zeit/Kosten-Nutzen-Verhältnis? Experimentalflugzeuge sind sicher ein aufregender Zeitvertreib, aber in einer Welt, in der Zeit und Kapital begrenzt sind, stehen Sie mit Blick auf das Zeit/Kosten-Nutzen-Verhältnis für die meisten von uns eher weit hinter dem Spaziergang am Strand.
- Lässt sich das auch im Alter noch machen? Hierbei sind mehrere Aspekte zu beachten. Bei Hobbys vor allem körperlicher Art, die auf bestimmten Fertigkeiten beruhen, ist das vermutlich ein guter Grund, sie jetzt weiterzubetreiben. Wenn Sie davon ausgehen, im Ruhestand Golf zu spielen, lohnt es sich vermutlich, Ihr Spiel heute zu entwickeln und zumindest einigermaßen in Form zu bleiben. Wenn Sie sich auf Hawaii zur Ruhe setzen und jeden Morgen mit dem Longboard aufs Meer hinauswollen, sollten Sie sich definitiv hier und da Zeit zum Surfen nehmen. Das sind keine Fertigkeiten, die Sie mit fünfundsechzig von heute auf morgen angehen sollten. Mit dem Kochen hingegen können Sie vermutlich in jedem Alter anfangen. Reisen erster Klasse in europäische Hauptstädte erfordern keine Übung und fallen einem im Ruhestand genauso leicht, vielleicht sogar leichter als in der Jugend.
- Haben Sie Talent dafür? Triggert es einen Flow-Zustand? Macht es Ihnen Freude? Die Antwort auf diese Fragen fällt vermutlich gleich aus, deshalb habe ich sie gebündelt, aber es sind bezeichnende Merkmale eines Hobbys. Wenn Sie Klaviermusik mögen und sich ausmalen, im Seniorenheim mit Ihrem Können zu glänzen, Sie aber zu kleine Hände haben und das tägliche Üben Ihnen nur eine Stunde klimpernder Quälerei beschert, dann sollten Sie diese Zeit wohl besser auf etwas anderes verwenden. Nur wenige Menschen haben das Talent, lange an etwas Spaß zu haben, was sie nicht wirklich

beherrschen. Folgen Sie hier nicht Ihrer Leidenschaft, folgen Sie Ihrem Talent.
- Machen Sie mit oder schauen Sie nur zu? Meiner Erfahrung nach sind Menschen, die schwitzen, erfolgreicher als Menschen, die anderen beim Schwitzen zusehen.

Sobald Sie eine Vorstellung davon haben, was Ihnen am meisten gibt, gehen Sie die Liste durch und überlegen Sie, wie viel Zeit jedes dieser Hobbys pro Tag/Woche/Monat/Jahr in Anspruch nimmt. Addieren Sie alles, und nach drei, vier Einträgen haben Sie vermutlich das Maximum dessen erreicht, was Sie realistischerweise machen – und zwar gut machen –können. (»Neues auszuprobieren«, ist ein absolut legitimes Hobby, und diese Liste sollte nicht Ihr ganzes Leben lang statisch sein. Seien Sie sich aber darüber im Klaren, dass Neues auszuprobieren seine Zeit braucht.) Sie müssen kein schlechtes Gewissen haben, wenn Sie etwas aufgeben, in das Sie in der Vergangenheit viel Zeit investiert haben. Einmal getätigte Investitionen lassen sich hier nicht mehr rückgängig machen, und wenn Ihnen ein Hobby all die Jahre der Mühe wert war, haben Sie wahrscheinlich Fertigkeiten und Erfahrungen gesammelt, die Sie in andere Aktivitäten einbringen können. Das klassische Beispiel hierfür ist der Leistungssport – die Lektionen in Ausdauer und harter Arbeit, die ich beim Rudern am College gelernt habe, sind mir bis heute geblieben, aber ich habe meinen Frieden damit gemacht, nie wieder auch nur in die Nähe einer Rennschale zu kommen.

Sie sollten sich auf keinen Fall in die eigene Tasche lügen, was Ihre Liste angeht. Sie brauchen es ja nicht gleich zu übertreiben. Wenn Kochen bei Ihnen ganz oben steht, weil es sie entspannt und Sie dabei Podcasts hören können, dann ruinieren Sie sich das nicht durch das Gefühl, jeden Monat einen Kurs besuchen und Abend für Abend ein Fünf-Gänge-Menü kochen zu müssen.

Ich will damit sagen, gönnen Sie sich die Auszeit oder die Kosten. Wenn die Oper auf Ihrer Liste steht, dann gehen Sie in die beste Oper, die Sie finden können – Sie brauchen kein schlechtes Gewissen zu haben, weder wegen der Kosten noch wegen der Zeit. Gerade deshalb streichen Sie Ihre Liste ja zusammen – um genießen zu können, was es auf die Liste geschafft hat, weil Sie ganz bewusst und fokussiert vorgehen.

Zum Abarbeiten: das Kapitel in Punkten

- Achten Sie bewusst darauf, worauf Sie Aufmerksamkeit, Zeit und Energie konzentrieren. Wirtschaftliche Sicherheit ist nur auf lange Sicht und durch anhaltenden Fokus auf die produktivsten Gelegenheiten zu erreichen.
- Akzeptieren Sie die Notwendigkeit harter Arbeit. So viele Wege auch zu Wohlstand führen mögen, kaum einer kommt ohne Zeit am Arbeitsplatz, ohne Energieaufwand und ohne Opfer in anderen Lebensbereichen aus. Das mit Widerwillen anzugehen, untergräbt Ihren gegenwärtigen Fokus ebenso wie Ihre langfristige Zufriedenheit.
- Bringen Sie Ihre Verpflichtungen in Einklang mit Ihren Kompetenzen. Wenn auf Ihrem Tagesplan zu festgesetzten Zeiten familiäre Verpflichtungen stehen, vermeiden Sie Berufe mit Kunden oder Patienten, die Sie womöglich von jetzt auf gleich brauchen. Wenn sich Ihre Arbeit zeitlich und örtlich unkonventionell einrichten lässt, wählen Sie Verantwortlichkeiten, die aus der Ferne zu erledigen sind. Lernen Sie zu delegieren, was Ihnen weniger liegt oder was Sie schlicht nicht können.
- Folgen Sie nicht Ihrer Leidenschaft. Folgen Sie Ihrem Talent.
- Nehmen Sie sich Zeit, herauszufinden, wo Ihr Talent liegt. Unsere Talente liegen nicht immer auf der Hand und decken sich nicht

immer mit unseren ursprünglichen Vorstellungen oder Wünschen. Zwingen Sie sich in für Sie neue Umfelder, und hören Sie auf das, was andere Ihnen über Ihre speziellen Stärken sagen. Strecken Sie Ihre Fühler aus, um zu sehen, was Sie neugierig macht und sie zu begeistern vermag.
- Richten Sie Ihren Fokus auf die Beherrschung Ihres Metiers; die Leidenschaft kommt dann von selbst. Nachhaltige und erfüllende Leidenschaft ist das Produkt Ihrer harten Arbeit, nicht umgekehrt.
- Wiederholen Sie um der Übung willen bestimmte Schritte:
- Probieren Sie Neues aus, gehen Sie Risiken ein und erwarten Sie nicht den sofortigen großen Erfolg. Die meisten Geschichten vom »Erfolg über Nacht« sind das Produkt jahrelanger harter Arbeit. Fehlschläge sind das Rohmaterial des Erfolgs – sofern man aus ihnen lernt.
- Halten Sie Ausschau nach dem Strand mit den größten Wellen. Marktdynamik schlägt individuelle Performance. Also verschaffen Sie sich die bestmögliche Chance, indem Sie dorthin gehen, wo sich die besten Gelegenheiten bieten.
- Arbeiten Sie an Ihren Kommunikationsfertigkeiten. Egal welchen Berufsweg Sie einschlagen, die Fähigkeit zu kommunizieren ist immer etwas Positives und oft unabdingbar. Lesen Sie Romane, gucken Sie Filme, die Ihnen gefallen; lernen Sie, wie sich Informationen visuell darstellen lassen; achten Sie darauf, wie große Moderatoren oder Redner Ihr Publikum in ihren Bann ziehen.
- Berücksichtigen Sie bei Ihrer Berufswahl neben Ihren Fertigkeiten auch kulturelle Faktoren. So offensichtlich es ist, dass Ihr Beruf Ihren Fertigkeiten entsprechen sollte, so wichtig ist es auch, dass Ihre Persönlichkeit in Ihren Arbeitsplatz passt.
- Blicken Sie über die offensichtlichen Berufswege hinaus. Wenn Sie gut in der Schule sind, dann sind Sie praktisch schon auf dem Weg in ein Elitecollege, gefolgt von einem Studium und einer Kar-

riere als Wissensarbeiter: Management. Technologie, Finanzen, Medizin, Recht. Natürlich sind das großartige Karrieren, aber es gibt auch so manch unglücklichen Kanzleipartner oder Senior Vice President. Erweitern Sie Ihren Blickwinkel – die Möglichkeiten reichen von der Architektur bis zur Zoologie. Vergessen Sie dabei nicht die Main-Street-Economy. Folgen Sie Ihrem Talent.

- Ziehen Sie in eine Stadt; gehen Sie ins Büro. Ihre Zwanziger- und Dreißigerjahre sind dazu da, das Arbeiten zu erlernen, sich hart ranzunehmen, Ihr Netzwerk und Ihr Wissen über die Welt zu erweitern. Das bedeutet, Menschen um sich herum zu haben, je mehr, desto besser.
- Erkennen Sie, wann der Zeitpunkt zum Aufhören gekommen ist. Beharrlichkeit ist eine Tugend – solange sie nicht zum Selbstmordpakt wird. Wann immer Sie auf etwas setzen, aufzuhören sollte eine Ihrer Optionen sein.
- Seien Sie loyal gegenüber Menschen, nicht Firmen. Organisationen sind vergängliche Arrangements ohne moralischen Kompass oder Erinnerung und keine davon wird Ihnen gegenüber loyal sein.
- Streichen Sie die Zahl Ihrer Hobbys zusammen. Interessen außerhalb Ihrer Arbeit dienen nicht nur dem Vergnügen, sie sind unabdingbar für kurzfristige Erfüllung und langfristiges Glück. Aber Sie lenken Sie auch von Ihrem Fokus ab. Überlegen Sie also gut, was Sie verfolgen wollen, und vergessen Sie jeden Zeitvertreib, der nicht mehr zu Ihnen passt.

Kapitel drei: Zeit

»Zeit ist das Feuer, in dem wir verbrennen«, schrieb der amerikanische Dichter Delmore Schwartz.[93] Finster, aber so ganz unrecht hatte er damit nicht. Die Zeit verzehrt uns, unaufhaltsam und unausweichlich. Die Vergangenheit ist eine Erinnerung, unabänderlich. Die Zukunft, ein Traum. Auf das Jetzt hat man Einfluss; hier bietet sich die Möglichkeit, mitzuspielen. In der Vergangenheit zu schwelgen oder zu glauben, die Zukunft würde uns ohne unser Zutun und unsere Disziplin unsere Träume erfüllen, ist der Weg in die Bitterkeit darüber, was man in der unabänderlichen Vergangenheit nicht getan hat und was nicht mehr zu reparieren ist.

Sie sind agiler und talentierter als das Universum. Das Universum ist weder in der Lage, so gewandt zu kommunizieren wie Sie, noch, Nuancen Rechnung zu tragen. In diesem Universum sind Sie Usain Bolt, ich meine, wirklich schnell. Und doch wird das Universum überall und über alles als Sieger hervorgehen, da es der Meister der unabänderlichsten aller Waffen ist, der Zeit. Das Universum bewegt sich mit dem Bruchteil der Geschwindigkeit eines Gletschers, weil es weiß, dass es schließlich alles andere überholen wird, weil es Veränderungen in Jahrmilliarden misst.

Zeit ist die wertvollste Ihrer Ressourcen, vor allem als junger Mensch, da Sie mehr davon haben als jeder andere. Sie ist eine Waffe, die junge Menschen nur selten erkennen oder ahnen, wie man sie nutzt. Wenn man erst fünfundzwanzig Jahre bei Bewusstsein ist, kann man sich kaum vorstellen, dass man in fünfzig Jahren immer noch bei Bewusstsein sein wird. Die Fähigkeit, dieses Konzept zu begreifen, Zeit und Geduld, ist womöglich das Delta zwischen Menschen mit dem Talent, ihre Brötchen zu verdienen, und denen mit der Mentalität zum Vermögensaufbau.

Zeit ist etwas, womit man nicht allzu großzügig umgehen sollte. Verschwendet man Geld, kann man es zurückgewinnen. Verschwendet man Zeit, ist sie für immer verloren. Ich will damit nicht sagen, dass Sie sich nie entspannen sollen. Hier und da nichts zu tun, ist gut, sogar wichtig, aber es sollte geplant sein.

Wenn es um den Vermögensaufbau geht, ist die Zeit auf lange Sicht unser Verbündeter, auf kurze Sicht ist sie jedoch unser ärgster Feind. Dieses Problem hat drei Aspekte, die denn auch die Struktur für dieses Kapitel liefern. Erstens wäre da die Macht der Zeit zur Mehrung Ihres Kapitals durch Zinsen. Vermutlich ist Ihnen diese Macht in Form des Begriffs »Zinseszins« geläufig, der ein zentraler Grundsatz jeder Finanzplanung ist. Dank der Macht der Zeit können selbst aus kleinen Kapitalzuwächsen erhebliche Gewinne entstehen.

Aber es geht beim Zinseszins um mehr als nur um die Erträge, die Sie mit Ihrem Geld erzielen. Es summieren sich nämlich auch die Investitionskosten, und wenn sie hier schlecht planen, können sie die Erträge beträchtlich schmälern. Desgleichen summiert sich die Inflation, was sie zu Ihrem ärgsten Feind macht, der unerbittlich das Fundament Ihres Vermögens aushöhlt. Diese Regel gilt weit über den Bereich unserer Finanzen hinaus. Die Folgen unseres Handelns summieren sich in allen Bereichen unseres Lebens, von der Arbeit an unseren Gewohnheiten bis zur Stärkung von Beziehungen.

Zweitens ist da unser Erleben von Zeit in der Gegenwart. Fokus und Stoizismus sind Ansätze, um aus der Gegenwart das Beste zu machen. Vermögensbildung erfordert ein klares Verständnis dafür, wie wir unsere Zeit einteilen und unser Geld ausgeben (was dasselbe ist, nur anders ausgedrückt), und die Fähigkeit, gute Entscheidungen zu treffen, große wie kleine.

Drittens stellt sich die schwierigste Frage, nämlich die nach der Zeit als Kompromiss. Vermögensbildung hat als Konzept etwas Kurioses, da es letztlich darauf hinausläuft, heute Genuss und Vergnügen für das Glück eines anderen – unser künftiges Ich – zu opfern. Wir verdienen mit unserer Arbeit Geld, damit unser künftiges Ich in naher Zukunft zu essen und ein Dach über dem Kopf haben kann. Wir sparen und investieren, damit unser künftiges Ich irgendwann in wirtschaftlicher Sicherheit die Früchte eines guten Lebens genießen kann. Wenn Sie sich bei der Vorstellung Ihres künftigen Ichs ausmalen, was passieren könnte, wenn Sie Macht über die Zeit hätten, dann ist das der Schlüssel zu all den Kompromissen zwischen seinem und Ihrem Glück.

Die Macht der Zeit: Zinseszins

Die Zeit schafft durch kleine Veränderungen Gewaltiges. Die Zeit macht Eicheln zu Eichen und Flussbette zu Canyons. In der Wirtschaft wie im Leben lässt sich die Macht der Zeit am Phänomen »Zinseszins« sehen.

Zinseszins
Albert Einstein, revolutionäre Autorität in Sachen Zeit, soll den Zinseszins als das achte Weltwunder bezeichnet haben. Das ist er tatsächlich, aber er ist auch einfache Mathematik.

INVESTITION: $100

OHNE ZINSESZINS		MIT ZINSESZINS
$108	JR 1	$108
$116	JR 2	$117
$124	JR 3	$126
$180	JR 10	$216
$340	JR 30	$1.006

Stellen Sie sich vor, Sie haben 100 US-Dollar, die Sie mit einem jährlichen Zinssatz von 8 Prozent anlegen. Im ersten Jahr bringt diese Investition eine kleine Rendite von 8 Dollar. Damit werden 100 zu 108 Dollar. Im zweiten Jahr bringt sie Ihnen jedoch nicht nur weitere 8 Dollar ein, sondern auch 8 Prozent auf die Rendite des letzten Jahres (8 Dollar), also weitere 64 Cent. Diese 64 Cent sind Ihre Eichel. Denn jetzt haben Sie 116,64 Dollar statt nur 116 (die Sie ohne Zinseszins hätten). Im dritten Jahr erhalten Sie Ihre 8 Dollar Rendite auf die ursprünglichen 100 Dollar, aber auch 8 Prozent auf die 8 Dollar aus dem ersten Jahr, die 8 Dollar aus dem zweiten Jahr und die 64 Cent. Zusammengenommen erhöhen diese zusätzlichen Erträge Ihre Investition von 124 Dollar (die Sie ohne Zinseszins hätten) auf 125,97 Dollar. Ihre Eichel beginnt zu keimen. Nach zehn Jahren hat der Zinseszins Ihre 100 Dollar in 216 verwandelt – gegenüber nur 180 Dollar, wenn Sie jedes Jahr nur 8 Prozent des Anfangskapitals hinzugewonnen hätten. Dreißig Jahre Zinseszins machen aus Ihren 100 Dollar ganze 1006 Dollar, während es ohne Zinseszins nur 340 Dollar wären – also fast das Siebenfache Ihrer ursprünglichen Anlage allein durch die Auswirkungen des Zinseszinses. Eine Eiche.

Der Zinseszins ist keine optionale Serviceleistung Ihrer Bank, sondern eine Frage der Zinsmathematik. Sie können seine Auswirkungen mit folgender Gleichung berechnen:

KÜNFTIGER WERT =
(Gegenwärtiger Wert x (1 + Zinssatz)$^{\text{Anzahl der Perioden}}$

In vielen realen Situationen wird die Mathematik komplexer (wenn Sie etwa mehr als eine Investition tätigen, wenn sich die Rendite(n) im Laufe der Zeit ändern), aber das ist das Grundprinzip.

Hier sehen Sie, was bei dieser Rechnung mit realen Zahlen herauskommt. Das folgende Diagramm zeigt das Wachstum Ihres Vermögens, wenn Sie zehn Jahre lang 12 000 Dollar jährlich zu 8 Prozent anlegen und dann aufhören und zusehen, wie sich Ihre Rendite summiert. Wenn Sie im Alter von fünfundzwanzig bis fünfunddreißig diesen Betrag zu diesen Konditionen anlegen, haben Sie mit fünfundsechzig über 2,5 Millionen Dollar auf dem Konto, während Sie, hätten Sie mit fünfundvierzig begonnen, nur 500 000 Dollar hätten. Die Beschleunigung, gerade in den späteren Jahren – wenn Sie das Geld wirklich brauchen –, ist phänomenal. Warren Buffett erwirtschaftete 99 Prozent seines Vermögens nach seinem zweiundfünfzigsten Lebensjahr.

Geld anzulegen, gleicht dem Pflanzen einer Eiche. Und der beste Zeitpunkt, damit anzufangen, ist vor zehn Jahren. Der zweitbeste Zeitpunkt ist genau *jetzt*.

MACHT DES ZINSESZINSES
Ersparnisse = $12.000 jährlich auf 10 Jahre bei 8 % Jahreszins

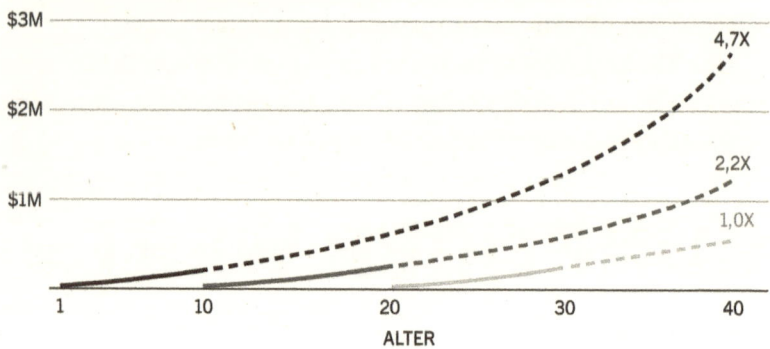

Inflation

Der Zinseszins hat einen bösen Zwilling: die Inflation. Während Ihre Erträge durch Zinseszinsen Ihr Vermögen vermehren, arbeitet die Inflation mit ebendieser Kraft des Zinseszinses an dessen Zersetzung, und das unerbittlich. Die Inflation ist ein Nagetier, das an den tragenden Säulen Ihres Vermögens knabbert, sie ist die Fäulnis in Ihrem Fundament, sie ist eine steigende Flut, auf die nie eine Ebbe folgt. Sie ist unabwendbar, was aber nicht heißt, dass man ihr nicht entkommen kann. Man muss nur schneller sein als sie.

Die Mathematik der Inflation ist dieselbe wie die der Zinsen, nur dass sie in die falsche Richtung geht. Verzeichnet die Wirtschaft eine jährliche Inflation von 3 Prozent, werden Waren, die heute 100 Dollar kosten, in einem Jahr 103 Dollar kosten. Wenn Sie weiter in die Zukunft blicken, sehen Sie wahrscheinlich selbst, wohin das führt. Bei einer jährlichen Inflation von 3 Prozent werden Sie für dieselben Waren in zehn Jahren 134 Dollar hinlegen müssen. In dreißig Jahren (und das ist im Rahmen der Altersvorsorge ein durchaus vernünftiger Zeitraum) müssen Sie für etwas,

was heute 100 Dollar kostet, 243 Dollar bezahlen. Anders ausgedrückt: Wenn Sie in dreißig Jahren in Rente gehen wollen, bedeutet eine Inflation von 3 Prozent, dass Sie das Zweieinhalbfache des Einkommens einplanen müssen, das Sie heute benötigen, um sich derselben Kaufkraft und desselben Lebensstils zu erfreuen.

Nach einem tollen System sieht das nicht aus: eine Steuer auf alles und jedes, die uns das Erreichen wirtschaftlicher Sicherheit – ohne erkennbaren Nutzen – erschwert. Aber die Inflation ist eine der wirtschaftlichen Urkräfte, und zwar eine, die wir auf eigene Gefahr ignorieren.

Zentralbanken wie die Federal Reserve haben einen gewissen Einfluss auf die Inflationsrate und versuchen, sie bei etwa 2 Prozent pro Jahr zu halten, wenn auch mit unterschiedlichem Erfolg. (Zur Messung der Inflation gibt es diverse Maßstäbe; der in den Medien am häufigsten genannte ist der Verbraucherpreisindex (VPI), der die Preisentwicklung einer Auswahl bestimmter Konsumgüter misst.) Die ersten zwanzig Jahre unseres frühen 21. Jahrhunderts über war die Inflation vergleichsweise niedrig; 2022 jedoch erreichte die Inflation in den USA 8 Prozent auf Jahresbasis und im Ausland hier und da sogar noch mehr. Im 20. Jahrhundert lag die Inflation in den USA im Durchschnitt bei etwa 3 Prozent, woraus sich denn auch ein brauchbarer Wert für die Planung ergibt.

Die Inflation ist nicht für alle Waren und Dienstleistungen gleich. Insbesondere die Kosten für Bildung und Gesundheitsfürsorge sind jahrzehntelang schneller gestiegen als die Inflation: Die Studiengebühren in den USA sind seit 1980 Jahr für Jahr um etwa 8 Prozent gestiegen. Technologie dagegen kann sich auch deflationär entwickeln: Computer sind im Laufe der Jahre billiger und besser geworden, sodass das Preis-Leistungs-Verhältnis stark gesunken ist. Einige Kategorien sind unabhängig von langfristigen Trends erheblichen Schwankungen unterworfen:

Benzin zum Beispiel schwankte in den letzten zwanzig Jahren mehrmals zwischen 2 und 4 Dollar für die Gallone.

Da wir uns der Inflation ziemlich sicher sein können, müssen wir unsere Ziele höher stecken als ohne sie. Wir müssen also bei unserer langfristigen Planung die Teuerung miteinbeziehen. Ein Einkommensstrom von 100 000 Dollar jährlich mag heute einen angenehmen Lebensstil suggerieren, bis einem einfällt, dass die Kaufkraft von 100 000 Dollar in dreißig Jahren der von 41 200 Dollar heute entsprechen wird. Wenn Sie also auf die College-Ausbildung Ihres Neugeborenen sparen und die Studiengebühren für vier Jahre heute 200 000 Dollar betragen, dürften Sie von mindestens 360 000 Dollar ausgehen, wenn Ihr Spross aufs College geht (und das bei einer angenommenen Steigerung der Studiengebühren von nur 3 Prozent).

Reale Renditen: Zinsen vs. Inflation

Ich sagte, die einzige Möglichkeit, der Inflation zu entkommen, bestünde darin, schneller zu sein als sie. Bei einer Inflationsrate von 3 Prozent bedeutet das, dass Ihre Ersparnisse mindestens 3 Prozent bringen müssen, nur um Ihre Kaufkraft zu erhalten. Aber Sie wollen Ihre Kaufkraft ja nicht nur erhalten, sondern steigern. Das erfordert eine »Realrendite«, also eine Rendite auf Ihre Anlage, die über der Inflationsrate liegt. Sie können diese schätzen, indem Sie die Inflationsrate von Ihrem Zinssatz abziehen: Wenn Sie bei einer Inflationsrate von 3 Prozent auf Ihr Geld 5 Prozent bekommen, ergibt sich eine reale Rendite von etwa 2 Prozent.[*]

---

[*] Die Inflationsrate von der Nominalrendite (dem gegebenen Zinssatz) abzuziehen, ergibt einen nützlichen Annäherungswert; den genauen Wert bekommen Sie mit der Formel: (1 + Nominalzins) / (1 + Inflationsrate) − 1. Wenn also Ihr Nominalzins 5 Prozent beträgt, beläuft sich die reale Rendite auf 1,94 Prozent.

Wir bezeichnen eine Finanzmetrik, sei es eine Rendite oder ein Dollarbetrag, als »real«, wenn sie inflationsbereinigt ist; andernfalls bezeichnen wir sie als »nominal«. Wenn etwas vor zehn Jahren 100 Dollar gekostet hat und die Inflationsrate seither bei 3 Prozent lag, sagen wir, dass es vor zehn Jahren 100 Dollar in »nominalen Dollar«, aber 134 Dollar in »realen Dollar« gekostet hat. Man bräuchte, mit anderen Worten, heute 134 Dollar, um die Kaufkraft von 100 Dollar vor zehn Jahren zu erreichen. Zuweilen ist auch von »Basisdollar« die Rede oder von einem Dollarbetrag, der an ein bestimmtes Jahr gebunden ist, z. B. »Dollar 2023«.

Die Inflation bei der Finanzplanung außer Acht zu lassen, ist ein ebenso häufiges wie schwerwiegendes Versäumnis. (Ebenso sind Steuern, auf die ich im nächsten Kapitel zu sprechen komme, in die Finanzplanung einzubeziehen.) Vermögen in Form von Bargeld zu haben, kann beruhigend sein – man hat immer Zugriff darauf, es macht sich gut und mildert das Risiko kurzfristigen Ungemachs. Der Mensch versucht, Ungemach aus dem Weg zu gehen, und übertreibt es damit auch gern, da es keine gute Idee ist, viel Barvermögen zu halten, es sei denn kurzfristig, da man so Tag für Tag Vermögen verliert. Bargeld herumliegen zu haben, kostet Sie 3 Prozent im Jahr, mit Zinseszins. Legen Sie es an, und laufen Sie schneller.

Jetzt

Um sich die 64 Cent zu sichern, die zu Hunderten von Dollar heranwachsen, oder die 12 000 Dollar, die zu 2,5 Millionen Dollar werden, müssen Sie *jetzt* etwas tun. Das Leben in der Gegenwart besteht aus einer Reihe von Kleinigkeiten, deren Potenzial nicht immer gleich zu erkennen ist. Die Überwindung unserer kognitiven Mängel und die Beherrschung des gegenwärtigen Augenblicks sind unabdingbar für den langfristigen Vermögensaufbau. Ändern Sie den Zeitplan für Ihr Leben und Sie ändern Ihr Leben.

Kognitive Irrtümer

Trotz ihrer Macht und Bedeutung haben wir keine so rechte Vorstellung vom Phänomen der Zeit. Unser Gehirn ist ein Sammelsurium fehlerhafter Heuristiken und Schätzungen (eine Studie bezeichnet unseren Verstand als eine »Speisekarte der Illusionen«).[94] Ein einfaches Experiment: Sie haben neun Tage Urlaub geplant, aber in letzter Minute erfahren Sie, dass Sie an einem dieser Tage arbeiten müssen. Mist! Jetzt machen Sie ein Reset. Sie haben drei Tage Urlaub geplant und erfahren dann, dass Sie an einem dieser Tage arbeiten sollen. Ist die Wirkung eine andere?

Wir nehmen Zeit mit denselben kognitiven Verzerrungen wahr, die auch unsere Wahrnehmung physischer Entfernung bestimmen – wir verkürzen sie. Fordert man uns auf, uns ein unangenehmes Ereignis in nächster Zeit vorzustellen, beurteilen wir dieses als subjektiv schlimmer als das gleiche Ereignis in ferner Zukunft. Bittet man uns, zu beurteilen, wie nahe zwei Ereignisse zeitlich beieinanderliegen (etwa zwei Ereignisse im Abstand von einer Woche: Liegen sie »hintereinander«, »zeitlich eher nahe beieinander« oder »weit auseinander«?), beschreiben wir Ereignispaare, die bald eintreten, als weiter voneinander entfernt als Ereignisse, die genauso lang auseinander, aber in ferner Zukunft liegen.[95] So wie Geld, das Sie jetzt haben, wertvoller ist als der gleiche Geldbetrag irgendwann in der Zukunft (siehe »Pfeil der Zeit« im nächsten Kapitel), nehmen wir Ereignisse in nächster Zukunft als bedeutsamer wahr als solche in ferner Zukunft. (Wie so viele der kognitiven Komplikationen in unserem Gehirn ist das nicht völlig irrational – für die ferne Zukunft vorhergesagte Ereignisse treten mit geringerer Wahrscheinlichkeit ein als unmittelbar bevorstehende, aber unsere Wahrnehmung trübt es trotzdem.)

Die verstreichende Zeit spielt uns so manchen Streich und das gilt besonders für Geldanlagen. Unsere Erinnerung an vergangene Leistungen ist positiv verzerrt: Wir haben erfolgreiche Investitionen besser in Erinnerung als erfolglose. Das wirkt auf unsere Einschätzung der Zukunft und macht uns übermütig.[96] Eine Ausnahme machen wir, wenn wir jemanden haben, den wir für vergangene Misserfolge verantwortlich machen können; an die erinnern wir uns ganz deutlich, was unser Urteil über die eigenen Fähigkeiten noch weiter verzerrt. (Ein Mittel dagegen ist eine sorgfältige Buchführung, auf die ich weiter unten in Bezug auf die Ausgaben näher eingehen werde.)

In ähnlicher Weise neigen wir dazu, uns an Höhepunkte zu erinnern und unsere Erwartungen für die Zukunft daran auszurichten: Wir gehen sozusagen vor unseren Höhepunkten vor Anker. Dies ist der fundamentale Mechanismus der Gewöhnung an einen sich schleichend verbessernden Lebensstil, auf den ich später in diesem Kapitel zurückkomme: unsere Tendenz, unsere Grundlinie für ein akzeptables Maß an materiellen Annehmlichkeiten immer wieder neu festzulegen. Wer einmal im Four Seasons übernachtet hat, wird im Hyatt nicht mehr so recht glücklich werden. Kaufen wir eine Aktie für 20 Dollar und sie steigt auf 100 Dollar, um dann auf 90 Dollar zu fallen, haben wir das Gefühl, 10 Dollar verloren zu haben – dabei haben wir in Wirklichkeit 70 Dollar verdient.

Und diese Probleme spielen sich nur auf einer einzigen Zeitachse ab. Die Welt der Finanzen verlangt jedoch von uns, alternative Zeitachsen in Betracht zu ziehen, was wir eher selten tun. Ich spreche von Opportunitätskosten – den nicht realisierten Gewinnen aus Investitionen, die wir nicht getätigt haben. Jungen

Leuten, die die Kosten eines Studiums abwägen, unterläuft dieser Fehler nur allzu oft. Die Kosten beschränken sich nicht auf die Studiengebühren. Die Summe dessen, was Sie während des Studiums nicht verdienen werden, und des Zinseszinseffekts, in dessen Genuss Sie nicht kommen werden, fällt unter Umständen weit größer aus.

Und zu guter Letzt: Zeit an sich ist relativ, nicht aber Ihre Lebenszeit. Einkünfte und Ausgaben steigen und fallen bei den meisten von uns nach einem vorhersehbaren Muster. Bis in die späten Teens oder unsere frühen Zwanziger geben wir Geld fast ausschließlich aus. In unseren Zwanzigern beginnen, sofern nicht durch ein Studium verzögert, die Einkünfte zu steigen und gehen im Idealfall über unsere Ausgaben hinaus. Beide steigen weiter an, während wir unsere Erwerbskraft steigern und Verpflichtungen eingehen. Haben wir Kinder, so sinken die Ausgaben in der Regel wieder, wenn diese selbst zu verdienen beginnen, und wenn wir hart gearbeitet, klug gehandelt und etwas Glück gehabt haben, steigt unser Verdienst weiter an – bis wir einen Punkt erreichen, an dem unser Interesse, unsere Energie, unsere Fähigkeit oder unser Verlangen nachzulassen beginnt. Unser Einkommen kann schwinden, entweder allmählich oder unter dem Jubel und den Glückwünschen einer Ruhestandsfeier. Schließlich kommt es oft noch zu einem Anstieg der Ausgaben, wenn wir uns vor dem Ende sehen – und den damit verbundenen Kosten, um dieses hinauszuschieben. Wie auch immer, Ihre Prioritäten werden sich auf diesem Weg ebenso weiterentwickeln wie Ihre Strategien.

Zeit ist die wahre Währung

Der reichste Mensch der Welt und der ärmste haben eines gemeinsam – vierundzwanzig Stunden am Tag. Die Sekunden vergehen für alle gleich schnell. Wir bekommen sinnlos vergeudete

Zeit nicht zurück. So praktisch es sein mag, seinen Reichtum und seine Möglichkeiten in Geld zu messen, die Währung, auf die es wirklich ankommt, ist Zeit.

In meiner Kindheit war mein Vater beruflich viel unterwegs. Vor der Trennung meiner Eltern begleiteten meine Mutter und ich ihn manchmal zum Orange County Airport, wenn er auf Reisen ging. Von der Straße aus konnte man über eine Treppe auf einen umlaufenden Balkon mit einer Bar gehen. Keine Spur von Security. Mein Vater nahm mich mit auf den Balkon und hielt mir die Ohren zu, wenn das erwartungsvolle Dröhnen der Triebwerke überhandnahm. Wir sahen zu, wie der Pilot die Bremsen löste und gestrandete Robben sich in 5700 Fuß Höhe in Adler verwandelten. Er brachte mir den Unterschied zwischen einer 727 und einer DC-9 (drei Triebwerke im Vergleich zu zweien) und zwischen einer L-1011 und einer DC-10 (drittes Triebwerk am Rumpf im Gegensatz zu einem auf halber Höhe der Heckflosse) bei. Die Flugzeuge der Pacific Southwest Airlines hatten einen Mund unter der schwarzen Nase und lächelten uns durch die Balkonfenster zu. Für uns beide war das sinnvoll verbrachte Zeit.

Außerdem weckte sie in mir eine lebenslange Liebe für alles, was fliegt. Manche Leute schauen bis spät in die Nacht ESPN oder sehen sich im Internet Mode an. Ich verbringe Stunden damit, Flieger zu recherchieren und anzuschauen. Vor etwa sechs Jahren erfüllte ich mir einen in dieser Balkonbar geborenen Traum und kaufte mir meinen eigenen Jet, eine Bombardier Challenger 300. Die Anschaffung eines Flugzeugs nebst Vollzeitpiloten und den Kosten für eine Firma, die sich um alles kümmert, vom Hangarplatz bis zum Emissionsausgleich, ist so kostspielig wie zeitaufwendig. So ganz rational ist das nicht zu rechtfertigen.

Meine Art, das Irrationale zu rationalisieren, sieht folgendermaßen aus. Ich wohnte zu dem Zeitpunkt mit meiner Familie in Miami, musste aber einmal die Woche zum Unterricht nach New York und außerdem Woche für Woche zu Vorträgen und Meetings überall in den USA. Meinen Reiseplan vor mir, rechnete ich mir aus, dreizehn Tage mehr im Jahr zu Hause verbringen zu können, wenn ich mein eigenes Flugzeug hätte (zwei der größten Vorteile eines Privatflugzeugs sind, dass es nach Ihrem Zeitplan fliegt und der Weg vom Auto zum Flugzeug nur zwei Minuten dauert, keine Tickets, keine Sicherheitskontrollen). In zehn Jahren hätte ich also 130 Tage mit meiner Familie oder über vier Monate zusätzlich mit meinen Jungs, die die schreckliche Angewohnheit haben, zu wachsen und, soviel ich weiß, irgendwann das Zuhause zu verlassen. Die Kosten für das Flugzeug belaufen sich mit Steuervorteilen auf etwa 1,2 Millionen Dollar pro Jahr. Die Frage ist hier: Möchte ich am Ende meines Lebens 12 Millionen Dollar auf der Bank haben oder die Erinnerung an fünf weitere Monate mit meinen Jungs? Für mich war das eine Menge Geld, aber es war eine der einfachsten Finanzentscheidungen, die ich je zu treffen hatte.

Rechnen Sie nach

Was ist für Sie das Zeitraubendste? Wo schauen Sie aufs Geld und verschwenden Zeit? Nehmen wir den Einkauf im Supermarkt. Es gibt so gut wie überall unterschiedlichste Modelle, sich Lebensmittel liefern zu lassen. Wenn Sie drei Stunden pro Woche mit Einkaufen verbringen (zum Supermarkt fahren, einkaufen, nach Hause fahren), sind das 150 Stunden im Jahr – oder die wachen Stunden eines vierzehntägigen Urlaubs. Was ist nun mehr wert? A) zwei Wochen Entspannung oder B) zwei Wochen zusätzliche Arbeit? Die Antwort ist A. Vor allem, wenn Sie Einkaufen so lästig finden, dass Sie sich Ihrer leeren Vorratsregale wegen zusätzlich zwei-, dreimal die Woche Fertigmahlzeiten liefern lassen. Wenn Sie 25 Dollar die Woche zusätzlich für einen Einkaufsdienst ausgeben, sparen Sie vielleicht 100 Dollar an Fertigmahlzeiten und bekommen dabei immer noch Zeit heraus. Die Entscheidung trifft sich damit von selbst. Auch wenn es Ausnahmen gibt. Wenn Einkaufen (Putzen, Kochen oder Autowaschen) einen kathartischen Effekt für Sie hat, dann sollten Sie das ruhig tun.

Dies ist keine Ausrede dafür, faul zu sein oder sein ganzes Geld für Dienstleistungen zu verpulvern. Wenn Sie dafür bezahlen, dass man Ihnen die Lebensmittel liefert und bei Ihnen putzt, um Ihre Lesezeichen auf Netflix abzuarbeiten, zahlen Sie nur extra für Netflix. Es geht jedoch darum, Zeit für wirklich produktive Dinge frei zu machen, nicht nur für das, wonach einem im Augenblick der Sinn steht. Arbeit, Bildung, Connections – wenn man jung ist, vor allem Arbeit.

Die sozialen Medien sind wahrscheinlich mit die größten Feinde der Vermögensbildung, die es je gegeben hat. Gerade junge Menschen lassen sich von ihnen jahrelang die Zeit stehlen, anstatt sie – gerade in ihrem Alter – in Arbeit und (echte) Beziehungen zu investieren. Rufen Sie mal den Screentime-Bericht Ihres Computers oder Handys auf. Wie viele Stunden verbringen Sie mit sozialen Medien? Was bringt es Ihnen, abgesehen von den Dopaminschüben einer Sucht, die von Tausenden von Programmierern, Produktmanagern und Verhaltenspsychologen entwickelt wurde? Glauben Sie einem Profi – die haben keine Sympathien für Sie. Sind Sie ein Influencer, sodass Sie diese Zeit in Ihre Arbeit investieren? Wenn es darum geht, was uns glücklich macht, belegt einer Studie zufolge die Nutzung sozialer Medien unter siebenundzwanzig erfassten Freizeitaktivitäten den letzten Platz.[97] (Versuchen Sie sich aus Ihren sozialen Apps auszuloggen, wenn Sie sich wieder anderem zuwenden, damit Sie sich bewusster für die Nutzung entscheiden.)

Es ist natürlich keine Kunst, den Leuten vorzuwerfen, dass Sie zu viel Zeit mit ihren Geräten verbringen, zumal man seine

Zeit auch sehr gut mit Arbeit verschwenden kann. Lernen Sie, sich Technologie tatsächlich zunutze zu machen: Filtern Sie Ihre E-Mails, automatisieren Sie Ihren Kalender, nutzen Sie Cloud-Dienste und speziell für Ihre Branche entwickelte Tools – es gibt eine Unmenge von Produktivitäts-Tools, die dringend auf Downloads warten. Ich werde mich auf den nächsten Seiten eingehend mit dem Ausgeben und Sparen von Geld befassen, aber eigentlich spreche ich von Ihrer Zeit.

Falls Ihr Arbeitgeber Ihnen einen Assistenten zur Verfügung stellt, investieren Sie in diese Beziehung. Anfänglich wird es zwar länger dauern, als wenn Sie alles selbst erledigen, aber auch das ist eine Form der Investition. Meine Superpower, falls ich denn eine haben sollte, besteht darin, zu erkennen, dass Größe im Zutun anderer liegt, und das Kapital (Zeit und Geld) zu investieren, um andere, nicht nur Mitarbeiter, sondern auch Anbieter und Zulieferer, zu gewinnen und zu halten, die meine begrenzten Kompetenzen ergänzen. Hier zahlt es sich aus, von Haus aus faul zu sein, was ich nun mal bin. Von Kindesbeinen an habe ich mich gefragt: Könnte jemand anderes das genauso gut oder sogar besser machen als ich? Wenn ja, und wenn die Kosten geringer sind als das, was man in etwa mit der zusätzlichen Zeit verdienen könnte, die man dadurch zurückbekommt, dann sollte man die Möglichkeit zum Outsourcing nutzen. Für einen jungen Akademiker oder Freiberufler kann das ein Reinigungsservice oder eine Mahlzeit zum Mitnehmen sein. Ich überlasse praktisch alles anderen und bezahle dafür: technisches Gerät, Innenausstattung, Haushaltsführung, Garten, Steuern, Lektorat, Garderobe, Nachtleben (Concierge), Urlaubsplanung, Veranstaltungsplanung, Hundeausführen, Fitness (Personal Trainer), Autofahren, Lebensmitteleinkauf, Ernährung und sogar Geschenke. Wenn Sie so wollen, fehlt es mir einfach an Kompetenzen. Aber ich habe all dieses Kapital umgeschichtet und auf zwei neue Bereiche verteilt: Ich versuche, bei allem, was ich für Geld mache, der Weltbeste zu sein, und mehr von dem zu machen, was ich aus Freude mache (etwa viel Zeit mit meinen Jungs verbringen und am Wochenende mit den Hunden spazieren gehen).

Technik ist ein Hilfsmittel, Zeitmanagement jedoch ist eine Fähigkeit, die über die Technik hinausgeht. Gut mit Geld umgehen zu können, heißt, gut mit Zeit umzugehen. Manche Menschen haben Glück mit einem strengen System – *Wie ich die Dinge geregelt kriege* von David Allen ist für manche eine Bibel.[98] Ist nicht mein Ding, aber es ist ein beliebtes System, das recht einfach zu übernehmen ist. Meine wichtigste Taktik beim Zeitmanagement besteht darin, schonungslos Prioritäten zu setzen. Und wenn ich schonungslos sage, dann meine ich das auch so. Es ist Jahre her, dass ich den Boden meines Posteingangs gesehen oder mir einen Kopf um eine Aufgabe gemacht habe, zu der ich nicht kam. Zu viele wollen etwas von mir, und ich kann mir aussuchen, wem ich meine Zeit geben möchte, weil ich es mir leisten kann. Die wesentliche Anforderung meines Jobs besteht darin, mich mit hundertprozentiger Aufmerksamkeit auf kurze Augenblicke der Einsicht zu konzentrieren – TV-Hits, Podcasts, öffentliche Auftritte und Kapitel in Büchern. Wenn Sie mich als Redner für Ihre Veranstaltung engagieren, sollten Sie wissen, dass ich beim Essen am Vorabend unnahbar und abgelenkt wirken werde – und das bin ich auch. Ich lege mir die Geschichten zurecht, die meine Charts untermauern sollen, ich denke über das Timing der Videos nach und darüber, wo ich um des dramatischen Effekts willen langsamer sprechen soll. Das hat seinen Preis: Ich werde vermutlich den Namen des Hotels vergessen, und meine Assistentin wird mich am betreffenden Morgen ans Frühstück erinnern müssen.

Der Vorteil der Jugend

Ich schreibe oft über ältere Amerikaner, die ihr Vermögen horten, und über die Herausforderungen, mit denen sich jüngere Generationen beim Vermögensaufbau konfrontiert sehen. Aber es gibt eine Quelle des Wohlstands, die ältere Menschen nicht, junge Menschen jedoch im Überfluss haben, und das ist die Zeit. Es ist eine Ironie der menschlichen Wahrnehmung, dass viele von uns diesen Reichtum erst dann zu schätzen wissen, wenn wir ihn vergeudet haben. Als junger Mensch besteht unser Reichtum aus Zeit, und so wie die Reichen ihren Reichtum nutzen, können die Jungen das auch. was sie jedoch meistens nicht tun.

Wenn man jung ist und reichlich Zeit hat, kann man es sich leisten, etwas Spaß zu haben mit dem Geld, für das man so hart arbeitet. Es besteht eine Kluft zwischen dem Gros der Ratschläge im Bereich persönliche Finanzen, die oft im »Sparen bis zur Schmerzgrenze« bestehen, und dem, was Volkswirtschaftler als mathematisch optimal empfehlen – was nichts anderes heißt, als dass wir zu Beginn unserer Laufbahn nicht genug verdienen, als dass Sparen sich lohnen würde.

Ich halte es in dieser Frage zu 90 Prozent mit den Volkswirtschaftlern. Haben Sie Ihren Spaß jetzt, denn die Energie, die Leidenschaft und die Bereitschaft, Risiken einzugehen, sind *nicht von Dauer*. Hunde, Ehepartner, Kinder und Hypotheken werden Ihnen so einige der Gelegenheiten zur Unbeschwertheit rauben, die in Ihren Zwanzigern so zahlreich waren. Auf der anderen Seite ist menschliches Verhalten kein ökonomischer Algorithmus und Ihr eigenes Verhalten lässt sich nicht so leicht ändern wie die Zahlen eines Modells. Lernen Sie jetzt zu sparen, bauen Sie diesen Muskel auf, solange Sie jung sind, damit Sparen zur Gewohnheit wird und Zinseszins trägt.

In den nächsten Abschnitten geht es um die Schlüssel zur Vermögensbildung: Budgetierung und Sparen. Falls Sie sich noch in den ersten zehn Jahren Ihrer Laufbahn befinden, sollten Sie diese Abschnitte in erster Linie als *Verhaltenstipps* lesen und darin nicht gleich Ergebnisse sehen. Sie sollten sparen, klar, aber in erster Linie, um sich eine Basis zu schaffen und gute Verhaltensweisen und einen starken Charakter zu entwickeln. Wenn Sie dann in die Jahre kommen, in denen Sie mehr verdienen, ist es mit dem Üben vorbei, und es wird ernst. Wahrscheinlich haben Sie in Ihren Zwanzigern nicht allzu viel gespart (das ist zu schwierig), also müssen Sie das jetzt nachholen. Wie Lyndon Johnson sagte: »Es ist Zeit, Nüsse sammeln zu gehen.«

Was gemessen wird, wird auch verwaltet

Es gibt da einen Ausspruch, den man vor allem von Reichen hört: »Ich habe mir nie Sorgen um Geld gemacht.« Bullshit! Jeder reiche Mensch, den ich kenne, ist *besessen* von Geld. Nicht unbedingt besessen davon, es zu bekommen (mit einigen Ausnahmen), sondern davon, es zu beobachten, zu verwalten und zu hätscheln wie Gollum seinen Schatz. Es ist eine wenn auch bescheidene Prahlerei, zu sagen, dass man sich über Geld keine Gedanken macht. Denn was man damit sagen will, ist: »Ich bin einfach so talentiert, dass mir das Geld nachläuft, weswegen ich mir keine Gedanken über Organisation und langfristige Planung zu machen brauche.« Zu sagen, dass man sich große Gedanken über Geld macht, ist, als würde man sagen, dass man nichts als Sex im Kopf hat. Es ist peinlich, fast unschicklich, zuzugeben, was doch jeder von uns weiß. Wir alle haben Geld und Sex im Kopf. Wenn auch nicht unbedingt in dieser Reihenfolge.

Fast mein ganzes Erwachsenenleben über wusste ich immer, wie viel Geld ich hatte. Und wenn dem mal nicht so war und ich meine Ausgaben nicht im Auge behielt, stand mir stets eine unangenehme Überraschung ins Haus. Wenn man sein Geld und seine Ausgaben nicht im Auge behält, wird man irgendwann feststellen, dass man weniger hat.

Als ich jung war, war es einfach, mein Geld zu zählen – ich hatte keines. Trotzdem wusste ich, wie viel ich meiner Studentenverbindung schuldete und wie hoch meine Kreditkartenrechnung war. Heute spreche ich jeden Tag mit meinem Broker. Es ist eine Gratwanderung, sein Geld auf diese Weise im Auge zu behalten, schließlich sollte *unsere Besessenheit im Bereich des Rationalen bleiben*. Was will ich damit sagen? Konzentrieren Sie sich auf Ihr Einkommen, Ihre Ausgaben und Ihre Investitionen, ohne *Gefühle* zu investieren. Der Trick besteht darin, das Ganze als intellektuelle Übung zu sehen; das gibt Ihnen das Gefühl der Kontrolle und hilft gegen die Angst.

Ich habe nach diesem Prinzip eine Firma aufgebaut, die sich mit der Verwaltung digitaler Unternehmen befasste. Bei L2 halfen wir Unternehmen, die Verantwortung für ihre digitale Leistung selbst zu übernehmen. Zu Beginn einer Beziehung versuchten wir, in Zusammenarbeit mit unseren Kunden deren Ziele zu verstehen, um dann herauszufinden, wie sie zu erreichen waren. Dann entwickelten wir Metriken zur Messung des Fortschritts. Das wiederum ist eine Kunst für sich.

Das Motto »Was gemessen wird, wird auch gemanagt« (das nur angeblich von Peter Drucker stammt[*]) ist Warnung und Weisung zugleich. Metriken (Kennzahlen) sind glänzende Gegenstände, und sie in Aktion zu sehen, ist ein positives Feedback für uns. Was natürlich für alles gilt, was wir messen. Das Falsche zu messen, verzerrt unser Handeln. Etwas zu messen, über das wir

---

[*] So viel Drucker von Messergebnissen hielt, dass er das tatsächlich gesagt hat, ist nicht belegt. Siehe Zak, Paul. »Measurement Myopia.« Drucker Institute. 4. Sep. 2013, www.drucker.institute/thedx/measurement-myopia/

keine Kontrolle haben, schafft Frustration. Die besten Metriken zeigen Wirkung (was sie messen, fördert unser Ziel) und lassen sich beeinflussen (unser Handeln kann das, was gemessen wird, verändern).

Nicht alles, was wichtig ist, lässt sich messen, und der beste Messwert ist nicht immer der offensichtlichste. So kann der Wert Ihrer Aktien durchaus sinken, aber gemessen werden sollte das an der Entwicklung des Gesamtmarkts an sich. Sich nur auf eine einzige Metrik zu konzentrieren, schadet nur deren Nutzen. Wenn Sie sich nur darauf konzentrieren, wie viel Geld Sie haben, und nicht auf Ihren Cholesterinspiegel, die Bildschirmzeit Ihrer Kinder oder das Glück Ihres Ehepartners, ist das ein Rezept dafür, irgendwann finanziell abgesichert, aber letztlich unglücklich dazustehen. Was Sie letztendlich messen, ist Ihre Lebensqualität, was bedeutet, dass Sie eine Vielzahl von Messwerten haben sollten, die vereint zu einem (von Hoffnung erfüllten) Wohlergehen führen.

Wann immer ich vom Umgang mit Geld spreche, steht die Bedeutung des Sparens und der Budgetierung ganz obenan. Ich mag die Strenge dieser Worte, das Gefühl, mich auf etwas Schwieriges einzustellen. Ich komme mir dann geradezu tugendhaft vor. Was freilich an mir liegen mag. Wenn Ihnen Machogehabe nicht so liegt, ersetzen Sie »sparen« einfach durch etwas Positiveres, sagen wir »aufbauen« oder »investieren«. Dann besteht Ihr Ziel eben nicht darin, diesen Monat 1000 Dollar zu sparen, sondern darin, ein Vermögen von 1000 Dollar aufzubauen. Wenn Ihnen »Budgetierung« zu streng klingt, versuchen sie einfach, Ihr Geld »einzuteilen«. Aber hüten Sie sich in jedem Fall vor passivem Vokabular, das Schwäche oder Mangel an Kontrolle suggeriert – was immer Sie tun, stehen Sie dazu.

In den ersten Jahren des Vermögensaufbaus – in Ihren Zwanzigern und Dreißigern – ist es wichtiger, Ihre Ausgaben im Blick zu haben als Ihre Ersparnisse. Ihre Ausgaben haben eine direkte *Wirkung* auf das, was Sie sparen, und sie sind das, worauf Sie tatsächlich *Einfluss* haben. Ihre Ausgaben im Auge zu behalten, ist nicht unbedingt amüsant, aber es ist eine der wichtigsten Verhaltensweisen, die Sie sich aneignen müssen. Und nur nebenbei: Sollten Sie sich mit dem Gedanken tragen, Unternehmer werden zu wollen, ist es für Ihren Erfolg entscheidend, sich mit Luchsaugen auf Ihren Geldabfluss zu konzentrieren. Also fangen Sie doch einfach mit Ihren persönlichen Ausgaben an. Im Leben wie in der Wirtschaft verschwindet Geld gern, wenn man es aus den Augen lässt. Das Genie des Kapitalismus besteht darin, Neues zu erfinden, für das sich Geld so ausgeben lässt, dass wir ein Bedürfnis und nicht bloß einen Wunsch befriedigt sehen.

Da wir fast alle unsere Ausgaben heute elektronisch tätigen, *scheinen* sie einfacher zu verfolgen als früher, aber die Annehmlichkeit, alles auf seinen Geräten zu haben, entpuppt sich als Falle. Als ich noch klein war, bezahlte meine Mutter unsere Rechnungen mit Schecks und notierte dann pflichtbewusst jede Ausgabe, notierte außerdem, wofür wir Bargeld ausgaben, und »glich das Scheckbuch aus«. Das war zwar stressig, aber der Vorteil dieses Systems lag darin, sich seiner Ausgaben stets in Echtzeit *bewusst* zu sein. Handelt es sich dagegen nur um eine App, die einen Haufen Zahlen sammelt, die man nie anschaut, dann behält man seine Ausgaben nicht im Auge, sondern ignoriert sie.

In dem Film *Haus aus Sand und Nebel* (großartiger Film) notiert sich Ben Kingsley jeden Tag jede Ausgabe, bis hin zu einem Snickers-Riegel. Frühes Lebensziel: Schneiden Sie sich eine Scheibe von Ben Kingsley ab. Das heißt nicht, dass Sie nie Geld für Firlefanz ausgeben sollten, nur sollten Sie die Ausgaben dafür im Auge behalten. Wie im Falle weniger produktiv verbrachter Zeit ist das also durchaus in Ordnung, solange es geplant ist und Sie wissen, wie viel Zeit Sie dafür aufwenden.

Wenn Sie keine Lust haben, jeden Sonntagabend mit dem Scheckbuch am Küchentisch zu verbringen, sollten Sie für einen »Geldhahn« sorgen, an dem Sie bewusst drehen müssen, damit Sie den Überblick nicht verlieren. Online-Budget-Tools sind da großartig geeignet (so etwa Personal Capital, Rocket Money, Simplifi, YNAB etc.), noch besser freilich sind diese, wenn Sie dazu eine mobile App verwenden, um die Ausgaben manuell einzugeben, sobald sie anfallen. Oder Sie planen eine wöchentliche Aktualisierung Ihres Budgets. Sich diese Gewohnheit anzueignen, ist unter Umständen gar nicht so einfach, aber ein Partner, dem Sie Rechenschaft abzulegen haben, kann hier eine Hilfe sein. Der Ehepartner liegt auf der Hand, aber auch Eltern, Geschwister oder enge Freunde können Sie bei der Überwachung Ihrer Ausgaben unterstützen. Denken Sie an das Konzept eines Trainingspartners. Wenn Sie Unternehmer sind, sollten Sie Ihre persönlichen Finanzen wie ein Start-up angehen: Machen Sie einen Plan, legen Sie regelmäßig Rechenschaft ab und stellen Sie eine persönliche Gewinn- und Verlustrechnung auf.

Das Wichtigste ist, Ihre *tatsächlichen* Ausgaben zu verfolgen und nicht, was Sie auszugeben glauben oder auszugeben planen. Wir neigen dazu, unsere künftigen Ausgaben zu unterschätzen – und nicht nur die in ferner Zukunft. Die Befragten einer Studie setzten ihre Ausgaben für die kommende Woche um 100 Dollar zu niedrig an. Den gleichen Fehler machten sie auch in der nächsten Woche und dann für den Rest des Monats.[99] Mein Kollege Adam Alter von der NYU hat herausgefunden, dass die Leute ihre Ausgaben schon deshalb ständig unterschätzen, weil sie »besondere« Ausgaben vergessen – die in Wirklichkeit gar nicht »besonders« sind, da sie mehr oder weniger jeden Monat anfallen.[100]

PROGNOSTIZIERTE GG. BERICHTETE AUSGABEN

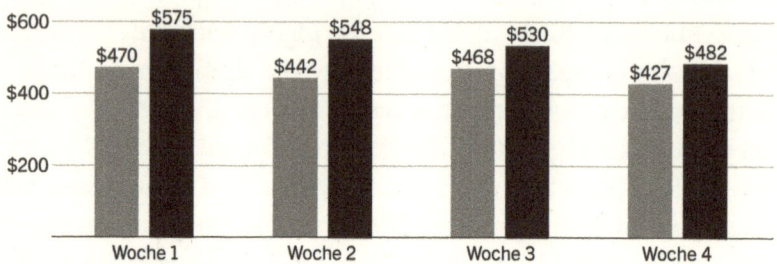

Quelle: The Conversation
Anmerkung: Teilnehmerzahl der Studie: 187

Messen Sie Ihre Ausgaben, um sie verwalten zu können. Die Verwaltung Ihrer Ausgaben ist jedoch nur ein Zwischenschritt auf dem Weg zu größeren Ersparnissen. Die einfachste Art, einen Dollar zu verdienen, ist, ihn zu sparen. Sie sollten also auch Ihre Einsparungen verfolgen (was Sie damit tun können, dazu kommen wir noch). Selbst wenn Sie jeden Monat nur ein paar Dollar oder ein paar Hundert Dollar sparen, ist das ein wichtiger Schritt zum Aufbau eines Vermögens. Sie brauchen starke Sparmuskeln, wenn Ihr Einkommen steigt, insbesondere wenn Sie Pauschalbeträge wie etwa Boni erhalten.

Ich habe Probleme mit Gewichtsverlust (ich weiß, Ihnen kommen gleich die Tränen) und entsprechend Schwierigkeiten, meine Muskelmasse zu halten. Mager zu sein, ist kein Fluch, aber wenn es um Muskeln geht, bin ich eitel, und die Wissenschaft ist sich einig, dass Kraft stark mit Gesundheit und Langlebigkeit korreliert. Ich treibe mehrmals pro Woche Sport (als Antidepressivum), also bin ich hierin entsprechend gut. Wo es bei mir hapert, das ist meine Ernährung. Von einer alleinerziehenden britischen Mutter aufgezogen, die arbeiten musste, war

Essen (meistens) eine Strafe für mich – mit Genuss zu essen, habe ich nie gelernt. Alles in allem genügte mir eine Mahlzeit am Tag. Und so habe ich eine Ernährungs-App, in die ich meine Ziele und alles, was ich esse, eingeben kann. Sie verfolgt meine Kalorien, gute wie schlechte, und schickt mir Benachrichtigungen über Fortschritte, empfohlene Anpassungen etc. Hier tritt der sogenannte Hawthorne-Effekt ein: Wenn wir uns beobachtet sehen, ändert das unser Verhalten. Wenn mich jemand beobachtet, den ich zu beeindrucken versuche. Selbst wenn es sich bei diesem »Jemand« um mich selbst handelt. Eine App, ein Buch oder eine Tabelle kann für dieses Gefühl des Beobachtetwerdens sorgen. Was gemessen wird, wird auch verwaltet.

Fitnesstraining ist auch in anderer Hinsicht eine gute Analogie für die Verwaltung Ihrer Finanzen, weil es nur *häufig betrieben* von Nutzen ist. Wenn Sie einmal im Monat Ihre Ausgaben addieren, ist das nicht viel sinnvoller, als einmal im Monat zum Work-out zu gehen. Wenn Sie Ihre Kreditkartenabrechnungen drei Wochen nicht überprüft haben, haben Sie weder etwas zu messen noch zu verwalten.

Irgendwann werden Sie genug gespart haben, um Ihr Geld anzulegen, und von da an haben Sie wirklich etwas zu verlieren. Wenn Sie dann Ihre Anlagen verfolgen, gilt vor allem eines: sich mit aller Kraft gegen emotionale Bindungen zu wappnen. Geld auf den Märkten zu haben, bedeutet Unbeständigkeit und schlechte Tage, und das nicht zu knapp. Und wir sind nun mal so gestrickt, den Schmerz von Verlusten stärker zu empfinden als die Freude über Gewinne. Es erfordert also Stärke, unser Nettovermögen durch einen Rückschlag schrumpfen zu sehen, ohne sich davon den Abend oder die Woche vermiesen zu lassen.

Es gibt nur zwei Arten, damit umzugehen. Sie können sich natürlich auch einfach nicht mehr darum kümmern. Aber Kapital ist nichts Statisches, sondern ein aktiver Prozess, und wenn

Sie es nicht im Auge behalten, wird es Sie überraschen. Und Überraschungen in finanziellen Dingen sind selten erfreulich. Sie können es jedoch auch regelmäßig überprüfen, ich meine nicht zwanghaft, sondern mit Augenmaß. Das Ziel von Geldanlagen ist nicht, jeden Tag daran zu verdienen. Es geht nicht einmal darum, jedes Jahr zu verdienen (außer im Schnitt, versteht sich). Aber letztlich geht es darum, sein Geld über Jahrzehnte hinweg zu vermehren. Und das werden Sie auch. Hätten Sie Anfang 2002 100 US-Dollar in den S&P 500 investiert, dann hätten Sie nach zwanzig Jahren, also Ende 2022, 517,66 US-Dollar verdient; das entspricht einer Rendite von über 8 Prozent im Jahr (5,7 Prozent über der Inflationsrate). Und dieser Zeitraum von zwanzig Jahren umfasste einige der schlimmsten Jahre in der Geschichte der Marktwirtschaft, die schwerste Finanzkrise seit einem Jahrhundert und eine globale Pandemie. Auch hier gilt: Zeit und Geduld sind Ihre Verbündeten. Die Performance einer einzelnen Aktie an einem Tag ist ein Glücksspiel – genauso gut könnten Sie eine Münze werfen. Über ein Jahrzehnt hinweg jedoch ist der Anstieg des S&P 500 nahezu garantiert.

$100 IN S&P 500

Gewinn- und Verlustraten per Monat, einschließlich Dividenden

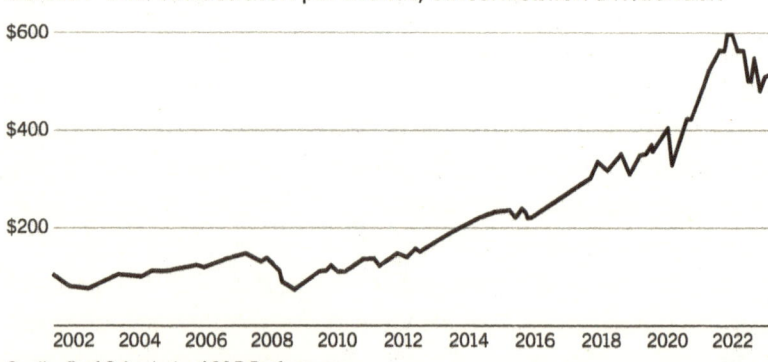

Quelle: Prof G Analysis of S&P Performance

Ein Finanzplan hält Sie über Wasser

Wie verwalten Sie nun die gemessenen Ausgaben? Nun, da Bewusstsein disziplinfördernd wirkt, ergibt sich das mehr oder weniger von selbst. Aber um Ihre finanzielle Zukunft wirklich in den Griff zu bekommen, brauchen Sie einen Plan. Hier soll es jedoch nicht darum gehen, mit Ihnen eine fünfzehnseitige Tabelle Ihrer persönlichen Finanzen durchzugehen. Sie können sich so tief in die Finanzplanung einarbeiten, wie Sie wollen; es gibt dazu zahllose Bücher und Online-Ressourcen. Was hier folgt, ist ein Ansatz und eine Reihe von Prinzipien. Passen Sie sie Ihrer Situation an. Wenn Sie kein klares Bild von Ihren Finanzen haben, wird Ihr Weg zum Vermögen über viele frustrierende Umwege führen.

Solange Sie nicht viel verdienen, geht es bei der Finanzplanung in erster Linie darum, mit Vorsicht zu Werke zu gehen – sein Geld bewusst auszugeben und sein Gewicht zu spüren. Wir stemmen Gewichte, um kräftiger zu werden. Hier geht es nicht um Angst oder Scham. Wenn Sie am Wochenende Ihr Budget mal überziehen oder Schwierigkeiten haben, Ihren Sparplan zu erfüllen, atmen Sie durch, korrigieren Sie Ihren Plan, wenn es nötig ist, und gehen Sie wieder ins Gym. Lernen Sie, mit Cent-Münzen umzugehen wie mit Gullydeckeln, und schon sind Sie auf dem besten Weg zum Vermögen. In meiner Zeit an der UCLA stapelten sich die Rechnungen meiner Verbindung für Unterkunft und Verpflegung. Am Ende des Jahres hatte ich über 2000 Dollar Schulden (die 1980er-Jahre, wo sind sie geblieben?). Da ich wusste, dass im Herbst wieder 450 Dollar Studiengebühren fällig würden, musste ich im Sommer 3000 Dollar verdienen und sparen.

Eine Gruppe von uns machte das Sparen zum Spiel, um zu sehen, wer in einer bestimmten Woche am wenigsten ausgeben konnte. Der Rekord lag bei 91 Dollar (einschließlich Miete).

Einmal lebte ich acht Wochen lang von Ramen, Bananen und Milch. Jeden Sonntagabend gingen einige aus dem Ruderteam ins Sizzler (Steak, Malibu Chicken und Salatbar ohne Limit für 4,99 Dollar. Wie gesagt, das war in den 1980er-Jahren). Sechs Jungs, alle über eins achtzig und achtzig Kilo, fielen in einem Restaurant ein mit der Absicht, Kalorien für eine ganze Woche zu stauen – wir müssen den Leuten vorgekommen sein wie eine Invasionsarmee bei der Plünderung von Westeros. Als Sizzler 1996 Insolvenz anmeldete, war ich mir ziemlich sicher, dass wir daran nicht ganz unschuldig waren. Ich arbeitete, trainierte, aß Bananen und hielt mich an die Salatbar. Das Merkwürdigste daran ist, dass ich mit Wehmut an diesen Sommer zurückdenke. Wir hatten ein Ziel: kräftiger zu werden und das College zu zahlen. Aber zum Glück bin ich aus der Vier-neunundneunzig-All-you-can-eat-Nummer raus. Falls Sie noch mittendrin sein sollten – Sie schaffen das auch.

Später dann, wenn Ihr Einkommen zu steigen und Ihr Vermögen zu wachsen beginnt, wird es bei Ihrer Budgetierung mehr um Planung und Einteilung gehen – darum, verschiedene »Eimer« für künftige Ausgaben wie ein neues Dach oder eine Woche in Europa zu füllen. Sie entwickeln sich, vom Knapsen zu Übernachtungen im Hotel, aber dazu müssen Sie den Kopf aus dem Wasser kriegen. Ihr Ziel ist der Punkt, an dem Sie nicht mehr nur Verpflichtungen, sondern Optionen haben. Der folgende Ansatz ist mein Vorschlag für Sie, diesen Punkt zu erreichen.

An welchem Punkt auch immer Sie sich befinden, stellen Sie ein Grundbudget für Ihre wichtigsten Ausgaben auf. Ermitteln Sie dazu Ihre *realistischen* monatlichen Mindestausgaben: Miete, Lebensmittel, Handy, Nebenkosten, die Raten für den Studienkredit etc. Vergessen Sie dabei nicht einen (angemessenen) Betrag für Restaurantbesuche, Unterhaltung, Urlaub, Kleidung etc. Ich spreche hier nicht von dem Budget, das Sie bräuchten, wenn

Sie Ihren Job verloren haben, die Wirtschaft eingebrochen ist und Sie mit 91 Dollar die Woche auskommen müssen. Ich spreche hier von einer »Wasserlinie« für das Leben, das Sie tatsächlich führen. Wenn es Ihnen wichtig ist, samstagabends mit Ihren Freunden in Clubs zu gehen und sonntags zu brunchen, ist es nicht realistisch, sich einzureden, dass es für Sie ab sofort nur noch Netflix und Ramen gibt. Hier geht es um das Best-Case-Szenario für den Menschen, der Sie sind und so lebt, wie Sie leben. Es geht um *Ihre* Wasserlinie.

Hier genau zu arbeiten, ist schwieriger, als sich das zunächst anhören mag. Deshalb stelle ich den Abschnitt über die Überwachung Ihrer Ausgaben vor den Abschnitt über deren Planung. Zunächst brauchen Sie Daten. Nehmen Sie sich ruhig ein paar Monate Zeit, um Ihre Ausgaben genau zu verfolgen und solide Daten zu sammeln. Selbst dann werden Sie anfangs das eine oder andere übersehen. Gehen Sie Ihre Kreditkartenabrechnungen und Kontoauszüge des letzten Jahres durch, um die jährlichen Abonnements und außertourlichen Ausgaben zu finden und sicherzustellen, dass die enthalten sind. Teilen Sie die jährlichen Kosten in monatliche Beträge auf, damit Sie vorbereitet sind, wenn sie anfallen, und Sie werden weniger »außertourliche« Ausgaben haben. Wenn Sie also zum Beispiel für Ihre Verbandslizenz 600 Dollar jährlich zahlen, verbuchen Sie diese mit 50 Dollar monatlich in Ihrem »Wasserlinien-Budget«.

Außerdem nehmen Sie in dieses Budget den Posten »Sparen« mit auf. Sie können ganz klein anfangen. 10 Dollar monatlich, wenn nicht mehr drin sind, aber nehmen Sie diesen Posten mit auf. Finanzplaner sprechen davon, sich zuerst selbst zu bezahlen,[101] und es ist wichtig, diesen Muskel aufzubauen. Außerdem ist es gut, ein Ziel zu haben. Budgetierung um ihrer selbst willen wird Sie nicht motivieren. Setzen Sie sich ein Ziel, das Sie *jetzt* erreichen können. Bevor Sie sich das Ziel setzen, ein Basketballstar zu werden, sollten Sie herausfinden, was Sie jedes Jahr für Schuhe ausgeben. Beginnen Sie mit kleinen Schritten.

Sobald Sie einen Haushaltsplan haben, mit anderen Worten eine realistische Übersicht über Ihre Grundausgaben, vergleichen Sie diesen mit Ihrem Einkommen nach Steuern. Wenn Sie ein Gehalt beziehen und Ihr Arbeitgeber die Steuern einbehält, entspricht Ihr Gehaltsscheck vermutlich ziemlich genau Ihrem wahren Einkommen. Sind Ihre Finanzen komplizierter, müssen Sie sich auf den Hosenboden setzen (siehe den Steuer-Abschnitt im nächsten Kapitel). Wenn Ihr Wasserlinien-Budget Ihr Einkommen übersteigt, dann sollten Sie vielleicht doch an Netflix und Ramen denken. Suchen Sie nach simplen Einsparungen – Abonnements, die Sie nie nutzen, sind definitiv abschussreif. Versuchen Sie, Ihr Budget nicht unnötig zu belasten. Mieten Sie sich eine kleine saubere Wohnung in der Nähe von Arbeit und Vergnügen. Wenn Sie jung sind, sollte Ihre Wohnung nur zum Schlafen, Duschen und Essen da sein. Ihr beruflicher Werdegang steht im umgekehrten Verhältnis dazu, wie viel Zeit Sie in Ihrer Wohnung verbringen. Irgendwann werden Sie Ihre Ausgaben unter Ihr Einkommen bringen müssen. Niemand wird reich, wenn er mehr ausgibt, als er verdient. Aber geraten Sie nicht gleich in Panik oder geben gar auf. Und vor allem: Behalten Sie weiterhin Ihre Ausgaben im Auge.

Die Entwicklung Ihrer Ausgabendisziplin ist der Punkt, an dem Sie so einige Lektionen des Stoizismus anwenden können. Hier kommt die Kopplungsschleife von Charakter und Verhalten zum Tragen. Es ist schwer, neben der Arbeit an seinem Charakter auch noch verbissen auf die Ausgabendisziplin zu achten. Suchen Sie also nach Möglichkeiten, die Kopplungsschleife zu initiieren. Das können sie mittels Lifehacks und anderer Taktiken, für die hier einige Beispiele genannt seien:

- Barzahlung ist fühlbar; Scheine über den Ladentisch gehen zu sehen, ist eine Art analoges Tracking, das für einen gewissen Reibungswiderstand und damit für ein erhöhtes Bewusstsein sorgt.
- Runden Sie Ihre Einkäufe auf. Einige Banken machen das automatisch, wenn Sie mit Karte zahlen, darüber hinaus gibt es dafür auch spezielle Apps. Der Gedanke dahinter ist einfach: Jeder Einkauf wird auf den nächsten Dollar aufgerundet und das Wechselgeld auf ein Sparkonto überwiesen. Das wird zwar vermutlich Ihre Ausgaben nicht verringern, sorgt aber für schnelle Gewinne auf dem Sparkonto, eine Dynamik, auf die Sie bauen können.
- Machen Sie ein Spiel daraus. Erstellen Sie ein Punktesystem für die Verhaltensweisen, die Sie fördern wollen. Wenn Sie Ihre Restaurantrechnungen reduzieren wollen, indem Sie Ihr Mittagessen mit zur Arbeit nehmen, geben Sie sich dafür jedes Mal einen Punkt und verfolgen Sie den Punktzuwachs mit etwas Sichtbarem und Greifbarem. Stellen Sie ein Marmeladenglas auf den Küchentisch und geben eine Tüte Murmeln in die Schublade darunter. Werfen Sie jedes Mal eine Murmel in das Glas, wenn Sie morgens mit dem Lunch in der Tasche aus dem Haus gehen. Es gibt natürlich auch noch kompliziertere Varianten – mit diversen Apps, von To-do-Trackern bis hin zu Apps, die jedes Verhalten bewerten wie etwa bei einem Videospiel. Das Spiel an sich kann dabei schon eine Belohnung sein; sollten Sie sich jedoch schließlich dafür entscheiden, sich extra für das Erreichen eines Meilensteins zu belohnen, achten Sie darauf, dass sich die Belohnung mit dem Verhalten deckt, das Sie fördern wollen. Wenn das Glas mit Murmeln gefüllt ist, von denen jede für ein hausgemachtes Mittagessen steht, belohnen Sie sich nicht damit, dass Sie eine Woche lang essen gehen.

- Ausgaben und Rechenschaftspartner. Sparen und spielen Sie mit einem Freund oder einer Freundin; das bringt etwas belebende Konkurrenz ins Spiel. Noch einfacher: Sagen Sie jemandem, auf dessen Meinung Sie Wert legen, über Ihr Ausgabenziel für den Tag / die Woche / den Monat Bescheid. Seien Sie dabei *konkret* und versprechen Sie der Person, sie über Ihre Fortschritte auf dem Laufenden zu halten. »Dad, ich deckele meinen Restaurantetat für diesen Monat auf 50 Dollar. Ich ruf dich in genau einem Monat an und sag dir, wie's lief.« Und dann rufen Sie ihn an.

Je mehr Sie messen, desto mehr bekommen Sie in den Griff, und irgendwann kommen Sie an einen Punkt, vielleicht haben Sie ihn schon vor zehn Jahren erreicht, vielleicht brauchen Sie auch noch einige Jahre, an dem Sie Ihr Einkommen über Ihre Wasserlinie bringen. Sehen Sie zu, dass Sie Ihren Kopf über Wasser bringen.

Jetzt können Sie frei atmen. Sie wissen, was Sie Monat für Monat brauchen, und Sie wissen, dass Sie es haben. Wie Sie jeden Dollar über dieser Linie ausgeben, ist Ihre Entscheidung.

Ziele

So verlockend es ist, sich ehrgeizige Sparziele zu setzen, es kann auch ins Auge gehen. Die Forschung zum Thema Sparen zeigt zwei interessante Ergebnisse in Bezug auf das Setzen von Zielen.[102] Erstens setzen die Leute sich zu ehrgeizige Sparziele für die ferne Zukunft. Je weiter in der Zukunft wir uns ein Ziel setzen, desto zuversichtlicher sind wir, dass wir auch tatsächlich sparen werden – und desto wahrscheinlicher ist, dass wir damit auf die Nase fallen. Wenn Sie sich ein Sparziel für *diesen Monat* setzen, werden Sie Ihr Ziel vermutlich erreichen und auf dem Teppich bleiben. Setzen Sie sich Ihr Sparziel über *sechs Monate* hinweg, ist die Wahrscheinlichkeit groß, dass ihr Ziel unrealistisch ist und Sie es nicht erreichen.

Und als wäre das noch nicht schlimm genug, die zweite Erkenntnis der Forschung macht alles noch schlimmer. Wenn wir uns unrealistische Ziele setzen und dann vom Weg abkommen, verlieren wir an Motivation, das Ziel zu erreichen, arbeiten womöglich sogar dagegen an. Studienteilnehmer, die sich Sparziele für mehrere Monate zu setzen hatten, setzten sich ehrgeizigere Ziele als Probanden, die sich Sparziele für den nächsten Monat setzten, sparten aber tatsächlich *weniger*. Große längerfristige Sparziele bringen Ihr zukünftiges Ich in eine ausweglose Situation, indem Sie sie durch ein unrealistisches Ziel von vornherein zum Scheitern verurteilen und durch Ihre Frustration ob des Scheiterns schlechter dastehen lassen, als es ohne das allzu ambitionierte Ziel der Fall gewesen wäre.

Setzen Sie also Ihren Fokus vor allem in der ersten Phase Ihrer Laufbahn als Finanzplaner und Sparer auf Ihre Ausgaben, nicht auf Ihre Ersparnisse, und setzen Sie sich zeitnahe Sparziele, die auch tatsächlich erreichbar sind. Auch hier gilt, dass Quick Wins zu langfristigem Erfolg führen. Man beginnt das Training für einen Marathon auch nicht damit, dass man am ersten Tag die volle Distanz absolviert.

Wie im Abschnitt über den Stoizismus erörtert, führt ein höherer Verdienst in der Regel dazu, dass man mehr ausgibt. Die Lifestyle-Inflation ist eine Naturgewalt. Sie werden Ihre Erwartungen ständig höher setzen, und der Lebensstandard, der Ihnen bei einem Jahreseinkommen von 50 000 Dollar luxuriös erschien, wird es bei einem Einkommen von 150 000 Dollar kaum noch tun. Ihre Freunde werden mehr verdienen; Ihr Lebensstil wird teurer. Und der Kapitalismus wird unerbittlich neue Wege finden, um Sie in Versuchung zu führen. Der Eimer für Ihren Konsum wird immer größer werden. Damit er weniger schnell wächst als Ihr Einkommen, halten Sie sich an die Lehren der Stoiker.

Ich kann Ihnen nicht sagen, wie viel mehr Sie jedes Jahr sparen sollten, dazu gibt es zu viele Variablen, und es ist zu persönlich. Aber ich kann Ihnen eines sagen: Wenn Ihr Einkommen im letzten Jahr um 20 Prozent und Ihr Konsum um 25 Prozent gestiegen ist, dann sind Sie auf dem falschen Weg. Ein wachsendes Delta zwischen Ihrem Einkommenswachstum und Ihrem Konsumwachstum ist die Grundlage Ihrer wirtschaftlichen Sicherheit.

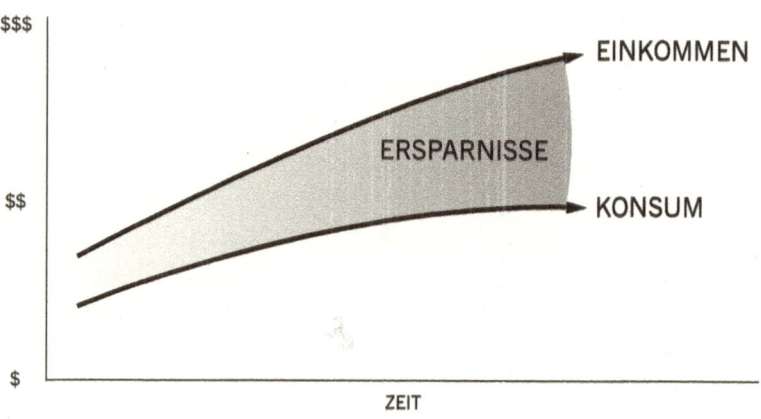

Um die Wachstumsrate Ihres Konsums besser in den Griff zu bekommen, vermeiden Sie zweierlei: emotionales Engagement und Fluktuation. Sich emotional zu engagieren, ist großartig, wenn es um Beziehungen geht, aber nicht beim Konsum. Abonnements, Vermögenswerte, die gewartet werden müssen (Autos, Boote, Häuser, Hausboote – im Ernst, legen Sie sich um Himmels willen kein Hausboot zu), alles, was auf Pump gekauft wird (»Jetzt kaufen, später zahlen«), all das erschwert Ihnen künftig die Kontrolle über Ihren Konsum – Sie werden sich damit selbst sabotieren.

Fluktuation funktioniert anders, sie unterminiert das Gefühl der Kalkulierbarkeit und Kontrolle, das für die Verwaltung Ihres Haushalts so kritisch ist. Sich gelegentlich etwas zu gönnen, vor allem, wenn Sie es eingeplant und dafür gespart haben, gehört zum guten Leben. Aber Monat für Monat mit stark fluktuierenden Ausgaben abzuschließen, ist die beste Methode, nie ein solches zu führen.

Die drei Eimer

Vom Konzept her haben Sie drei Eimer für Ihr nach und nach aufs Konto kommendes Geld. (Wo Sie es tatsächlich aufbewahren, mit anderen Worten wie Sie es anlegen können, erfahren Sie im nächsten Kapitel.) Am einfachsten verhält es sich (jedenfalls für die meisten von uns) mit dem ersten, der für den Konsum gedacht ist, das heißt für den sofortigen Erwerb einer besseren Lebensqualität durch Konsumgüter und Dienstleistungen. Konsum ist nicht zwangsläufig leichtfertig oder optional: Wir müssen essen, wir brauchen ein Dach über dem Kopf. Das ist für fast alle von uns am Anfang der größte Eimer. Das Geld in Ihrem Wasserlinien-Budget ist für den Konsum.

Konsumausgaben sind *keine* Investitionen. Im Alltag gehen wir mit dem Begriff »Investition« eher großzügig um. Selbst in diesem Buch spreche ich davon, in persönliche Beziehungen zu »investieren«. In diesem Sinne sind die Kosten für eine weiterführende Schule oder ein Studium eine »Investition« in Ihre Karriere. Wenn Sie jedoch darüber nachdenken, wie Sie Ihr Kapital einsetzen wollen, müssen Sie sich genauer ausdrücken. Eine Investition in diesem Zusammenhang ist etwas, von dem Sie eine direkte finanzielle Rendite erwarten – sobald die Transaktion abgeschlossen ist, hat sich Ihr Kapital *vermehrt*. Formal gesehen bezeichnen wir Ausgaben als Konsum, weil wir in der Wirtschaft Waren und Dienstleistungen konsumieren. Sie sollten das so sehen, dass Ihr Geld durch die Transaktion »konsumiert« wird – Sie werden es nie wiedersehen.

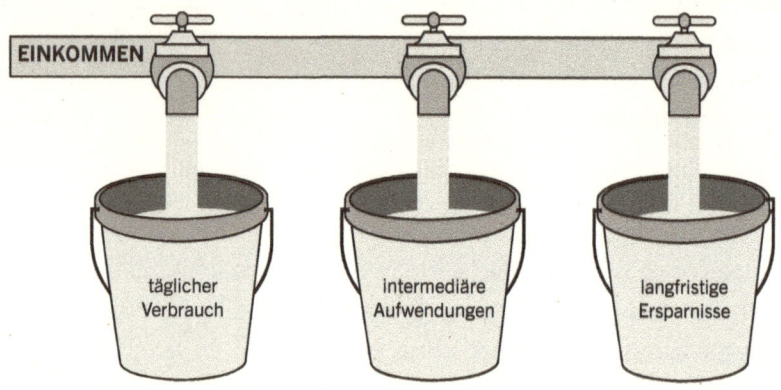

Bei Ausgaben, die nicht unmittelbar eine finanzielle Rendite bringen, von denen Sie aber erwarten können, dass sie Ihr Einkommen mehren oder Ihre Ausgaben verringern, ist die Unterscheidung nicht immer eindeutig. Ein klassisches Beispiel dafür ist die Hochschulbildung: Ein höherer Abschluss *könnte* Ihre Einkommenskraft erhöhen, was dieser Ausgabe einen gewissen Investitionscharakter gibt. Da Sie Ihr Diplom jedoch nicht verkaufen können, sind die Studiengebühren keine »Investition« im engeren Sinn, da sie ohne Bedeutung für Ihre Finanzplanung sind.

Ich betone das deshalb, weil es verlockend ist, Konsum durch Rebranding zur »Investition« zu erklären. Aber neue Schuhe vor einem Vorstellungsgespräch oder eine Mitgliedschaft in einem schickeren Fitnessstudio sind und bleiben Konsum, selbst wenn Sie Ihre wirtschaftliche Situation verbessern könnten. Einige Arten des Konsums – Geschenke, Spenden für wohltätige Zwecke – mögen nobler sein als andere, trotzdem, wenn Sie das Geld ausgegeben haben, ist es weg. Sehen Sie es so: Sie sind danach weniger reich. Nicht dass wir uns falsch verstehen, ich bin ein großer Freund des Konsums, und Sie haben ein schönes Leben verdient. Aber jeder Dollar ist eine Entscheidung.

Neben dem Eimer für den Konsum gibt es zwei Eimer für Geld, das Sie investieren. Der eine ist für das langfristige Budget für den »Ruhestand«, wie meine Generation es nennt, obwohl dieser Begriff immer mehr an Bedeutung verliert. Nennen Sie es Vermögensaufbau, langfristiges Geld, das Fundament Ihrer wirtschaftlichen Sicherheit. Es sind die 2000 Dollar, die mein Freund Lee in sein IRA-Konto eingezahlt hat (IRA steht für Individual Retirement Arrangement, eine private Altersvorsorge bei einem Finanzinstitut) Damit können Sie mit einem Mai Tai an den Strand gehen und Ihren Enkeln beim Spielen in der Brandung zusehen, oder wonach auch immer Ihrem künftigen Ich der Sinn stehen mag.

Der dritte Eimer, der für die intermediären Ausgaben, ist die Grauzone zwischen kurzfristigem Konsum und langfristiger Investition. Große vorhersehbare Ausgaben (und einige nicht so vorhersehbare): eine Anzahlung für ein Auto oder Haus, Studiengebühren, der Einstieg in eine berufliche Partnerschaft, größere Arztrechnungen.

Damit wir uns richtig verstehen: Die Unterscheidung zwischen intermediären und langfristigen Ausgaben sowie den Unterkategorien der intermediären Ausgaben (»Notfallfonds«, »College-Fonds für die Kinder«, »Anzahlung für ein Haus«) fallen unter das, was man als »mentale Buchführung« bezeichnet. Es handelt sich dabei um konzeptuelle Kategorien, die durchaus nützlich sein können, nur sind sie nicht »real« (Geld ist Geld, egal welches Etikett man ihm aufklebt), und verlässt man sich zu sehr auf sie, kann das den Entscheidungsprozess verzerren. Nutzen Sie sie, aber fühlen Sie sich ihnen nicht verpflichtet.

Jeder Dollar über der Wasserlinie fließt in einen dieser drei Eimer. Ihre Aufgabe besteht darin, gerade so viel in den Konsum-Eimer zu geben, dass Sie Ihre Entscheidungen nicht bereuen (das erfordert weniger, als Sie denken), und Ihre intermediären und langfristigen Investitionen so zu finanzieren, dass Sie es zu wirtschaftlicher Sicherheit bringen. Was Sie mit dem Geld im intermediären und dem im langfristigen Eimer machen, darüber sprechen wir im nächsten Kapitel.

Was in welchen Eimer?

Zu Beginn Ihrer Laufbahn wird Ihr langfristiger Eimer etwas zu kurz kommen – es sei denn, Sie haben mehr Glück als Verstand. Aber das ist in Ordnung. Es ist jedoch wichtig, dass Sie *etwas* in diesen Eimer geben. Gewohnheit ist alles. Sie bauen Ihre Spar- und Investitionsmuskeln für den Zeitpunkt auf, an dem Sie mehr Geld anlegen können. Solange Sie das tun, machen Sie alles richtig. Ihre Zwanziger werden nicht ewig dauern (ob das nun gut ist oder nicht), und für all die harte Arbeit haben Sie jetzt schon ein nettes Leben verdient. In den Jahren Ihres Spitzenverdiensts jedoch sollten Sie mehr aufs Sparpedal treten, denn Sie haben die nötigen PS in Reserve.

Im Idealfall stecken Sie Ihre gesamten Ersparnisse in die finsteren Tiefen Ihrer Altersvorsorge, wo Ihr Geld Wurzeln schlagen und die Grundlage für Ihre künftige wirtschaftliche Sicherheit bilden kann. Die Sache hat nur einen Haken: Sie werden einen Teil Ihrer Ersparnisse schon früher brauchen. Dazu ist der intermediäre Eimer da. Der soll sicherstellen, dass Sie, wenn der Zeitpunkt für größere Ausgaben (erwartete oder nicht) gekommen ist, über genügend Mittel verfügen, um diese zu decken. Der intermediäre Eimer ist eine Metapher, die Ihnen helfen soll, zwei Faktoren in den Griff zu bekommen: Liquidität und Variabilität.

Liquidität bezieht sich darauf, wie leicht sich ein Vermögenswert in etwas anderes umwandeln lässt – entweder in eine andere Form der Investition oder in Konsum. Geld auf Ihrem Spar- oder Girokonto ist besonders liquide. An der Börse gehandelte Aktien und Anleihen sind liquide, desgleichen die meisten anderen der an Börsen gehandelten Anlagewerte (mehr dazu im nächsten Kapitel). Ein Haus ist weit weniger liquide. Sie können Geld für Ihr Haus bekommen, indem Sie es entweder verkaufen oder, weniger dramatisch, durch ein Eigenheimdarlehen oder eine Refinanzierung Ihrer Hypothek, aber das braucht Zeit und verursacht Transaktionskosten. Geld in einem traditionellen IRA oder 401(k)-Plan (steuerbegünstigte betriebliche Altersvorsorge) ist ebenfalls verfügbar, aber Sie zahlen sowohl Steuern als auch, sofern Sie nicht bereits im Rentenalter sind, eine 10-prozentige Strafgebühr, wenn Sie es vorzeitig entnehmen. Ausgesprochen illiquide sind Anteile an einem Privatunternehmen. Liquidität ist natürlich umso wichtiger, je früher Sie das Geld voraussichtlich benötigen.

Der andere Faktor ist die Variabilität. Ich gehe darauf im nächsten Kapitel im Rahmen von Risiken und Diversifizierung noch näher ein, aber das Wichtigste für Ihre Planung ist, dass der Preis einiger Vermögenswerte konstant bleibt, während andere steigen und fallen. Bargeld schwankt überhaupt nicht (es verliert aufgrund der Inflation an Wert, aber ein 10-Dollar-Schein wird immer 10 Dollar kosten). Aktien von wachstumsstarken Tech-Unternehmen unterliegen starken Schwankungen und überhaupt ist der Kurs von Aktien mehr oder minder volatil. Nehmen Sie sich noch mal das Performance-Diagramm des S&P 500 über die letzten zwei Jahrzehnte vor: Langfristig liegt das durchschnittliche Wachstum bei 8 Prozent, aber die Renditen schwanken von Jahr zu Jahr. Bei langfristigen Anlagen ist diese Schwankung für Sie nicht von Belang, da Sie die Papiere in den Abschwungphasen halten und den Zeitpunkt des Verkaufs so legen können, dass Sie diese vermeiden. Für die kurzfristigere Planung stellt dies jedoch ein Risiko dar, da es durchaus passieren kann, dass Sie sich zum Verkauf in einer Abwärtsphase gezwungen sehen.

Einfach ausgedrückt: Je zeitnäher Sie eine Geldsumme benötigen, desto mehr Liquidität und desto weniger Variabilität brauchen Sie. Wenn Sie sich nach einem Haus umsehen und eine Anzahlung von 200 000 Dollar leisten wollen, sind 200 000 Dollar in Ihrer Altersvorsorge (illiquide) nicht hilfreich, und 200 000 Dollar in einer einzigen wachstumsstarken Tech-Aktie sind unklug (Unbeständigkeit). Steht für Sie jedoch ein Hauskauf erst in fünf Jahren auf dem Plan, können Sie sich mehr Variabilität leisten und müssen nicht so liquide sein. Die Unterscheidung zwischen »langfristig« und »intermediär« ist dabei nicht präzise – es handelt sich wie gesagt um Metaphern, nicht um reale Eimer.

Bei der intermediären Planung geht es darum, Ihre Liquidität und Variabilität mit Ihren voraussichtlichen (und unvorhergesehenen) Ausgaben in Einklang zu bringen, und zwar im Kontext Ihrer gesamtfinanziellen Situation.

Der Notfallfonds

Wie aber wenden wir diese Grundsätze auf die heilige Kuh persönlicher Finanzbücher, den Notfallfonds, an? Erstens: Wenn Sie überhaupt keine liquiden Ersparnisse haben, ist der Aufbau eines kleinen liquiden, keinerlei Schwankungen ausgesetzten Notfallfonds ein großartiges erstes Ziel. Er ist praxisorientiert – es wird zu Notfällen kommen – und es ist ein gutes Training für Ihre Sparmuskeln. Ein Notfallfonds von 1000 Dollar ist ein gutes Ziel. Warum 1000 Dollar? Nun, es ist eine runde Zahl und sie reicht zur Deckung zahlreicher unerwarteter Ausgaben aus. Außerdem ist sie für die meisten machbar. Dies sollte also ein frühes Ziel in Ihrem Sparprojekt sein – 1000 Dollar auf einem Sparkonto nur für Notfälle. (Anmerkung: Es ist durchaus in Ordnung, diesen Notfallfonds zu nutzen, darum geht es ja – er ist als Puffer gedacht, der Ihre Finanzplanung auf Kurs halten soll, kein Götzenbild, das Sie anbeten, aber niemals anrühren.) Wenn Sie das schaffen, sind Sie der Meute schon voraus: 56 Prozent der amerikanischen Erwachsenen haben nicht einmal diese 1000 Dollar in Reserve.[103]

Letztlich handelt es sich beim »Notfallfonds« nur um einen handlichen Begriff der »mentalen Buchführung«. Tatsache ist, dass Ihnen bei einem Notfallfonds von 10 000 Dollar mindestens 10 000 Dollar in liquiden, möglichst schwankungsfreien Vermögenswerten zur Verfügung stehen. In der Praxis bedeutet das: ein verzinstes Sparkonto, ein Geldmarktfonds oder sehr konservative Investmentfonds. In den Jahren nach der großen Finanzkrise waren die Zinssätze so niedrig, dass es schwierig war, irgendeine Art von Rendite ohne Schwankungen zu erzielen. Die Ära der Nullzinsen scheint jedoch vorbei zu sein, und zumindest zum Zeitpunkt, in dem ich dies schreibe, bieten Sparkonten 3,5 bis 4 Prozent Zinsen, was ausreichen sollte, um Ihr Notfallpolster vor den Auswirkungen der Inflation zu bewahren und möglicherweise sogar eine kleine Realrendite zu erzielen.

Für zahlreiche Finanzplaner ist die mentale Buchführung nachgerade ein Fetisch. Ihrer Ansicht nach sollten Sie ein Konto für den Notfallfonds haben, ein anderes für die Anzahlung auf Ihr Haus, ein weiteres für den Studienfonds etc. Das sind jedoch nur Stützräder, und haben Sie erst einmal ein Vermögen von Zehntausenden Dollar, brauchen Sie keine Stützräder mehr. Geld ist Geld (Ökonomen nennen es »fungibel«, das heißt austauschbar), aber es ist weniger wichtig, wie Sie es bezeichnen, als vielmehr, wo Sie es investieren. Überschlagen Sie, wie hoch Ihre erwarteten Ausgaben sein werden und wann sie voraussichtlich anfallen, und legen Sie ein Polster aus liquiden, möglichst schwankungsfreien Anlagen für Notfälle an. Fügen Sie nach und nach die zusätzlichen Ersparnisse hinzu, die Sie im Laufe der Zeit erwarten können. Wenn im nächsten Jahr keine weiteren Ausgaben aus dem intermediären Eimer anstehen, brauchen Sie an Geld nur ein Notpolster aus liquiden, mehr oder weniger schwankungsfreien Anlagen. Was den Rest anbelangt, so investieren Sie ihn da, wo Sie die höchste Rendite erwarten (mehr dazu im nächsten Kapitel), ohne Rücksicht auf Liquidität oder Schwankungen. Wenn die erwarteten Ausgaben aus dem intermediären Eimer näher rücken, sollten Sie Ihr Vermögen aus den aggressiveren Anlagen in liquidere, weniger schwankungsanfällige Anlagen umschichten.

Wie hoch sollte, über besagte 1000 Dollar hinaus, Ihr Polster für Notfälle sein? Der klassische Rat für persönliche Finanzen lautet: drei bis sechs Monatseinkommen. Die tatsächliche Antwort jedoch lautet: Kommt ganz darauf an. Und viele, vor allem junge Leute, brauchen es noch nicht einmal. Wenn Sie ein geregeltes Einkommen bei einem finanziell soliden Arbeitgeber haben, wenn Sie keine bindenden finanziellen Verpflichtungen haben (keine Hypothek, keine Kinder), wenn Sie geistig und körperlich gesund sind, wenn Ihre unmittelbare Familie wohlhabend ist und Sie unterstützt – dann brauchen Sie realistischerweise kein so großes Polster. Je weniger dieser Punkte auf Sie zutreffen, desto größer sollte Ihr Polster sein.

Wie nun sähe ein *realistisches* Worst-Case-Szenario (sagen wir mal, Sie verlieren Ihren Arbeitsplatz) aus, und was brauchen Sie, um dieses Szenario ohne größere Schwierigkeiten zu überstehen (unter Berücksichtigung der Frage, wie weit Sie nötigenfalls Ihren Konsum einschränken können)? Das ist es, was Sie in liquiden, schwankungsfreien Anlagen haben wollen.

Außerdem brauchen Sie Ihr Polster ja nicht ständig auf diesem Niveau zu halten. Erstens gibt es tatsächliche Notfälle – in denen Sie das Polster nutzen sollen. Aber auch wenn eine größere Ausgabe ansteht, sollten Sie in Erwägung ziehen, Ihr Notfallpolster anzugreifen und es dann wieder zu füllen. Auch hier kommt es auf Ihre Umstände an, aber treffen Sie keine wichtigen Lebensentscheidungen auf der Grundlage einer willkürlichen Summe, die Sie in einem »Notfallfonds« (oder einem der anderen Eimer Ihrer mentalen Buchführung) aufbewahren wollen. Wenn Sie das ideale Eigenheim für den Anfang finden und noch 20 000 Dollar für die Anzahlung fehlen, verzichten Sie nicht darauf, nur weil Ihnen ein Finanzplanungsbuch gesagt hat, dass Sie stets einen Notfallfonds von 30 000 Dollar haben sollten. Specken Sie Ihr Polster ruhig auf 10 000 Dollar ab, kaufen Sie das Haus und bauen Sie Ihr Polster dann diszipliniert wieder auf. Geld ist austauschbar, und Sie sparen, damit Sie es nutzen können, und nicht wegen seines unaufhaltsamen Wachstums an sich.

Nehmen Sie den Arbeitgeberanteil mit

Auf Investitionen und Steuern werde ich im nächsten Kapitel näher eingehen, aber es gibt einen Aspekt dieser Diskussion, der relevant dafür ist, welchem unserer Eimer wir was zuweisen, und zu wichtig, um ihn bis dahin aufzuschieben. Ich spreche vom Einsatz von Rentenfonds, in den USA wären das der steuerbegünstigte betriebliche Rentenplan 401(k), das ebenfalls steuerlich begünstigte Individual Retirement Arrangement (IRA) und das Roth IRA, dessen Beiträge zwar nicht vom steuerpflichtigen Einkommen abziehbar, aber dessen Einkünfte und Auszahlungen steuerfrei sind. Kurzfassung des Folgenden: Nutzen Sie sie. Sie kombinieren erzwungenes Sparen mit Steuervorteilen und der Macht des Zinseszinseffekts und können damit das Fundament Ihrer wirtschaftlichen Sicherheit sein.

Wie Sie sie nutzen können? Nun, das Erste, was Sie beachten müssen, falls Sie einen 401(k)-Plan mit Arbeitgeberbeteiligung haben, ist, diese voll auszuschöpfen. Eine bessere Anlage als eine sofortige, steuerbegünstigte Rendite von 100 Prozent werden Sie nie bekommen. Mit ganz wenigen Ausnahmen sollte Ihr Beitrag dem höchstmöglichen Arbeitgeberanteil in voller Höhe entsprechen.

Beiträge, die über die Höhe des Arbeitgeberanteils hinausgehen, sind vermutlich eine gute Idee, sollten aber von Ihrer steuerlichen Situation und Ihrem Liquiditätsbedarf abhängig gemacht werden. Ein Patentrezept für die Nutzung dieser Pläne gibt es nicht und kein Plan ist unter allen Umständen »besser« als irgendein anderer. Aber darauf komme ich im nächsten Kapitel zu sprechen, wenn es um Steuern geht.

Aufteilung in der Praxis

Sehen wir uns ein hypothetisches Beispiel an, wie Sie Ihr Geld in einem typischen Monat aufteilen könnten. Jack steht ein Jahr nach dem Studium am Anfang seiner beruflichen Laufbahn und denkt ans Sparen. Sein Gehalt beträgt 60 000 Dollar und sein Wasserlinienbudget liegt bei monatlich 3000 Dollar, die in der Hauptsache Miete, Lebensmittel und Unterhaltung bezahlen. Seiner Rechnung nach reicht ihm ein Notfallpolster von 3000 Dollar aus – sein Job ist recht sicher, sein Mietvertrag läuft von Monat zu Monat, und seine Eltern wohnen nahe genug, dass er im schlimmsten Fall nach Hause ziehen könnte, bis er wieder auf eigenen Füßen steht. Er hat ein Sparkonto mit bisher 500 Dollar bei einer Verzinsung von 4 Prozent, ist also auf dem besten Weg, sich das anvisierte Polster von 3000 Dollar in einem liquiden und praktisch schwankungsfreien Konto zu ersparen. Sein Arbeitgeber hat ein 401(k)-Konto, in das er ein Jahr lang 5 Prozent seines Gehalts eingezahlt hat, sodass sich dort mittlerweile 3000 Dollar befinden. Das ist sein Eimer für das langfristige Geld.

Am Monatsanfang, nachdem Miete und Kreditkarte beglichen sind, bleiben Jack nur noch 20 Dollar in bar und 100 Dollar auf seinem Girokonto. Entsprechend wird der größte Teil seines Gehalts ins Konsumbudget gehen. Aber das ist kein Problem, wichtig ist, dass er ein Budget hat und sich gute Gewohnheiten antrainiert.

Nach Abzug der Steuern und den 5 Prozent für seinen 401(k)-Plan bekommt Jack im Monat zwei Gehaltsschecks über jeweils 1750 Dollar, also insgesamt 3500 Dollar (und weitere 250 Dollar gingen in seine 401(k)-Rente). Davon verbleiben 3000 Dollar auf seinem Girokonto zur Deckung seines Konsumbedarfs. Meist hält er sein Budget nicht ganz ein und in diesem Monat frisst der Konsum weitere 300 Dollar. Damit bleiben ihm 200 Dollar zum Sparen.

Um das langfristige Sparen über die 401(k)-Rente hinaus zur Gewohnheit zu machen, eröffnet er bei Fidelity ein Brokerkonto, auf das er 20 Dollar einzahlt. Im nächsten Kapitel werden wir sehen, wie er diese 20 Dollar in risikoreichere langfristige Anlagen wie etwa Aktien investieren kann. 20 Dollar sind nicht viel, aber sie sind ein Anfang.

Die letzten 180 Dollar überweist er auf sein Sparkonto, womit 680 Dollar für sein Notpolster von 3000 Dollar angespart wären. Bei diesem Tempo wird Jack ein weiteres Jahr brauchen, bis er sein Notpolster beisammenhat. Sollte es ihm jedoch gelingen, sein Budget durch Einschränkung seiner Ausgaben einzuhalten, wäre sein Notpolster in nur drei Monaten finanziert. Er hat es sich zur Gewohnheit gemacht, sein Budget alle paar Tage zu überprüfen und sich darauf zu besinnen, jeden Dollar als Entscheidung zu sehen. Er trägt sich mit dem Gedanken an ein späteres Wirtschaftsstudium, und wenn das näher rückt, werden es die 3000 Dollar auf seinem Sparkonto nicht mehr tun, aber für den Augenblick plant er, sobald er sie beisammenhat, alle überschüssigen Ersparnisse in seine langfristigen Anlagen zu investieren.

Schulden

Wir müssen noch über einen weiteren Eimer sprechen, und zwar den Schulden-Eimer, der eigentlich ein Anti-Eimer ist. Schulden sind ein kontroverses Thema im Bereich der persönlichen Finanzen und ein sehr persönliches obendrein. Ich sehe sie so: Schulden sind eine Waffe, wenn auch eine zweischneidige. Setzen Sie sie mit Umsicht ein.

Langfristige Schulden zur Finanzierung langfristiger Anlagen sind sinnvoll, ja sogar genial. Schulden haben eine »Hebelwirkung«. So wie ein Hebel und ein Drehpunkt Ihre Kraft vervielfachen, vervielfachen Schulden die Ertragskraft Ihres Geldes. Reiche Leute und Unternehmen *lieben* Schulden gerade dieser Hebelwirkung wegen. Angenommen, ich kaufe ein Haus im Wert von 1 Million Dollar mit 1 Million Dollar in bar und es steigt im Wert auf 2 Millionen, habe ich mein Geld verdoppelt. Wunderbar. Kaufe ich dieses Haus mit 200 000 Dollar in bar und einer 800 000-Dollar-Hypothek und verkaufe es für 2 Millionen, habe ich nach Abzahlung der Hypothek 1,2 Millionen Dollar – und damit mein Geld versechsfacht. Das ist eine Hebelwirkung. Sicher, ich habe dieselbe Summe – 1 Million Dollar – verdient, aber ich musste dafür nur 200 000 Dollar binden. Denken Sie an die Opportunitätskosten: Durch den Einsatz von Schulden habe ich 800 000 Dollar für andere Investitionen frei gemacht.

Die Aufnahme einer Hypothek zum Erwerb eines Hauses, in dem Sie selbst wohnen, ist hinsichtlich Ihrer persönlichen Finanzen fast immer eine solide Strategie (ich gehe im nächsten Kapitel näher darauf ein, wenn ich Immobilien als Anlageklasse bespreche). Bei Autos ist das schwieriger. Einen Kredit nimmt man für gewöhnlich nur für eine Nobelkarosse, nicht zum Kauf eines bloßen Transportmittels auf. Der Autoverkäufer würde gerne hören: »Wie viel Auto kann ich mir leisten?« Aber Sie fragen sich besser: »Wie viel Auto brauche ich?« Mit einem Kredit für ein Auto gehen Sie als Konsument eine enorme Verpflichtung ein. Wenn Ihnen ein teures Auto Freude macht, dann lohnt es sich, den Großteil oder sogar die gesamten Kosten anzusparen, bevor Sie zuschlagen. Anders gesagt: Verdienen Sie sich Ihre Vergnügungen, und Sie haben doppelten Spaß daran.

Kurzfristige Schulden sind der Dieb in der Nacht: Kreditkarten mit hohen Zinssätzen, Darlehen nach dem Motto »Jetzt kaufen, später zahlen«, Ladenfinanzierung. Sogar »zinslose« Kredite sind Verpflichtungen für Konsum, die zur Finanzierung Ihrer Gegenwart Ihre Zukunft bestehlen. Eine gute Faustregel: Schulden sollten auf keinen Fall den Vermögenswert überleben, den sie bezahlt haben. Was diesen Test besteht? Eine dreißigjährige Hypothek auf ein Haus. Ein Jahr lang Kreditkartenschulden wegen eines Paars Schuhe, die man eine Saison trägt, besteht ihn nicht. Gönnen Sie sich etwas, aber sehen Sie zu, dass Sie dabei nicht draufzahlen.

Zu Beginn Ihrer Laufbahn lässt es sich kaum vermeiden, die Lücke zwischen Einkommen und Konsum mit kurzfristigen Schulden zu überbrücken, und maßvoll genutzt, wird das Ihre Zukunft nicht ruinieren. Gehen Sie einfach vorsichtig damit um. Aber lassen Sie sich auf keinen Fall auf einen Autokredit ein, wenn Sie Kreditkartenschulden haben. *Messen* Sie Ihre kurzfristigen Schulden, verbuddeln Sie sie nicht auf fünf verschiedenen Konten. Stellen Sie sie in ihrer Budgettabelle ganz oben an. Bauen Sie Zahlungen in Ihr Wasserlinien-Budget ein, und überlegen Sie sich, wie Sie sie abstottern können. Und lassen Sie sich davon nicht abhalten, Ihre Sparmuskeln aufzubauen. Selbst wenn Sie eine Kreditkartenschuld mit 18 Prozent Zinsen abbezahlen, zweigen Sie 10 Dollar pro Monat auf Ihr Sparkonto ab.

Wenn Sie Ihrer Schulden wegen den Kopf nicht übers Wasser bekommen, brauchen Sie einen Plan, um sie abzuzahlen. Sollten Sie ernsthafte Schuldenprobleme haben – also nicht einmal Ihre Mindestzahlungen leisten können oder Ihre Gesamtschuldenlast Monat für Monat steigt und kein Ende in Sicht ist, sollten Sie zu einem Schuldnerberater gehen. Und auch hier ist Vorsicht geboten: Sie sollten sich nach einer *gemeinnützigen* Kreditberatung mit *zertifizierten* Kreditberatern umsehen. Das Consumer Financial Protection Bureau bietet auf seiner Website einen Leitfaden und Weblinks an.[104]

Die Zukunft

Während Ihr gegenwärtiges Ich pflichtbewusst aufs Budget achtet und Geld auf die hohe Kante legt, wartet Ihr zukünftiges Ich irgendwo auf der Zeitachse darauf, es auszugeben. Ihre Aufgabe ist es, ein Gleichgewicht zwischen der Zufriedenheit der beiden herzustellen. Bei Ratschlägen zur Finanzplanung stehen natürlich die Bedürfnisse Ihres zukünftigen Ichs im Mittelpunkt, aber im Grunde geht es um dieses Gleichgewicht. An einen Plan, der Ihnen die Freude an der Gegenwart verdirbt, werden Sie sich vermutlich nicht halten – und wenn doch, warum eigentlich? Was für ein Mensch wird das sein, der sein Ziel durch Entbehrungen erreicht hat?

Noch sind Sie nicht Ihr künftiges Selbst, aber eines Tages ...

Sein Geld mit harter Arbeit zu verdienen und die Disziplin zu entwickeln, etwas davon zu sparen, ist alles andere als leicht. Beides erfordert anhaltende Anstrengungen und es wird dabei immer wieder Rückschläge geben. Die Schwierigkeit bei der

Planung für eine fernere Zukunft ist jedoch anderer Art. Sie liegt darin, dass das Ziel nicht zu sehen ist – man weiß nicht einmal, ob man es wirklich erreicht hat, bis es so weit ist. Es ist jedoch von zentraler Bedeutung, sich diese Mühe zu machen, da eine Vorstellung von Ihrem künftigen Selbst sowohl ein wichtiges Instrument Ihrer Planung als auch Ihrer Selbstmotivation ist.

Wo auch immer Sie in Ihrem Leben gerade stehen, denken Sie ein paar Jahre zurück, und vergleichen Sie den jetzigen Menschen mit dem von damals. Dann versuchen Sie die Unterschiede zu sehen. Woran haben Sie jetzt Freude, was früher keine Priorität für Sie hatte? Wenn ich so zurückblicke, habe ich einige deutlich zu erkennende Phasen durchlaufen (auch wenn ich das zum jeweiligen Zeitpunkt nicht sah).

Meine Motivation war immer eine Kombination aus finanziellen Ängsten, dem Verlangen nach materiellem Genuss und dem Bedürfnis, es den für mich wichtigsten Menschen recht zu machen und sie zu beeindrucken. Das Gleichgewicht dieser Impulse hat sich im Laufe der Zeit ebenso radikal verändert wie meine Ansicht darüber, was ich tun muss, um sie zu befriedigen.

Jetzt schauen Sie in die Zukunft und sehen sich in fünf, fünfundzwanzig oder fünfzig Jahren. Glauben Sie, dass sich das Tempo Ihres persönlichen Wandels verlangsamen wird? Glauben Sie, dass Ihre Antriebe und Wünsche, die bislang so unbeständig waren, dann in Stein gemeißelt sind? Fragen Sie jemanden, der zwanzig, dreißig Jahre älter ist als Sie: »Bist du derselbe Mensch wie vor zwanzig Jahren?« Und dann fragen Sie ihn: »Bist du heute der Mensch, der du mal sein wolltest?« Der Trugschluss, dass Sie sich nicht auch weiterhin verändern werden, fällt in den Bereich der »Projektionsverzerrungen« und definiert sich als die Neigung, »das Ausmaß zu übertreiben, in dem unser zukünftiger Geschmack unserem aktuellen Geschmack ähneln wird«.[105]

Auch aus einem gesellschaftlich bedingten Grund wird die Vorhersage unserer individuellen Zukunft zunehmend schwieriger: Unsere Vorstellung von Ruhestand ändert sich. 20 Prozent aller Amerikaner »im Ruhestand« arbeiten immer noch und den Aussagen der meisten von ihnen zufolge deshalb, weil die Arbeit ihrem Leben weiterhin einen Sinn gibt.[106] Alt werden ist teurer als früher, und das nicht nur, weil die Gesundheitskosten unaufhaltsam steigen, sondern auch, weil wir länger leben (wir bekommen also wenigstens etwas für diese Ausgaben). Menschen über fünfundsechzig haben die höchste Scheidungsrate aller Altersgruppen, und eine Scheidung wirkt sich immer brutal auf die Finanzlage aus: Männer und Frauen, die sich über fünfundsechzig scheiden lassen, müssen einen Rückgang ihres Lebensstandards hinnehmen: um 25 respektive 41 Prozent.[107]

Das Wichtigste, was es bei der Planung Ihrer Zukunft zu beachten gibt, ist, dass Sie unmöglich alles richtig machen können, weil Sie sich auf eine Weise verändern werden, die nicht vorhersehbar ist. Präzision nützt Ihnen hier nichts. Legen Sie sich nicht auf ein bestimmtes Ziel fest, das Sie unbedingt erreichen müssen. Das perfekte Haus an der Küste, an dem Sie morgens beim Joggen vorbeilaufen, kommt womöglich nie auf den Markt. In sämtlichen Michelin-Restaurants zu essen oder die Seven Summits zu besteigen, sind nette Ziele, aber Sie werden auf dem Weg dorthin viele Opfer bringen, und haben Sie es dann geschafft, werden Sie Ihre Entscheidung vielleicht bereuen. Derlei Ziele (selbst bescheidenere) sollten nicht zu heiligen Kühen werden. Wenn Sie zehn Jahre lang arbeiten, auf Ihre eigene Grafikdesign-Firma sparen und dann keine Räumlichkeiten finden, die Ihnen zusagen, dann ist es in Ordnung, zu sagen: »Ich habe mich verändert, das ist nicht mehr mein Ziel.« Es ist in Ordnung, das Haus an der Küste zu wollen. Es ist großartig, sich ein Bild dieses Traumhauses auf Ihren Schreibtisch zu stellen, um sich zu motivieren und den Preis in Ihrer Finanzplanung als Ziel zu fixieren. Die Falle besteht darin, »reich« mit »Haus an der Küste« gleichzusetzen, sodass Sie, wenn dann die Zeit für echte Kompromisse gekommen ist, die Kompromisse schließen, die der Person dienen, die Sie geworden sind, und nicht der, die Sie zu sein glaubten. Sie leben nun mal Ihr Leben und nicht das Leben aus Ihren Träumen.

Wirtschaftliche Sicherheit bedeutet, Optionen zu haben, nicht, sie auszuschließen.

Stellen Sie sich auf schwarze Schwäne und Meteoriten ein

Daniel Kahneman rät, aus überraschenden Ereignissen die Lehre zu ziehen, dass die Welt voll Überraschungen ist.[108] Alle paar Jahre wird etwas passieren, das Ihre Pläne über den Haufen wirft. Eine weltweite Pandemie, ein Autounfall, die Begegnung mit der Liebe Ihres Lebens. Leider sind die größten Überraschungen eher negativ – es gibt weit mehr Krebsdiagnosen als Lottogewinne. Was auch immer Sie an Überraschungen ereilen mag, Sie sollten in der Lage sein, sich darauf einzustellen. Nehmen Sie sie, wie sie kommen.

Jederzeit zugängliche Ersparnisse – der von Finanzplanern so gepriesene »Notfallfonds« – sind nicht nur ein Beweis für Sie selbst, dass Ihre Arbeit sich auszahlt, sondern auch Ihre erste Verteidigungslinie gegen das unvermeidliche Unerwartete. Aber nicht weniger wichtig als Ihre finanzielle Verteidigung gegen das Unerwartete ist Ihre psychologische Bastion. Deshalb ist der Aufbau wirtschaftlicher Sicherheit letztendlich eine Frage des Charakters und nicht der Mathematik. Wenn das Leben Ihren sorgfältig ausgearbeiteten Finanzplan durcheinanderbringt, hilft nur eines: Pause einlegen, um so richtig auszuflippen, und sich dann wieder aufrappeln, die Scherben sortieren (ohne auch nur einen Augenblick zu vergessen, dass nichts so gut oder schlecht ist, wie es scheint) und Ihren Plan überarbeiten. Nur so tragen Sie dem Meteoriten Rechnung, der in Ihr Haus eingeschlagen ist. Und womöglich eignet der Krater sich ja für einen netten Swimmingpool?

Planung und Berater

In der Einleitung habe ich eine Methode vorgestellt, mit der Sie, übers Knie gebrochen, abschätzen können, was Sie zur Erreichung Ihrer wirtschaftlichen Sicherheit an Anlagewerten benötigen. Nehmen Sie die von Ihnen anvisierte Cash-Burn-Rate – Ihre jährlichen Ausgaben plus Steuern – und multiplizieren Sie sie mit fünfundzwanzig (manchmal auch als »Vier-Prozent-Regel« bezeichnet, weil sie von einer Rendite auf Ihre Anlagen von 4 Prozent über der Inflation ausgeht). Es ist ein brauchbarer Anfang für Ihre Planung, aber eben nur ein Anfang.

Mit der Zunahme Ihrer Eintragskraft und, wenn Sie diese Lektionen beherzigt haben, auch Ihrer Ersparnisse sind Ihre Verpflichtungen und die Komplexität Ihrer Steuer- und Investitionsanforderungen überhaupt vermutlich gestiegen. Das Fünfundzwanzigfache Ihrer Cash-Burn-Rate ist eine nützliche Zielvorgabe, aber kein Plan. Wenn Sie bis zum Abwinken organisiert sind (Sie planen Ihren Urlaub mit Excel) und diszipliniert budgetiert haben, können Sie durchaus allein weitermachen. Trotzdem: Erwägen Sie ernsthaft, professionellen Rat einzuholen. Je nach Vermögen und Komplexität Ihrer finanziellen Verhältnisse kann das ein Steuerberater, ein Buchhalter oder ein Rechtsanwalt sein. Der Schlüssel ist jedoch ein Finanzplaner.

Unter der Bezeichnung Finanzplaner dienen sich alle möglichen Leute an, aber Sie brauchen einen ganz Bestimmten, einen Treuhänder, jemanden mit einer einschlägigen Ausbildung und einer Lizenz – anders ausgedrückt, jemanden, der gesetzlich verpflichtet ist, Ihre Interessen über seine eigenen zu stellen. Achten Sie dabei auf zwei formale Bezeichnungen: Erstens, dass die Firma, für die Ihr Berater tätig ist, als Registered Investment Advisor (RIA) eingetragen ist, und zweitens, dass Ihr persönlicher Berater entweder als Certified Financial Planner (CFP) oder als Chartered Financial Analyst (CFA) zugelassen ist.

Es gibt genügend qualifizierte Berater, also weichen Sie auf keinen Fall von diesen Anforderungen ab. Betrauen Sie niemanden damit, Ihnen den Weg zu wirtschaftlicher Sicherheit zu weisen, nur weil er am College in Ihrer Verbindung war oder weil er an tolle Sporttickets kommt – das wird das teuerste Basketballspiel, das Sie je besucht haben.

Der entscheidende Punkt bei Beratern ist Folgender: Sie bezahlen sie nicht für das, was Ihre Anlagen bringen. Auf lange Sicht schlägt niemand den Markt. Und sollte jemand das Geheimnis einer über dem Marktdurchschnitt liegenden Rendite kennen, wird er es nicht für einen festen Prozentsatz mit Ihnen teilen. Sie bezahlen einen Berater für Planung, Rechenschaftspflicht und Vertrauen. Je mehr Ihr Vermögen wächst und je komplexer Ihr Leben wird, desto wertvoller werden diese Dienstleistungen.

Die einzige Person, die für Ihre künftige wirtschaftliche Sicherheit wichtiger ist als Ihr Finanzberater, ist Ihr Ehepartner. Unabhängig davon, wie kompatibel Sie mit Ihrem Partner oder wie ähnlich Sie beide sich sind, in Bezug auf Geld werden Sie nicht identisch sein. So etwas gibt es nicht. Dazu geht unsere Beziehung zu Geld zu tief und die Wurzeln oder die ganze Komplexität dieser Beziehung sind selten zu sehen. Es wird Zeit und viele Gespräche brauchen, um diese Zwiebel zu schälen und Ihren Ansatz an Sparen, Ausgaben und Planung wirklich aufeinander abzustimmen. Ein guter Finanzplaner kann Ihnen dabei helfen, womit er Ihnen eine Menge Arbeit abnehmen wird. Denken Sie immer daran, dass Sie wirtschaftliche Sicherheit deshalb aufbauen, um Zeit in Ihre Beziehungen investieren und diese genießen zu können. Das ist Ihr eigentliches Ziel.

Zum Abarbeiten: das Kapitel in Punkten

- Stellen Sie Ihre Zeit als Ihre wertvollste Ressource ganz oben an. Vergeudetes Geld lässt sich wieder verdienen; verschwendete Zeit bekommen Sie nie wieder zurück.
- Erkennen Sie die Macht von Zinseszinsen. Zins und Zinseszins machen eine kleine Rendite über Jahre hinweg erstaunlich groß.
- Achten Sie auf die Macht der Inflation. Die Kehrseite von Zinseszinsen ist, dass Geld über die Zeit hinweg an Kaufkraft verliert. Ihre künftigen Sparziele und Investmentstrategien müssen diesem Umstand Rechnung tragen.
- Seien Sie vom Gedanken an Geld beseelt, aber bleiben Sie dabei rational. Achten Sie akribisch auf Einkommen, Ausgaben und Anlagen, ohne dabei Gefühle zu investieren.
- Führen Sie Buch über Ihre tatsächlichen Ausgaben. Falls Sie in Ihrem Leben nur eine Metrik verfolgen, sollten das Ihre Ausgaben sein. Nicht was Sie auszugeben planen oder gefühlt ausgegeben haben, sondern die Beträge, die Tag für Tag tatsächlich von Ihrem Konto abgehen.
- Legen Sie Monat für Monat etwas auf die hohe Kante, und sei es auch nur eine kleine Summe. Sparen ist ein Muskel, der trainiert werden will. Sehen Sie zu, dass Sie auf Ihre »Reps« kommen.
- Meiden Sie, wenn es um Geld geht, gefühlsmäßige Bindungen. So gut wie Hingabe bei Beziehungen ist, so gefährlich ist sie im finanziellen Bereich. Seien Sie vorsichtig mit Abonnements, Ratenzahlung und Vermögenswerten, die der Wartung bedürfen.

- Bringen Sie Stabilität in Ihre Ausgaben. Fluktuierende Ausgaben unterminieren Ihre Kontrolle und ein Mangel an Kontrolle über Ihre Ausgaben wird niemals zu deren Senkung führen.
- Ermitteln Sie das Budget, mit dem Sie sich »über Wasser halten« können. Das Grundbudget für Ihre Ausgaben ist ein realistischer monatlicher Mindestbetrag. Dazu brauchen Sie Daten, die Sie bekommen, indem Sie einige Monate Buch über Ihre Ausgaben führen. Vergessen Sie dabei nicht, jährliche Abonnements und andere nicht alltägliche Ausgaben einzubeziehen. Die vergessen Sie nämlich nicht.
- Setzen Sie sich beim Sparen erreichbare kurzfristige Ziele. Die Devise »die erste Million mit dreißig« ist kein Plan und bringt Sie auch nicht ans Ziel. Aber »5.000 Dollar bis zum 1. Oktober« ist ein Ziel, das bei täglichen Entscheidungen durchaus hilfreich sein kann. Treffen Sie genügend richtige Entscheidungen und die Million kommt von selbst.
- Machen Sie jede Ausgabe zur bewussten Entscheidung. Wenn Sie nicht gerade tief verschuldet sind, ist es weder machbar noch wünschenswert, jeden Dollar zu sparen, den Sie nicht unbedingt ausgeben müssen. Vor allem wenn Sie jung sind – das Leben will gelebt werden, und viele der besten Erfahrungen im Leben sind nun mal nicht umsonst.
- Organisieren Sie Ihre Ausgaben in drei »Eimern«. Jeder Dollar über der Wasserlinie kommt in einen davon:
  - Zum tagtäglichen Konsum gehören Nahrung und ein Dach über dem Kopf, Kleidung, Transport, Kreditzahlungen und andere regelmäßige Ausgaben.
  - Intermediäre Ausgaben sind große und nicht regelmäßige Zahlungen wie Studiengebühren und die Anzahlung auf ein Haus.
  - Zu den langfristigen Ausgaben gehört Geld, das Sie für Anlagen beiseitelegen, um Ihren künftigen Konsum decken zu können. Dieser Eimer dient Ihrer künftigen finanziellen Sicherheit.

- Füllen Sie Ihren »intermediären Eimer« mit hochliquiden, weitgehend schwankungsfreien Investments. Wenn die Zeit kommt, diese Schecks auszustellen, dann sollten diese Mittel in bar zur Verfügung stehen. Binden Sie dieses Geld auf keinen Fall in Immobilien oder hochriskante Anlagen.
- Nehmen Sie den Arbeitgeberanteil mit. Wenn Ihr Arbeitgeber im Rahmen eines betrieblichen Rentenplans die Hälfte Ihrer Beiträge übernimmt, zahlen Sie so viel wie irgend möglich ein. Eine steuerlich nachgelagerte Rendite von 100 % ist die beste Anlagegelegenheit, die sich Ihnen je bieten wird.
- Öffnen Sie Ihrem künftigen Selbst Möglichkeiten. Sie werden sich auf die eine oder Art verändern, die sich unmöglich voraussehen lässt. Also lassen Sie bei Ihrer Planung Raum für künftige Neigungen.
- Nehmen Sie's, wie's kommt. Es wird Schlimmes passieren; Sie werden Fehler machen. Es sind dies Gründe dafür, Ihre Pläne anzupassen, nicht, sie aufzugeben. Nichts ist je so gut oder so schlimm, wie es scheint.

Kapitel vier: Diversifikation

Nur wenige bringen es allein mittels ihres Einkommens zu Vermögen. Okay, es gibt Ausnahmen: Fortune-100-CEOs, NFL-Quarterbacks, A-List-Schauspieler. Für den Rest von uns ist unser Einkommen das Fundament. Dazu bedarf es aber zunächst einmal weiterer Arbeit. Genauer gesagt, müssen wir das Einkommen aus unserer Arbeit erst in etwas umwandeln, das sich besser skalieren lässt: Kapital.

Kapital ist Geld in Bewegung, Geld, das zur Wertschöpfung eingesetzt wird. Kapital ist arbeitendes Geld. Unternehmen, Regierungen, Finanzinstitute – sie alle arbeiten mit einem ständigen Nachschub an Kapital, für dessen Nutzung sie zahlen. Ähnlich der Größe, egal auf welchem Gebiet, erreicht man auch Reichtum durch das Zutun anderer: durch die Nutzung der Fähigkeiten anderer (Teams, Mitarbeiter, Zulieferer) sowie den Einsatz von Kapital. Es ist nahezu unmöglich, ein Unternehmen oder ein Vermögen alleine aufzubauen, ohne das Zutun anderer und ohne Fremdkapital. Und wenn wir anderen Kapital zur Verfügung stellen (und dafür bezahlt werden), sprechen wir davon, Geld anzulegen oder zu investieren.

Investitionen sind auch die Brücke zwischen der harten Arbeit, die Ihnen in den vorangegangenen Kapiteln abverlangt wurde, und der eingangs versprochenen wirtschaftlichen Sicherheit. Sie sind auch der einfachste Teil des Prozesses. Im Gegensatz zur erforderlichen persönlichen Arbeit an Ihrer stoischen Lebensanschauung, der fokussierten Plackerei einer Karriere oder der Disziplin beim täglichen Kampf mit der Zeit erledigen beim Investieren andere die eigentliche Arbeit – Sie brauchen sich nur zurückzulehnen und die Früchte ihrer Mühe zu genießen. Herzlichen Glückwunsch, damit sind Sie ein Kapitalist.

Die meisten, ja fast alle Bücher über persönliche Finanzen schirmen die Leser ab von den grundlegenden Mechanismen des Kapitalismus und der Finanzmärkte. Das ist gut gemeint und für viele vermutlich auch der richtige Ansatz. Das Finanz- und Geldwesen ist ein riesiges Ökosystem mit einer eigenen Sprache und Kultur (eigentlich sogar mehreren). Man muss es jedoch nicht beherrschen, um langfristige Anlageerträge zu erzielen. Sich in die Materie einzuarbeiten, kostet Zeit und kognitive Energie, die sich anderswo einsetzen ließe (Opportunitätskosten). Es ist nicht die schlechteste Idee, dies den Profis zu überlassen.

Mein Ansatz ist ein anderer. Dieses Kapitel ist deshalb das längste, weil ich Ihnen neben Anlagestrategien für Ihr Kapital auch die Grundsätze mit auf den Weg geben möchte, auf denen diese Strategien beruhen. Das Finanzsystem wirkt tagtäglich auf unser Leben, mal sichtbar, mal unsichtbar, entsprechend kann ein Quäntchen praktisches Verständnis davon nur von Nutzen sein. Die folgenden Seiten kratzen nur an der Oberfläche, bieten aber mehr, als wir an den meisten Schulen, geschweige denn am Küchentisch so erfahren.

Dieses Kapitel gliedert sich in fünf Hauptabschnitte. Der erste bietet eine Handvoll fundamentaler Prinzipien als Hintergrund für Geldanlagen ganz allgemein – einschließlich der Gründe, warum Sie Geld anlegen sollten, und Überlegungen, die Sie zu einzelnen Investitionen und Ihrer Anlagestrategie allgemein anstellen sollten. Der zweite bietet einen Überblick über die Finanzmärkte – den Marktplatz für Geld, auf dem man sein Geld für sich arbeiten lässt. Im dritten Abschnitt bekommen Sie eine Übersicht über die wichtigsten Anlagekategorien (Assetklassen), die Ihnen auf diesem Markt zur Verfügung stehen, sowie spezifische Anlageempfehlungen. Der vierte Abschnitt vermittelt einen Einblick in einen oft übersehenen Aspekt der Anlagestrategie: die Besteuerung. Steuern sind der Preis, den wir für das Leben in einer geordneten Gesellschaft bezahlen. Unser *Steuersystem* ist jedoch eher konfus, und wenn Sie sich nicht darauf einstellen, werden Sie mehr als Ihren Anteil zahlen. Der fünfte und letzte Abschnitt enthält einige praktische Ratschläge, die ich in vier Jahrzehnten als Investor zusammengetragen habe, während ich mir ein Leben aufzubauen versuchte.

Wenn Sie im Finanzwesen tätig sind, dürfte Ihnen vieles in diesem Kapitel bekannt, ja läppisch vorkommen. Es liegt ganz in Ihrem Ermessen, ob Sie es lesen oder überfliegen wollen, aber es kann Ihnen durchaus eine neue Perspektive eröffnen, vertrautes Terrain mal aus der Vogelperspektive zu sehen. Sollten Finanzen für Sie Neuland sein, werden Sie sich womöglich von der Menge an Informationen in diesem Kapitel überfordert fühlen. Wie schon gesagt, ist das Finanz- und Geldwesen ein komplexes Ökosystem, und es ist schwierig, etwas über irgendeinen Teilbereich zu verinnerlichen, ohne zumindest grundlegende Kenntnisse über die anderen zu haben.

Über das, was ich hier behandle, hinaus empfehle ich Ihnen dringend einen Blick in den Wirtschaftsteil der von Ihnen bevorzugten Nachrichtenquellen. Wirtschaftsnachrichten haben in den letzten Jahrzehnten im Mainstream Einzug gehalten, sodass viele Meldungen aus der Wirtschaft in die allgemeinen Nachrichten einfließen, aber das sind eher Ausreißer, bei denen der Schwerpunkt auf Verbraucherprodukten und dramatischen Ereignissen liegt. Mit den hier behandelten Grundlagen sind Sie jedoch fit genug, um die Märkte etwas genauer verfolgen zu können.

Was Ihnen diese Prinzipien wirklich nahebringen wird, ist deren Anwendung auf Ihr eigenes Anlageverhalten. In dem Augenblick, in dem Sie sich mit der Finanzwelt einlassen, kommt weiteres Wissen hinzu, und das, was ich hier behandle, wird klarer werden. Nehmen Sie das als Versprechen.

Grundprinzipien der Geldanlage

Mein (heute noch täglich wachsendes) Wissen stammt aus zu vielen Quellen, um Sie alle aufzuzählen, aber die Grundlage dafür war ein Glücksfall in meiner Kindheit – ich hatte einen Mentor.

Mit dreizehn hielt ich mich für unsichtbar. Ich meine nicht buchstäblich, sondern in dem Sinne, dass ich sozial und intellektuell nicht existierte. Meine Mutter war jedoch mit einem Mann zusammen, der recht großmütig mir gegenüber war, und einmal fragte ich ihn nach Aktien, über die ich gerade in der Zeitung gelesen hatte. Er antwortete mir auf was immer ich gefragt haben mochte, hielt dann inne und sah mich einen Augenblick lang an. Dann öffnete er sein Portemonnaie und zog zwei nagelneue 100-Dollar-Scheine heraus. »Hier, geh damit zu einem von den noblen Brokern im Village und kauf dir ein paar Aktien.« Ich fragte, wie ich das angehen sollte. »Du bist clever genug, um das selbst rauszufinden, und wenn nicht, dann will ich mein Geld zurück, wenn ich nächstes Wochenende wiederkomme.« Ich hatte noch nie einen 100-Dollar-Schein gesehen. Terry war ein großherziger Mann, der sich meiner mit aufrichtigem Interesse annahm. Außerdem war er verheiratet und hatte eine Familie. Wir waren die zweite Familie, von denen im Fernsehen immer die Rede ist, ohne dass sie je eine eigene Serie bekäme. Er verbrachte jedes zweite Wochenende mit uns. Was hier jedoch nichts zur Sache tut.

Am nächsten Tag nach der Schule marschierte ich runter ins Village zur Ecke Westwood und Wilshire und betrat die Büros von Dean Witter Reynolds. Eine Frau mit klotzigem Goldschmuck fragte, ob sie mir helfen könne, und ich sagte ihr, dass ich Aktien kaufen wolle. Sie stutzte. Meiner selbst nicht mehr so sicher, platzte ich heraus: »Ich habe 200 Dollar!« Ich hielt ihr die druckfrischen Scheine hin. Entgeistert gab sie mir einen durchsichtigen Umschlag und bat mich, einen Augenblick zu warten. Ich setzte mich und arrangierte die Scheine in meinem neuen Zellophan-Kuvert so, dass ich Ben Franklin sehen konnte. Ein Mann mit lockigem Haar kam in die Lobby und sprach mich an.

»Ich bin Cy Cordner. Willkommen bei Dean Witter.«

Cy nahm mich mit in sein Büro und hielt mir einen halbstündigen Vortrag über die Märkte: dass das Verhältnis von Käufern und Verkäufern die Preisentwicklung bestimme; dass jede Aktie ein kleiner Anteil an Eigentum sei; dass Amateure nach Gefühl handelten und Profis nach Zahlen. Außerdem sollte ich kaufen, was ich kenne: Aktien von Unternehmen, deren Produkte ich mochte. Und so beschlossen wir, meine Beute in dreizehn Aktien von Columbia Pictures – Ticker: CPS – zu 15,38 Dollar zu investieren.

Die nächsten beiden Jahre über ging ich in jeder Mittagspause zur Telefonzelle auf dem Pausenhof der Emerson Junior High School und investierte 20 Cent, um mit Cy mein »Portfolio« zu besprechen. Manchmal ging ich nach der Schule zu ihm ins Büro, um mir die neuesten Informationen persönlich abzuholen (siehe oben: kaum Freunde). Er tippte den Ticker-Code ein und sagte mir, wie sich CPS an dem Tag gemacht hatte, und spekulierte darüber, warum sich die Aktie bewegt hatte: »Die Märkte waren heute rückläufig« – was bedeutete, dass es mehr Verkäufer gab, bis die Preise weit genug gesunken wären, um wieder mehr Käufer auf den Markt zu ziehen. »Sieht ganz so aus, als wäre *Unheimliche Begegnung der dritten Art* ein Hit.« »*Caseys Schatten* ist ein Flop.« Cy nahm sich sogar die Zeit, meine Mutter anzurufen. Nicht um sie geschäftlich anzubaggern (wir hatten kein Geld), sondern um sie wissen zu lassen, worum es bei unseren Telefonaten gegangen war. Und außerdem sagte er ihr immer was Nettes über mich.

Nach der Highschool verloren Cy und ich uns aus den Augen, dann kaufte Coca-Cola Columbia Pictures, und einige Jahre später verkaufte ich meine Coke-Aktien, um mir einen Ausflug nach Ensenada mit meinen Bundesbrüdern von der UCLA zu leisten. Einiges ist mir jedoch geblieben. Zunächst mal das Selbstvertrauen: zu wissen, dass ich für Erwachsene sichtbar war, dass ich zu einem Broker in Manhattan gehen konnte und man mich dort *sah*. Das Zweite war die Entmystifizierung der Märkte. Cy brachte mir bei, dass hinter der Komplexität des Finanzwesens grundlegende Prinzipien wirken, die auch für einen Dreizehnjährigen zu verstehen waren.

Risiko und Rendite

Kapitalisten setzen ihr Geld auf alle möglichen Arten ein, von einfachen Bankkrediten bis hin zu Derivaten, synthetischen Finanzinstrumenten, die noch nicht einmal ihre Entwickler so recht verstehen. Aber der Kern jeder Form der Investition ist das Gleichgewicht zwischen zwei Überlegungen: Risiko und Rendite. Auf einem ideal funktionierenden Markt gilt: Je größer das Risiko für Ihr Kapital, desto mehr (potenzielle) Rendite erwarten Sie als Gegenleistung. Das Risiko ist der Preis, den Sie für Ihre Rendite bezahlen.

Ein (sehr) vereinfachtes Beispiel ist die Wette auf einen Münzwurf. Setzen Sie bei einem einzigen Wurf auf Kopf, stehen Ihre Chancen fünfzig zu fünfzig (oder 1:1), und Sie erwarten eine Rendite von 100 Prozent, wenn die Münze auf der richtigen Seite landet. Setzen (»investieren«) Sie einen Dollar, bekommen Sie Ihre ursprüngliche »Investition« von einem Dollar zurück, plus eine »Rendite« von einem Dollar. Wetten Sie jedoch darauf, dass zweimal hintereinander Kopf erscheint, ist das weniger wahrscheinlich: Das Risiko, dass Sie verlieren, ist dreimal so hoch wie die Wahrscheinlichkeit, dass Sie gewinnen (von den vier möglichen Ergebnissen bei zwei Würfen verlieren Sie bei drei davon (Zahl/Zahl, Kopf/Zahl und Zahl/Kopf), die Chancen stehen also 1:3). Setzen Sie in diesem Fall einen Dollar, erwarten Sie Ihren ursprünglichen Einsatz von einem Dollar plus eine »Rendite« von 3 Dollar. Ihr Risiko ist höher, also wollen Sie mehr Gewinn. Bietet Ihnen jemand bei einer Wette auf zweimal Kopf hintereinander 2 Dollar für einen, ist das ein lausiger Deal. Aber bei 5 Dollar für einen nehmen Sie die Wette an, auf jeden Fall.

Bei Investitionen ist das Verhältnis von Risiko und Rendite komplexer. Sie können sich des Risikos zu Beginn nicht so sicher sein wie im Falle eines Münzwurfs, und Ihr Ziel ist es, eine positive Rendite zu erzielen und nicht wie bei einem Münzwurf einfach auszugleichen. Die Ergebnisse von Investitionen liegen selten binär zwischen Gewinn oder nichts und oft bekommen Sie Ihre Rendite in Form eines Einkommensstroms und nicht in Form eines einmalig ausgezahlten Betrags. Dennoch ist das Erkennen eines Ungleichgewichts (Risiko kleiner als die potenzielle Rendite) der Schlüssel zum erfolgreichen Investieren.

Risiko ist der Preis, den man für Renditen bezahlt: Wer nichts wagt, der nichts gewinnt.

Die zwei Achsen des Investierens

Anlagetätigkeit lässt sich entlang zweier Dimensionen oder Achsen klassifizieren: aktiv oder passiv, diversifiziert (breit gefächert) oder konzentriert. Die Einordnung einer Investition entlang dieser beiden Dimensionen sollte ausschlaggebend dafür sein, wann und wo Sie Ihre Zeit und Ihr Kapital einsetzen.

	PASSIV ——————— BENÖTIGTE ZEIT ——————→ AKTIV	
DIVERS ↑ **RISIKO** ↓ **KONZENTRIERT**	• Indexfonds • offener Investmentfonds • Robo-Advisor • Sparbrief • Sparkonto	• Portfolio-Strategie
	• Kauf und Halten von Einzelaktien • Gold • Bitcoin	• Einzeltitelauswahl • Daytrading • Arbeit im Unternehmen • Eigenheim

Aktiv oder passiv bezieht sich zum einen darauf, wie viel Zeit Sie in eine Investition stecken, zum anderen darauf, wie viel Einfluss Sie auf das Ergebnis haben. Sein Geld auf ein Sparkonto zu legen, ist zu 100 Prozent passiv: Sie brauchen nichts weiter zu tun, als Ihr Geld einzuzahlen, und Sie bekommen dafür, was immer die Bank Ihnen bietet, egal was Sie tun. Ihre aktivste Investition dagegen ist die in Ihren Arbeitgeber. Sie halten Ihren Arbeitsplatz vielleicht nicht für eine Investition, aber er ist sogar, mal abgesehen von der in Ihre Beziehungen, die wichtigste und zeitintensivste aller Ihrer Investitionen. Sollten Sie Anteile an Ihrer Firma haben, gilt dies umso mehr. Andere aktive Investitionen sind der Besitz von Mietwohnungen (Profi-Tipp: Lassen Sie in diesem Fall Ihre Schwiegereltern den aktiven Teil übernehmen) und das Daytraden von Aktien.

Da aktive Anlagestrategien mehr von Ihrer Zeit in Anspruch nehmen, sollten Sie eine höhere Rendite für Ihr Geld erwarten als bei einer passiven Anlage mit gleichem Risiko. Schließlich wollen Sie nicht nur Ihr Kapital zurückbekommen, sondern auch Ihre Zeit. Und da Ihr Engagement direkt auf den Erfolg wirkt, müssen Sie sich überlegen, ob es sich um eine Investition handelt, bei der sich aus Ihren besonderen Fähigkeiten Kapital schlagen lässt. Ich bin ein Freund von Kunst, habe aber so gut wie keine Ahnung vom Kunstmarkt und möchte auch nichts über ihn lernen – bei Sotheby's gegen Sammler zu bieten, ist also für mich keine gute aktive Anlagestrategie. Über Flugzeuge dagegen weiß ich mehr, als ein erwachsener Mann wissen sollte, und so habe ich vor einigen Jahren privat eine relativ hohe Summe in ein Unternehmen zur Wartung von Düsentriebwerken investiert – eine Investition, deren Management bis heute durchaus Zeit in Anspruch nimmt, bei der jedoch

MARKTKAPITALISIERUNG RANKING
US-Unternehmen 2003 gg. April 2023

2003		2023
1	Microsoft	2
2	GE	71
3	ExxonMobil	11
4	Walmart	13
5	Pfizer	28
6	citi	82
7	Johnson & Johnson	9
8	IBM	68
9	AIG	216
10	MERCK	20

Quellen: Financial Times, CompaniesMarketCap

meiner Ansicht nach ein gewisses persönliches Fachwissen zum Tragen kommt.

Diversifiziert oder konzentriert bezieht sich auf das Risikoprofil einer Anlage. Es handelt sich dabei um ein so fundamentales Anlagekonzept, dass es diesem Kapitel den Namen gegeben hat. Grundsätzlich bedeutet es, nicht alles auf eine Karte zu setzen. Ich besitze seit vielen Jahren Apple-Aktien und das Unternehmen hat in dieser Zeit atemberaubende Renditen erzielt. Dennoch ist es nach wie vor ein ziemlich riskantes Papier (weshalb es ja auch Renditen bringt), und Risiken holen uns irgendwann ein: Nur wenige Einzelunternehmen können sich langfristig ganz oben halten.

Risiko, Teil 2: Diversifikation

Diversifikation ist eine defensive Strategie. Aber wie im Sport ist es die Verteidigung, die die Pokale holt. Beim Investieren besteht nämlich eine fundamentale Asymmetrie: Man kann unendlich viele Kursgewinne verkraften, aber von null kommt man nicht wieder hoch. Und riskante Anlagen wie Wachstumsaktien oder Derivate können auf null heruntergehen. Wenn Sie sich auf eine dieser Anlagen konzentriert haben, kann eine einzige verlorene Wette das Aus für Sie sein. Durch Diversifikation begrenzen Sie Ihre Risiken. Zugegeben, sie schmälern damit auch Ihren Gewinn, aber wenn Sie mit einer einzigen Wette baden gehen, ist auch kein Gewinn mehr da. Und wichtiger noch, Sie müssen Gewinn nicht maximieren.

Dies ist eine profunde Wahrheit. Der Botschaft unserer populären Medien zum Trotz geht es nicht darum, der reichste Mensch des Planeten zu sein. Mit einem gut gemanagten diversifizierten Portfolio werden Sie die zum Erreichen Ihrer wirtschaftlichen Sicherheit nötigen Renditen erwirtschaften. Mit einem Teil Ihres Kapitals können Sie immer noch lebensverändernde Monstergewinne erzielen. Außerdem lernen Sie mit zunehmendem Gespür für die Märkte auch echte Chancen von lediglich vollmundigen Angeboten zu unterscheiden. Noch wichtiger ist jedoch, dass eine sichere und stetig wachsende Vermögensbasis Ihnen das Selbstvertrauen gibt, Ihr wertvollstes Kapital, Ihre Zeit, auf vielversprechendere Gelegenheiten zu konzentrieren. Das ist die Lektion der zwei Wege zum Vermögen, von der ich zu Beginn des Buchs sprach: Die beste Entscheidung ist, sie beide zu gehen:

Konzentrieren Sie Ihre Zeit auf die Maximierung Ihres aktuellen Einkommens.

Diversifizieren Sie Ihre Anlagen, um langfristig Ihr Vermögen zu maximieren.

Diversifikation ist mehr als nur der Besitz verschiedener Anlagewerte. Es geht vielmehr um den Besitz von Anlagen mit unterschiedlichen Risikoprofilen. Denken Sie an das Beispiel mit dem Münzwurf. Das war eine sehr vereinfachte Form des Risikos, bei der es nur eine Überlegung gab: Wie wird die Münze landen? Investitionsrisiken sind nicht so simpel, sie haben viele Facetten.
Nehmen wir Apple. Das Unternehmen ist einer Vielzahl von *Risikotypen* ausgesetzt: Eine rückläufige Konjunktur könnte die Bereitschaft der Verbraucher dämpfen, alle zwei Jahre 1200 Dollar für ein neues Handy zu zahlen; China könnte in Taiwan einmarschieren und Apple könnte den Zugang zu einem Großteil seiner Produktionskapazitäten und zu seinem zweitgrößten Markt verlieren; Tim Cook wird irgendwann zu dem Schluss kommen, dass er etwas Besseres zu tun hat, und die Qualitäten seines Nachfolgers als Manager bleiben vermutlich hinter den seinen zurück. Diese (und viele andere) Risiken machen zusam-

men Apples Risikoprofil aus. Wir sagen, dass Apple sich diesen Risiken »ausgesetzt« sieht.

Meine Apple-Aktien setzen auch mich diesen Risiken aus. Wenn ich mein ganzes Geld in Apple investiere, sind meine Anlagen in hohem Maß konzentriert, und plötzlich hängt meine künftige wirtschaftliche Sicherheit von Xi Jinping oder Tim Cooks Laune und Blutzucker ab. Das ist nicht gut. Wie also kann ich Apples tolle Renditen behalten und gleichzeitig meine Anfälligkeit für bestimmte Risiken verringern, die sich meinem Einfluss entziehen? (Tipp: Diversifizieren.)

Beachten Sie, dass die Palette der Risiken, denen Apple ausgesetzt ist, von sehr breit angelegt (rückläufige Konjunktur) über eines, das zwar über Apple hinausgeht, aber für das Unternehmen von besonderer Bedeutung ist (Krieg mit China), bis hin zu einem ganz auf Apple bezogenes Risiko (Tim Cooks letztendlicher Rücktritt) reicht. Mein Kapital zwischen Apple und Nike aufzuteilen, verringert mein Risiko bezüglich Cooks Rückzug in den Ruhestand um die Hälfte, da Cook keinen Einfluss auf Nike hat. Das ist großartig, aber ich trage noch immer ein Risiko hinsichtlich China, weil auch Nike von der chinesischen Produktion und den chinesischen Verbrauchern abhängig ist. Und da beide Firmen Verbrauchsgüter verkaufen, bin ich natürlich auch der breiteren Verbrauchsökonomie ausgesetzt.

Recht betrachtet, lässt sich der Anfälligkeit gegenüber China weder auf dem Fertigungssektor noch im Bereich der Konsumgüter entgehen. Harley-Davidson, zum Beispiel, stellt seine Motorräder zwar in den Vereinigten Staaten her, ist aber bei vielen Teilen auf chinesische Zulieferer angewiesen. Der Luxusgüter-Hersteller LVMH fertigt den Großteil seiner Produkte zwar immer noch in Europa, erzielt aber ein Viertel seines Umsatzes in China.

Bessere Kandidaten zum Ausgleich des Risikoprofils einer Firma wie Apple wären Energieunternehmen – von denen die meisten weniger stark an die chinesische Wirtschaft gebunden sind *und* sich auch bei rückläufiger Konjunktur relativ gut schlagen – oder Unternehmen, die von Grund auf national/lokal operieren, wie etwa Baumärkte oder Verwalter von Wohnimmobilien (z. B. Home Depot, Equity Residential).

Falls das nach viel Arbeit klingt – das ist es auch. Das führte denn auch zur wachsenden Beliebtheit offener Investmentfonds und anderer Anlageprodukte, bei denen der Anleger einem Fondsmanager einen kleinen Prozentsatz seiner Investition (idealerweise einen *sehr* kleinen) dafür bezahlt, die notwendigen Recherchen und Berechnungen zur Erstellung eines breit gefächerten Portfolios durchzuführen. Der Gedanke hinter der Diversifikation ist als »Portfoliotheorie« bekannt und kam in den 1950er-Jahren auf, als Volkswirtschaftler in der Lage waren, genügend Daten zur Messung der Renditen komplexer Anlageportfolios zu aggregieren.

Der Gedanke hinter der Diversifikation ist, statt Aktien einzelner Firmen ein breit gefächertes Portfolio von Anlagen zu haben. Freilich neigen Aktien als Anlageklasse (mehr dazu weiter hinten) dazu, sich gemeinsam zu bewegen, und keine Strategie der Welt kann die mit Aktien im Allgemeinen verbundenen Risiken aus Ihrem Portfolio herausdiversifizieren.

Was die Geschichte der Diversifikation etwas verzwickter macht, ist, dass in den 1980er-Jahren, als das Geheimnis um die Kraft der Diversifikation sich offenbarte, institutionelle Investoren in alle Arten von Anlagen in allen nur erdenklichen Regionen zu investieren begannen. Ironischerweise erschwerte dies die Diversifikation, da damit Anlagen, die früher nichts miteinander zu tun hatten, aufgrund völlig neuer Kapitalbewegungen gekoppelt waren. Wenn also jetzt eine Eisenerzaktie in Australien abstürzt, wirkt dies auf die Anleihekurse in Deutschland, da der in Australien betroffene Anleger möglicherweise (zur

Deckung seiner Verluste) Kapital aufnehmen muss, indem er seine deutschen Anleihen verkauft. Es ist immer noch die richtige Strategie, nur ist sie schwieriger umzusetzen und womöglich nicht mehr ganz so effektiv wie früher.

Kurz gesagt, Diversifikation ist die Kunst und Wissenschaft der Streuung Ihres Risikos, damit Sie im Falle eines einzelnen Verlusts oder einer globalen Verwerfung nicht alles auf einmal verlieren.

Kevlar

Wie viele andere musste auch ich Lehrgeld bezahlen, um vom Wert der Diversifikation zu erfahren – meine Anlagen waren viel zu konzentriert. Ende der 1990er-Jahre surfte mein E-Commerce-Unternehmen Red Envelope auf der Welle des Dot.com-Booms Richtung Börsengang. Ich war vierunddreißig und sah mir Privatjets an; ich fühlte mich kugelsicher. Dann drehte sich der Markt und der Börsengang fiel flach. In der Folgezeit hatte das Unternehmen zu kämpfen, wir wechselten das Management aus, ich war (diplomatisch ausgedrückt) anderer Meinung als unsere Risikokapitalgeber, hielt aber daran fest. Das Unternehmen ging 2003 denn doch an die Börse, und ich, geblendet von meiner emotionalen Verbundenheit mit der Marke, verwarf nicht nur den Verkauf, sondern investierte noch mehr. Als das Unternehmen 2008 in Insolvenz ging, verlor ich 70 Prozent meines Nettovermögens. Und ich hatte es noch nicht einmal kommen sehen. Ein Streik der Hafenarbeiter, eine Panne in unserem Fulfillment-Center und ein Analyst bei Wells Fargo, der uns die Kreditlinie kündigte – es war der perfekte Sturm, und binnen zehn Wochen gingen bei uns die Lichter aus. Merken Sie sich: Perfekte Stürme sind selten – aber sie bleiben nicht aus.

Meine zweite Lektion in Sachen Diversifikation bekam ich 2011, als ich die schlechteste Entscheidung meiner Laufbahn als

Anleger traf. Ich erwarb eine (zumindest für einen Professor) große Beteiligung an Netflix zu 12 Dollar pro Aktie (was nicht die schlechte Entscheidung war). Ich glaubte an die Vision des Unternehmens, an sein Management und hatte das Gefühl, mich in der Medienlandschaft auszukennen und zu wissen, wie sehr Streaming den Markt aufmischen würde. Der Markt jedoch hatte seine Zweifel, und sechs Monate später verkaufte ich meinen Anteil zu 10 Dollar die Aktie, um den Verlust am Jahresende steuerlich geltend zu machen. Die nächsten zehn Jahre über wurde mir jedes Mal schlecht, wenn ich den grünen NFLX-Ticker auf dem Bildschirm meines Handys auftauchen sah – ihren Höhepunkt erreichten meine Qualen etwa beim Fünfzigfachen meiner Ursprungsinvestition. Aber so schmerzhaft die Kugel gegen die Brust auch sein mochte, dank meiner Kevlar-Weste überlebte ich sie. Mein Portfolio war nicht auf Netflix beschränkt. Ich hielt auch Apple, Amazon und Nike, die in dieser Zeit ebenfalls stark zulegten (wenn auch nicht so stark wie Netflix). Der Verkauf meiner Netflix-Anteile aus Steuergründen war ein harter Schlag, aber ein breit gefächertes Portfolio verhinderte, dass er tödlich war. Sie müssen in der Lage sein, die eine oder andere verirrte Kugel zu überleben, die Sie in der Welt der Geldanlage unweigerlich treffen wird. Dagegen ist niemand immun. Merken Sie sich: Nur wenige machen Screenshots von ihren Verlusten. Aber sie sind allgegenwärtig und jedermann steckt sie weg.

Random Walk

Vor einigen Jahren stellte Warren Buffett auf einer Berkshire-Hathaway-Jahresversammlung eine Wette über 1 Million Dollar in den Raum, dass ein passiver S&P 500-Indexfonds jeden aktiven Anleger über einen Zeitraum von zehn Jahren schlagen würde.[109] (Falls Sie nicht genau wissen, was der S&P 500 ist, sehen Sie darin vorerst den Durchschnittswert der Aktienkurse ganz allgemein – ich gehe darauf im Abschnitt »Messung der Wirtschaft« näher ein.) Eine Investmentfirma namens Protégé Partners nahm Buffetts Wette an. Protégé wählte fünf aktive Fonds und tauschte im Laufe des Jahrzehnts einige Fonds mit geringerer Performance zugunsten von Anlegern mit mutmaßlich größeren Erfolgschancen aus.

Im ersten Jahr schnitt jeder der fünf Dachfonds besser ab als der S&P 500 – und zwar deutlich. Im Jahr darauf jedoch, 2009, trat der S&P 500 einen Siegeszug an: Er gewann auch 2010, 2011 und in jedem weiteren Jahr. Bis 2017 hatte der S&P 500 eine Rendite von 126 Prozent erzielt. Die Rendite von Protégé Partners? 36 Prozent. Die Wette endete offiziell am 31. Dezember 2017, aber im Sommer davor lag Buffett so weit vorn, dass Protégé seine Niederlage bereits zu dem Zeitpunkt eingestanden hatte.[110]

Die Wall Street verschweigt Ihnen diese Buffett-Anekdote nur allzu gern. Denn wenn der Mann auf der Straße wüsste, dass nur wenige (wenn überhaupt) in der Lage sind, dem Markt auf Dauer ein Schnippchen zu schlagen, müssten sich viele Börsenmakler, Hedgefonds-Manager und Anlageberater nach was anderem umsehen. Und genau das ist das Geheimnis des Marktes: Langfristig ist er nicht zu schlagen – so gebildet, so gut kapitalisiert oder personell ausgestattet auch immer man ist. *Kurzfristig* ist er sicher zu schlagen. Genau das schafften 2021 viele Anleger, die sich auf Kryptowährungen und Meme-Aktien stürzten, die gleich um Größenordnungen stärker stiegen als der Aktienmarkt allgemein. Mein Elfjähriger kaufte Dogecoin und war ein Genie. Bis es aus damit war. Bis 2022 hatten drei von vier Krypto-Tradern Geld auf ihre ursprüngliche Investition verloren.[111] Und während spekulative Anlagen in den Keller gingen, machte der Aktienmarkt ganz unspektakulär, was er immer macht – er ging langsam hoch.

Sie brauchen mir (oder Buffett) nicht zu glauben – die Datenlage ist eindeutig. In den letzten zwanzig Jahren schnitten 94

Prozent aller Large-Cap-Fonds schlechter ab als der S&P 500.[112] Im gleichen Zeitraum erzielte der durchschnittliche Aktienfonds eine durchschnittliche Rendite von 8,7 Prozent, während der S&P Composite 1500 9,7 Prozent erzielte.[113] Einer Studie aus dem Jahr 2013 zufolge hatte über einen Zeitraum von fünfzehn Jahren nur die Hälfte der aktiv gemanagten US-Aktienfonds überhaupt überlebt.[114]

Das bahnbrechende Werk zu diesem Thema ist ein Buch des Volkswirtschaftlers und Princeton-Professors Burton Malkiel mit dem Titel *A Random Walk Down Wall Street*.[115] Malkiels These zufolge unterliegen die Preise von Anlagen (insbesondere die Aktienkurse) der »Random-Walk-Theorie« – was in etwa besagt, dass sie sich nicht langfristig vorhersagen lassen. Entsprechend ist die Aktienauswahl ein »Random Walk« – und der Mühe nicht wert. Malkiel schrieb sein Buch 1973 und es hat seither dreizehn Auflagen erlebt. Die jüngste Ausgabe kam 2023 heraus – sie geht auch auf Google, Tesla, SPACs und Bitcoin ein. Und doch kommt das Buch wieder zum selben Schluss: Langfristiges aktives Investieren wird den Markt nicht schlagen. (Die Ausführungen konzentrieren sich auf Aktien, gelten im Großen und Ganzen aber auch für andere Anlageklassen: Aktive, individuelle Investoren schlagen selten breit gefächerte passive Indizes, egal in welchem Markt.)

Dabei drängen sich zwei Fragen auf. Erstens: Wie steht es mit Buffett selbst? Wird der »Weise aus Omaha« nicht als brillanter Investor verehrt? Schlägt er nicht seit Jahren den Markt? Und zweitens: *Scott, warum raten Sie mir, aktiv zu investieren, wenn ich dabei garantiert verliere?*

Dazu ist zweierlei zu sagen: Erstens ist es keine gute Strategie, sein ganzes Geld in den S&P 500 zu investieren (was mit einem börsengehandelten Fonds durchaus machbar ist, wie ich weiter unten in diesem Kapitel erläutere), weil optimale langfristige Renditen nicht das Einzige sind, was Sie interessieren sollte. Der breitere Markt ist starken Schwankungen unterworfen. In den Jahren 2000 bis 2022 verlor der S&P 500 in sieben dieser Jahre an Wert, in drei von diesen Jahren um mehr als 20 Prozent. Denken Sie an das letzte Kapitel: Schwankungsanfällige Anlagen sind nichts für Geld, das Sie aller Voraussicht nach in den nächsten Jahren brauchen werden. Wenn Sie 100 000 Dollar für eine Anzahlung auf ein Haus gespart haben und diese in einen S&P-500-ETF investieren, laufen Sie durchaus Gefahr, dass Ihr Geld weniger wert sein wird, wenn Sie es brauchen, womöglich sogar viel weniger.

Auch wenn Sie Ihre langfristigen Renditen aus passiven diversifizierten Anlagen erzielen sollten, müssen Sie wissen, wie sich das Schwankungsrisiko für das Kapital in Ihrem intermediären Eimer verringern lässt. Und selbst wenn Sie Ihr gesamtes Geld in den S&P 500 investieren wollten, werden Sie das wahrscheinlich nicht tun. Der Erwerb einer Immobilie, etwa der Kauf eines Eigenheims, ist eine erhebliche Investition. Möglicherweise haben Sie die Möglichkeit, in Privatfirmen zu investieren, etwa in Ihren Arbeitgeber oder sogar eine eigene. Auch wenn breite Marktindizes das beste Risiko-Rendite-Verhältnis bieten, sollten Sie sich mit zunehmender wirtschaftlicher Sicherheit nach Möglichkeiten umsehen, im Tausch für ein höheres Gewinnpotenzial ein höheres Risiko einzugehen. Und zu guter Letzt bedeutet, den Umgang mit Geld zu lernen, Geld zu verstehen, und dazu gehört mehr, als nur über Finanzmärkte zu lesen.

Zweitens: Wenn Sie aktivere Investitionen tätigen, müssen Sie nicht unbedingt gleich verlieren. Die strenge Form der »Random-Walk«-Hypothese – dass nie und nimmer jemand einen Aktienkurs vorhersagen kann – ist umstritten, und ich für mein Teil denke, sie geht zu weit. Marktpreise sind das Produkt des Marktes als Wahlmaschine, ein Produkt des menschlichen Ermessens, das oft irrational ist und schlecht informiert. Scharfsichtige und besonnene Beobachter können zuweilen erkennen, wo die Kurse vom Wert abgewichen sind, und von der Differenz profitieren, vor allem, wenn sie geduldig sind und Anlagen über lange Zeit halten. »Erfolg«, so besagt eine Anlegerweisheit, »kommt nicht vom Timing des Marktes, sondern von der Zeit im Markt«.

Genau diese Anlagestrategie hat Buffett seine ganze Laufbahn über verfolgt. Was er mit seiner Million-Dollar-Wette sagen wollte, bezog sich eher auf hochaktive Anlagestrategien, bei denen der Anleger auf kurzfristige Kursbewegungen setzt und nicht nur häufig Aktien wechselt, sondern auch in andere Anlagen ein- und aussteigt. (Und außerdem: Auch wenn Buffett über seine eigene Gesellschaft Berkshire-Hathaway Aktien von börsennotierten Unternehmen kauft, ist Berkshire in erster Linie ein operatives Unternehmen, das selbst zahlreiche Firmen besitzt und deren Management beaufsichtigt. Wenn man von dem Charme Nebraskas und den volkstümlichen Sprüchen mal absieht, ist Berkshire-Hathaway in erster Linie ein Versicherungsunternehmen. Ein ausgesprochen profitables Versicherungsunternehmen, das diversifiziert, indem es seine Gewinne in andere Unternehmen investiert.)

So viel zu den fundamentalen Prinzipien des Investierens: Risiko und Rendite, Diversifikation und die Sinnlosigkeit (fast) aller Versuche, »den Markt zu schlagen«.

Das Handbuch des Kapitalisten

Um Ihre Anlageoptionen richtig zu verstehen und irgendwann eine Strategie zu entwickeln, müssen Sie, wenigstens in groben Zügen, das Kapital und das von ihm befeuerte Wirtschaftssystem (auch bekannt als Kapitalismus) verstehen. Auf den nächsten Seiten folgt ein kurzer, aber umfassender Überblick über das kapitalistische System. Hinter jedem der hier dargestellten Konzepte steht ein eigenes wissenschaftliches Fachgebiet. Mein Fachwissen in den jeweiligen Bereichen ist sehr unterschiedlich, und das geht nicht nur mir allein so – keiner von uns ist Experte in allen Bereichen unserer Wirtschaft. Aber Sie müssen in *keinem* dieser Bereiche ein Experte sein, um ein erfolgreicher Anleger zu werden. Komplexität und Tiefe dieser Konzepte sollten kein Hindernis zum Verständnis ihrer allgemeinen Konturen und, was noch wichtiger ist, der Art und Weise sein, *wie sie im kapitalistischen System zusammengehören*. Es ist der Blick aus 30 000 Fuß Höhe, aus dem die gegenseitigen Abhängigkeiten des Systems ersichtlich werden. Erfahreneren Lesern mag manches davon pedantisch oder reduktionistisch erscheinen, aber allzu viele Ratschläge für die Geldanlage komplizieren und verdunkeln nur, was da wirklich passiert, wo es doch in Wirklichkeit um rechte elementare Konzepte geht.

Zeit gegen Geld

Alle Lebewesen haben Bedürfnisse. Pflanzen brauchen Wasser und Sonne, Raupen brauchen Blätter, und Menschen brauchen alles Mögliche. Eine der Kompetenzen unserer Wirtschaft besteht darin, sich ständig neuen Kram einfallen zu lassen, den wir brauchen. Unser zügelloses Konsumverhalten beruht jedoch auf echten Bedürfnissen, denen sich nicht ausweichen lässt: Nahrung, Unterkunft, Gesellschaft. In der Natur sorgen die Eltern für ihren Nachwuchs, und einige Spezies haben kooperative Routinen entwickelt, aber im Großen und Ganzen verlassen sich die Spezies auf ihre eigenen Anstrengungen, um sich zu sichern, was sie brauchen.

Wir Menschen sind anders gestrickt. Mit der Fähigkeit gesegnet, die Zukunft durch unsere Vorstellungskraft vorwegzunehmen und durch eine komplexe Sprache zu kommunizieren, haben wir Mittel und Wege entwickelt, miteinander nicht nur zu tauschen, was wir brauchen, sondern auch das, was unseren Fähigkeiten dann doch Grenzen setzt: die Zeit. Und genau so möchte ich, dass Sie Geld sehen: als Mittel zum Austausch gegen Zeit.

Stellen Sie sich einen Fabrikarbeiter vor, der eine Acht-Stunden-Schicht, also vierzig Stunden die Woche arbeitet. Am Ende der Woche zahlt der Fabrikbesitzer dem Arbeiter einen Lohn: ein unkomplizierter Tausch von Zeit gegen Geld. (Volkswirtschaftler werden hier einwenden, der Besitzer bezahle für die Arbeitskraft des Arbeiters, was durchaus stimmt, aber die Zeit ist das wesentliche Gut, das der Arbeiter aufgibt, auch wenn es seine Arbeitskraft ist, was sie für den Besitzer wertvoll macht.)

Der Fabrikarbeiter nimmt das Geld, fährt auf dem Heimweg an einer Bar vorbei und tauscht dort 10 Dollar gegen zwei Bier. So wenigstens sieht es auf den ersten Blick aus. Auf einer tieferen Ebene jedoch tauscht er die Zeit, die er in der Fabrik verbracht hat, gegen die Zeit der Arbeiter in einer Brauerei. Er kauft die Zeit des Barkeepers und des Bauern, der Gerste anbaut. Ein weiterer Teil dieser 10 Dollar geht an den Hausmeister, der die Bar des Nachts sauber hält, sowie an die Stadt, die Polizei und Feuerwehr finanziert, die für die Sicherheit der Bar sorgen. Der Rest, falls noch was übrig bleibt, ist die Belohnung für den Besitzer der Bar, der seine Zeit in deren Eröffnung investiert hat und noch in den laufenden Betrieb investiert.

Geld – als Mittel zur Übertragung von Zeit – erschließt den »komparativen Vorteil«, die Fähigkeit zur Spezialisierung. Adam Smith hat die Macht der Spezialisierung anhand seines allseits bekannten Beispiels einer Stecknadelfabrik illustriert. Diesem zufolge könnten zehn Männer, von denen jeder für sich Stecknadeln fertigt, einige Hundert Stecknadeln pro Tag produzieren.

Zehn Männer in einer von ihm besuchten Fabrik, von denen jeder einen kleinen Teil des Herstellungsprozesses erledigte, produzierten mehr als 48 000 Stecknadeln am Tag.[116] Nicht anders verhält sich das im Falle der Bar. Eine Person allein könnte niemals eine Bar, ein Restaurant oder eines der anderen Wahrzeichen unseres modernen Lebens bauen, vorhalten oder betreiben. Spezialisierung ist eine fundamentale Dynamik unserer Wirtschaft – Menschen verbringen ihre Zeit damit, auf einem begrenzten Gebiet gut zu sein, etwa Bücher zu schreiben oder Vergaser zu reparieren, Zeit, für die sie Geld bekommen, das gegen die Produkte der Zeit anderer eingetauscht wird.

Volkswirtschaftler streiten sich seit Jahrhunderten über die »wahre« Natur dieses Austauschs sowie die Beziehung zwischen der Arbeit, die in eine Ware fließt, und dem Preis dieser Ware. Für unsere Zwecke können wir diese Debatte jedoch ignorieren. Für uns ist Geld die Art und Weise, in der wir Zeit austauschen, und der Wert des Geldes besteht darin, dass ein anderer seine Zeit oder die damit produzierten Güter gegen unser Geld tauscht. Alles andere ist unerheblich.

Der Marktplatz von Angebot und Nachfrage

Nicht alle Zeit ist von gleichem Wert (ebenso wenig wie alle Dinge). Im Sommer nach meinem Highschool-Abschluss verdiente ich 18 Dollar die Stunde damit, Regale aufzustellen. Cristiano Ronaldo bekommt laut seinem Vertrag mit dem Fußballverein Al-Nassr etwa 2,5 Millionen Dollar für jede Stunde, die er auf dem Spielfeld verbringt.[117] Relativ gesehen, war ich überbezahlt, da ich im Regalbauen lausig bin.

Wo immer ein Austausch stattfindet, gibt es einen Preis. Wie viele Dollar gibt man für das kalte Bier aus, und wie viel Zeit verbringt man in der Fabrik, um diesen Dollarbetrag zu verdienen? Die Suche nach dem richtigen Preis für diese Tauschgeschäfte bildet das Getriebe einer funktionierenden Wirtschaft. Außerdem ist sie eine Aufgabe von schwindelerregender Komplexität. Der Preis, den die Fabrik ihren Arbeitern für deren Zeit bezahlt, muss niedrig genug sein, damit die Fabrik Waren zu einem für ihre Kunden attraktiven Preis produzieren kann. Dieser wiederum hängt davon ab, was diese Kunden für ihre Zeit bekommen, worin auch immer ihre Arbeit bestehen mag. Gleichzeitig müssen die Fabrikarbeiter für ihre Zeit entlohnt werden, um die Dinge kaufen zu können, die sie brauchen, und ein paar, die sie einfach nur haben wollen.

Bei der Suche nach dem richtigen Preis verlassen wir uns (im Großen und Ganzen) auf den Markt von Angebot und Nachfrage, was denn auch das entscheidende Merkmal unserer sogenannten »freien Marktwirtschaft« ist. In einer »Planwirtschaft« dagegen werden die Preise von einer zentralen Behörde (in der Regel einer Regierungsstelle) festgelegt. Träumer fühlen sich zu Planwirtschaften hingezogen, von denen jedoch in der Praxis bis dato keine erfolgreich war. Vielleicht kommt das eines Tages noch, aber dies ist ein Buch über die Welt, wie sie heute ist, und die Weltwirtschaft des 21. Jahrhunderts baut (im Großen und Ganzen) auf den Markt.

Jede Transaktion erfordert Angebot *und* Nachfrage. Es besteht eine große Nachfrage nach Pillen zur sofortigen Heilung von Krebs, aber es gibt kein einschlägiges Angebot und daher auch keinen Preis. Würde man eine Pille zur Heilung sämtlicher Krebsarten erfinden, könnte aber täglich nur eine einzige herstellen, wäre der Preis astronomisch – wahrscheinlich Hunderte von Millionen Dollar. Diese hohen Preise würden Konkurrenz auf den Markt locken, und mit dem zunehmenden Angebot an Krebspillen würde der Preis sinken (es sei denn, Pharmalobbyisten, von denen es nur so wimmelt, sorgen für eine künstliche Begrenzung des Angebots). Gäbe es zig Millionen Pillen, bräche der Preis völlig ein. Preise neigen dazu, sich in einer Höhe zu stabilisieren, in der ein Gleichgewicht zwischen Angebot und Nachfrage hergestellt wird: hoch genug, um die Herstellung zu fördern, niedrig genug, um die Nachfrage zu stimulieren. Hoch genug, um einen Gewinn zu erzielen, aber niedrig genug, um nicht allzu viel Konkurrenz anzuziehen.

Diese Stabilisierung erfolgt über Märkte, die als »Preisfindungsmechanismus« fungieren. Dieser Begriff ist ein Synonym für den Weg der Marktteilnehmer zum Gleichgewichtspreis: Die einen bluffen, die anderen wollen sehen. Anders gesagt, werden Marktpreise weniger vom Markt »gesetzt« als »entdeckt«.

Das Ausmaß, in dem die Preise Angebot und Nachfrage vollständig widerspiegeln, bezeichnen wir als die »Effizienz« eines Marktes. Was wiederum weitgehend eine Frage der Information ist: Haben alle Marktteilnehmer Zugang zu vollständigen Informationen übereinander, ist der Gleichgewichtspreis schnell gefunden. Märkte sind tendenziell effizienter, wenn die Transaktionskosten niedrig sind und es viele Transaktionen gibt (da in diesem Falle viele Informationen über Angebot und Nachfrage entstehen) und wenn der Gegenstand des Handels eine diskrete (zählbare) fungible (austauschbare) Ware wie Gold ist (was es einfach macht, Daten aus vergangenen Transaktionen auf künftige anzuwenden). Märkte für differenzierte, qualitativ unterschiedliche Dinge wie Kunst und Arbeit sind weniger effizient.

Ineffiziente Märkte ziehen »Arbitrage« an, was bedeutet, dass ein Händler Waren von Verkäufern kauft, die die tatsächliche Nachfrage nicht kennen, und sie an Käufer verkauft, die das tatsächliche Angebot nicht kennen (oder die aufgrund von Entfernungen oder kulturellen Barrieren keinen direkten Austausch vornehmen können).

In den 1980ern und 1990ern waren Levi's-Jeans, insbesondere das klassische Modell 501, in Europa und Asien weit teurer als in den USA. Levi Strauss & Co. hatte die 501 in diesen Regionen erfolgreich als Modeartikel vermarktet und das Angebot künstlich niedrig gehalten. Die Dynamik von hoher Nachfrage und geringem Angebot bedeutete, dass Einzelhändler im Ausland 100 Dollar oder mehr für eine Jeans verlangen konnten, die ihren Kollegen in den USA nur 30 Dollar brachten. Der Markt für Levi's war insofern ineffizient, als es in den USA ein reichliches Angebot gab, das aber nicht nach Europa und Asien gelangte. Und dann ... kam es doch. Es entwickelte sich eine blühende Arbitrage, die teils von Händlern geschürt wurde, die ganze Containerladungen von für den US-Markt bestimmten Jeans auf ausländische Märkte umleiteten, teils durch »Kofferhandel«, wie das Unternehmen es nannte: Ausländische Touristen deckten sich in Amerika mit Levi's ein und brachten sie nach Hause, um sie zu tragen oder weiterzuverkaufen. Levi Strauss & Co. war einer meiner ersten Kunden in meiner Zeit als Berater, und eines unserer ersten Projekte bestand darin, dem Unternehmen dabei zu helfen, das Volumen dieser Arbitrage zu verstehen. Wir schickten unsere Leute an die Ost- und Westküste, um sie auf Flughäfen Touristen befragen zu lassen, die auf dem Weg nach Europa und Asien waren (die Sicherheitskontrollen an Flughäfen waren vor dem 11. September 2001 nicht so streng). Wir fragten sie, ob sie während ihres Aufenthalts in den USA Levi's gekauft hatten, wie viele Paare und was sie mit ihnen vorhatten. Wie sich herausstellte, hatte tatsächlich ein erheblicher Prozentsatz von ihnen Levi's Jeans im Gepäck, und viele hatten vor, sie nach ihrer Rückkehr weiterzuverkaufen.

Arbitragegeschäfte machen die Märkte effizienter, insofern jeder Handel ein Plus an Informationen in den Markt einbringt und damit zur Deckung von Angebot und Nachfrage beiträgt. Genau dazu kam es auf dem Markt für die Levi's 501. Die Arbitrage-Touristen trieben durch eine erhöhte Nachfrage den Preis in den USA in die Höhe, während ihre inoffiziellen Verkäufe auf ihrem Heimatmarkt durch eine Erhöhung des Angebots die Preise drückten. Der elektronische Handel machte den absichtlich ineffizienten Markt schließlich unhaltbar. Heute wird das Basismodell 501 weltweit für etwa 90 Dollar verkauft – oder etwa 40 Dollar von 1990.

Kapital und der Marktplatz des Geldes

Wir haben uns bisher mit der fundamentalen Dynamik einer Wirtschaft befasst: Menschen tauschen Zeit gegen Geld und Geld gegen Waren, die das Produkt anderer Tauschgeschäfte von Geld und Zeit sind. Dieser Austausch findet auf allen möglichen Märkten statt, von tatsächlichen wie etwa Supermärkten bis hin zu solchen wie dem »Arbeitsmarkt«, der zwar nur in Statistiken existiert, aber dennoch ein sehr realer, wichtiger Markt ist, an dem die meisten von uns irgendwann in ihrem Leben teilnehmen. Es gibt jedoch eine bestimmte Gruppe von Märkten, auf die wir ausführlicher eingehen müssen, da auf ihnen das Gros der Investitionen getätigt wird. Ich spreche von den Finanzmärkten, auch bekannt als die Geldmärkte.

Finanzmärkte ermöglichen es dem Geld, mehr zu sein als nur ein Tauschmittel. Sie sind die Telefonzelle, in der das Geld in sein Superman-Outfit schlüpft und zu Kapital wird. Vorhin habe ich gesagt, Kapital sei Geld bei der Arbeit. Aber was bedeutet das wirklich? Eine Organisation, sei es ein kleines Unternehmen, ein großer Konzern, ein Staat oder eine Wohlfahrtseinrichtung, verfügt zu jedem beliebigen Zeitpunkt über alle möglichen Vermögenswerte, die sie zur Erfüllung ihrer Aufgaben braucht. Eine Bar braucht Alkohol, Gläser, Zapfhähne, Möbel und Bargeld, um diese Dinge zu kaufen, um Mitarbeiter und die Miete zu bezahlen. All das kostet Geld, aber von einem fähigen Barbesitzer zusammengestellt und verwaltet, sind sie mehr wert als der Betrag, der zu ihrem Erwerb nötig war. Um wie viel mehr sie wert sind, lässt sich messen durch die Gewinne, die das Lokal mit diesen Investitionen erzielen wird. Kapital ist Geld mit der Aufgabe, weiteres Geld zu verdienen.

So wie andere Märkte die dort gehandelten Waren bepreisen, so bepreisen die Finanzmärkte das Kapital. Will unser Barbesitzer mit einem zweiten Standort expandieren, braucht er weiteres Kapital. Das bekommt er am einfachsten, indem er sich bei einer Bank Geld leiht – eine der fundamentalen Transaktionen auf dem Finanzmarkt. Der Barbesitzer erhält eine erhebliche Summe im Austausch für das Versprechen, in der Zukunft mehr Geld zurückzuzahlen. Die Differenz zwischen diesen Geldbeträgen bezeichnen wir als »Zinsen«, aber in Wirklichkeit ist es der Preis für das Geld (oder, in einem tieferen Sinne, der Preis der Zeit). Zinsen werden in der Regel in Prozent angegeben, woraus sich wiederum der »Zinssatz« ergibt. Wenn die Bank dem Barbesitzer für einen 100 000-Dollar-Kredit 8 Prozent Zinsen berechnet, muss der Barbesitzer jährlich 8000 Dollar für die Miete dieser 100 000 Dollar zahlen. Das lohnt sich für den Barbesitzer, vorausgesetzt, er kann an seinem zweiten Standort über die 8000 Dollar Zinsen hinaus noch einen Gewinn erzielen.

Simple Bankkredite wie dieser sind nur ein Beispiel für die unzähligen Geld-gegen-Geld-Geschäfte, zu denen es auf den Finanzmärkten kommt. Das Grundprinzip ist jedoch bei allen dasselbe: Man bekommt Geld im Austausch für das Versprechen einer künftigen Rückzahlung eines größeren Betrags. Handelt es sich bei der Transaktion um die Vergabe eines Kredits, bezeichnet man die Differenz zwischen den beiden Beträgen als »Zinsen«, der allgemeinere Begriff ist jedoch »Ertrag«. Eine »Investition« ist eine Geldübertragung, die demjenigen, der das Geld aufbringt (dem »Anleger« / »Investor«), einen Gewinn »einbringt«. Und die andere Seite der Transaktion wird diesen

Gewinn zahlen, weil sie davon überzeugt ist, dass Geld als Kapital einsetzen zu können, um mehr zu verdienen als den Ertrag, den sie dem Investor schuldet (in unserem Fall der Barbesitzer, der mehr verdient als die 8000 Dollar Zinsen, die ihn sein Kredit jährlich kostet). Wenn es funktioniert, und in einer gesunden Wirtschaft tut es das meistens, schaffen solche Transaktionen Wert für beide Seiten, und die Wirtschaft wächst. Und das ist ein entscheidender Punkt: Investieren ist kein Nullsummenspiel – es vergrößert den Kuchen.

An dieser Stelle erkennen Sie wahrscheinlich schon, worauf das hinausläuft: Investieren ist eine gute Sache. Sie geben jemandem Geld und ein Weilchen später gibt er Ihnen mehr Geld zurück. Wenn Sie das immer und immer wieder tun, wächst Ihr Geld exponentiell. Und das konstant und beständig. Um es mit den Worten von Oliver Stones Wall-Street-Ikone Gordon Gekko zu sagen: »Geld schläft nie.«

Gelegentlich wacht es freilich erst gar nicht auf (das heißt, Sie bekommen Ihr Geld nicht zurück). An dieser Stelle kommt die »Kreditqualität« oder »Bonität« ins Spiel. Der Kreditgeber muss die Wahrscheinlichkeit einschätzen, mit welcher der Kreditnehmer den Kredit zurückzahlen oder Sicherheiten stellen kann, die sich pfänden lassen, falls er nicht in der Lage sein sollte, das Kapital und die Zinsen zurückzuzahlen. Geld zu leihen, ist einfach, das Schwierige dabei ist, die Bonität zu beurteilen.

Um klug zu investieren, braucht es jedoch mehr als ein Verständnis der fundamentalen Funktionsweise des Kapitals. Investitionen finden im Rahmen der Finanzmärkte statt. Es gibt drei große Kategorien von Organisationen, die auf den Finanzmärkten agieren: Unternehmen, Banken und andere Finanzinstitute sowie der Staat.

Die Organisation der Arbeit: das Unternehmen

Wenn wir an Investitionen denken, denken wir in der Regel zuerst an den Kauf von Unternehmensanteilen. Was ganz natürlich ist, schließlich sind Unternehmen in unserer Wirtschaft die wesentlichen Nutzer von Kapital. Darüber hinaus beschäftigen sie eine große Zahl von Menschen, stellen die meisten unserer Waren her und erbringen den größten Teil unserer Dienstleistungen.

Den größten Teil der Menschheitsgeschichte über war das private Unternehmertum klein: Bauernhöfe, Schmieden und Schustereien. Alles Ehrgeizigere – Feldzüge, Straßennetze etc. – fiel typischerweise in den Verantwortungsbereich des Staats, manchmal auch der Kirche. Mit dem Aufkommen der industriellen Produktion im 19. Jahrhundert musste die Privatwirtschaft expandieren. Die neuen Fabriken benötigten Dutzende oder Hunderte von Arbeitern – mehr, als eine Familie oder eine andere enge Gemeinschaft bereitstellen konnte. Entsprechend brauchten ehrgeizige Unternehmer eine Möglichkeit, ihre Ressourcen zusammenzulegen. Dies wirft jedoch gerade bei großen Gruppen von Personen, die nicht miteinander verwandt sind, eine Reihe von Fragen auf. Wenn ein Unternehmen erfolgreich ist, wie werden dann die Gewinne verteilt? Wer trägt im Falle eines Misserfolgs die Verantwortung für die Bereitstellung von weiterem Kapital? Und vor allem: Wer hat das Sagen? Zur Lösung dieser Probleme entwickelte man im Lauf der Zeit die Kapitalgesellschaft.

Eine Kapitalgesellschaft ist ein rechtliches Konstrukt. Sie hat keine physische Existenz – sie ist weder ein Gebäude noch eine Personengruppe. Aber sie hat den Status einer juristischen Person. Sie ist rechtsfähig, kann also Eigentum besitzen, Verträge abschließen, Geld leihen oder verleihen, vor Gericht klagen und verklagt werden, und sie muss Steuern zahlen. Das ist nicht ganz dasselbe wie eine Person – Unternehmen können zum Beispiel nicht wählen, heiraten oder das Sorgerecht für ein Kind übernehmen. Aber für so gut wie alles, was ein Unternehmen braucht, kann die Kapitalgesellschaft den Platz des einzelnen Geschäftsinhabers einnehmen.

Eine Kapitalgesellschaft hat interne Regeln, die in einer sogenannten Satzung festgelegt sind und in der steht, wer die Entscheidungen trifft. Diese Regeln können gerichtlich geltend gemacht werden, auch wenn es kaum je dazu kommt. Sie ermächtigen die Unternehmensleitung, Entscheidungen an Manager zu delegieren, Mitarbeiter einzustellen und zu entlassen und das Kapital des Unternehmens zu verteilen. Außerdem sorgen sie für verschiedene Ebenen der Aufsicht und Rechenschaftspflicht. Dadurch werden Unternehmen *im Gegensatz* zu natürlichen Personen rationaler, berechenbarer und transparenter in ihrer Entscheidungsfindung. Zumindest der Theorie nach. So wie Banken kurzfristige Einlagen in langfristige Darlehen umwandeln, nehmen Kapitalgesellschaften menschliche Emotionen und wandeln sie – mittels der vereinten Klugheit vieler – in wohlüberlegte Entscheidungen und Handlungen um. Was durchaus Hand und Fuß hat. Unternehmen machen jeden Tag Dummheiten. Individuen hingegen machen jede Minute verrücktes Zeug.

Die gemessenen Merkmale einer Kapitalgesellschaft, ihr rechtlicher Status und ihre Organisationsstruktur sind für ihre Aufgabe von wesentlicher Bedeutung und geben ihr die Möglichkeit zum Einsatz großer Mengen von Kapital. Die Bereitstellung von Kapital für Gesellschaften ist einer der Hauptzwecke – vielleicht sogar *der* Hauptzweck – der Finanzmärkte. Ich werde auf die einschlägigen Mechanismen weiter hinten im Kapitel eingehen, wenn es um Aktien und Anleihen geht.

Die Organisation von Kapital: Bankwesen

Alle Akteure, die Geschäfte betreiben (sowohl Gesellschaften als auch Privatpersonen), nehmen nicht direkt an den Finanzmärkten teil – wir nutzen vielmehr die Dienste von Banken und anderen Finanzinstituten. Diese unterteilen sich hauptsächlich in vier große Gruppen: Retail-Banken (für das Privatkundengeschäft), Investmentbanken, Brokerhäuser und Investmentgesellschaften. Die Grenzen zwischen diesen Grundtypen sind jedoch fließend und die größten Banken wie JPMorgan Chase und Bank of America sind in allen vier Kategorien tätig.

Das Basisgeschäft ist eine traditionelle Bank, die in der Branche oft auch als Retail-Bank bezeichnet wird. Stark vereinfacht ausgedrückt, leiht sich eine Retail-Bank Kapital von einer Gruppe von Kunden und verleiht es an eine andere Gruppe von Kunden. Ihren Gewinn macht die Bank mit der Spanne zwischen den Zinsen, die sie der ersten Gruppe anbietet, und den Zinsen, die sie der zweiten Gruppe berechnet (zuzüglich aller anfallenden Gebühren).

Unsereins hat seinen ersten Kontakt mit einer Retail-Bank in der Regel als Angehöriger der ersten Kundengruppe – wir leihen der Bank Kapital in Form von Einlagen, zum Teil der Zinsen wegen, aber vor allem, um unser Geld sicher zu wissen. Es gibt einen Grund dafür, dass das klassische Bild einer Bank ein imposantes Marmorgebäude mit einem großen Tresorraum im Keller ist – ihr grundlegendes Wertversprechen an ihre Einleger besteht darin, ihr Geld sicherer aufbewahren zu können als diese in einem Schuhkarton. Da sie das Geld ohnehin aufbewahren und um diese Dienstleistung attraktiver zu machen, kümmern sich die Banken auch um die Abwicklung finanzieller Transaktionen: Sie stellen Schecks aus und bearbeiten sie, führen elektronische Zahlungen durch und nehmen elektronische Einzahlungen an. Diese Dienstleistungen werden ständig umkonfiguriert, und neue Marktteilnehmer sorgen für Konkurrenz – so haben sich PayPal und Konsorten zum Beispiel einen Teil des Transaktionsgeschäfts geschnappt. Anhänger von Kryptowährungen behaupten, die Technologie werde es uns ermöglichen, unsere eigenen Banken zu sein. Die sichere und bequeme Aufbewahrung von Geld ist ein wesentliches Element eines jeden Wirtschaftssystems und fällt weitgehend ins Ressort von Retail-Banken.

Die meisten von uns gehören auch zur zweiten Gruppe von Kunden, nämlich zu denen, die sich bei Banken Geld leihen. Mit den Zinsen für diese Kredite erzielen die Banken in erster Linie ihre Gewinne und durch die Kredite selbst wird der Wirtschaft neues Geld zugeführt. Kredite können viele Formen annehmen, von einem einfachen ungesicherten, bei dem das Geld nur mit dem Versprechen einer künftigen Rückzahlung verliehen wird, bis hin zu komplexen Verträgen mit diversen Verpflichtungen und Versprechen im Lauf der Zeit. Eine Hypothek ist ein Bankdarlehen, das als »gesichertes« Darlehen bezeichnet wird, da die Bank sich an Ihrem Haus schadlos halten kann, wenn Sie Ihre Raten nicht zahlen. Kreditkartenkonten sind ebenfalls eine Art Bankdarlehen, ein sogenannter »revolvierender Kredit«, den Sie nach Ihrem eigenen Zeitplan zurückzahlen.

Neben den Retail-Banken gibt es auch eine ganz andere Art von Bank, die sogenannte Investmentbank. Investmentbanken wie Goldman Sachs und Morgan Stanley kombinieren Finanzconsulting mit Kapitalmanagement. Sie beraten ihre Kunden bei großen, komplexen Finanztransaktionen und unterstützen diese Transaktionen durch den Einsatz ihres eigenen Kapitals (meist auf Interimsbasis, bis andere Investoren gefunden sind). Außerdem handeln sie mit eigenem und Kundenkapital auf den Finanzmärkten.

Brokerhäuser kümmern sich um die eher alltäglichen Finanztransaktionen ihrer Kunden. Der Wertpapierhandel, also der Kauf und Verkauf von Aktien, steht dabei im Vordergrund, obwohl das Brokergeschäft durchaus auch andere Kapitalanlagen umfasst. Oft werden Maklerdienste auch von Retail- und Investment-Banken angeboten, und dann gibt es noch große eigenständige Maklerfirmen, darunter traditionelle Unternehmen wie Charles Schwab und Online-Start-ups wie Robinhood und Public (bei Public habe ich selbst angelegt).

Investmentgesellschaften schließlich legen die Anlagen ihrer Kunden zusammen und investieren sie wieder, wobei sie einen Teil der Gewinne aus Investitionen einbehalten, bei denen der Manager ein Ungleichgewicht zwischen Risiko und Rendite feststellen konnte. Sosehr sich Investmentgesellschaften im Einzelnen unterscheiden mögen, über sie wird ein Großteil des Finanzkapitals überall auf der Welt angelegt. Möglicherweise haben Sie bereits Anlagen bei einigen von ihnen – wenn Sie beispielsweise einen 401k-Rentenplan haben, wird Ihr Geld von Investmentgesellschaften wie Fidelity angelegt.

Einige Investmentgesellschaften haben sich auf eine bestimmte Art von Investition spezialisiert – Risikokapitalgeber zum Beispiel auf Start-ups. Andere spezialisieren sich auf einen bestimmten Anlegertyp: Vanguard und Fidelity zum Beispiel bedienen kleinere Einzelanleger, deren gebündeltes Kapital sie auf verschiedene Weise investieren. Hedgefonds dagegen bedienen vermögende Privatpersonen und Institutionen; sie gehen gezielt kühne Wetten mit unterschiedlichen Risiko- und Ertragsprofilen ein. Einige Investmentgesellschaften haben sich auf eine bestimmte Anlagetechnik oder -philosophie spezialisiert: Berkshire Hathaway wendet die Grundsätze seines Gründers Warren Buffett an und tätigt große, langfristige Investitionen in Unternehmen, die man für stabil und krisenfest hält. Hochfrequenzhändler arbeiten mit Hochleistungscomputern und komplexen Algorithmen, um mit minimalen Preisänderungen in nicht weniger minimalen Zeitspannen Geld zu verdienen.

Eine der wichtigsten Neuerungen der letzten Jahrzehnte ist die zunehmende Bedeutung von »privatem« Kapital – Finanzierungsquellen jenseits des Verkaufs von Aktien an die Öffentlichkeit. Bestimmte Arten von Investmentgesellschaften haben sich sowohl um einiges vergrößert als auch vermehrt. Risikokapital zum Beispiel war vor einer Generation noch ein Nischengeschäft, hat sich aber explosionsartig zu einem Markt entwickelt, der jährlich Hunderte von Milliarden Dollar investiert. Der Zugang zu den Möglichkeiten der Vermögensbildung in diesen Bereichen ist für Einzelanleger ohne die nötigen Millionen schwieriger, aber die Märkte sind innovativ. Darauf werde ich im Rahmen des Abschnitts über Anlageklassen noch etwas näher eingehen.

Die Rolle des Staats

Es gibt einen weiteren entscheidenden Akteur auf den Finanzmärkten und das ist der Staat. Ihm fallen zwei äußerst wichtige Rollen zu.

Erstens sorgt er für viele der fundamentalen Regeln, nach denen die Märkte arbeiten, und setzt diese durch regulierende Maßnahmen, Klagen und in seltenen Fällen auch durch dingliche Beschlagnahme und Haftstrafen durch. Außerdem nimmt er durch seine Steuerpolitik Einfluss auf den Verlauf von Investitionsentscheidungen. Viele Finanzdienstleister sähen ihre Branche zu gerne in einer anderen Sphäre als die des Staats – einer Sphäre, die ihnen effizienter und bewundernswerter erscheint. Diese Sphäre ist jedoch ein Mythos.

Das zuverlässige Funktionieren der Finanzmärkte hängt zu 100 Prozent von der Autorität des Staats ab, der die Spielregeln festlegt und durchsetzt. Ohne staatliche Autorität verkommen die Märkte zu einem Sumpf aus Betrug, gebrochenen Versprechen und offenem Diebstahl (siehe Krypto, etwa 2022). Kein

Staat wird dieser Funktion hundertprozentig gerecht (und so mancher überhaupt nicht), dennoch ist jeder Markt auf staatliche Regulierung angewiesen, um ein notwendiges Maß an Vertrauen zu schaffen, das Marktteilnehmern Mut machen kann.

Ein eher umstrittener Aspekt der staatlichen Regulierungsfunktion ist die Unterstützung angeschlagener Marktteilnehmer. Das Gros der Fachleute hält ein gewisses Maß an Unterstützung für unabdingbar. So sind in den USA beispielsweise die Einlagen von Spar- und Girokonten (bis zu 250 000 Dollar, während ich dies schreibe, aber das kann sich erhöhen) durch die Bundeseinlagenversicherung (FDIC) versichert, die dann auch ins Trudeln geratene Banken beschlagnahmen kann, um das Risiko eines destabilisierenden Ansturms auf die Bank zu reduzieren. Was im Allgemeinen als positiv gilt. In den Jahren 2008 und 2020 jedoch waren die staatlichen »Bail-outs« – oder Rettungsmaßnahmen – für Banken, Fluggesellschaften, Autohersteller und immer mehr Banken umstrittener. Ob es einem nun gefällt oder nicht, kein gewählter Amtsträger möchte eine wirtschaftliche Katastrophe mit ansehen, sodass man immer wieder einen Grund zum Eingreifen sieht. Und die Leute, die in den Genuss solcher Bail-outs kommen, sind in Washington zunehmend überrepräsentiert.

Die zweite Rolle des Staats ist die eines wichtigen Teilnehmers auf den Finanzmärkten. Die USA – als Staat – stellen den *bei Weitem* größten Einzelpool von Finanzkapital der Welt. Zum Zeitpunkt meiner Arbeit an diesem Kapitel haben die Inhaber von Staatsanleihen fast 25 Billionen Dollar in den amerikanischen Staat investiert.[118] Was in etwa dem Gesamtwert aller Investitionen in alle an der New Yorker Börse gehandelten Unternehmen entspricht. Damit ist der Staat einer der wichtigsten Akteure auf dem Geldmarkt, ein Wal, der mit jeder seiner Bewegungen die Strömungen im Umkreis von mehreren Kilometern durcheinanderzubringen vermag.

Der aktivste Arm des Staats auf den Finanzmärkten ist jeweils die Zentralbank, in den Vereinigten Staaten also die Federal Reserve. Die Fed ist die Bank des amerikanischen Staats (sie verwaltet dessen Einlagen und besorgt dessen Zahlungen), sie reguliert die Geschäftsbanken, sie stellt einen Großteil der kritischen Daten bereit, auf die die Anleger sich verlassen; außerdem leiht und verleiht sie selbst Geld innerhalb des Bankensystems. Das US-Finanzministerium gibt (zur Begleichung der Staatsschulden) Staatsanleihen heraus, und eine Reihe von Behörden, darunter die Börsenaufsicht (Securities and Exchange Commission), das Arbeitsministerium und das Handelsministerium, regulieren und unterstützen verschiedene Aspekte der Finanzmärkte.

Messung der Wirtschaft

Es gibt noch einen weiteren grundlegenden Aspekt der Finanzmärkte, den Sie als Anleger verstehen sollten: wie die Wirtschaft gemessen wird. Persönliche Investitionsentscheidungen (ob Sie eine Aktie kaufen sollten, wie viel Geld Sie für ein Haus ausgeben können) hängen zum Teil von den besonderen Umständen der jeweiligen Investition ab. Dennoch sollten sie auch im Kontext der Wirtschaft als Ganzes getroffen werden, und man hat eine Reihe einschlägiger Metriken entwickelt, die man dazu weithin benutzt. Es ist dies übrigens eine kritische Aufgabe des Staats: Er benutzt seine gesetzlichen Befugnisse zum Sammeln der für diese Metriken nötigen Datenmengen und dann das Kapital von Investoren und Steuerzahlern zu deren Verarbeitung, um sie schließlich – kostenlos – der Öffentlichkeit zur Verfügung zu stellen. Es gibt mehrere staatliche Websites, die unverzichtbare Ressourcen für Anleger sind, insbesondere das Bureau of Labor Statistics (bls.gov), das Department of Commerce (commerce.gov) und das Economic Data Repository der Federal Reserve (fred.stlouisfed.org).

Es gibt Dutzende von vielseitig genutzten Messgrößen und Tausende weitere für Nischenbereiche. Im Folgenden sind die Kategorien und spezifischen Metriken (Kennzahlen) aufgeführt, die zu verstehen nützlich und über die auch häufig in der Finanzpresse zu lesen ist.

Bruttoinlandsprodukt (BIP). Es ist der Inbegriff aller Metriken. Sie gibt Auskunft über den Gesamtwert aller Sachgüter und Dienstleistungen, die in einem Land im Laufe eines Jahres produziert werden. Das BIP ist also nicht der Wert einer Volkswirtschaft an sich, sondern ein Maß für deren *Output pro Jahr*, etwa vergleichbar mit den Einnahmen eines Unternehmens.

Es gibt verschiedene Möglichkeiten, das BIP zu messen, und die eigentliche Datenerhebung und -analyse ist komplex, aber Anleger müssen derlei Details nicht interessieren. Eigentlich ist nicht einmal das BIP selbst von Bedeutung, sondern seine Veränderungsrate. Stagniert oder schrumpft das BIP, erzeugen die in dieser Wirtschaft getätigten Investitionen keine positive Rendite – was künftige Investitionen abschreckt und das Wachstum bremst. Sinkt das BIP über mehrere Quartale hinweg und schwächeln in einer Volkswirtschaft darüber hinaus auch andere Wirtschaftsindikatoren, spricht man von einer »Rezession«. In seltenen Fällen, in denen das BIP – wie in den 1930er-Jahren – über Jahre hinweg rückläufig ist, spricht man von einer »Depression«.

Verbraucherpreisindex (VPI). Er ist das Standardmaß für die Preise eines »Warenkorbs« und versucht, die relative Veränderung der Preise über die Zeit zu erfassen – in der Regel ihren Anstieg, den wir als »Inflation« bezeichnen. Diese wird in der Regel als jährlicher Prozentsatz angegeben. Wenn es also in den Medien heißt, dass die Inflation bei 4,5 Prozent liegt, bedeutet dies, dass der Verbraucherpreisindex 4,5 Prozent höher ist als ein Jahr zuvor. (Wie ich im letzten Kapitel erläutert habe, ändern sich die Preise jedoch nicht für alle Waren und Dienstleistungen in gleichem Maße; um ein differenzierteres Bild zu erhalten, unterteilen Volkswirtschaftler den VPI in verschiedene Kategorien.)

Die Verbraucherpreise sind aus mehreren Gründen ein wichtiger Indikator. Die Verbraucherausgaben sind die Hauptantriebskraft aller Wirtschaftstätigkeit und ein rascher Preisanstieg kann die Ausgaben drosseln und zu einer Verlangsamung des Wirtschaftswachstums führen. Von unmittelbarem praktischem Belang für die Anleger ist jedoch eher, dass die Inflation eine von nur zwei Messgrößen ist, auf die die Fed einzuwirken hat (die andere ist die Beschäftigung, auf die wir als Nächstes eingehen). Das Inflationsziel der Fed liegt bei 2 Prozent, und beginnt die Inflation allzu schnell über diesen Wert hinauszugehen, reagiert die Fed in der Regel mit einer Erhöhung der Zinssätze, verteuert also mit anderen Worten das Geld. Dies wiederum kann zu erheblichen Auswirkungen auf die Gesamtwirtschaft führen.

Arbeitslosenquote. Sie ist eine deprimierende Art, die Beschäftigung zu messen – wir könnten ebenso gut über die Beschäftigungsquote berichten und reden, das wäre viel positiver –, aber egal, wie wir es ausdrücken, uns interessiert der Druck auf Angebot und Nachfrage auf dem Arbeitsmarkt. Ist die Arbeitslosigkeit niedrig, bedeutet dies, dass das Angebot an Arbeitskräften im Verhältnis zur Nachfrage gering ist und der Preis der Arbeit – die Löhne – tendenziell steigt.

Der irreführende Begriff »Vollbeschäftigung« bezieht sich auf eine Arbeitslosenquote, die einem Gleichgewicht von Angebot und Nachfrage auf dem Arbeitsmarkt entspricht. Es gibt da keine magische Zahl, aber bei etwa 5 Prozent sprechen Volkswirtschaftler für gewöhnlich von »Vollbeschäftigung«. Es wird immer einige Arbeitslose geben, nämlich Menschen, die auf Jobsuche sind. Das können Leute sein, die kürzlich gekündigt haben oder entlassen wurden, Leute, die zum ersten Mal auf den

Arbeitsmarkt kommen oder zurückkehren, nachdem sie lange keine Arbeit gesucht haben.

Eine niedrige Arbeitslosigkeit ist intuitiv wünschenswert und kann kurzfristig eine Quelle wirtschaftlicher Stärke sein, da die Arbeitnehmer mehr Geld zum Ausgeben haben. Wenn jedoch die Arbeitslosigkeit zu niedrig ist (irgendwo unter 5 Prozent), bleiben Stellen unbesetzt, und die Löhne steigen, was tendenziell zu höheren Preisen führt, was wiederum Inflation und eine geringere Wirtschaftsleistung zur Folge haben kann. Für Unternehmen mit vielen gering qualifizierten und angelernten Arbeitskräften in ihrer Kostenstruktur, wie zum Beispiel in der Fast-Food-Branche oder hier und da im Einzelhandel, kann eine hohe Arbeitslosigkeit (kurzfristig) von Vorteil sein, da ein hohes Angebot an Arbeitskräften die Preise senkt und damit die Betriebskosten dieser Unternehmen verringert. Eine hohe Arbeitslosigkeit drückt jedoch letztlich die Verbraucherausgaben und bremst das Wirtschaftswachstum. Wie bei der Inflation hat die Fed (wie die Zentralbanken anderer Länder) die Aufgabe, die Arbeitslosigkeit in einem wünschenswerten Bereich zu halten, und wird mit Änderungen der Zinssätze reagieren, wenn sie es für nötig hält.

Zinssätze. Ich habe Zinssätze bereits mehrmals erwähnt: im Zusammenhang mit den Geldkosten, genauer gesagt, den Kosten eines Kredits. Die Anleger jedoch interessiert nicht nur der Zinssatz, den sie für ihre eigenen Anlagen verlangen oder bezahlen. Sie interessieren auch die Zinssätze, die alle anderen zahlen. Zinssätze ähneln der Schwerkraft – sie wirken auf alle und alles, und je höher sie sind, desto stärker drücken sie auf Wachstum und Gewinne.

Es gibt keinen einzelnen aggregierten »Zinssatz«, keine einzelne Messgröße wie die Arbeitslosenquote oder das BIP. Stattdessen ist bei Analysten und in der Finanzpresse von Dutzenden von Zinssätzen die Rede, die für eine verwirrende Palette von Finanzprodukten stehen: dreißigjährige fest- oder variabel verzinsliche 7/10-Hypotheken, dreimonatige Geldmarktpapiere, zehnjährige Schatzwechsel, Einlagenzertifikate etc. Diese speziellen Zinssätze sind für Sie höchstens dann interessant, wenn Sie Bedarf an den Produkten haben, mit denen sie verbunden sind. (Denken Sie an einen Hauskauf? Dann rechnen Sie schon mal damit, sich *sehr* für Hypothekenzinsen zu interessieren.) Wichtiger ist ein Verständnis dafür, wie sie zusammenhängen, und insbesondere, wie sie alle von einem ganz speziellen Zinssatz abhängen, der (mehr oder weniger) von der Federal Reserve festgelegt wird.

Die Federal Reserve verwahrt das Geld des Staats, bietet Transaktionsdienste und dergleichen mehr. Aber denken Sie daran, dass der Staat sowohl der größte Teilnehmer an der Wirtschaft als auch ihr Schiedsrichter ist – die besondere Beziehung zum Staat verleiht der Fed (und den Zentralbanken anderer Länder) als Bank Superkräfte. Tag für Tag wickeln Banken Transaktionen in Milliardenhöhe ab, und um sicherzustellen, dass sie über genügend Kapital verfügen, leihen sie sich untereinander und von der Fed Geld mit sehr kurzen Laufzeiten, meist über Nacht. Durch eine Kombination aus Überzeugungsarbeit und wirtschaftlichen Anreizen steuert die Fed die Banken auf einen Zielsatz für diese Kredite hin, der als Leitzins (Federal Funds Rate) bekannt ist. Wenn der Vorsitzende der Fed eine Pressekonferenz gibt und es in den Medien heißt, dass man »den Zinssatz anhebt«, meinen sie damit, dass die Fed den Leitzins erhöht.

Warum Sie das interessieren muss? Nun, weil der Leitzins das Fundament ist, auf dem alle anderen Zinssätze ruhen – übrigens nicht aufgrund einer staatlichen Anordnung, sondern aufgrund einer höheren Macht: dem Gesetz von Angebot und Nachfrage. Stellen Sie sich vor, Sie sind Präsident einer Bank und möchten 1000 Dollar verleihen. Am sichersten fahren Sie damit, das Geld entweder im Tresor der Fed zu deponieren oder es einer Bank zu leihen, die von der Fed unterstützt wird. Eine Investition in die Fed ist eine Investition in den amerikanischen Staat, der seit 300 Jahren seine Schulden bezahlt, der das Recht hat, die größte Volkswirtschaft der Welt zu besteuern, und, wenn es darauf ankommt, über einen Militärhaushalt von 700 Milliarden Dollar pro Jahr verfügt. Uncle Sam zu leihen, ist also praktisch »risikofrei«. Wenn die USA Ihnen also beispielsweise einen Zinssatz von 3,5 Prozent bieten, gibt es keinen vernünftigen Grund, jemand anderem Geld zu einem niedrigeren Zinssatz zu leihen, da dieser dann als Schuldner per Definition riskanter ist. 3,5 Prozent ist damit der »risikofreie Zinssatz«, wie man das nennt. Kommt nun ein Kunde zu Ihnen und möchte einen Kredit über 1000 Dollar aufnehmen, berechnen

DIE ZINS-LEITER

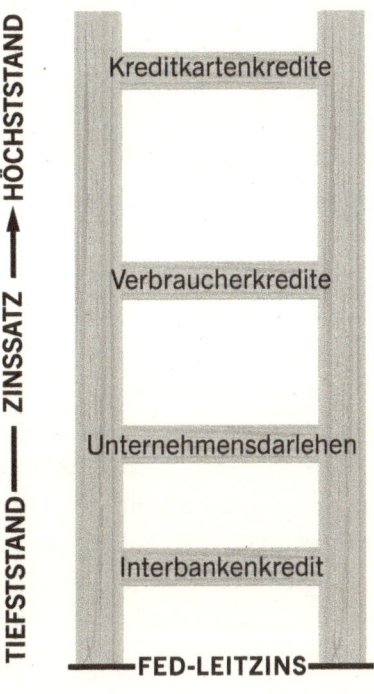

Sie ihm einen Zinssatz, der höher ist als dieser risikofreie Zinssatz, je nachdem, wie viel Risiko der Kredit mit sich bringt. Hebt die Fed den Leitzins auf 5 Prozent an, bekommt auch keiner mehr einen Kredit zu einem niedrigeren Zinssatz als diesem.

Jeder Kredit steht auf der einen oder anderen Sprosse einer Risikoleiter und die Fed legt die unterste Sprosse fest. Nach Staat und Großbanken bieten große profitable Unternehmen ohne allzu große Schulden als Gläubiger das geringste Risiko. Entsprechend bekommen sie ihre Kredite zu Zinssätzen in der Nähe des Leitzinses. Dann gibt es noch Unternehmen mit weniger eindrucksvollen Finanzen, die etwas mehr berappen müssen (diese Kredite werden manchmal als »Schrottanleihen« bezeichnet, ein schillernder, aber durchaus irreführender Begriff, da diese immer noch ein relativ gutes Kreditrisiko bieten, nur eben nicht so gut wie stabilere Unternehmensschuldner). Verbraucher, die durch Häuser und Autos gesicherte Kredite aufnehmen, bieten zwar immer noch ein größeres Risiko, aber ein durchaus tragbares, da sie über Sicherheiten in Form der genannten Vermögenswerte verfügen. Am riskantesten sind ungesicherte Verbraucherkredite wie etwa Kreditkarten. Hebt die Fed den Leitzins um einen halben Punkt an, hat das Auswirkungen auf allen Ebenen des Turms. Diese sind jedoch nicht gleich verteilt und nehmen zur Spitze hin zu, sodass die Kreditzinsen großer Unternehmen um weniger als einen Prozentpunkt steigen, während die Zinsen für Kreditkarten gleich um mehrere Prozentpunkte in die Höhe gehen.

Noch etwas zu den Zinssätzen: Da es sich in der Regel um kleine Zahlen handelt, aber selbst winzige Änderungen große Auswirkungen haben können, interessieren Analysten selbst geringfügige Änderungen. So ist im Zusammenhang mit dem Messen von Zinssätzen oft von »Basispunkten« die Rede. Ein Basispunkt ist ein Hundertstel von 1 Prozent oder 0,01 Prozent. Die

Anhebung eines Zinssatzes von 1,5 Prozent auf 1,8 Prozent entspricht also einer Anhebung um dreißig Basispunkte. Wann immer ich mich besonders gescheit anhören möchte, spreche ich hier von »Bips«. »Ich denke, die Fed senkt morgen den Zins um 25 bis 50 Bips.« Zufälligerweise steht »Bips« bei mir auch für: »Ich habe meinen ersten Jahresbonus für einen BMW ausgegeben und es nicht bereut.«

Marktindizes. Die letzte Messgröße sind die Aktienindizes, von denen der Dow Jones, der S&P 500 und der Nasdaq die Spitzenreiter sind, aber es gibt noch einige mehr.

Der älteste und zugleich merkwürdigste dieser Indizes ist der Dow Jones Industrial Average, eher als Dow Jones oder einfach nur Dow bekannt. Jahrzehntelang war der Dow Jones *der* Durchschnittswert, was so einiges über den Pioniervorteil sagt. 1896 von Charles Dow ersonnen, war er die Summe der Aktienkurse einiger Dutzend Großunternehmen aus dem Herstellungssektor, multipliziert mit dem »Dow-Divisor«, einem Faktor, den Dow erfunden hatte, um Nuancen bei der Berechnung der Aktienkurse berücksichtigen zu können. Es ist eine, sagen wir mal, skurrile Methode zur Bewertung des Aktienmarkts. Der S&P 500 ist wohl rationaler: Bei ihm handelt es sich um ein gewichtetes Mittel des Gesamtwerts von 500 der größten börsennotierten Unternehmen. Der Nasdaq Composite Index ist als gewichtetes Mittel aller an der Nasdaq gehandelten Aktien sowohl breiter angelegt als auch verzerrt, da die in den 1980er- und 1990er-Jahren geradezu berühmt gewordene Nasdaq einen unverhältnismäßig hohen Anteil an Tech-Unternehmen aufweist.

In der Praxis jedoch bewegen sich die drei Indizes trotz der erheblichen Unterschiede in der Berechnung ähnlich, auch wenn der Nasdaq etwas unbeständiger ist und hinsichtlich Performance die beiden anderen Indizes in den letzten Jahrzehnten aufgrund des rasanten Wachstums der Tech-Aktien überflügelt hat.

NASDAQ, S&P 500 UND DOW-JONES-PERFORMANCE
Indexiert auf 100

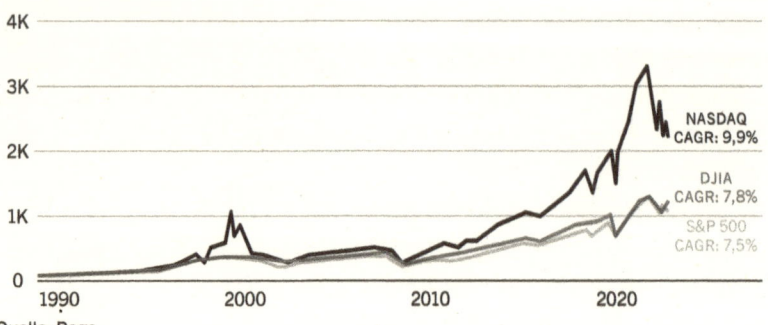

Quelle: Rogo
Anmerkung: Prozentsatz = Durchschnittliche Jährliche Wachstumsrate (CAGR)

Einige Bemerkungen zu diesen Indizes. Erstens: Sie sind insofern wichtig, als sie das Vertrauen der Anleger in das Wachstumspotenzial großer Unternehmen messen, wenn auch wieder nicht annähernd so wichtig, wie das Maß an Berichterstattung in den Medien vermuten ließe. Vor allem sind sie als Messwerte für den Aktienmarkt unvollständig und keinesfalls ein Maß für die Wirtschaft an sich. Der Löwenanteil der Wirtschaftstätigkeit entfällt nämlich auf Unternehmen, die in diesen Indizes nicht enthalten sind, ganz zu schweigen davon, dass ein einzelnes Maß ein so komplexes Konzept wie die Wirtschaft unmöglich erfassen kann. Stellen Sie sich den Aktienmarkt als einen Hund an der Leine vor und die Wirtschaft als die Person, die die Leine hält. Sie landen zwar beide am selben Ort, aber der Hund (der Markt) wird im Laufe eines Spaziergangs mal hier-, mal dahin laufen und dabei viele falsche Signale aussenden, was die Richtung des Spaziergangs angeht.

Zweitens sind diese Indizes für die Anleger insofern wertvoll, als sie eine Benchmark für die Renditen börsennotierter Anlagen bieten. Sie wollen auf dem Geldmarkt die bestmögliche Rendite für Ihr Anlagekapital erzielen, also sollten Sie eine Anlage im Vergleich zu ihren Konkurrenten bewerten. Wenn wir von Aktien sprechen, die »den Markt schlagen« oder »dem Markt hinterherhinken«, beziehen wir uns darauf, wie stark sie *im Vergleich zu einem Börsenindex* gestiegen bzw. gesunken sind. In der Regel verwenden wir den Nasdaq-Index für Tech-Werte und den S&P 500 für alle anderen, aber wenn Sie es genauer wissen wollen, gibt es Dutzende von Indizes, die hauptsächlich nach Branchen, aber auch nach Größe und anderen Faktoren geordnet sind. Wann immer Ihnen jemand sagt, die Aktie von Unternehmen X sei im Jahresverlauf um so und so viel Prozent gestiegen (oder gesunken), sollten sie dies instinktiv mit dem breiteren Markt vergleichen. Beachten Sie, dass Marktindizes auf lange Sicht wesentlich besser abschneiden als das »durchschnittliche« Unternehmen. Der Grund dafür nennt sich Survivorship Bias und definiert sich dadurch, dass schwächelnde Unternehmen aus dem Index herausfallen und sich durch erfolgreichere ersetzt sehen. Denken Sie immer daran, dass auf lange Sicht nur wenige den Markt schlagen.

Bewertung und der Zeitwert des Geldes

Die Marktindizes spiegeln den Wert der von ihnen abgebildeten Unternehmen wider. Und die Bewertung ist das Herzstück jeder Anlageentscheidung. Jede Anlagegelegenheit ist eine Gelegenheit, einen Vermögenswert zu erwerben: eine Aktie, einen Goldbarren, eine Vier-Zimmer-Wohnung in einem guten Schulbezirk. Die Herausforderung für den Anleger besteht darin, das Objekt zu einem Preis zu kaufen, der unter oder wenigstens gleich seinem Wert liegt.

Preis vs. Wert
Preis und Wert sind nicht dasselbe. Der Preis eines Anlageguts ist im Allgemeinen leicht zu erkennen. Er ist der Betrag, für den

er auf dem Markt zu erwerben ist. Aktienkurse werden von Augenblick zu Augenblick von den Börsen gemeldet, Hauspreise sind in Steuerunterlagen einzusehen etc. Der Wert eines Anlageguts hingegen ist der Betrag, den er in der Zukunft voraussichtlich einbringen wird.

Anlagegüter können für verschiedene Käufer einen unterschiedlichen Wert haben. Ein Haus in einem guten Schulbezirk ist für eine Familie mit kleinen Kindern mehr wert als für ein Rentnerehepaar mit erwachsenen Kindern. Ein Nischenhersteller von Schuhen mit einem fanatischen Kundenstamm und einem Patentportfolio für Fertigungstechniken ist für Nike wahrscheinlich mehr wert als für McDonald's. Vieles bringt seinen Besitzern eher einen nicht-monetären Nutzen (obwohl es trotzdem wertvoll sein kann). Eine hübsche Sonnenbrille bringt kein Einkommen, aber sie hat einen Wert: Sie schützt Ihre Augen vor der Sonne, macht Sie attraktiver für potenzielle Partner, gibt Ihnen Selbstsicherheit etc.

Auf einem effizienten Markt sind Preis und Wert aufeinander abgestimmt. Wirklich effiziente Märkte sind jedoch selten und kein Markt für Kapitalanlagen ist vollkommen effizient. Die Preise sind an einen Basiswert gebunden, stimmen aber in der Regel aufgrund von Psychologie, aktuellen Ereignissen, politischer Dynamik und unvollständigen Informationen nicht genau mit ihm überein. Im Lauf der Zeit werden sich diese chaotischen Faktoren, und der Preis der meisten Anlagegüter tendiert dazu, sich ihrem Wert annähern. Der legendäre Investment-Guru Benjamin Graham hat es so formuliert: »Kurzfristig ist der Markt eine Wahlmaschine. Langfristig ist er eine Waage.«[119] Die von Graham entwickelte Strategie des Value Investing (wertorientiertes Anlegen) besteht darin, Anlagen zu identifizieren, deren Preis unter ihrem Wert liegt, die Investition zu tätigen und dann abzuwarten, bis der Preis auf den Wert gestiegen ist.

Bei der Bewertung gibt es Grundsätze, die sich auf fast alle Vermögenswerte anwenden lassen, und spezifische Überlegungen, die für jede Anlageklasse gelten. Ich gehe hier auf die allgemeinen Grundsätze ein und behandle die Besonderheiten im nächsten Abschnitt, in dem es um Anlageklassen geht.

Die Grundgleichung für die Bewertung
Eine Bewertung ist eine Vorhersage, bei der es um dreierlei geht: Ertrag, Endwert und Risiko.

Erstens: Welches Einkommen wird das Anlagegut in der Zeit generieren, in der Sie es besitzen? Bei einigen Anlagegütern ist das nicht schwer zu sagen. So kann ich Ihnen versichern, dass ein 100-Dollar-Schein als solcher garantiert kein Einkommen generieren wird. 100 Dollar auf einem mit 4 Prozent verzinsten Sparkonto dagegen bringen Ihnen 4 Dollar im Jahr. Viele Anlagewerte bieten kalkulierbare Einkommensströme: Bei einer Unternehmensanleihe steht vorne drauf, wie viel Ihnen das emittierende Unternehmen bezahlen wird. Bei anderen gestaltet sich die Vorhersage schwieriger. So kann ein Haus ein beträchtliches Einkommen generieren, entweder durch Vermietung oder indem Sie darin wohnen (wodurch Sie die Miete sparen), aber der Wert dieses Einkommens ist schwieriger vorherzusagen. Und dann fallen bei einigen Anlagegütern, wie etwa Häusern, auch Kosten an, die Sie präzise vorhersagen müssen, um das Nettoeinkommen, das sie erwirtschaften werden, genau zu bestimmen.

Zweitens: Zu welchem Preis werden Sie das Anlagegut in der Zukunft verkaufen können? Die Bewertungslehre bezeichnet diesen als »Endwert«. Auch hier fällt die Schwierigkeit der Vorhersage unterschiedlich aus. Sowohl der 100-Dollar-Schein als auch die 100 Dollar auf dem Sparkonto werden morgen, wenn wir die Inflation mal außer Acht lassen, genau 100 Dollar wert sein. Ein Haus? Das hängt von der Wirtschaftslage ab, der Entwicklung der Gegend, seiner Instandhaltung etc.

Drittens: Risiko. In diesem Zusammenhang könnte man Risiko mit Unsicherheit gleichsetzen. Wie wahrscheinlich ist es, dass Ihre ersten beiden Vorhersagen zutreffend sind? Wenn Sie zwei Investitionsgelegenheiten haben, die denselben künftigen Cashflow und Endwert versprechen, sollten Sie sich für die entscheiden, bei der Sie mehr Vertrauen in diese Vorhersagen haben – anders gesagt, für das geringere Risiko. Je höher das Risiko, desto höher die erforderliche Rendite, damit die Investition sich lohnt.

Die fundamentale Bewertungsgleichung bringt diese drei Vorhersagen zusammen:

WERT =
(Künftiges Einkommen + Endwert) x Risikoabzug

Diese Berechnung ist nicht streng mathematisch – außerdem gibt es noch eine weitere wichtige Komponente –, aber im Prinzip sollten Sie diese Überlegung bei jeder finanziellen Anschaffung anstellen. Wie viel Geld werden Sie damit verdienen, während Sie das Anlagegut besitzen? Für wie viel können Sie es in der Zukunft verkaufen? Wie zuversichtlich sind Sie, was die beiden Prognosen angeht?

Im Sport hat eine Mannschaft (für gewöhnlich) null oder negative Einnahmen/Cashflows, da alle Einnahmen auf dem Platz (sprich in die Spieler) reinvestiert werden, aber sie hat einen außerordentlichen Endwert, da der Marktwert der Franchise steigt. Und solange es eine Einkommensungleichheit gibt, werden wir weiterhin Milliardäre hervorbringen, die in einem

Anfall von Midlife-Crisis Milliarden zu zahlen bereit sind, um ihre vierte Ehefrau und deren Freunde in der Loge eines Teams bewirten zu können. Hertz erzielt passable Einnahmen aus dem Erwerb eines Autos, das die Firma verleihen will, aber der Endwert sinkt, je länger Hertz den Wagen behält. Mietwohnimmobilien haben in den letzten fünfzig Jahren für enormen Reichtum gesorgt, da diese Anlageklasse steigende Einkommensströme (Mieten), steigende Preise (Endwert) und (im Vergleich zu anderen Anlagewerten) eine passable Sicherheit bietet, dass künftig sowohl die Mieten steigen werden als auch der Verkaufswert.

Der Pfeil der Zeit

Die »andere wichtige Komponente« bei der Bewertung ist, dass Geld morgen weniger wert sein wird als heute. Und Kraft des Zinseszinseffekts wird das Geld in einigen Jahren deutlich weniger wert sein als das Geld heute. Man bezeichnet dies als den »Zeitwert des Geldes« und dieser ist eines der fundamentalen Prinzipien jeder Geldanlage.

Selbst wenn Sie sich einer künftigen Zahlung hundertprozentig sicher sein können, gibt es dennoch zwei Faktoren, die den Wert des in der Zukunft versprochenen Geldes verringern: Inflation und Opportunität (Zweckmäßigkeit). Mit Inflation haben wir uns bereits im vorigen Kapitel befasst: Da die Preise im Lauf der Zeit steigen, verliert Geld im Lauf der Zeit an Wert: Für 100 Dollar bekommen Sie in einem Jahr nicht mehr die gleiche Menge an Waren wie heute.

Der andere Grund, warum künftiges Geld weniger wert ist als gegenwärtiges, sind die Opportunitätskosten. Geld, das Sie *jetzt* haben, lässt sich gewinnbringend anlegen. Dieser potenzielle Ertrag steht Ihnen jedoch erst zur Verfügung, wenn Sie ihn auch tatsächlich erhalten, sodass künftiges Geld um den Betrag weniger wert ist, den Sie erwarten würden, wenn Sie das Geld jetzt hätten.

Da der Wert eines Anlageguts von dem Geld abhängt, das Sie in der Zukunft zurückerhalten (Cashflows), müssen wir bei unserer Rechnung den Zeitwert des Geldes miteinbeziehen. In unserer Grundgleichung ist bereits eine Wertminderung enthalten, da wir das Risiko der Investition (unsere Unsicherheit über unsere Prognosen) berücksichtigen, sodass wir noch einen weiteren Faktor hinzufügen können. Die Kombination aus dem Risiko der Investition und der Wertminderung, die davon abhängt, wie lange man warten muss, um die Cashflows zu erhalten, bezeichnen wir als »Diskontsatz«.

WERT =
(künftiges Einkommen + Endwert) x Diskontierungssatz

Anleger sprechen oft von der »Diskontierung« einer erwarteten Rendite. Das bedeutet, dass sie einen Abzinsungssatz anwenden. *Alle künftigen Cashflows sollten auf die Gegenwart (ihren gegenwärtigen Wert) abgezinst werden.* Selbst ein hypothetisch risikoloser künftiger Cashflow ist mit Opportunitätskosten verbunden.

Der Basisdiskontzinssatz ist auch als »risikofreier Satz« bekannt, als der Satz mit anderen Worten, der sich mit risikolosem Kapital verdienen lässt. Theoretisch gibt es so etwas zwar nicht, aber wie ich bereits oben erwähnt habe, kommt die Kreditvergabe an den amerikanischen Staat dem recht nahe. Banken verwenden den Leitzins als risikofreien Zinssatz für ihre Kreditentscheidungen, aber für Anleger ist er nicht verfügbar. Analysten verwenden daher in ihren Bewertungsmodellen in der Regel den

Zinssatz für 90-Tage-Schatzbriefe. Als Privatanleger verlassen Sie sich in Sachen risikofreier Zinssatz einfach auf den besten Satz, den sie für eine einfache und sichere Anlage auf einem Sparkonto oder in einem Geldmarktfonds erhalten können, das ist sowohl praktischer als auch verlässlicher.

Was immer Sie zur Ermittlung Ihres risikofreien Zinssatzes nutzen, wichtig ist, dass Sie immer mindestens diese Rendite erzielen – Sie sollten sich also nie mit weniger zufriedengeben. Je risikoreicher die Anlage ist, desto höher muss die erwartete Rendite über dem risikofreien Zinssatz liegen, um Ihre Investition zu rechtfertigen.

Fassen wir zusammen: Vermögen bilden Sie, indem Sie einen möglichst großen Teil Ihres laufenden Einkommens in Anlagekapital umwandeln. Ihre Anlagen wählen Sie danach aus, welche Ihnen die größte Rendite (künftige Cashflows) bieten, und zwar um Ihr Risiko (Ihr Vertrauen in diese Cashflows) bereinigt. Kommen wir nun zu Ihren Optionen bei der Finanzanlage, anders gesagt zu deren wichtigsten Kategorien.

Anlageklassen und Anlagespektrum

Zum Investieren braucht es kein tiefes Finanzwissen. Kapitalismus auf Autopilot umfasst nur drei Schritte. Es ist nicht der einzige Ansatz für erfolgreiches Investieren, aber er hat sich als Strategie zum Erwerb wirtschaftlicher Sicherheit bewährt. Falls Sie die Ratschläge hier befolgen, beachten Sie, dass dies bei alledem dennoch nicht einfach ist: Es erfordert die Fähigkeit und die Beharrlichkeit, Geld zu verdienen, und die Disziplin, es zu sparen und zu investieren.

1. Legen Sie Ihre langfristigen Mittel (auch Investitionskapital genannt) auf einem gebührenfreien Standardkonto bei einem etablierten Broker an, etwa Fidelity oder Schwab.
2. Investieren Sie dieses Kapital in ein halbes Dutzend preisgünstiger, diversifizierter börsengehandelter Fonds (ETFs), die den Großteil Ihres Geldes in amerikanischen Unternehmensaktien anlegen.
3. Geben Sie so lange weiteres Kapital auf Ihr Anlagekonto, bis Sie Ihr Ziel erreicht haben, mit anderen Worten so viel, dass Sie allein von Ihrem passiven Einkommen leben können.

Es ist dies eine solide Strategie, der es jedoch an Nuancen fehlt. Entsprechend weichen viele erfolgreiche Anleger gelegentlich von ihr ab. Und das aus zwei Gründen: Erstens ist das Leben immer wieder für Überraschungen gut, guten wie schlechten, und es wird Augenblicke geben, in denen Sie von dieser Strategie abweichen sollten, entweder um sich vor Verlusten zu schützen oder um Ihre Gewinnchancen zu optimieren: der Kauf Ihres ersten Hauses, unerwartete Arztrechnungen, die Geburten von Kindern, eine überzeugende Investitionsgelegenheit. Wann sollten Sie von diesem prinzipiellen Ansatz abweichen? Wie lässt sich diese Entscheidung treffen?

Zweitens: Wie auch immer Ihre Entscheidungen hinsichtlich Berufsweg und Lifestyle aussehen mögen, sie sind Teil des kapitalistischen Systems, und Sie sollten dessen Funktionsweise verstehen, um sich darin bestmöglich zurechtzufinden. Es vielleicht sogar ändern. Wenn Sie als Kapitalist Ihr Geld einsetzen – also investieren –, erhalten Sie Einblick nicht in das, was sein sollte, sondern, was ist. Und ich spreche hier nicht nur von intellektuellem Wissen, sondern auch von einem instinktiven Gespür für Preis und Wert, für die Dynamik der Märkte und für Ihre eigene Fähigkeit, Risiken einzuschätzen und auf sie zu reagieren.

Die meisten von uns haben nicht das Glück, einen Mentor wie Cy Cordner in ihrem Leben zu haben. Aber jeder kann und sollte dieses Wissen pflegen, unabhängig von seinen anderen Interessen oder politischen Ansichten. Andy Warhol hat mal gesagt: »Geschäftstüchtig zu sein, ist die faszinierendste Art von Kunst.«[120] Friedrich Engels leitete die Textilfabriken seines Vaters, während er und Karl Marx *Das Kapital* schrieben. Sie sollten ein intuitives Verständnis für Zinssätze und Steuerabzüge entwickeln, bevor Sie Ihr erstes Haus kaufen. Und wenn Sie Kapital für Ihr Start-up auftreiben wollen, reicht es nicht aus, Ihr Produkt, Ihren Markt und Ihre Strategie zu kennen. Sie müssen den Standpunkt des Investors verstehen, warum er mit Ihnen spricht, was er von Ihnen will und was Sie von ihm bekommen können: Bewertung, Verwässerung, Governance, Liquiditätspräferenz usw.

Der ausgewogene Ansatz

Die *eine* beste Investition gibt es nicht – weder für Sie noch sonst jemanden. Sie werden im Lauf Ihres Lebens ein breites Spektrum an Investitionen tätigen und müssen dabei jedes Mal Risiko, Rendite und andere Überlegungen mit Ihren Bedürfnissen abgleichen.

Im letzten Kapitel habe ich Ihnen vorgeschlagen, Ihr Geld in drei Eimer (Budgets) aufzuteilen: Konsum, intermediäre Ausgaben und langfristige Ausgaben. Das Geld in Ihrem Konsumbudget wird Ihnen nicht lange genug zur Verfügung stehen, um es investieren zu können, aber Ihre mittel- und langfristigen Budgets sollten Sie als Investitionskapital behandeln.

Wenn Sie, wie im letzten Kapitel besprochen, einen Puffer für Notfälle angelegt haben, befindet sich das Geld dafür in Ihrem intermediären Budget. Und wenn Sie mit großen Ausgaben rechnen, sagen wir für ein Studium oder ein Haus, dann haben Sie zusätzliche Ziele für Ihr intermediäres Budget. Behalten Sie diese Notwendigkeiten bei der Finanzierung Ihres langfristigen Budgets im Hinterkopf – wie ich im letzten Kapitel erläutert habe, sollten Sie das Geld, das Sie voraussichtlich in den nächsten ein, zwei Jahren benötigen werden, auf keinen Fall in besonders schwankungsanfälligen oder illiquiden Anlagen anlegen. Die besseren Anlageklassen für dieses Geld bieten stabile Preise und sind leicht zu wechseln: Hochverzinsliche Sparkonten sind das Einfachste, aber auch Staatsanleihen und erstklassige Unternehmensanleihen sollten Sie in Betracht ziehen.

Sollten Sie eines haben, ist das Geld in Ihrem 401(k)-Konto Teil der Mittel im Eimer Ihres langfristigen Budgets. Möglicherweise haben Sie keine große Auswahl bei der Anlage, da Sie bei Rentenplänen in der Regel auf einige wenige Anlageprodukte beschränkt sind. Es ist jedoch lehrreich, sich über diese Optionen zu informieren und die richtige Aufteilung vorzunehmen, da sich das auf Ihre langfristige Rendite auswirken wird. Nehmen Sie sich nach der Lektüre dieses Kapitels die Renten-Broschüre vor, die Sie bislang ignoriert haben, und prüfen Sie, ob Sie aus den darin angebotenen Optionen klug werden. (Auch hier gilt, dass Sie so weit wie möglich alle passenden und steuerlich begünstigten Möglichkeiten wie etwa den 401(k)-Plan ausschöpfen sollten.)

Wenn Sie damit anfangen, Geld über Ihre Rentenversicherungsbeiträge hinaus zu sparen, verfügen Sie über langfristiges Kapital – das ist praktisch eine Armee unter Ihrem Kommando. Für viele ist dies dann der Fall, wenn ihnen ein Bonus oder ein unverhoffter Geldsegen anderer Art ins Haus schneit. Wenn Sie über das nötige Polster für Notfälle verfügen, Ihre steuerlich nachgelagerten Ersparnisse voll ausschöpfen und Fortschritte bei Ihren Zwischenzielen machen, können Sie mit Ihrer praktischen Finanzausbildung beginnen. Auch hier gilt: Auch wenn sich das beängstigend anhört, machen Sie sich keine Sorgen. Ihre Fähigkeit, Kapital in den zweiten und dritten Eimer zu investieren, hängt ganz von Ihrer Disziplin ab, unter Ihren Möglichkeiten zu leben. Und das wird Zeit brauchen. Frage: Wie verspeist man einen Elefanten? Antwort: Einen Bissen nach dem anderen. Seien Sie geduldig, aber fangen Sie noch heute an.

Sie können das Ihrem Geschmack anpassen, aber grundsätzlich schlage ich Ihnen vor, dass Sie die ersten 10 000 Dollar, die Sie für Ihr langfristiges Budget ansparen (Ihre Bareinlagen, nicht die Renten-Beiträge), wie im Folgenden beschrieben 80/20 aufteilen. Der größere Teil geht in passive Anlagen (vor allem in börsengehandelte Fonds, die ich im Abschnitt Fonds weiter unten behandle). Was Sie da kaufen, werden Sie jahrelang, womöglich sogar Ihr Leben lang behalten (denken Sie daran: Kapitalismus im leichten Spielmodus). Es sind passive Anlagen.

20 Prozent dessen, was Sie sparen (bis zu Ihren ersten 10 000 Dollar), sollten Sie aktiv investieren. Ein paar Tausend Dollar sind genug, um damit zu traden, mit anderen Worten genug, um den Schmerz zu spüren, wenn Sie verlieren, aber nicht so viel, dass Sie Ihre zukünftige wirtschaftliche Sicherheit unnötig aufs Spiel setzen. Das Ziel ist hier nicht, auf die Schnelle reich zu werden, sondern die Märkte, das Risiko und vor allem sich selbst kennenzulernen, denn ein aktives und langfristiges Management seiner Anlagen ist nicht jedermanns Sache. Dieser letzte Punkt ist wichtig. Aktives Investieren braucht Zeit (aber die haben Sie, vor allem wenn Sie jung sind). Nur machen Sie sich darauf gefasst, dass es emotional verstörend und kognitiv anstrengend sein kann.

Warum also überhaupt aktiv investieren? Der Meinung meines Kollegen Aswath Damodaran nach sind die Lektionen des Lebens die beste Regulierung. Die meisten von uns, vermutlich alle Jungen, geben sich der Illusion hin, den Markt schlagen zu können. Gut, versuchen Sie's. Sie werden vermutlich feststellen, dass Sie es nicht können, und Ihre aktiven Anlagen werden langfristig schlechter abschneiden als die passiven. Der eine oder andere hat jedoch Spaß daran (Konsum) und wird daraus lernen. Auch werden sich Gelegenheiten ergeben, in etwas zu investieren, zu dem Sie einen besseren Zugang und für das Sie, was seinen Wert angeht, ein besseres Gespür haben als der Markt (etwa wenn das Nachlassgericht über das heruntergekommene Haus mit dem tollen Kern nebenan entscheidet, wenn die Freundin Ihrer Mutter in den Ruhestand geht und ihr Unternehmen verkauft, in dem Sie sich auskennen, weil Sie dort während Ihrer Highschool-Zeit gejobbt haben etc.). Im Idealfall freilich sollte das nicht Ihre erste direkte Investition sein.

Geben Sie das aktive Geld auf ein Brokerkonto, das auch den Kauf von Teilaktien sowie den kommissionsfreien Handel mit den meisten Anlagen ermöglicht. Möglicherweise sollten Sie damit zu einer anderen Firma gehen als der, bei der Ihre passiven Anleihen liegen, um den Unterschied deutlicher zu machen und um zu verhindern, dass Sie sich von der passiven Seite etwas »zur Unterstützung Ihrer aktiven Seite borgen« (tun Sie das bitte nicht). Sollten Sie aber doch alles bei einer Firma aufbewahren, verwenden Sie getrennte Konten.

Sobald Sie mehr als 10 000 Dollar angespart haben, sollten Sie alle oder fast alle weiteren Ersparnisse in Ihre passiven Anlagen geben. Sie lernen durch das aktive Management von 3000 Dollar am Markt nicht mehr, als was sie mit 2000 Dollar lernen. Falls Sie sich entschließen, mehr als 2000 Dollar in aktive Anlagen zu investieren, sollten Sie im Vorfeld einen Verteilungsplan aufstellen und sich daran halten, um Ihre Verluste nicht zu erhöhen. Führen Sie Buch über Ihre tatsächlichen Erträge. Wenn Ihnen für eine ordentliche Buchführung (die Sie ohnehin für die

Steuer brauchen) die Disziplin fehlt, dann ist Investieren nicht das Hobby für Sie.

Bevor wir uns dem aktiven Investieren zuwenden, eine kurze Zusammenfassung, wo Sie wirtschaftlich stehen sollten, bevor Sie Ihr Erspartes mit zweiwöchigen aus dem Geld liegenden GME-Call-Optionen riskieren (tun Sie das nicht). Bevor Sie mit aktiven individuellen Investitionen beginnen, sollten Sie

a) ein Wasserlinien-Budget aufstellen, das Ihre tatsächlichen Ausgaben widerspiegelt und eine Sparkategorie enthält,
b) Ihre steuerlich geförderten Beiträge zu Ihrem Pensionsplan maximieren,
c) ein Ihrer Situation angemessenes Polster für Notfälle angespart haben und auf dem richtigen Weg sein, um alle mittelfristig geplanten Ausgaben zu finanzieren,
d) damit begonnen haben, zusätzliche Mittel anzusparen (dritter Eimer). Dies sind die Mittel, die Sie in die im Folgenden beschriebenen Anlageklassen gemäß der 80/20-Aufteilung in passive und aktive Anlagen investieren werden.

Wenn diese Kriterien abgehakt sind, können Sie loslegen. Also, wohin mit Ihrem Geld?

Das Anlagespektrum

Die einfachste Art, Ihr Kapital anzulegen, besteht darin, es Ihrer Bank zu leihen, indem Sie es auf ein verzinsliches Sparkonto geben. Sie überlassen der Bank die weitere Verwendung Ihres Geldes, die damit in der Regel Kredite an andere Bankkunden vergibt, wofür Ihnen die Bank einen (sehr) bescheidenen Zinssatz zahlt. Verpflichten Sie sich, das Geld für einen bestimmten Zeitraum, sagen wir sechs oder zwölf Monate, nicht abzuheben, zahlt Ihnen die Bank einen (etwas) höheren Zinssatz – eine Anlage, die üblicherweise als »Sparbrief« bezeichnet wird.

Die Renditen auf Sparkonten und Sparbriefe sind jedoch ausgesprochen niedrig und reichen nicht aus, um wirklich Vermögen zu bilden. Dazu müssen Sie Ihr Geld schon bei jemandem anlegen, der es aggressiver anlegt (anders gesagt mehr Risiko eingeht) und Ihnen dafür mehr zahlt. Die klassische Methode ist die Investition in operative Unternehmen, sagen wir Microsoft oder McDonald's, die das Geld aus dem Verkauf ihrer Aktien für Rohstoffe, Löhne, Mieten und zur Deckung der Kosten für die Herstellung ihrer Produkte verwenden. Da die Auswahl der Unternehmen, in die investiert werden soll, viel Arbeit und spezielles Wissen erfordert, gibt es eine ganze Reihe von Kapitalanlage-Gesellschaften, die Ihr Kapital mit dem anderer Kunden zusammenlegen und diese kombinierten Beträge in einen Mix von Unternehmen investieren, die sie als gute Wetten ansieht. Investmentfonds sind für Verbraucher das klassische Beispiel dafür (und die neueren börsengehandelten Fonds oder ETFs). Hedgefonds und Risikokapital bauen letztlich auf dieselbe Idee.

Neben Investitionen in Unternehmen, entweder direkt oder über Investmentgesellschaften, können Sie auch direkt in die Grundbausteine unserer Wirtschaft investieren: Land und Rohstoffe.

Am anderen Ende des Spektrums entscheiden sich einige Anleger für Investitionen in sogenannte Derivate, also im Wesentlichen für Wetten auf die Finanzmärkte. Put- und Call-Optionen, Leerverkäufe und Futures (Termingeschäfte) sind solche Instrumente des Derivatemarktes. Derivate erfüllen eine wichtige Funktion in der Wirtschaft und auf dem Geldmarkt, bieten aber als Nebeneffekt auch ein hohes Risiko und entsprechend hohe Renditechancen.

ANLAGEINSTRUMENTE FÜR PRIVATANLEGER

| Sparkonto | Geldmarkt/ Sparbriefe | Unternehmens- und Staats- anleihen | ETFs und offene Invest- mentfonds | Einzelaktien | Optionen |

NIEDRIG ——————————— RISIKO ———————————➤ HOCH

Ich behandle diese Anlageklassen etwas ausführlicher, weil sie für unser Finanzsystem wichtig sind, und ich glaube, dass man sie in groben Zügen verstehen sollte, auch wenn man nie in sie investiert. Überhaupt werden Sie ja womöglich zu der Überzeugung kommen, *nie* direkt in sie investieren zu wollen, je mehr Sie über einige dieser Anlageklassen erfahren. Für die meisten, also vermutlich auch für Sie, sowie für den größten Teil Ihres Anlagekapitals kommt die endgültige Antwort am Ende dieses Abschnitts. *Das Geld in Ihrem langfristigen Eimer, also das Geld, von dem Sie eines Tages leben wollen, sollten Sie größtenteils in preisgünstige, diversifizierte ETFs investieren.* Aber so weit sind wir noch nicht. Das bedarf zunächst eines Umwegs (und was ETFs sind, erkläre ich Ihnen später), aber behalten Sie diese Maxime bei unserer Tour durch die wichtigsten Anlageklassen im Hinterkopf.

Aktien

Aktien sind zweifelsohne der Star unter den Anlageklassen. Finanzmedien wie CNBC und das Wall Street Journal widmen den größten Teil Ihrer Zeit der Performance von Unternehmen und den Kursen ihrer Aktien, die sozialen Medien sind von Aktien besessen und beim Gedanken an Investitionen denken wir zuerst an sie.

Und warum? Weil Aktien den direktesten Zugang zur ungebremsten vermögenschaffenden Macht der Wirtschaft und zur größten vermögenschaffenden Maschine der Weltgeschichte, dem amerikanischen Unternehmen, darstellen. Über die Vorzüge eines Systems, in dem Unternehmen eine derartige wirtschaftliche Macht anhäufen können (und dies auch tun), lässt sich streiten, aber in der Welt, wie sie ist, besteht Ihre beste Chance auf wirtschaftliche Sicherheit darin, sich einen Platz in dieser Rakete zu reservieren.

Um zu verstehen, warum sie der direkte Draht zum pulsierenden Herz der Wirtschaft sind, muss man verstehen, wie Aktien und Aktienbesitz funktionieren. Sie können Aktien kaufen und verkaufen, ohne jemals wirklich zu verstehen, in was Sie Ihr Geld stecken, und doch dürften Aktien die größte oder zweitgrößte (nach Immobilien) Anlageklasse in Ihrem Portfolio sein. Es lohnt sich also, sich ein paar Minuten Zeit zu nehmen, um die Grundlagen einer der Säulen Ihres Bemühens um wirtschaftliche Sicherheit zu verstehen.

Wie ich oben erklärt habe, ist eine Aktiengesellschaft ein rechtliches Konstrukt, das mehreren Parteien die Bündelung ihrer Ressourcen ermöglichen soll. Aktien sind das Instrument, durch den diese Bündelung erfolgt.

Aktienkapital
Der Aktien- oder Anteilsbesitz hat zwei Dimensionen: Kontrolle und den wirtschaftlichen Aspekt. Der Kontrollaspekt ist für uns als Kleinanleger kaum von Interesse, daher gehe ich hier nur kurz darauf ein. Unternehmen werden im Tagesgeschäft von einem CEO geleitet, der dem Board verantwortlich ist. Die Aktionäre (oder Anteilseigner) wählen, für gewöhnlich einmal im Jahr, die Mitglieder des Boards. In der Regel zählt jede Aktie als eine Stimme. In jüngster Zeit lässt sich ein – meines Erachtens bedauerlicher – Trend zu »Zwei-Klassen«-Aktienstrukturen feststellen, bei denen einige Aktien mehr als eine Stimme

pro Anteil erhalten, was den Inhabern dieser Aktien (in der Regel Unternehmensgründern und frühen Investoren) die effektive Kontrolle über das Unternehmen gibt. Mal abgesehen von den jeweiligen Abstimmungsregeln ist die Grundstruktur jedoch dieselbe: Die Aktionäre bestimmen, wer im Board sitzt, das Board trifft wichtige Entscheidungen, einschließlich der Einstellung und Entlassung des CEO, und der CEO leitet das Unternehmen auf Quartalsbasis. Bestimmte Entscheidungen von großer Tragweite, wie der Verkauf des Unternehmens, unterliegen weiterhin der Abstimmung durch die Aktionäre.

Die eigentlich für uns Anleger wichtige Dimension des Aktienbesitzes ist die wirtschaftliche. Eine Aktie steht für einen wirtschaftlichen Anteil an einem Unternehmen. Konkret bedeutet dies zweierlei. Erstens haben Aktionäre den »Residualanspruch« auf das Vermögen des Unternehmens. Kapitalgesellschaften erlöschen nicht, aber auf einem dynamischen Markt wie dem kapitalistischen ist nichts für die Ewigkeit. Und wenn eine Kapitalgesellschaft erlischt, weil sie entweder von einer anderen aufgekauft wird (in der Regel von einer anderen Kapitalgesellschaft) oder weil sie den Betrieb einstellt, wird der verbleibende Wert unter den Aktionären aufgeteilt, sobald alle Schulden des Unternehmens beglichen sind. Jede »Aktie« erhält einen entsprechenden »Anteil« an diesen Vermögenswerten.

Aber in der Regel kaufen wir keine Aktien von Unternehmen, von denen wir erwarten, dass sie verschwinden, sondern von Unternehmen, von denen wir erwarten, dass sie florieren. Und genau wie beim Restwert von Vermögenswerten gibt uns jede Aktie einen Anspruch auf einen entsprechenden Anteil an künftigen Gewinnen. Unternehmen sind Geldmaschinen, und mit Aktien werden die Gewinne, die sie ausspucken, verteilt. In den meisten Unternehmen geschieht dies nicht direkt. Die Aktionäre kommen nicht jeden Abend, jedes Quartal oder einmal im Jahr zusammen und teilen das Geld auf dem Konto des Unternehmens unter sich auf. Stattdessen entscheiden das Management des Unternehmens (CEO und Board), wann und wie viel des Gewinns an die Aktionäre ausgeschüttet werden soll. Vor allem die Geschäftsleitung junger, schnell wachsender Unternehmen beschließt häufig, die Gewinne für Reinvestitionen in das Wachstum des Unternehmens zu verwenden, für die Einstellung neuer Angestellter, die Eröffnung neuer Fabriken oder Vertriebsbüros. Setzt die Unternehmensleitung ihre Investitionen klug ein, steigen die Zukunftsaussichten des Unternehmens. Aber auch wenn die Aktionäre nicht sofort einen Anteil an den Bargewinnen erhalten, steigt der Wert der Aktie selbst, da der Markt in Zukunft mit größeren Cashflows rechnet.

Ausschüttung von Gewinnen

Irgendwann erreichen die meisten erfolgreichen Unternehmen einen Punkt, an dem es unrealistisch wird, alle Gewinne nutzbringend zu reinvestieren – die Firma »reift«, wenn man so will –, und sie beginnt, einen Teil der Gewinne an die Aktionäre auszuschütten. Dies kann in Form von Dividenden erfolgen, die direkt und in bar ausgezahlt werden, oder in Form von Aktienrückkäufen, bei denen das Unternehmen seine Gewinne zum Kauf eigener Aktien verwendet.

Dividenden sind der traditionelle Ansatz und viele große und stabile Unternehmen zahlen heute Dividenden. Es ist wichtig, zu verstehen, dass es sich bei Dividenden weder um kostenloses Geld noch eine Art Geschenk handelt. Das Geld war von Anfang an das des Aktionärs, es ging nur von einer Besitzform, den Aktien, auf eine andere über, nämlich Bargeld. Schüttet ein Unternehmen eine Dividende aus, sinkt der Marktwert der Aktie in der Regel um den Wert der Dividende, was diesen Werttransfer aus der Aktie widerspiegelt. Aktienrückkäufe sind eine umständliche Art der Rückgabe von Gewinnen an die Aktionäre – dass keine Bardividenden ausgezahlt werden, erhöht den Wert der Aktien. Die Aktienkurse steigen nach einem Rückkauf, da weniger Aktien »im Umlauf« sind und damit der Gesamtwert des Unternehmens auf weniger Aktien aufgeteilt ist, sodass jede zu einem größeren Anteil am Unternehmensvermögen und an künftigen Gewinnen berechtigt.

Aktienrückkäufe verdrängen die Dividende als bevorzugtes Mittel der Ausschüttung von Gewinnen an die Aktionäre. Historisch gesehen, bestand der Vorteil von Dividenden darin, dass die Anleger keine Aktien zu verkaufen brauchten, um sich eines Teils ihrer Investitionserträge in bar zu erfreuen. In grauer Vorzeit (vor 2020 und erst recht vor 2000) war der Verkauf von Aktien mit hohen Gebühren verbunden, vor allem wenn man weniger als einhundert auf einmal abstieß. Durch die Verfügbarkeit von Aktiengeschäften zu geringen oder gar keinen Gebühren und Teilaktien bieten Dividenden den Anlegern jedoch kaum noch praktische Vorteile. Wenn ein Anleger nun Bargeld aus einem Aktienbestand erhalten möchte, kann er durch den Verkauf einiger Aktien oder sogar eines Teils einer einzigen Aktie »synthetische Dividenden« erzielen. Solange der Kurs der Aktie steigt, können die Aktionäre weiterhin kleinere Anteile verkaufen, um einen stetigen Cashflow zu erhalten. In der Zwischenzeit bieten Rückkäufe den Aktionären einen wichtigen Steuervorteil: Sie ermöglichen es Ihnen, den Zeitpunkt zu bestimmen, wann Sie ihrer Steuerschuld nachkommen wollen. Wenn Sie eine Dividende erhalten, wird diese in dem Jahr besteuert (meist zu Kapitalertragssteuersätzen), in dem sie ausgezahlt wird. Wenn das Unternehmen Aktien zurückkauft und damit den Wert Ihrer Aktien erhöht, zahlen Sie auf diesen Wertzuwachs erst Steuern, wenn Sie die Aktien verkaufen, was viele Jahre später sein kann, sodass Ihre Investition sich nachgelagert besteuert mehren kann.

Da der größte Teil der Gewinne eines Unternehmens nicht in bar ausgeschüttet wird, besteht die eigentliche Rendite für die Aktionäre im Kursanstieg seiner Aktien. Der Kauf einer Aktie ist eine Wette darauf, dass der Kurs auf oder idealerweise unter ihrem wahren Wert liegt und dass der Markt dies schließlich erkennen und ihren Kurs auf ihren wahren Wert anheben wird. Womit wir wieder bei der grundlegenden Frage der Bewertung angelangt sind. Wie können wir den wahren Wert einer Aktie beurteilen? Die kurze Antwort darauf, siehe oben, ist die, dass es sich um den Gegenwartswert aller künftigen Cashflows handelt, die die Aktie generieren wird. Das wirft jedoch die Frage auf, wie wir den Gegenwartswert dieser künftigen Cashflows erkennen sollen. Das wiederum erfordert eine kurze Einführung in das Instrument, mit dem Unternehmen ihren Aktionären über ihre Geschäftstätigkeit berichten: den Jahresabschluss.

Jahresabschlüsse
Unternehmen führen intern über alles und jedes Buch und destillieren diese umfangreichen Aufzeichnungen für ihre Aktionäre in drei Hauptdokumente: Gewinn- und Verlustrechnung, Kapitalflussrechnung und Bilanz. An der Börse gehandelte Unternehmen erstellen diese Berichte vierteljährlich und reichen sie bei der Bundesbörsenaufsicht (Securities & Exchange Commission) ein, wo sie der Öffentlichkeit über den EDGAR-Service der SEC zur Verfügung stehen: www.sec.gov/edgar.

Ich gehe zunächst kurz auf Bilanz und Kapitalflussrechnung ein und komme dann zur Gewinn- und Verlustrechnung, die für die Anleger im Falle des größten Teils der betreffenden Unternehmen am interessantesten und wichtigsten ist. In der *Bilanz* sind Aktiva und Passiva des Unternehmens sowie einige grundlegende Informationen über seine Aktien aufgeführt. Bei den Aktivposten handelt es sich hauptsächlich um Geld, sei es in

Form von liquiden Mitteln oder Investitionen, sowie um Sachwerte wie Fertigungsanlagen und Gebäude. Geistiges Eigentum, etwa Patente und Urheberrechte, gehören ebenso zu den Aktiva wie vom Unternehmen *vergebene* Kredite. Kredite, die das Unternehmen aufgenommen hat, sind Schulden und damit ebenso wie andere Forderungen an das Unternehmen Passiva (oder Verbindlichkeiten). Zu den üblichen Verbindlichkeiten zählt die Verpflichtung zu künftigen Rentenzahlungen und Rücklagen für potenzielle Kosten wie etwa Verluste durch Prozesskosten. In einem gesunden Unternehmen übersteigt der Gesamtwert der Aktiva den der Passiva und die Differenz zwischen den beiden gilt als »Eigenkapital«. Verwirrend ist dabei, dass der Bilanzwert des Eigenkapitals *nicht* dem Marktwert der Aktien des Unternehmens entspricht. Dieser ist in der Regel weitaus größer, da er einen Anspruch auf künftige Gewinne darstellt und nicht nur auf das derzeitige Vermögen des Unternehmens.

Die Kapitalflussrechnung (Cashflow-Rechnung) ist genau das, was der Name besagt: Sie gibt Auskunft über sämtliche Bewegungen liquider Mittel, die bei dem Unternehmen aus und ein gehen. Unternehmen benötigen eine Kapitalflussrechnung, weil sie sich zur Beobachtung Ihrer Geschäftstätigkeit in der Regel auf die sogenannte Periodenrechnung verlassen. (Sollten Sie bei der Lektüre dieses Satzes eingenickt sein, dürften Sie den Rest dieses Absatzes getrost überspringen.) Die Periodenrechnung ignoriert die tatsächlich gezahlten und erhaltenen Barmittel und erfasst stattdessen den Zeitpunkt, zu dem ein *Wert* den Besitzer wechselt. Wenn beispielsweise ein Unternehmen, das mit der Periodenrechnung arbeitet, am 31. Dezember 2023 irgendwas für 100 Dollar verkauft, die Zahlung aber (wie bei Handelsgeschäften üblich) erst am 31. Januar 2024 erfolgt, weist das Unternehmen die Einnahmen aus dem Verkauf als im Jahr 2023 entstanden aus, obwohl das Geld erst 2024 eingeht. Die

Kapitalflussrechnung bringt die Behauptung, das Unternehmen habe einen Umsatz von 100 Dollar erzielt, mit der Tatsache in Einklang, dass diese 100 Dollar nicht auf dem Bankkonto des Unternehmens zu sehen sind. Wie die Bilanz enthält auch die Kapitalflussrechnung Informationen, die für detaillierte Analysen durchaus wichtig sein können, aber nicht fundamental für das Verständnis der Geschäftstätigkeit eines Unternehmens sind.

Dazu sehen wir uns die Gewinn- und Verlustrechnung an. Zuweilen auch als Erfolgs- oder Ertragsrechnung bezeichnet, vermittelt sie uns das beste Bild davon, wie ein Unternehmen sein Geld verdient und welchen Gewinn wir künftig von ihm erwarten können.

Von oben nach unten gelesen, bildet die Gewinn- und Verlustrechnung einen Geldfluss ab, der das Unternehmen durchströmt und dabei der Bewässerung seiner Aktivitäten dient. Das Quellgebiet des Flusses sind die Einnahmen: alles Geld, das das Unternehmen mit dem Verkauf seiner Waren und Dienstleistungen verdient. Wenn ein Unternehmen Dingens verkauft und zehn dieser Dingens zu je 10 Dollar an den Mann bringt, sind das Einnahmen von 100 Dollar. Wenn wir nun die Gewinn- und Verlustrechnung flussabwärts verfolgen, wird der gewaltige Einnahmenfluss hier und da zur Speisung der einzelnen Komponenten des Unternehmens abgezweigt. Die erste und oft größte dieser Abzweigungen erfolgt gleich zu Beginn in Form der Kosten der verkauften Waren. So kosten die zur Herstellung der Produkte des Unternehmens verwendeten Rohstoffe ebenso Geld wie die direkt der Produktion zuzurechnende Arbeit. Was nach Abzug der Warenkosten übrig bleibt, wird als Roh- oder Bruttogewinn des Unternehmens bezeichnet. Als Nächstes folgen die »Betriebsausgaben«, unter denen wir die verschiedenen Kosten für den Betrieb des Unternehmens verstehen. Dazu gehört in der Regel eine Zeile für die Vertriebsgemeinkosten (VtGK). Bei diesen handelt es sich hauptsächlich um die Gehälter für die Vertriebs- und Marketingabteilung, die Geschäftsleitung und weiteres Personal. »Forschung und Entwicklung« oder »F&E« sind mal in den Vertriebsgemeinkosten enthalten, mal separat aufgeführt. Ist dem Fluss genügend Wasser zur Deckung der Betriebskosten entnommen, ist der verbleibende Fluss der »Betriebsgewinn«, sprich der Profit.

DER EINKOMMENSFLUSS / KAPITALFLUSSRECHNUNG

Das Betriebsergebnis ist insofern eine wichtige Zahl, als daraus hervorgeht, wie viel Geld das Unternehmen mit seiner Tätigkeit vor Abzug von Finanzierung und Steuern erwirtschaftet hat. Finanzierung und Steuern sind natürlich reale Kosten, unterscheiden sich jedoch von den fundamentalen Fragen, die sich bei einem Unternehmen stellen: Wollen die Kunden das Produkt, und sind sie bereit, dafür ordentlich zu bezahlen? Kann das Unternehmen das Produkt zu einem geringeren Preis herstellen und verkaufen, als die Kunden dafür bezahlen wollen? Investiert das Unternehmen durch die Entwicklung neuer Produkte in seine Zukunft? Analysten verwenden für das operative Ergebnis gern das englische Akronym EBIT (Earnings before Interest and Taxes), das für »Gewinn vor Zinsen und Steuern« steht.

Eine Variante des EBIT, die ebenfalls viel Beachtung findet, nennt sich EBITDA (Earnings Before Interest, Taxes, and Depreciation & Amortization), das für den »Ertrag vor Zinsen, Steuern, Abschreibungen auf Sachanlagen und Abschreibungen auf immaterielle Vermögensgegenstände« steht. Abschreibungen auf den Geschäfts- oder Firmenwert sind ein weiteres Werkzeug der Gewinnermittlung durch Bilanzierung. Kauft ein Unternehmen ein Wirtschaftsgut, das es länger als ein Jahr zu nutzen gedenkt, werden die Kosten für dieses Wirtschaftsgut nicht als Aufwand in der Gewinn- und Verlustrechnung verbucht. Stattdessen teilt das Unternehmen die Gesamtkosten des betreffenden Vermögenswerts auf die Anzahl der Jahre auf, in denen es ihn voraussichtlich nutzen wird, und schreibt ihn dann jedes Jahr in der Gewinn- und Verlustrechnung um diesen Teilbetrag ab. So wird ein Computer im Wert von 1000 Dollar, der voraussichtlich fünf Jahre lang genutzt werden kann, in der Gewinn- und Verlustrechnung fünf Jahre hintereinander mit 200 Dollar abgeschrieben. (In der Praxis ist die Formel komplexer, aber das ist das Prinzip.) Hinter der Amortisation steht das gleiche Konzept, nur bezieht sie sich auf immaterielle Wirtschaftsgüter wie etwa Patente. Da es sich beim Abschreibungsaufwand nicht um tatsächliche Ausgaben des Unternehmens handelt (die Zahlungen für diese Wirtschaftsgüter erfolgten in der Vergangenheit), kann es sinnvoll sein, das verbrauchte Wasser wieder in den Fluss zurückzuführen, wenn man ein besseres Gefühl dafür bekommen möchte, wie profitabel das Unternehmen im aktuellen Zeitraum tatsächlich war. Zur Berechnung des EBITDA nimmt man den Betriebsgewinn aus der Gewinn- und Verlustrechnung und addiert dazu den Abschreibungsaufwand (den Sie in der Kapitalflussrechnung finden).

BRUTTOGEWINN =
Einkommen − Herstellungskosten

OPERATIVES ERGEBNIS [»GVZS«] =
Bruttogewinn − Vertriebsgemeinkosten (VtGK)

NETTOGEWINN =
Operatives Ergebnis − Zinsen − Steuern

CEOs heben gerne das EBITDA hervor – aus dem einfachen Grund, dass es ihr Unternehmen profitabler erscheinen lässt. Als ich L2 verkaufte, war das EBITDA die Zahl, die ich in meinen Pitch-Decks präsentierte. Ihre Verwendung ist jedoch umstritten, denn auch wenn Abschreibungen keine Barauslagen sind, ohne Investitionsaufwand (in Anlagen oder Forschung) kommt ein Unternehmen nicht aus, und das EBITDA schließt diese durchaus realen Aufwendungen aus dem Finanzbild des Unternehmens aus. Bekanntlich steht Warren Buffett dem EBITDA aus ebendiesem Grund kritisch gegenüber und fragte einmal: »Glaubt das Management, dass die Zahnfee für den Investitionsaufwand zahlt?«[121]

In den letzten Jahren sehen wir einen Trend zu noch aggressiveren Kennzahlen, insbesondere bei Unternehmen in der Frühphase ihres Bestehens. Die Rede ist von einem »bereinigten EBITDA«, bei dem aus dem Unternehmensergebnis auch noch Kosten wie Marketing und sogar die Gehälter für die Mitarbeiter herausgerechnet werden. Die zweifelhafte Rechtfertigung für diese Kennzahlen bezeichnet die herausgerechneten Kosten als spezifisch für das Wachstumsstadium des Unternehmens, womit sie nicht als Teil des künftigen Betriebsmodells zu sehen seien. Seien Sie da vorsichtig: Die meisten dieser Kennzahlen kommen mir so vor, als würde mir ein Autohändler etwas über den Bergab-Spritverbrauch eines Wagens erzählen.

Unterhalb des Betriebsergebnisses (EBIT) finden sich in der Gewinn- und Verlustrechnung die Finanzierungskosten – in der Hauptsache Schuldzinsen – und Steuern. Manchmal fließt an dieser Stelle dem Fluss noch etwas Wasser hinzu, so etwa wenn das Unternehmen Eigenkapital investiert, Steuernachlässe erhält oder aus anderen ungewöhnlichen Einnahmequellen. Beachten Sie, dass der Nominalwert eines Kredits – der geliehene Betrag – nicht in der Gewinn- und Verlustrechnung erscheint, sondern nur der Zinsaufwand (bzw. der Zinsertrag). Kredite sind nicht Teil des Einnahmeflusses, da sie nicht aus der eigentlichen Geschäftstätigkeit des Unternehmens entstehen.

Was in unserem Fluss an Wasser übrig bleibt, ist der Profit, den wir in der Regel als Nettogewinn oder Betriebsertrag bezeichnen. Börsennotierte Aktiengesellschaften geben diesen als absoluten Dollarwert und schließlich als »Gewinn je Aktie« an. Letzterer wird berechnet, indem man den Nettogewinn durch die Anzahl der im Umlauf befindlichen Aktien dividiert. Der Gewinn je Aktie, oft mit »EPS« (Earnings per share) abgekürzt, ist das Maß für die Profitabilität eines Unternehmens, sprich den Gewinn, auf den jede Aktie Anspruch hat (obwohl, siehe oben, das meiste Geld im Unternehmen verbleibt).

Bewertung des Aktienkapitals

Die einfachste Methode, den Wert einer Aktie zu schätzen, ist die Anwendung eines »Multiplikators« auf den Gewinn je Aktie. Es ist ein grobes Mittel zur Schätzung des Werts künftiger Cashflows eines Unternehmens auf der Basis seiner jüngsten Gewinne:

Je höher das erwartete Wachstum, desto höher der Multiplikator des aktuellen Gewinns, den Sie anwenden. Bei börsennotierten Unternehmen lässt sich die Einschätzung der Aussichten eines Unternehmens durch den Markt anhand des Verhältnisses von Aktienkurs zu Gewinn pro Aktie messen. Man spricht hier vom Kurs-Gewinn-Verhältnis (KGV). Je höher das Kurs-Gewinn-Verhältnis, desto stärker der Glaube des Markts an eine künftige Gewinnsteigerung eines Unternehmens. Kurs-Gewinn-Verhältnisse über 30 deuten in der Regel auf ein Unternehmen mit hohem Wachstum hin; bei reifen, langsamer wachsenden Unternehmen liegt das Kurs-Gewinn-Verhältnis näher bei 10.

Man bezeichnet das KGV als einen »Marktmultiplikator«. Es ist der meistverwendete, aber weder der einzige noch der nützlichste. Investoren nehmen sich häufig die Multiplikatoren der einzelnen Hauptposten in einer Gewinn- und Verlustrechnung vor: Ein Unternehmen mit einer Marktkapitalisierung von 1000 Dollar, das 100 Dollar Umsatz, 50 Dollar Bruttogewinn, 25 Dollar EBIT und 10 Dollar Nettogewinn verbucht, hat einen Umsatzmultiplikator von 10, einen Bruttomultiplikator von 20, einen EBIT-Multiplikator von 40 und einen Nettomultiplikator von 100.

	EINKOMMEN	MARKTKAPITALISIERUNG	MULTIPLIKATOR
Einkommen	$100	$1,000	10
Bruttogewinn	§50	$1,000	20
GVZS (EBIT)	§25	$1,000	40
Nettogewinn	$10	$1,000	100

Sie können einen Multiplikator auf der Grundlage jeder beliebigen Zahl im Jahresabschluss berechnen. So bewertet man auf Abonnementbasis arbeitende Unternehmen manchmal auf der Grundlage ihres Werts pro Abonnent. Dividendenaktien lassen sich auf der Grundlage ihrer Dividendenrendite bewerten, also der Summe der jährlichen Dividenden dividiert durch den Aktienkurs. Analysten nehmen sich über den Marktwert hinaus auch die Verhältnisse anderer Kennzahlen vor: Der Prozentsatz der Bruttomarge gibt als in den Bruttogewinn umgerechneter Prozentsatz der Einnahmen Aufschluss über die Preisgestaltungsmacht des Unternehmens; der Lagerumschlag (Kosten der verkauften Waren/Lagerbestand) gibt Aufschluss über die Effizienz, mit der das Unternehmen seine Produkte produziert und verkauft.

Für sich genommen, haben Multiplikatoren keine große Aussagekraft, aber mit zunehmender Vertrautheit mit einer Branche lernt man ihre typischen Multiplikatoren kennen. Sie dienen in erster Linie dem Vergleich. Wenn Sie zwei Unternehmen derselben Branche haben, von denen der EBIT-Multiplikator des einen 20, der des anderen aber 35 beträgt, besagt das, dass der Markt das zweite Unternehmen optimistischer sieht. Auf der Grundlage dieser Multiplikatoren sagen wir, das erste Unternehmen sei »billig«, das zweite »teuer«. Aber das ist alles relativ.

Im Allgemeinen sind Multiplikatoren, die weiter unten in der Gewinn- und Verlustrechnung ansetzen, aussagekräftiger, da sie die tatsächliche Profitabilität eines Unternehmens reflektieren. Da jedoch auch nicht-operative Faktoren (Steuern und Finanzierungstätigkeiten) auf den Ertrag wirken können, konzentrieren sich erfahrene Anleger gern auf den EBIT-Multiplikator als besten Maßstab für die Bewertung eines Unternehmens. Bei wachstumsstarken Unternehmen oder potenziellen Übernahmezielen kann jedoch ein Umsatzmultiplikator der beste Maßstab für den Wert sein.

Bei der Berechnung eines Multiplikators ist es wichtig, den Unterschied zwischen Marktkapitalisierung und Unternehmenswert zu verstehen. Die Marktkapitalisierung eines Unternehmens ist der Aktienpreis mal der Gesamtzahl seiner Aktien. Dies ist der Wert der Aktien des Unternehmens.

MARKTKAPITALISIERUNG =
Aktienkurs x Zahl der Anteile

Bei einem Unternehmen ohne nennenswerte Schulden oder große Bargeldbestände entspricht der Wert seiner Aktien dem Wert des Unternehmens selbst. Schulden und liquide Mittel jedoch komplizieren das Bild. Um den Marktwert des Unternehmens selbst zu ermitteln, *addieren* wir die langfristigen Schulden des Unternehmens zu seiner Marktkapitalisierung und *subtrahieren* die liquiden Mittel. Was dabei herauskommt, bezeichnen wir als den »Unternehmenswert«. Die Berechnung eines Multiplikators anhand des Unternehmenswerts ist genauer als die anhand der Marktkapitalisierung, aber auch hier gilt, dass für Unternehmen ohne große Schulden oder liquide Bestände die Marktkapitalisierung vollauf genügt.

UNTERNEHMENSWERT =
(Marktkapitalisierung + Schulden) – Cash

Aber auch wenn uns ein einzelner Multiplikator die eine oder andere Information liefert (je höher er ist, desto mehr Wachstum erwartet der Markt), sind Multiplikatoren im Wesentlichen ein relatives Maß. Das bedeutet, dass ein Multiplikator Unternehmen benötigt, die mit dem Gegenstand unserer Bewertung vergleichbar sind. Die Auswahl von Vergleichsunternehmen ist nicht immer so einfach, wie es scheinen mag. Im Falle einiger Unternehmen bieten sich vergleichbare in ihrem Wettbewerbsumfeld an: Baumärkte wie Home Depot und Lowe's beispielsweise sind Unternehmen ähnlicher Größe in derselben Branche, wenn sie also zu unterschiedlichen Multiplikatoren gehandelt werden, ist das ein sicheres Zeichen dafür, dass der Markt das eine Unternehmen (das mit den höheren Multiplikatoren) hinsichtlich seines Wachstums für besser positioniert hält als das andere. Aber mit wem ließe sich Microsoft vergleichen? So hart das Unternehmen im Bereich der Cloud-Dienste mit Amazon konkurriert, mit dem Einzelhandel, Amazons Kerngeschäft, hat es nichts zu tun. Microsoft Office konkurriert mit Googles Docs and Sheets, die Google jedoch verschenkt. Wie soll man die beiden Unternehmen vom finanziellen Standpunkt her vergleichen, wenn eines von ihnen für sein Produkt nichts verlangt?

Multiplikatoren sind ein relatives Maß und ihr Nutzen mangels vergleichbarer Unternehmen begrenzt; eine direktere Bewertungsmethode ist die des »Discounted-Cashflow-Verfahrens«. Die Erstellung eines DCF-Modells ist eine der Kernkompetenzen professioneller Anleger, für Privatanleger im Detail nicht unbedingt zu verstehen. Kurz gesagt, ein DCF-Modell beginnt mit einer Gewinn- und Verlustrechnung, aber anstatt die Unternehmensergebnisse für die jüngste Vergangenheit darzustellen, projiziert es diese Ergebnisse in die Zukunft. Da *alle künftigen Cashflows abgezinst* (discounted) werden sollten, wendet es auf diese künftigen Erträge, wie oben beschrieben, einen Abzinsungssatz an, und die Summe dieser Erträge ergibt den Gegenwartswert des Unternehmens. Wenn Sie den gegenwärtigen Wert eines börsennotierten Unternehmens berechnen und dieser nicht mit dem Marktpreis übereinstimmt, ist das ein Hinweis darauf, dass Ihre Annahmen vom Marktkonsens abweichen – was eine Investitionsgelegenheit bedeuten kann.

Jede Art der Unternehmensbewertung setzt voraus, dass Sie bis zu einem gewissem Maß verstehen, in welcher Branche das Unternehmen tatsächlich tätig ist. Wie die Suche nach Vergleichsunternehmen kann sich auch das schwieriger gestalten, als es scheint. Aber unterschiedliche Branchen erfordern unterschiedliche Arten von Unternehmen. Ein weltweit tätiger Ölkonzern wie Exxon oder Chevron muss beispielsweise Milliarden von Dollar in Ölfeld-Operationen investieren, die sich möglicherweise erst nach Jahrzehnten amortisieren. Dies erfordert enorme Kapitalbeträge im Vorfeld, aber sobald das Öl zu fließen beginnt, fallen enorme Gewinne an. In dieser Hinsicht lassen sich Ölkonzerne mit einigen Software-Unternehmen vergleichen, die im Vorfeld jahrelang in die Entwicklung investieren müssen, aber sobald sie ein Produkt haben, können sie unendlich viele Kopien davon fast ohne Kosten ausliefern. Vergleichen Sie diese Modelle mit einer Anwaltskanzlei. Eine kleine Kanzlei, die nur aus einem Anwalt und einer Anwaltsgehilfin besteht, kann aufgrund kaum nennenswerter Fixkosten – Laptops, Haftpflicht, Büroräume, ein paar adrette Anzüge – vom ersten Tag an Gewinne erwirtschaften, da die Fixkosten vernachlässigbar sind. Und sie kann für jede Arbeitsstunde Spitzensätze in Rechnung stellen. Aber erinnern Sie sich noch, was ich im Abschnitt »Fokus« gesagt habe – dass Dienstleistungsunternehmen nicht sonderlich gut zu skalieren sind? Wenn der Gründer der Kanzlei ausgebucht ist und die Einnahmen der Kanzlei verdoppeln will, muss er einen weiteren Anwalt einstellen. Um die Einnahmen zu verzehnfachen, muss er zehnmal so viele Anwälte einstellen. Und wenn der Partner, dessen Name an der Tür steht, nicht genügend Arbeit für diese zehn neuen Anwälte auftreiben kann, werden sie trotzdem ihr Gehalt wollen.

Einige Unternehmen sind nicht wirklich in der Branche, in der sie zu sein scheinen. Google zum Beispiel ist zwar die führende Suchmaschine, verkauft aber keine Suchmaschinen, sondern Werbung. Sie ist Googles eigentliches Geschäft. Obwohl das Unternehmen technologisch fortschrittliche Systeme entwickelt und einsetzt, hat Google, vom geschäftlichen Standpunkt aus gesehen, mehr von einem traditionellen Fernsehsender oder einem Zeitungsverlag als von einem Tech-Unternehmen wie Microsoft oder Apple, da sein Kerngeschäft, mit dem es seine Einnahmen generiert, die Erstellung von Inhalten ist, die Aufmerksamkeit erregen, und der anschließende Verkauf des Zugangs zu dieser Aufmerksamkeit an Werbekunden. Man kann die Finanzen eines Unternehmens, seine Wachstumsaussichten und letztlich seinen Wert nicht verstehen, wenn man nicht weiß, wie ein Unternehmen seine Einnahmen tatsächlich erzielt und was es unterm Strich ist.

Investieren in Aktien
In der Regel kaufen Aktionäre ihre Aktien nicht direkt von den jeweiligen Unternehmen. Die meisten Aktienverkäufe finden auf einem sogenannten »Sekundärmarkt« statt, auf dem sich Dritte gegenseitig Aktien verkaufen. Und das Geld, das Sie für den Kauf dieser Aktien ausgeben, geht nicht eigentlich an das Unternehmen, sondern an den Aktionär, dem Sie die Aktien abgekauft haben. Sie investieren zwar in das Unternehmen, übernehmen aber letztlich nur eine Investition, die zuvor von jemand anderem getätigt wurde. Aber auch wenn ein Unternehmen das auf dem Sekundärmarkt für seine Aktien ausgegebene Geld nicht erhält, wird sich sein Management intensiv auf den Kurs seiner Aktien konzentrieren, schließlich ist dieser in der Regel ein wichti-

ger Bestandteil sowohl seiner Vergütung als auch ein Anreiz für neue Mitarbeiter; außerdem kann er zum Kauf anderer Unternehmen verwendet werden, und schließlich sind zusätzliche Aktienverkäufe eine potenzielle Kapitalquelle für das Unternehmen. Genauso wie sie hier und da Aktien auf dem Markt kaufen, verkaufen Unternehmen zuweilen auch Aktien, um sich neues Kapital zu beschaffen. Den erstmaligen Auftritt eines Unternehmens an der Börse bezeichnet man allgemein als »Börsengang« oder »IPO« (Initial Public Offering). Dieser ist ein wichtiges Ereignis in der Unternehmensentwicklung. Spätere, als »Sekundärangebote« bezeichnete Verkäufe verlaufen mit weitaus weniger Trara als das Erstangebot.

Der Kauf und Verkauf von Aktien bestimmter Unternehmen ist eine gute Möglichkeit, selbst etwas zu riskieren und sich zu motivieren, mehr über Unternehmen und das Investieren an sich zu erfahren. Ich selbst besitze Einzelaktien und meine, dass informierte, umsichtige Kleinanleger generell Einzelaktien (im Gegensatz zu ETFs) besitzen sollten. Wovon ich jedoch dringend abrate, ist, Einzelaktien ständig zu wechseln. Das funktioniert nicht und die Datenlage gibt mir da recht. Je mehr Sie handeln (traden), desto mehr verlieren Sie. Das ist kognitiv wie emotional anstrengend und funktioniert wie gesagt nicht. Auch steuerlich ist es alles andere als günstig, da Anlagen, die weniger als ein Jahr gehalten werden, nicht unter die steuerliche Regelung für Langzeit-Kapitalgewinne fallen (dies gilt für die USA). Lassen Sie die Finger vom Daytrading.

Es ist gut möglich, dass Ihnen irgendwann im Laufe Ihrer Karriere nichts anderes übrig bleibt, als Aktien eines bestimmten Unternehmens zu besitzen, weil Sie dort arbeiten und Ihre Vergütung zum Teil in Form von Aktien erfolgt (dieser Tage sind das in der Regel Restricted Stock Units, oder RSUs). In diesem Fall rate ich Ihnen, Ihre Aktien so schnell wie möglich und auf die steuerlich günstigste Weise zu verkaufen. Steuerliche Erwägungen können es rechtfertigen, Aktien zu behalten, die Sie als Teil Ihrer Vergütung bekommen. Ist das jedoch nicht der Fall, ist es selten sinnvoll, Aktien des Unternehmens zu halten, in dem Sie arbeiten. Warum? Weil Sie diesem Unternehmen gegenüber ohnehin bereits massiv exponiert sind und Sie Ihr Risiko streuen und nicht weiter konzentrieren sollten. Exponiert sind Sie insofern, als Ihr persönliches Schicksal mit dem dieses Unternehmens gekoppelt ist und Ihr künftiges Gehalt, Ihr Ansehen auf dem Arbeitsmarkt und Ihre psychologische Belohnung für Ihre Arbeit vom Erfolg dieses Unternehmens abhängig sind. Aktien sind hochliquide, also behandeln Sie Ihre Vergütung auch nicht anders, nur weil Sie sie in Aktien und nicht in bar bekommen haben. Sehen Sie es mal so: Hätten Sie Ihre Vergütung nicht in Form von Aktien bekommen, sondern den Gegenwert in bar erhalten, hätten Sie dieses Geld dann in Aktien Ihres Unternehmens gesteckt? Vermutlich nicht.

Wer könnte dennoch Aktien des Unternehmens behalten wollen, in dem er tätig ist? Nun, Gründer oder erste Mitarbeiter/Investoren sollten mit dem Verkauf ihrer Aktien vorsichtig sein, da ein aggressiver Verkauf dem Markt (und schlimmer noch, den Mitarbeitern) Zweifel an den Aussichten des Unternehmens signalisieren kann. Überbewerten sollten Sie diese Überlegung jedoch nicht. Risikokapitalgeber und Banker raten Gründern immer, ihr Geld im Unternehmen zu lassen. Das liegt in ihrem eigenen Interesse, schließlich wollen sie, dass der Aktienkurs so hoch wie möglich und der Gründer so abhängig wie möglich von seinem Unternehmen ist. Ich rate Gründern immer, einige ihrer Chips aus dem Pot zu nehmen, schließlich sollte das Interesse des Gründers die wirtschaftliche Sicherheit für seine Familie sein, und Wachstumsaktien sind nun mal riskante Aktien. Für langfristig orientierte Kleinunternehmer (ich meine damit die Main-Street-Wirtschaft, die ich in Kapitel zwei beschrieben habe, sollte es ein existenzielles Anliegen sein, das Unternehmensvermögen allmählich in persönliches Vermögen umzuwandeln, damit die wirtschaftliche Sicherheit nicht von einem einzigen Ereignis wie einem Verkauf oder der Weitergabe des Unternehmens an einen Erben abhängt.

Einige Angestellte sind profunde Kenner ihrer Branche und können das Potenzial ihres Unternehmens entsprechend besser einschätzen als externe Analysten. Falls Sie also gute Gründe für die Annahme haben, dass Ihr Unternehmen seine Gewinne schneller steigern wird, als es der aktuelle Aktienkurs vermuten lässt, kann dies durchaus ein Grund sein, Ihr Engagement in Ihrem Unternehmen zu erhöhen, indem Sie dessen Aktien halten (oder sogar weitere kaufen). Achten Sie jedoch darauf, dass Ihre natürliche Affinität zu Ihrer Arbeit, Ihren Kollegen und den von Ihnen entwickelten Produkten Ihnen den Blick nicht verstellt. Und sehen Sie zu, dass Sie nicht aufgrund von »Insider-Informationen« handeln – wie zum Beispiel nicht-öffentliches Wissen über die Zulassung eines Medikaments oder den Vertragsabschluss mit einem Großkunden. Dafür kann man ins Gefängnis kommen – und Sie wären nicht der Erste.

Abgesehen davon, selbst dort zu arbeiten, gibt es noch andere Möglichkeiten, sich ein profundes Wissen über ein Unternehmen oder eine Branche anzueignen. Großkunden haben manchmal exklusive Einblicke in Unternehmen. Akademiker und Wissenschaftler können ein einzigartiges Verständnis für bestimmte Branchen haben. Bis Mitte der 2000er-Jahre hatte ich zwanzig Jahre lang eng mit einigen der besten Einzelhändler im Land gearbeitet, die dann auch den Übergang zum Online-Handel schafften, und ich hatte selbst mehrere Online-Unternehmen gegründet, darunter eines, das an die Börse ging. Ich hatte ein tiefes Verständnis für das Potenzial in diesem Bereich entwickelt und dafür, was nötig war, um es zu realisieren. Mir war klar, dass der Markt Amazon stark unterbewertete, und ich setzte einen erheblichen Teil meines Nettovermögens auf Jeff Bezos und sein Team. Diese Investition hat sich in den letzten zwei Jahrzehnten fünfundzwanzigfach rentiert. Womit ich sagen will, dass ich diese Investition nicht leichtfertig getätigt habe, sie erfolgte vielmehr auf der Basis von zwei Jahrzehnten Erfahrung.

Ein Trend, der in den letzten Jahren an Fahrt gewonnen hat, ist das ethische oder werteorientierte Investieren, insbesondere die an Umwelt, Sozialem und Governance (Unternehmensführung) ausgerichteten ESG-Investitionen. (ESG steht für Environmental, Social, Governance.) Dem einzelnen Privatanleger würde ich dazu nicht raten. Ihre Investitionen als Kleinanleger werden die Entscheidungen der Unternehmen, deren Aktien Sie kaufen, nicht beeinflussen, aber sie werden sehr wohl Ihre eigene künftige wirtschaftliche Sicherheit bestimmen. Ich habe Verständnis dafür, wenn Sie lieber nicht an den Gewinnen einer Reihe von Ihrer Ansicht nach der Gesellschaft abträglichen Unternehmen teilhaben wollen – ich besaß viele Jahre lang Facebook-Aktien, habe sie aber schließlich in der Überzeugung abgestoßen, dass das Unternehmen jungen Menschen und unserer Gesellschaft im Allgemeinen enormen Schaden zufügt. Aber ich rate Ihnen dringend, nicht Ihr gesamtes Portfolio an Ihren politischen Präferenzen auszurichten. Gehen Sie wählen, engagieren Sie sich für Ihre Abgeordneten, werden Sie in Ihrer Gemeinde aktiv. Aber Ihr Kapital bedeutet Ihnen weit mehr als den Unternehmen, in die Sie es investieren. Vor allem das Etikett »ESG« wird von der Konzern-PR als Waffe eingesetzt und bedeutet nichts. (Für große Institutionen, deren Investitionsentscheidungen reale Auswirkungen haben, sind sozial verantwortliche Investitionen etwas anderes – aber das ist Stoff für ein anderes Buch.)

Anleihen

Sowohl Unternehmen als auch Staaten geben Anleihen heraus und der Anleihenmarkt ist mit einem Volumen von über 120 Billionen Dollar riesig. Anleihen sind eine Art Schulden, aber anstatt eines von einer Partei an eine andere vergebenen Darlehens handelt es sich bei ihnen um Schulden, die in ein »Wertpapier« umgewandelt wurden. Ein Wertpapier ist ein Anspruch auf einen ihm zugrunde liegenden Vermögenswert (Basiswert), der unabhängig von diesem Vermögenswert gekauft und verkauft werden kann. Auch Unternehmensaktien sind eine Art von Wertpapieren – sie implizieren einen Anspruch auf das Eigenkapital eines Unternehmens, wechseln aber auf dem Markt den Besitzer ohne Beteiligung des Unternehmens selbst. Dennoch sind sie ein verbindlicher rechtlicher Anspruch auf das Unternehmen. Hinter Anleihen steht der gleiche Gedanke, nur eben auf Kredite angewandt.

RENDITEN: US-AKTIENMARKT GG. ANLEIHENMARKT
1993–2023

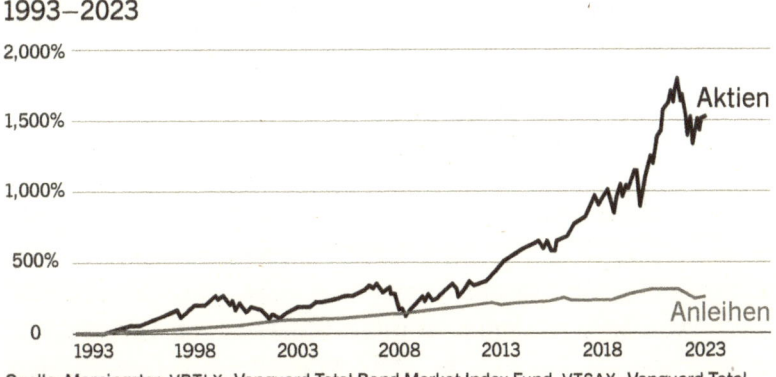

Quelle: Morningstar, VBTLX=Vanguard Total Bond Market Index Fund, VTSAX=Vanguard Total Stock Market Fund

Hier ein vereinfachtes Beispiel für die Funktionsweise einer Anleihe. Angenommen, Amazon möchte sich 100 Dollar leihen. Das Unternehmen wendet sich dazu an eine Bank, sagen wir Wells Fargo. Wells sieht sich die Bücher von Amazon an, kommt zu dem Schluss, dass das Unternehmen ein ziemlich gutes Kreditrisiko darstellt, und bietet ihm einen Kredit zu 6 Prozent. Amazon erwidert darauf: »Hey, wir sind der Marktführer im Online-Handel und in Cloud-Services, wir haben einen unglaublichen Cashflow, wie wäre es mit 4 Prozent?« Schließlich einigt man sich auf einen Kredit zu 5 Prozent, was bedeutet, dass Wells Amazon jetzt 100 Dollar gibt und Amazon dafür verspricht, in einem Jahr 105 Dollar zurückzuzahlen. Anstatt das Versprechen Amazons in Höhe von 105 Dollar einfach zu behalten, zerlegt Wells es jedoch in 100 kleine Versprechen, von denen jedes ein Versprechen ist, in einem Jahr 1,05 Dollar zu zahlen. Und dann verkauft Wells Fargo diese 100 kleinen Versprechen auf dem freien Markt. Das sind Anleihen. Die Anleger, die sie kaufen, können sie bis zum Ablauf des Jahres behalten und ihre 1,05 Dollar kassieren, oder sie können sie ihrerseits an Anleger weiterverkaufen, so wie Aktien auf dem Sekundärmarkt gehandelt werden.

Sobald sie zu Wertpapieren und auf dem Sekundärmarkt gehandelt werden, geht mit Anleihen etwas Merkwürdiges vor. Als Wells und Amazon die ursprünglichen Bedingungen aushandelten, war die primäre Variable der Zinssatz – Amazon wollte 4 Prozent zahlen, Wells hätte lieber 6 Prozent gesehen, und man einigte sich auf 5 Prozent. Für einen Anleger, der über den Kauf einer Anleihe nachdenkt, ist dieser Zinssatz von 5 Prozent jedoch irrelevant. Die Anleihe ist Amazons Versprechen, in einem Jahr 1,05 Dollar an denjenigen zu zahlen, der die Anleihe vorlegt. Diesen Leuten, den Anleihegläubigern auf dem Sekundärmarkt, ist es egal, wie viel Amazon ursprünglich geliehen hat und zu welchem Zinssatz. Die Anleihegläubiger interessiert nur eines: Wie viel ist ihnen Amazons Versprechen wert, in einem Jahr 1,05 Dollar zu zahlen? Das ist der Preis, zu dem sie die Anleihe kaufen und verkaufen werden.

Wenn Amazon nun ernsthafte geschäftliche Probleme zu entwickeln beginnt – Lieferkettenprobleme, Wechsel im Management, Datenschutzverstöße –, könnten die Anleger sich langsam Sorgen machen, das Unternehmen könnte womöglich nicht in der Lage sein, diese 1,05 Dollar zu zahlen. Und so werden sie die Anleihe von Tag zu Tag niedriger bewerten. An den prognostizierten Cashflows der Anleihe hat sich nichts geändert, aber das Risiko und damit der Abzinsungssatz sind gestiegen, sodass der gegenwärtige Wert (Barwert) der Anleihe sinkt. Vielleicht war sie 1,00 Dollar wert, als Wells sie aushandelte, aber ein paar Monate später ist das Unternehmen in Schwierigkeiten, und das Versprechen ist nur noch 90 Cent wert. Das Risiko, dass es dazu kommt, wird als »Kreditrisiko« oder »Ausfallrisiko« bezeichnet.

Anleihekurse ändern sich selbst dann, wenn die Einschätzung des Unternehmens durch die Anleger unverändert bleibt. Steigen die Zinssätze, bieten sich den Käufern bessere Anlagemöglichkeiten, und so werden sie heute nicht mehr so viel für 1,05 Dollar in einem Jahr bezahlen. Wenn ein Anleger beim amerikanischen Staat das Versprechen kaufen kann, in einem Jahr 1,06 Dollar für seinen jetzigen Dollar zu bekommen, dann wird er wohl kaum Amazons Versprechen kaufen wollen, nur 1,05 Dollar für diesen heutigen Dollar zu zahlen. Der Preis der Amazon-Anleihen wird unter 1,00 Dollar fallen. Sinken die Zinssätze jedoch, sieht das Versprechen von Amazon gleich viel besser aus, und der Preis der Anleihe könnte auf über 1 Dollar steigen. Die Möglichkeit, dass sich Anleihekurse aufgrund allgemeiner Zinsveränderungen ändern, bezeichnet man als »Zinsänderungsrisiko« oder einfach »Zinsrisiko«.

Unabhängig davon, wie sich Amazon oder der Markt allgemein entwickelt, wird sich der Preis der Anleihe, je näher der Rückzahlungstermin rückt, aufgrund des Zeitwerts des Geldes in Richtung 1,05 Dollar bewegen, und in weniger Zeit kann einfach weniger schiefgehen. Ein Versprechen von Amazon, Ihnen morgen 1,05 Dollar zu zahlen, wird 1,05 Dollar wert sein, es sei denn, Amazon gerät ernsthaft in Not.

Einige Begrifflichkeiten: Den Betrag, den eine Anleihe am Ende ihrer Laufzeit auszahlt, bezeichnet man als »Nennwert« oder »Nominalwert«. In unserem Beispiel beträgt der Nennwert 1 Dollar. Der ursprünglich ausgehandelte Zinssatz ist der »Anleihezins« oder »Kupon«, der in diesem Fall 5 Prozent beträgt. Die meisten Anleihen haben eine Laufzeit von mehr als einem Jahr, sodass der Emittent (derjenige, der die Anleihe herausgegeben hat) während dieser Zeit Zinszahlungen leistet. In unserem Beispiel gibt es nur eine einzige, und zwar über 0,05 Dollar am Ende des Jahres. Der Zeitpunkt, an dem eine Anleihe fällig wird, ist der »Fälligkeitstag«. In unserem Fall deckt sich der mit dem Jahresende; Amazon zahlt dann den Kapitalbetrag von 1 Dollar zurück – zusammen mit einer einmaligen Zinszahlung von 5 Cent.

Der wichtigste Begriff ist jedoch die »Rendite«, die sich auf den *effektiven* Jahreszins bezieht, den Sie erhalten, wenn Sie die Anleihe zum Marktpreis kaufen. Für unser Amazon-Beispiel bedeutet das: Kaufen Sie die Anleihe ein Jahr vor Fälligkeit für 1 Dollar, beträgt die Rendite 5 Prozent, da die Anleihe in einem Jahr 1,05 Dollar auszahlt. Kaufen Sie die Anleihe sechs Monate vor Fälligkeit für 1 Dollar, beträgt die Rendite 10 Prozent, da Sie in nur sechs Monaten Ihre 5 Cent Rendite erzielen werden. Die Rendite einer Anleihe ändert sich täglich auf der Grundlage des Marktpreises der Anleihe und ist ein Maß dafür, für wie attraktiv der Markt das Zahlungsversprechen des Emittenten hält. Im Allgemeinen, wenn auch nicht immer, bewegen sich der Anleihenmarkt und der Aktienmarkt in entgegengesetzte Richtungen, denn bei einem Höhenflug des Aktienmarkts sind die Anleger weniger geneigt, Anleihen zu kaufen, die tendenziell niedrigere, wenn auch stabilere Renditen aufweisen. Das drückt deren Kurse, und die Renditen steigen, bis die risikobereinigten Renditen für Anleihen mit den Renditen der Aktien konkurrieren können. Das Verständnis dieser Beziehungen bedarf einiger Übung. Am besten verinnerlicht man diese Mechanismen dadurch, dass man einige Anleihen kauft und ihren Kurs einige Zeit lang verfolgt.

Auch der Staat gibt Anleihen aus. Überhaupt besteht ein Gutteil des Anleihenmarktes aus Staatsanleihen, wobei die US-Bundesregierung einer der wichtigsten Emittenten ist. Bei den meisten US-Anleihen handelt es sich um sogenannte Treasury- oder kurz T-Bills (Schatzwechsel), die vom »Schatzamt« – dem Finanzministerium – in Schritten (man nennt das »gestückelt«) von 100 Dollar und Laufzeiten zwischen vier Wochen und dreißig Jahren ausgegeben werden. (Dabei bezeichnet man Anleihen mit kürzerer Laufzeit als »Bills« und solche mit längeren Laufzeiten als »Bonds«.) Das Finanzministerium gibt von Woche zu Woche neue Anleihen aus und legt den Zinssatz auf der Grundlage einer Versteigerung an Investoren fest. Sobald sie jedoch als Wertpapier auf dem Markt sind, bieten sie einen festen Zahlungsstrom, genau wie eine Unternehmensanleihe, und werden zu dem Preis gehandelt, den der Markt vorgibt. Für Amerikaner besteht ein besonderer Vorzug von Staatsanleihen darin, dass ihre Zinsen von der Einkommensteuer der Bundesstaaten befreit sind.

Anleihen bieten eine *alternative* Möglichkeit, in Unternehmen zu investieren, sowie die *einzige* Möglichkeit zur Investition in den Staat. Sie bergen weniger Risiken als Aktien, bieten eine kalkulierbarere Rendite, und das Risiko, Geld zu verlieren, wenn man sie bis zur Fälligkeit hält, ist sehr gering. Auf der anderen Seite bieten Anleihen eher bescheidene Renditen und sehr wenig »Upside«, sprich Aufwärtspotenzial. Ungeachtet des Erfolgs seiner Emittenten müssen sie *nie mehr* als die vorgesehenen Zahlungen für eine Anleihe leisten. Anleihengläubiger erhalten von den Emittenten *höchstens* das, was auf der Anleihe steht. Alle zusätzlichen Gewinne über die Anleihezahlungen hinaus gehen an die Aktionäre. Es ist nun mal immer das Risiko, das mit einer Belohnung verbunden ist.

Immobilien

Immobilien sind die Königsklasse unter den Anlageklassen. Der Preis einzelner Grundstücke mag im Lauf der Zeit steigen und fallen, auf lange Sicht sind sie hieb- und stichfest. Grundstücke (und Gebäude) können Einkommen erwirtschaften (durch Mieten, Weiterentwicklung oder durch Eigennutzung) und haben einen nahezu garantierten Endwert: Grund und Boden werden nicht mehr produziert. Außerdem sind Immobilien in vielerlei Hinsicht steuerlich begünstigt. Für Anleger, die es sich leisten können, sind Immobilien als langfristige Investition unübertroffen.

Wie jede Investition haben jedoch auch Immobilien einen Haken. Genauer gesagt, zwei. Erstens sind Immobilien weniger liquide als fast alle anderen Investitionen. Ein Käufer ist nicht immer leicht zu finden und die Transaktionskosten sind hoch. Wenn Sie ein Grundstück kaufen, schreiben Sie in der Regel zunächst Verluste: Sie müssen Makler, Gutachter, manchmal auch Sachverständige und eine Reihe von Behörden bezahlen, die alle ihre Hand aufhalten. Und eine weitere Zahlungsrunde steht Ihnen ins Haus, wenn Sie es wieder verkaufen wollen. Zweitens verursacht eine Immobilie allein durch ihren Besitz eine Menge Kosten: Grundsteuern, Versicherungen, Instandhaltung. Selbst bei unbebauten Grundstücken können Instandhaltungskosten anfallen: Zäune und Sicherheitseinrichtungen, Brand- und Hochwasserschutz, ein früherer Eigentümer könnte dort illegal Abfälle entsorgt haben – das sind nur einige Beispiele dafür, wie Sie ein Stück Land Geld kosten kann. Aber vielleicht finden Sie dort ja auch Öl oder Gold. Vergewissern Sie sich also beim Kauf, dass Sie auch die Abbaurechte auf Ihrem Grund und Boden erwerben.

Kurz gesagt: Immobilien können eine unglaubliche Investition sein, aber wie die meisten großartigen Investitionsmöglichkeiten im Kapitalismus braucht man Geld, um Geld zu verdienen. Und um in Immobilien zu investieren, müssen Sie nicht nur über eine Menge Kapital verfügen, Sie müssen es sich auch leisten können, dieses möglicherweise jahrelang in einem Grundstück gebunden zu halten. Und natürlich brauchen Sie darüber hinaus noch genügend liquide Mittel, um Ihr Eigentum nicht zu verlieren. Wenn Sie also nicht gerade ein milliardenschwerer Immobilienmagnat sind, gibt es für Sie nur wenige sinnvolle Möglichkeiten, in Immobilien zu investieren.

Die wichtigste Immobilieninvestition für die meisten von uns ist ein eigenes Zuhause. Für die meisten Leser dieses Buches wird ihr Haus für einen Großteil ihres Lebens der Hauptbestandteil ihres Anlageportfolios sein. Es ist nun einmal für die meisten Menschen die größte Anschaffung, die sie in ihrem Leben tätigen werden, ihre Hypothek ist der größte Kredit, den sie jemals aufnehmen werden, und der Schuldendienst eine der größten Ausgaben in ihrem Monatsbudget. Eine solche Investition kann eine starke stabilisierende Kraft in unserem Leben sein – deshalb gilt der Kauf eines Eigenheims oft als wichtiges Sprungbrett zur wirtschaftlichen Sicherheit. Diese Auffassung hat die Steuer- und Wirtschaftspolitik in den USA und anderswo geprägt und man begünstigt den Erwerb von Wohneigentum. Inzwischen diskutiert man durchaus darüber, was besser ist, Wohneigentum oder Mietwohnung, und es gibt durchaus Situationen, in denen der Kauf eines Hauses unklug ist. Den meisten Menschen jedoch kann ich nur raten, den Kauf eines Hauses zu einem zentralen Bestandteil ihres Plans zur Erreichung wirtschaftlicher Sicherheit zu machen. Wie fast alle meine Ratschläge in diesem Buch fußt der zum Thema Wohneigentum auf zwei Aspekten: dem wirtschaftlichen und dem persönlichen.

Erstens, der wirtschaftliche Aspekt. Historisch gesehen waren Wohnimmobilien langfristig immer eine gute Investition. Kompliziert wird der Vergleich des Werts von Wohneigentum mit anderen Investitionen durch die unterschiedliche steuerliche Behandlung, durch Kosten und Vorteile des Immobilienbesitzes (siehe oben: keine Miete, dafür Grundsteuer) und die Tatsache, dass Immobilien extrem von ihrer Lage abhängig sind. Häuser in etablierten Stadtteilen mit einer langen Geschichte steigender Preise, in wünschenswerten Regionen (aufgrund des Wetters und anderer natürlicher Ressourcen, der Nähe zum Arbeitsplatz etc.) sind in dieser Hinsicht eine bessere Investition. Das preisgünstige Einsteigerhaus in einer noch im Bau befindlichen, meilenweit von allem entfernten Neubausiedlung ist nicht ohne Grund ein preisgünstiges Haus. Investitionen in Immobilien in Randgebieten haben 2008, als die Immobilienpreise in den Keller gingen, die finanzielle Sicherheit zahlreicher Familien zerstört. Langfristig gesehen, sind Immobilien jedoch in einem Maß steuerbegünstigt und solide wie keine andere Anlageklasse.

In den USA sind die ersten 250 000 Dollar an *Gewinn* (500 000 Dollar für Ehepaare), die Sie beim Verkauf Ihres Hauses erzielen, steuerfrei (außerdem können Sie den als Gewinn zu versteuernden Betrag durch Abzug der Kosten für am Haus vorgenommene Arbeiten reduzieren); alles, was darüber hinausgeht, wird zu den üblichen Kapitalertragssteuersätzen besteuert.

Wenn Sie also ein Haus für 400 000 Dollar kaufen und es fünf Jahre später für 500 000 Dollar verkaufen, zahlen Sie beim Verkauf keine Einkommensteuer, da Ihr Gewinn nur 100 000 Dollar beträgt. Für rein als Investitionsobjekte erworbene Immobilien (sprich: Sie bewohnen sie nicht selbst) gibt es eine eigene Reihe von Bestimmungen hinsichtlich Aufschub und Minimierung von Steuern. Darüber hinaus gibt es für Erstkäufer und Käufer mit niedrigen bis mittleren Einkommen zahlreiche Programme auf Bundes- und Staatsebene, und Sie können für die Anzahlung möglicherweise einen (wenn auch keinen allzu großen) Teil Ihrer Altersvorsorge (IRA und 401(k)) abheben. Ohne Strafzinsen zu zahlen.

Der Preisanstieg ist nicht der einzige wirtschaftliche Vorteil von Eigenheim und Wohneigentum. Es ist die einzige Investition, *in der man wohnen kann*, und irgendwo muss man ja wohnen. Millennials zahlen in teuren Stadtgebieten mehr als 50 Prozent ihres Einkommens für die Miete. Grundsteuer, Versicherung und Instandhaltungskosten fressen die Einsparungen bei der Miete freilich rasch wieder auf. Viele Erstkäufer unterschätzen die wahren Kosten eines Eigenheims, aber wenn Sie nicht gerade extremes Pech haben oder sich wirklich dumm anstellen, wird das bei der Miete eingesparte Geld dennoch höher sein als die Summe, die Sie für die Instandhaltung Ihres Zuhauses ausgeben müssen.

Für die meisten Menschen ist der Kauf eines Hauses mit der Aufnahme einer Hypothek verbunden, für die Sie ordentlich Zinsen zahlen. Die ganzen 2010er-Jahre über machten die niedrigen Zinssätze den Kauf von Wohneigentum attraktiver denn je, und auch wenn die Zinssätze nach der Covid-19-Pandemie wieder angezogen haben, scheint eine Rückkehr zu den zweistelligen Hypothekenzinsen der 1970er-Jahre eher unwahrscheinlich. Da es sich bei einer Hypothek um ein »gesichertes« Darlehen handelt (das heißt, wenn Sie Ihre Zahlungen nicht leisten, gehört Ihr Haus der Bank, die es dann verkaufen kann), sind die Zinssätze im Vergleich zu anderen Formen von Verbraucherkrediten niedrig, was das geringere Risiko für den Kreditgeber reflektiert. Aber selbst wenn Sie sich ein Haus leisten können, ohne eine Hypothek aufzunehmen, ist dieses Kapital gebunden, sie können es nicht anderweitig investieren. Investitionen sind immer mit Opportunitätskosten verbunden. Wenn also der Zinssatz für die Hypothek niedriger ist als das, was Sie bei anderen Investitionen bekommen können, könnte eine Hypothek immer noch die wirtschaftlich vernünftigere Entscheidung sein.

Die amerikanische Steuerpolitik bietet einen weiteren erheblichen Anreiz für den Kauf eines Eigenheims, auch wenn dieser in den letzten Jahren reduziert wurde. Seit der Einführung der Einkommensteuer in den USA im Jahr 1913 können Hausbesitzer die Hypothekenzinsen von ihrer Einkommensteuer absetzen. Das gilt zwar nach wie vor, aber aufgrund einiger Änderungen im Steuergesetz ist der Abzug nur noch für eine Minderheit von Hausbesitzern wirtschaftlich sinnvoll. Der Tax Cuts and Jobs Act von 2017 (auch als »Trumps Steuersenkungen« bekannt) verdoppelte den »Pauschalabzug« (von 6000 auf 12 000 Dollar und für verheiratete Paare auf das Doppelte), wodurch die Steuervorteile von Hypothekenzinsen neutralisiert wurden, es sei denn, Sie haben eine sehr hohe Hypothek oder andere hohe Abzüge. Was drastische Auswirkungen hatte. Im Jahr vor der Änderung nahmen 21 Prozent der Steuerzahler den Hypothekenabzug in Anspruch; 2018 nutzten ihn nur noch 8 Prozent.[122] Bei Steuerzahlern mit einem Haushaltseinkommen zwischen 100 000 und 200 000 Dollar sank der Prozentsatz, der durch die Hypothek steuerlich geltend gemacht werden konnte, von 61 auf 21 Prozent.

Ich habe die Änderungen hinsichtlich der steuerlichen Aspekte von Hypotheken deshalb hervorgehoben, weil wir über

100 Jahre Erfahrung mit einer Welt haben, in der der steuerliche Abzug von Hypothekarzinsen eine wichtige Komponente bei der Entscheidung für den Kauf eines Hauses war. Entsprechend spiegelt sich diese Geschichte in den Ratschlägen von Freunden und Verwandten sowie in Veröffentlichungen vor 2018 (und in vielen danach). Durchaus möglich, dass der Abzug von Hypothekarzinsen für Sie und Ihre Situation nach wie vor sinnvoll ist, aber gehen Sie besser nicht nur deshalb davon aus, weil Ihr Onkel Carl das behauptet. Oder Ihr Onkel Scott. Steuergesetze ändern sich ständig, also informieren Sie sich vor dem Hauskauf, welche Regeln für Sie gelten. Wenn Sie alles für den Erwerb eines Hauses beisammenhaben, sind Sie wahrscheinlich an dem Punkt, an dem sich eine professionelle Steuerberatung lohnt.

Wie auch immer, die Geltendmachung der Hypothekarzinsen war zu keiner Zeit der Hauptgrund für den Kauf eines Hauses, und die wirtschaftlichen Aspekte eines eigenen Heims sind für viele immer noch sinnvoll. Darüber hinaus gibt es noch persönliche Faktoren. Eine Hypothekenzahlung ist eine Form des »Zwangssparens«. Das bedeutet, Sie sind *hoch* motiviert, Ihre Hypothek zu tilgen, und werden das mit ziemlicher Sicherheit auch tun. Aber allen guten Absichten zum Trotz ist es alles andere als einfach, 1000 Dollar im Monat aus Ihrem Einkommen für einen Investmentfonds abzuzweigen. Durch die Tilgung Ihrer Hypothek dagegen wird Ihre Schuld gegenüber der Bank schrittweise abgebaut, was Ihren Anteil am Wert des Hauses erhöht.

Der Besitz eines Eigenheims ist praktisch eine Verpflichtung zu wirtschaftlicher Sicherheit und Stabilität. Dass Hauseigentum nicht liquide ist, kann ein Vorteil sein, da man sich mit dem Kauf eines Hauses an eine bestimmte Gegend, vielleicht sogar an einen Arbeitsplatz bindet. Zwänge sind gut für Ihren Fokus und Ihr Fokus bringt Sie schneller ans Ziel als Flexibilität. Erinnern Sie sich, was ich im Abschnitt »Zeit« gesagt habe? Dass Sie sich verändern werden? Sie werden sich unter anderem dadurch verändern, dass Sie wahrscheinlich sesshaft werden und Interesse an Wurzeln und Stabilität entwickeln. Selbst wenn Ihnen ein Haus heute wie eine Fessel vorkommen mag, werden Sie darin in einem künftigen Jahrzehnt höchstwahrscheinlich einen Zufluchtsort sehen. Als junger Mensch sollten Sie nicht davon ausgehen, den Rest Ihres Lebens in einer Wohnung mit dreißig Tagen Kündigungsfrist leben zu wollen.

Wie bei den wirtschaftlichen Aspekten gibt es auch hier gegenläufige Faktoren. Wurzeln sind eine tolle Sache, solange man nicht woanders hinwill. Ein Haus zu verkaufen, ist normalerweise schon teuer genug, aber richtig brutal werden kann es, wenn Sie sich in einem Abwärtsmarkt zum Verkauf gezwungen sehen. Wenn Sie also ein Haus kaufen, bedeutet das, möglicherweise auf eine berufliche Chance oder eine Verbesserung der Lebensqualität verzichten zu müssen, weil Ihre Wurzeln Sie festhalten. (Tipp: Die Vermietung eines Eigenheims kann die Lösung dafür sein und Ihnen unter bestimmten Marktbedingungen sogar Geld einbringen, aber es ist ein Risiko und erfordert sorgfältiges Management.) Und wie gesagt, Häuser müssen instand gehalten werden, sie sind steuerpflichtig, und ich garantiere Ihnen, Sie werden am Ende mehr für die Einrichtung und Modernisierung ausgeben als geplant.

Über ein Eigenheim hinaus können Sie auch in andere Arten von Immobilien investieren. Der direkte Besitz von Anlageimmobilien kann eine *hervorragende* Möglichkeit sein, Einkommen in Kapital umzuwandeln und wirtschaftliche Sicherheit aufzubauen. Das Problem dabei ist der erhebliche finanzielle Aufwand, mit dem dies verbunden ist. Für ein »passives« Einkommen müssen Sie ziemlich aktiv werden. Deshalb habe ich im Abschnitt »Fokus« meine eigenen Erfahrungen mit dem Besitz von Anlageimmobilien umrissen – diese Art von Anlage ist eher ein zweiter (wenn nicht gar erster) Job. Sie sollten Immobilien als Finanzanlagen allenfalls dann in Erwägung ziehen, wenn Sie diszipliniert und detailorientiert sind, über handwerkliches Geschick verfügen und/oder sich den Umgang mit Baufirmen zutrauen. Außerdem sollten Sie über fundierte Kenntnisse und Kontakte im jeweiligen regionalen Markt verfügen und hart genug sein, um mit Mietern zu verhandeln und Ihre Vereinbarungen durchzusetzen. Und vor allem natürlich sollten Sie Zeit dafür haben, auch tatsächlich all dies zu verfolgen und dranzubleiben. Fangen Sie klein an, wachsen Sie schrittweise.

In Immobilien können Sie auch über Finanzunternehmen investieren. Neben (oftmals) börsennotierten Immobilien-Holdings wie Real Estate Investment Trusts (REITs) gibt es dazu auch überall zahllose private Immobilien-Gruppen. Sie reichen von kleinen Konsortien, die einzelne Projekte wie Einkaufszentren oder Bürogebäude finanzieren, bis hin zu multinationalen Holdings mit Vermögen in Milliardenhöhe. Börsennotierte REITs sind stärker reguliert, was eine gewisse zusätzliche Sicherheit bietet, während private Immobilieninvestitionen mehr Sorgfaltspflicht Ihrerseits erfordern. Im Allgemeinen ähneln solche Anlagen jedoch eher der Investition in Aktien als in Immobilien, da Sie unterm Strich in ein Managementteam und ein Geschäftsmodell investieren, das sich rein zufällig statt mit Software oder Turnschuhen mit Immobilien befasst.

Rohstoffe, Währungen und Derivate

Am Rand Ihrer Anlagemöglichkeiten, vom eigentlichen Wirtschaftsleben etwas abgesetzt, gibt es noch andere Anlageklassen. »Waren« und Währungen an sich sind reale Anlagegegenstände. »Waren« oder »Commodities« sind Rohstoffe wie Öl, Gold oder Agrargüter; Währungen sind Geld. Und sie wechseln auf (meist) liquiden Märkten den Besitzer. Die Preise für Waren und Rohstoffe werden weitgehend von realen Gegebenheiten beeinflusst: So hat das Wetter einen enormen Einfluss auf den Preis von Erdgas und vielen Agrarprodukten. Auf Rohstoffpreise wirken vor allem Veränderungen in den weltweiten Produktionsstrukturen.

Die Preise für Währungen reflektieren in der Regel die wirtschaftliche Situation der jeweiligen Länder, insbesondere die dortigen Zinssätze – höhere Zinssätze machen eine Währung teurer, da Investitionen in diese Währung höhere Renditen erzielen. Kryptowährungen wie Bitcoin werden größtenteils in Abhängigkeit von der jeweiligen Marktstimmung gegenüber Krypto als Anlageklasse gehandelt und sind bis heute hochvolatil. Gut möglich, dass Kryptowährungen sich irgendwann neben staatlich emittierten Währungen als stabiles, dauerhaftes Tauschmittel oder als Wertanlage etablieren, aber zumindest bis 2023 gibt es da noch erhebliche technische und gesellschaftliche Hürden.

Bei den meisten dieser Anlagewerte werden Sie als Anleger nicht direkt mit den ihnen zugrunde liegenden Basiswerten in Berührung kommen. Vielmehr werden Sie mit sekundären (derivativen) *Wertpapieren* handeln, die das Risiko künftiger Preisänderungen dieser Vermögenswerte auffangen sollen. »Futures« (an der Börse gehandelte Termingeschäfte) sind sekundäre Wertpapiere auf Rohstoffe, Agrarprodukte und andere Waren, während wir solche, die auf Aktien basieren, als »Optionen« bezeichnen. Im Wesentlichen schließen Sie im einen wie im anderen Fall Wetten auf künftige Preisbewegungen ab.

Derivate spielen auf den Finanzmärkten insofern eine interessante Rolle, als sie sowohl ein Instrument zur Risikominderung als auch zur Erhöhung des Risikos sind. Ihr wesentlicher Zweck besteht darin, dass sie Unternehmen und Anlegern die Möglichkeit geben, sich gegen die Risiken bestimmter Märkte abzusichern. Das klassische Beispiel hierfür ist ein Produzent eines einzelnen Rohstoffs, etwa ein Sojabohnenfarmer oder der Betreiber einer Goldmine. Die Existenz dieses Produzenten ist vom Preis seines Rohstoffs abhängig, und wenn dieser drastisch sinkt, könnte das der Ruin für ihn sein. Derivate bieten stark fremdfinanzierte Wetten, die Unternehmen mit dieser Art von Risikoexposition *gegen* das von ihnen gewünschte Ergebnis abschließen, um mit dem Gewinn aus der Derivatwette die Kosten in ihrem operativen Geschäft auszugleichen für den Fall, dass die Preise sich in die falsche Richtung entwickeln. Der Betreiber einer Goldmine kann auf das Sinken des Goldpreises wetten und sich so gegen das Goldpreisrisiko absichern, während ein Unternehmen, das viel Gold kauft, darauf wetten kann, dass der Preis steigt. Es ist im Wesentlichen eine Versicherung. Desgleichen sehen sich multinationale Unternehmen Währungsschwankungen ausgesetzt: Wenn Sie Ihre Mitarbeiter in Dollar bezahlen, aber die meisten Ihrer Waren an Euro-Kunden verkaufen, ist es gar nicht gut für Sie, wenn der Dollar gegenüber dem Euro deutlich an Wert gewinnt. (Sie bekommen dann für jeden eingenommenen Euro weniger Dollar, mit denen Sie Ihre Löhne und Gehälter bezahlen.) Also wetten Sie darauf, dass der Dollar *stärker wird*, und sichern so Ihr Risiko ab.

Natürlich muss jemand die andere Seite dieser Wetten übernehmen, und so sind auf diesen Märkten viele reine Finanzakteure tätig, die im Wesentlichen ständig auf der Suche nach Gelegenheiten sind, Risiken zu kaufen – um der damit verbundenen potenziell hohen Gewinne willen. Derivate können ausgesprochen kompliziert werden und die extremen Beispiele dafür werden zuweilen als »exotisch« bezeichnet. Solche »Exoten« spielten eine enorme Rolle bei der großen Finanzkrise von 2008: Banken, die mit »besicherten Schuldverschreibungen« handelten, bei denen selbst sie nicht mehr durchblickten, sahen sich nach dem Einbrechen des Immobilienmarkts mit Verlusten in Milliardenhöhe konfrontiert.

Ein sekundäres Wertpapier, mit dem Privatanleger vermutlich in Berührung kommen, sind Optionen auf Aktien. (Wir sprechen hier nicht von den Aktienoptionen, die Sie von Ihrem Arbeitgeber eventuell im Rahmen Ihrer Vergütung erhalten.) Sie kaufen eine Option auf den Kauf oder Verkauf einer bestimmten Aktie zu einem bestimmten Preis (dem sogenannten »Ausübungspreis«) für einen bestimmten Zeitraum. Eine Option zum Kauf von Aktien wird als Kaufoption (Call-Option) bezeichnet und ist im Wesentlichen eine Wette darauf, dass der Kurs einer Aktie steigen wird. Eine Option, eine Aktie zu einem bestimmten Preis zu verkaufen, wird dagegen als »Verkaufsoption« (Put-Option) bezeichnet und ist eine Wette darauf, dass der Aktienkurs fallen wird.

Der Optionshandel ist für den Privatanleger verlockend, weil er eine hohe Hebelwirkung bietet. Ein paar Hundert Dollar in Kaufoptionen können in kurzer Zeit zu einem Gewinn von mehreren Tausend Dollar führen. Je nach Art des Vertrags kann man aber auch astronomische Verluste erleiden, die weit über die ursprüngliche Investition hinausgehen. Es gibt nicht viele Möglichkeiten, mehr zu verlieren, als man eingesetzt hat, aber beim Optionshandel ist das durchaus drin.

Wie alle Optionsmärkte dominieren auch den Derivatemarkt erfahrene Fachleute, deren Job ausschließlich darin besteht, selbst über die kleinsten Details ihrer Märkte im Bilde zu sein. Diese Trader verdienen ihr Geld in der Regel nicht mit dem Kauf einzelner Kontrakte, sondern indem sie eine Reihe von Verträgen unterschiedlicher Art bündeln und so Strukturen mit fantasievollen Namen wie »Straddle«, »Strangle« und »Iron Butterfly« schaffen. Privatanleger, die einzelne Kontrakte kaufen, sind die kleinen Fische, die von diesen großen Fischen gefressen werden, um leichte Gewinne zu erzielen.

Es gibt allerdings Situationen, in denen Privatleute Derivate auf die gleiche Weise zur Absicherung gegen Risiken einsetzen können wie Institutionen. Wenn Sie, um Ihnen ein Beispiel zu geben, in verschiedenen Ländern leben und arbeiten, sind Sie möglicherweise einem Währungsrisiko ausgesetzt. Illiquide Aktien Ihres Arbeitgebers könnten Sie einem übermäßigen Risiko in einer Branche oder Region aussetzen oder Ihre anderen Anlagen könnten Sie einem erheblichen Zinsrisiko aussetzen. Unter diesen Umständen wirken Derivate wie eine Versicherung – mit einem kleinen Betrag auf einer stark fremdfinanzierten Basis (Hebel) schützen Sie sich vor einem potenziellen Verlust. Ich habe Optionen eingesetzt, um einen Einkommensstrom aus einer großen Einzelaktienanlage zu erzielen, die ich langfristig halten wollte.

Es gibt unendlich viele Möglichkeiten, wie Marktteilnehmer Derivate, einschließlich Aktienoptionen, zur Feinabstimmung ihrer Anlagetätigkeit einsetzen. Aber der einmalige Handel mit Optionen auf Privatanleger-Ebene hat mit Investieren im strengen – oder, genau genommen, in irgendeinem – Sinne des Worts nichts zu tun. Es ist ein Glücksspiel. Und Glücksspiele können ein unterhaltsamer Zeitvertreib sein, eine lähmende Sucht oder irgendetwas dazwischen – aber Investitionen sind sie nicht.

Fonds

Die letzte Kategorie von Finanzanlagen mit Relevanz für den Privatanleger ist weniger eine bestimmte Anlageklasse als vielmehr ein Mittel zum Zugang zu den anderen Anlageklassen. Und es sollte auch das primäre Mittel für Ihren Zugriff auf diese Anlagewerte sein. Ihr langfristiges Vermögen (Ihr dritter Eimer, Sie erinnern sich), das Geld, von dem Sie eines Tages leben wollen, sollte größtenteils in Fonds investiert sein. Ich habe diese Ausführungen an das Ende meiner Erörterung der Anlageklassen gestellt, weil Fonds eine Zusammenstellung anderer Anlagewerte sind und ich ein gewisses Verständnis unseres Finanzsystems für wichtig halte. Aber für die praktischen Zwecke langfristiger Investitionen ist dies die wichtigste Kategorie.

Obwohl es verschiedene Varianten gibt, besteht das Grundmodell eines Fonds darin, das Kapital von Kleinanlegern gebündelt einem Team professioneller Anleger zu übergeben, die es dann in größeren Kontingenten, in der Regel nach einer veröffentlichten Anlagestrategie, investieren. Fonds unterscheiden sich durch die Art und Weise, wie man daran beteiligt ist, welche Gebühren sie verlangen und wie sie ihre Investitionen tätigen.

Das klassische Fondsmodell ist der offene Investmentfonds. In jüngerer Zeit haben börsengehandelte Fonds (ETFs) das Verfahren vereinfacht. Sie bieten im Allgemeinen eine kostengünstigere Möglichkeit, über ein einziges Wertpapier Zugang zu einem breit gefächerten Anlageportfolio zu erhalten. ETFs sind nicht nur einfacher zu kaufen und zu verkaufen, sondern können auch einen Steuervorteil gegenüber herkömmlichen Investmentfonds bieten, da der Handel mit bestimmten Investmentfonds zu steuerpflichtigen Einkünften führt, selbst wenn Sie die Fondsanteile passiv halten.

Fonds verfolgen eine ganze Palette von Handelsstrategien. »Aktiv gemanagte Fonds« sind (in der Regel) komplex und von menschlichen Analysen abhängig – sie sind aller Wahrscheinlichkeit nach mit höheren Gebühren verbunden und vermutlich zu meiden. »Passive Fonds« werden auf der Grundlage von Algorithmen verteilt und ihre einfachste Strategie besteht in der Spiegelung eines beliebten Index wie des S&P 500. Entsprechend bieten zahlreiche Investmentgesellschaften einen S&P 500-ETF mit wirklich geringen Gebühren. Der bekannteste (wenn auch nicht ganz der billigste) ist der erste börsengehandelte Fonds überhaupt, der Anlegern seit 1993 ein einzelnes Wertpapier zur

Abbildung des S&P 500 anbietet: SPDR (Ticker-Kürzel: SPY). Es gibt ETFs, die andere Indizes abbilden, wie etwa den Russell 3000, der fast die Gesamtheit der börsennotierten Aktien umfasst, ETFs, die verschiedene festgelegte Handelsstrategien verfolgen, und ETFs, die in Währungen und Rohstoffe investieren.

Bei allen Fonds fallen Gebühren an, die oft vielschichtig und schwer zu durchschauen sind. Die Gebührenstrukturen offener Investmentfonds können komplexer sein als die von ETFs, ein weiterer Punkt, der für ETFs spricht. Die wichtigste Zahl, auf die Sie achten sollten, ist die Kostenquote. Diese sollte so niedrig wie möglich sein, deutlich unter 1 Prozent. Investmentfonds erheben manchmal Gebühren für den An- und Verkauf oder andere Dienstleistungen, während ETFs wie Aktien gehandelt werden, und zwar heutzutage in der Regel ohne Provision.

Eine weitere Neuerung sind »Robo-Advisor«-Fonds. Hier zahlen Sie Ihr Geld auf ein spezielles Konto ein und überlassen es der Investmentgesellschaft, es nach einem Algorithmus anzulegen. Die Gebühren hierfür sind zwar in der Regel sehr niedrig, aber auch niedrige Gebühren summieren sich dank der Zinseszinsen im Laufe der Zeit. Und die meisten Robo-Advisor verteilen Ihr Geld letztlich nur auf verschiedene ETFs oder Investmentfonds. Wenn Sie sich die Zeit genommen haben, ein Buch über das Investieren bis hierher zu lesen, sind Sie vermutlich informiert und interessiert genug, um die Grundlagen des Kaufs von ETFs zu beherrschen, ohne die Gebühren für einen Robo-Advisor zu zahlen.

Im Abschnitt »Bewertung« habe ich das Konzept des risikofreien Zinssatzes erläutert. Das ist die Basisrendite, die Sie von jeder Anlage erwarten und die besser abschneiden muss als Ihr Sparkonto. Wenn dies jedoch die Basis ist, sollte ein S&P-500-ETF die Benchmark für Ihre langfristigen Investitionen sein. Was ich damit meine, ist, dass Sie es mit der Rendite eines Sparkontos nicht zu einem Vermögen bringen werden. Das von Ihnen angelegte Geld muss schon etwas mehr Risiko eingehen, um mehr Rendite zu erzielen. Eine bewährte Methode, um echte Anlegerrenditen zu erzielen, besteht darin, die Renditen des S&P 500 zu verfolgen (rund 11 Prozent seit seiner Gründung im Jahr 1957 und 8 Prozent in den letzten 20 Jahren).[123] Kurzfristig gesehen, ist es freilich eine riskante Investition. Legen Sie also die 10 000 Dollar, die Sie für den Schuldendienst an Ihrer Hypothek benötigen, nicht im S&P 500 an. Dafür haben Sie Ihr risikofreies Sparkonto. Aber für langfristiges Geld, das Geld, mit dem Sie die Inflation schlagen und Vermögen schaffen wollen, ist ein S&P-500-ETF Ihre Benchmark. Vergleichen Sie jede Alternative unter den Gesichtspunkten Risiko und Rendite. Wenn eine Anlage über 8 Prozent bietet, wie viel zusätzliches Risiko gehen Sie dafür ein? Wenn Sie Ihr langfristig angelegtes Geld damit um ein gewisses Aufwärtspotenzial erweitern, kann es das wert sein. Bietet sie weniger, um wie viel sicherer ist sie dann? Für Geld, das Sie wahrscheinlich eher früher als erst in Jahrzehnten benötigen, sollten Sie eher auf diese zusätzliche Sicherheit setzen, aber für langfristiges Geld sollten Sie eher zum Risiko tendieren.

Für die Aufteilung Ihrer langfristigen Anlagen auf verschiedene Anlageklassen gibt es eine ganze Reihe von Ansätzen. Volkswirtschaftler haben allen nur erdenklichen Ansätzen das Wort geredet, Finanzberater dagegen empfehlen in der Regel, gerade jüngeren Anlegern, hauptsächlich in Unternehmensanteile zu investieren, wobei zunächst der kleinere Teil Ihrer Mittel in weniger riskante Anlagen wie Unternehmensanleihen gehen sollte; wenn Sie sich dann dem Ruhestand nähern, sollten Sie diesen risikoarmen Anteil vergrößern. Ein Ansatz ist die »100-minus-Alter«-Regel, laut der der Prozentsatz Ihres Vermögens in Aktien gleich 100 minus Ihrem Alter sein sollte (wenn Sie also 35 Jahre alt sind, sollten Sie 65 Prozent Ihrer langfristigen

Anlagen in Aktien und 35 Prozent in Anleihen investieren). Der Volkswirtschaftler Robert Schiller (der später den Nobelpreis für seine Analyse der Aktienkurse erhalten sollte) analysierte 2005 verschiedene Anlagestrategien und kam zu dem Ergebnis, die mit Abstand beste Strategie bestehe darin, zu 100 Prozent in Unternehmensaktien zu investieren – die Aufnahme eher konservativer Anlagen in ein Portfolio verringere nur die Rendite.[124]

Wenn Sie einen Berufsweg mit einem höheren Einkommen als Ziel eingeschlagen haben und Sie bei der Finanzierung Ihrer zwischenzeitlichen Ausgaben diszipliniert vorgehen, empfehle ich Ihnen, Ihre langfristigen Anlagen in jungen Jahren risikoorientiert auszurichten: mehr wachstumsstarke Aktien, wenige oder gar keine risikoarmen Anlagen wie Anleihen.

Die letzte Instanz aller Investments: das Finanzamt

Es gibt wohl keine Institution, zu der ich eine zwiespältigere Beziehung habe als das Finanzamt. Die Männer und Frauen dort leisten die ebenso harte wie undankbare Arbeit, die Einnahmen unserer Nation zu sichern. Cicero bezeichnete die Steuern als »die Sehnen des Staates«, weil sie unsere Sicherheit, unsere Infrastruktur und unsere sozialen Investitionen finanzieren. Patriotismus ist aus der Mode gekommen (was in eine andere Talkshow gehört), aber wenn Sie denken, dass der amerikanische Staat etwas gut macht, sei es Wettervorhersagen, Flugzeugträger oder grüne Energie (meiner Ansicht nach eines großartiger als das andere), dann denken Sie daran, dass ihm all das nur möglich ist, weil die IRS (Internal Revenue Service, die Bundessteuerbehörde der USA, Anm. d. Red.) da draußen die Steuern eintreibt. Gott, ich liebe das Finanzamt.

Nur treibt das Finanzamt da draußen auch von mir Steuern ein. Jedes Mal, wenn ich eine clevere Investitionsentscheidung treffe, jedes Mal, wenn ich ein Unternehmen verkaufe, bei jedem Dollar, den ich jemals verdient habe, ganz zu schweigen von jedem Dollar, den ich den Hunderten von hervorragenden Mitarbeitern gezahlt habe, die hart für meine Unternehmen gearbeitet und mir geholfen haben, dorthin zu kommen, wo ich heute bin – habe ich das Finanzamt im Nacken, das mir mit gierigem Blick über die Schulter schaut. Gott, ich hasse das Finanzamt.

Hier bleibt einem nichts anderes übrig, als die eigene Steuerlast mit allen legalen Mitteln zu minimieren und die Schecks ans Finanzamt in der Gewissheit auszustellen, einen Beitrag zu leisten. Amerikanische Soldaten, die in Kriegsgefangenschaft geraten, müssen zu fliehen versuchen, das ist ihre Pflicht. Meiner Ansicht nach hat der Staatsbürger ebenfalls eine doppelte Verpflichtung – gegenüber seinem Land und seiner Familie –, nicht

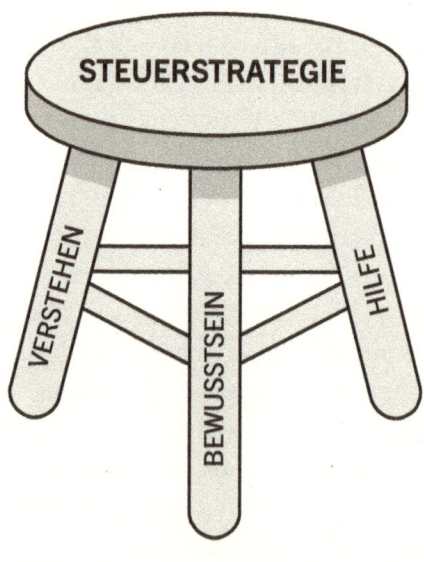

mehr als die gesetzliche Mindeststeuer zu zahlen. Habe ich gerade den Staat mit einem Feind im Krieg verglichen? Ich sage ja, ich bin hin- und hergerissen.

Aber meine werten Gefühle mal beiseite, wie können Sie Ihre Steuerlast legal minimieren? Nun, es gibt drei grundlegende Schritte, sozusagen die »Stehenbleiben, Hinwerfen, Wälzen«-Maxime der Steuerstrategie: Erkennen, Verstehen und Hilfe.

Sie müssen sich jederzeit bewusst sein, dass Steuern sowohl Ihr Einkommen und Ihre Investitionen als auch Ihre Ausgaben durchdringen. Jede finanzielle Entscheidung, die Sie treffen – auch die, etwas *nicht* zu tun –, hat steuerliche Auswirkungen. Einige sind offensichtlich, viele sind es nicht, und sie können Ihre langfristigen Ergebnisse radikal verändern. Trainieren Sie sich ein an Paranoia grenzendes Bewusstsein an.

Zur Schärfung dieses Bewusstseins brauchen Sie ein grundlegendes Verständnis für die Funktionsweise der Besteuerung im Allgemeinen und für die wichtigsten Bestandteile unseres Steuersystems. Dieses Verständnis sollte in Ihre Entscheidungen das ganze Jahr über einfließen, und nicht erst, wenn Sie sich an Ihre Steuererklärung setzen – zu diesem Zeitpunkt ist das Spiel bereits weitgehend gewonnen oder verloren. Meine Erfahrung und mein Verständnis beziehen sich hauptsächlich auf die USA, daher werde ich mich hier auf die USA konzentrieren, aber viele dieser Themen sind universell.

Ich gehe gleich auf die grundlegenden Konzepte ein, die in diesem Zusammenhang zu verstehen sind. Aber erst mal: Sie sollten diese Probleme nicht allein angehen. Zu Beginn Ihrer beruflichen Laufbahn, insbesondere als Lohnempfänger, sind Ihre Steuern wahrscheinlich unkompliziert und Ihre Möglichkeiten begrenzt. Die folgenden Ausführungen sollten Ihnen ein gutes Stück weit helfen, aber Sie sollten sich dennoch schlau machen, was Ihre eigene Situation anbelangt. Wenn Ihr Einkommen steigt und Sie zu investieren beginnen, wenn Sie als Freiberufler tätig sind oder gar Ihr eigenes Unternehmen besitzen, wenn Sie Immobilien oder andere komplexe Vermögenswerte erwerben, sollten Sie damit rechnen, für die eine oder andere Art professioneller Unterstützung berappen zu müssen. Anfangs ist das vielleicht nur ein Steuerberater, der Ihnen bei Ihrer Steuererklärung hilft, aber schon bald werden Sie feststellen, dass Sie umfassenderen Rat benötigen. Nehmen Sie diese Möglichkeit wahr. Meine Steueranwälte sind mit die klügsten und fleißigsten Menschen, die ich kenne. Sie sind auch eine meiner besten Investitionen, denn sie bringen mir ein Vielfaches dessen ein, was sie mich kosten.

Einkommensteuer

Der große Zampano unter den Steuern ist die Einkommensteuer. In den USA zahlen Sie sowohl Bundes- als auch (in den meisten Bundesstaaten) bundesstaatliche und (in einigen wenigen Gegenden, darunter New York City) eine kommunale Einkommensteuer. (In einem Bundesstaat ohne Einkommensteuer zu leben, kann enorm zu Ihrer Vermögensbildung beitragen, aber dazu später mehr.) Am stärksten zu Buche schlagen die Bundessteuern, von denen die Einkommensteuern der Einzelstaaten nur eine Schmalspurversion sind. Deshalb will ich mich hier auf Erstere konzentrieren. Wenn Sie seit Jahren für Ihre Einkommensteuer selbst verantwortlich sind, wird Ihnen das meiste davon wahrscheinlich vertraut sein, aber wie schon bei den Finanzmärkten kann es durchaus helfen, einen Schritt zurückzutreten und sich das große Ganze anzusehen.

Die Einkommensteuer macht, was sie sagt: Sie beansprucht einen Prozentsatz Ihres Einkommens. Entsprechend hat unsere Gleichung also zwei Teile: den Prozentsatz und das Einkommen.

Politische Diskussionen über Steuern konzentrieren sich oft auf den Prozentsatz, weil er das für jeden verständliche, sichtbare Element der Steuern ist. Aber bedenken Sie, dass das amerikanische Steuergesetz (Abgabenordnung) mehr als 2600 Seiten umfasst, die Steuersätze der Einkommensteuer aber in einigen wenigen Tabellen zusammengefasst sind, die kaum eine Seite einnehmen (sie stehen ganz vorne, U.S. Code Title 26). Ein Großteil der restlichen Seiten ist der Berechnung des Einkommens gewidmet.

In der Welt der Steuern bedeutet »Einkommen« keineswegs, »wie viel Geld man verdient« hat. Es ist stattdessen eine Zahl (die in der Regel um einiges kleiner ist als Ihr Verdienst), die als Bemessungsgrundlage für Ihre Steuerschuld (das, was Sie tatsächlich abführen müssen) dient. Ich bezahle meine Steueranwälte also nicht, um meinen Steuersatz zu ermitteln. Ich bezahle sie, um den Betrag zu minimieren, der als mein zu versteuerndes Einkommen gilt. Das sollten Sie auch tun.

Die erste Verteidigungslinie gegen die Besteuerung ist Geld, das erst gar nicht als Einkommen zählt. Der größte Posten dabei ist geliehenes Geld, das kein Einkommen und daher nicht zu versteuern ist. Wenn Sie eine Hypothek für den Kauf eines Hauses aufnehmen, müssen Sie für das geliehene Geld keine Steuern zahlen. Das Gleiche gilt, wenn Sie einen Home Equity Loan (eine Art zweiter Hypothek) aufnehmen, d. h., die Bank gibt Ihnen Bargeld (zur flexiblen Verwendung). Es handelt sich dabei keineswegs um kostenloses Geld, da Sie es der Bank mit Zinsen zurückbezahlen müssen, aber es ist steuerfrei. Dies ist eine der wesentlichen Möglichkeiten zur Steuervermeidung für Superreiche – Tech-Gründer wie Jeff Bezos und Elon Musk beispielsweise beziehen ihre Vergütung größtenteils aus Aktien, die sie jedoch nur selten verkaufen. Stattdessen verwenden sie sie als Sicherheiten für große Kredite zu sehr niedrigen Zinssätzen und finanzieren ihren aufwendigen Lebensstil mit den steuerfreien Darlehenserlösen (und ziehen die Zinsaufwendungen ab). Obendrein hat dies den positiven Nebeneffekt, dass sie ihr Stimmrecht in ihren Unternehmen behalten. Oft finanziert die Geschäftätigkeit ihrer Firmen Eigentümern von Privatunternehmen ihren Lebensstil, etwa indem die Unternehmen die Kosten für Reise und Unterhaltung bezahlen. Der Eigentümer zahlt unterm Strich so oder so, da die Kosten aus den Gewinnen des Unternehmens stammen, aber er bezahlt keine Einkommensteuer auf das Geld, da es die Gewinne des Unternehmens mindert. Ein allzu aggressiver Einsatz dieser Strategie kann freilich nahtlos in den Steuerbetrug übergehen und außerdem das Privatvermögen des Inhabers aufgrund unerwarteter Verbindlichkeiten des Unternehmens gefährden.

Eine weitere Möglichkeit, Geld erst gar nicht im besteuerbaren Einkommen in Erscheinung treten zu lassen, besteht darin, dafür zu sorgen, dass jemand – oder etwas – anderes es verdient. Es gibt Investoren und Unternehmer, die in der Lage sind, juristische Personen zu schaffen, die anstelle einer einzelnen (natürlichen) Person Einnahmen aus diversen Aktivitäten beziehen. Dies in Niedrigsteuerländern wie den Kaimaninseln zu machen, kann Teil dieser Strategie sein, muss es aber nicht. Unter bestimmten Umständen können auch Familienmitglieder als Empfänger von Geldern eingesetzt werden. Berufliche Partnerschaften wie Anwaltskanzleien und Arztpraxen nutzen ihre Firmen, um die Einnahmen aus ihren Honoraren zu halten und ihr besteuerbares Einkommen zu minimieren und hinauszuschieben.

Der größte Teil des Geldes, das wir erhalten, ist jedoch steuerpflichtig. Insbesondere zwei Einkommensarten sind steuerlich relevant: laufende Einkommen und Kapitalerträge. Unter laufende Einkommen fallen Löhne und Gehälter, während Kapitalerträge Gewinne aus dem Verkauf von Vermögenswerten wie

Aktien und Häusern sind. Auch wenn die Sätze sich in Relation zueinander von Zeit zu Zeit geändert haben, werden in den USA Kapitalerträge zu niedrigeren Sätzen besteuert als laufende Einkünfte.

Die Steuersätze für Kapitalerträge variieren je nach Einkommen und Gerichtsbarkeit. Auf Bundesebene gehen die Steuern auf Kapitalerträge von 0 für Haushalte mit niedrigem Einkommen bis zu 23,8 Prozent für die Spitzenverdiener. Auf bundesstaatlicher Ebene reichen die Steuern auf Kapitalgewinne von 0 bis 10 Prozent oder mehr.* Kapitalverluste (wenn Sie einen Vermögenswert zu einem geringeren Preis verkaufen als dem, den Sie dafür bezahlt haben) können von Ihrem Einkommen abgezogen werden, allerdings derzeit nur bis zu einer Höhe von 3000 Dollar pro Jahr. (Sie können zusätzliche Verluste auf künftige Jahre übertragen.)

Offensichtlich ist es also besser, einen Dollar in Form von Kapitalerträgen als einen Dollar in Form eines laufenden Einkommens zu erzielen. Allerdings lässt sich die Einstufung von Einkommen in die eine oder andere Kategorie in der Regel nicht mehr ändern, nachdem es verdient ist – man kann und sollte also den Unterschied bereits bei der Finanzplanung berücksichtigen. Die vorteilhafte steuerliche Behandlung von Kapitalerträgen ist mit einer der Gründe dafür, dass Investitionen im Allgemeinen für den Vermögensaufbau so wichtig sind. Sie begünstigt auch Berufswege, bei denen das Geld mit dem Kauf und Ver-

---

* Hier sind jedoch zwei wichtige Einschränkungen zu beachten: Erstens müssen Sie eine Anlage mindestens ein Jahr lang halten, um den niedrigeren Satz zu erhalten. Und zweitens werden Anlagegewinne im Rahmen steuerlich nachgelagerter Programme wie etwa Rentenpläne nicht besteuert, wenn sie erwirtschaftet werden; alle Ihre Entnahmen jedoch werden zusammen mit dem normalen Einkommen besteuert, selbst Gewinne aus dem Verkauf von Vermögenswerten.

kauf von Vermögenswerten verdient wird: Hedgefonds, Private Equity (außerbörsliches Beteiligungskapital), Immobilien etc. Aber auch ein niedriger Steuersatz ist eine Steuer – Steuern sind schnell vergessen, wenn Ihr Aktienportfolio im Rahmen einer Hausse in die Höhe schießt oder wenn Sie ein Mietobjekt in einem Markt mit anziehenden Kursen erwerben. Das Finanzamt jedoch vergisst sie nicht.

Bleibt als Bemessungsgrundlage das laufende Einkommen. Dieses lässt sich vor allem durch Abzüge verringern. Bei diesen Abzügen handelt es sich in erster Linie um Aufwendungen (Ausgaben), die laut Kongressbeschluss Ihr zu versteuerndes Einkommen mindern sollen. Sie wurden nach und nach und aus vielen Gründen oder auch ohne erkennbaren Grund eingeführt – die politischen Begründungen für Steuerabzüge reichen von unhaltbar bis völlig absurd.

Für die meisten sind Abzüge heute jedoch als Instrument zur Steuerminderung weit weniger interessant als früher. Faktisch nutzen nur 10 Prozent der Steuerzahler etwas anderes als die Standardoption, den sogenannten »Pauschalabzug«.[125] Dieser betrug 2023 in den USA 13 850 Dollar pro Erwachsenen (und damit für Ehepaare das Doppelte). Ein Alleinstehender mit einem laufenden Einkommen von 100 000 Dollar hat allein kraft Pauschalabzug ein zu versteuerndes Einkommen von nur mehr 86 150 Dollar. Einen Haken hat die Sache freilich: Nehmen Sie den Pauschalabzug in Anspruch, können Sie die meisten anderen Abzüge nicht mehr geltend machen (Beiträge zu Rentenplänen wie 401(k) und IRA werden jedoch weiterhin abgezogen). In der Praxis bedeutet dies, dass Ihre »abziehbaren Sonderausgaben« mehr als den Pauschabzug ausmachen müssen, sonst lohnt es sich nicht. Das ist bei neun von zehn Steuerzahlern nicht der Fall.

Bei den 10 Prozent der Steuerzahler, die sich für die abziehbaren Sonderposten entscheiden, sind die beiden größten Abzüge in der Regel die Einkommensteuern des jeweiligen Bundesstaats und die Zinsen für die Haushypothek. Wohlgemerkt: nicht die Raten für die Hypothek selbst, sondern nur der Anteil, der auf die Zinsen entfällt (bei einer Hypothek ist das in der Anfangszeit der größte Teil der Zahlungen). Arztrechnungen und andere medizinische Aufwendungen, die meisten Spenden für wohltätige Zwecke, einige Bildungsausgaben, bundesstaatliche Einkommensteuern und Beiträge zur Altersvorsorge sind ebenfalls wichtige Steuerabzüge. Viele Abzüge, wie etwa die Zinsen von Krediten für das Studium, fallen bei höheren Einkommensstufen weg.

Es ist wichtig, sich die Rolle des Pauschalabzugs und die fundamentale Funktionsweise von Steuerabzügen vor Augen zu halten, wenn Sie das Versprechen, etwas sei »von der Steuer absetzbar«, hören. Die meisten Abzüge, einschließlich von Spenden für wohltätige Zwecke, kommen Ihnen nur dann zugute, wenn Sie den Pauschalabzug nicht in Anspruch nehmen, sondern die Sonderausgaben einzeln abziehen. Denken Sie daran: 90 Prozent der Steuerzahler tun dies nicht. Es ist höchst unwahrscheinlich, dass Sie genügend Einzelposten zum Abziehen zusammenbekommen, um den Pauschabzug zu umgehen, es sei denn, Sie haben eine Hypothek auf ein Haus. Und selbst dann hängen viele Abzüge, wie etwa die Schulden aus einem Studienkredit, von Einkommensgrenzen ab, die meist in der Nähe von 100 000 Dollar liegen. Und schließlich wird, wenn Sie einen dieser Posten abziehen können, dieser von Ihrem *Einkommen* und nicht von Ihren Steuern abgezogen – Sie sparen also, je nach Ihrem Steuersatz, nur etwa ein Drittel des Abzugsbetrags.

Es gibt auch verschiedene Arten von »Steuergutschriften«, die vor allem Steuerzahlern mit geringerem Einkommen zugutekommen und zuweilen sogar zu Zahlungen vom Staat führen können, sodass sie das besteuerbare Einkommen auf unter null senken können. Steuergutschriften wie die für Arbeitseinkommen oder Kinder sind wichtige Programme des sozialen Sicherungsnetzes, die über das Einkommensteuersystem gewährt werden.

Selbstständige und Freiberufler sehen sich mit einer komplexeren Steuersituation konfrontiert. Die gute Nachricht ist, dass Aufwendungen im Zusammenhang mit ihrer Arbeit, etwa für Reisen und Ausstattung, von ihrem Einkommen abziehbar sind (auch wenn sie den Pauschabzug in Anspruch nehmen). Die schlechte Nachricht ist, dass sie einer zusätzlichen Besteuerung unterliegen – sie zahlen die Steuern, die ihr Arbeitgeber gezahlt hätte, wenn sie angestellt wären. Außerdem müssen sie das ganze Jahr über Zahlungen nach Schätzungen leisten und nicht nur eine einzige am 15. April. Sollten Sie ein erhebliches Einkommen aus selbstständiger Tätigkeit haben, sollten Sie einen Steuerberater hinzuziehen.

Nachdem all diese Berechnungen erledigt sind, bestimmt Ihr zu versteuerndes Einkommen Ihren Steuersatz, der jedoch nicht aus einer einzigen Zahl besteht. Die Einkommensteuersätze sind vielmehr »gestaffelt«, was bedeutet, dass die Sätze mit zunehmendem Einkommen steigen, aber Sie zahlen den höheren Satz nur für den Teil Ihres Einkommens, der in die nächste Stufe fällt. So zahlte zum Beispiel 2022 ein alleinstehender Steuerpflichtiger 10 Prozent auf die ersten 10 275 Dollar, 12 Prozent auf die *nächsten* 31 500 Dollar, dann 22 Prozent auf die *nächsten* 47 300 Dollar und so weiter, bis der Spitzensteuersatz von 37 Prozent auf Einkommen über 539 900 Dollar erreicht war. Das ist wichtig, denn auch wenn ein höheres Einkommen Ihren Gesamtsteuersatz hebt, es ändert nichts daran, wie hoch Sie bereits besteuert wurden – Sie werden nicht dafür bestraft, dass Sie mehr verdienen, aber das Mehr wird höher besteuert.

Die sechsstellige Einkommensfalle

Steuersysteme, bei denen der Satz mit dem Einkommen steigt, bezeichnet man als »progressiv«. (Was hier im wirtschaftlichen, nicht im politischen Sinne zu verstehen ist.) Progressive Einkommensteuern haben weite Verbreitung gefunden, weil sie dem Grenznutzen des Einkommens Rechnung tragen. Für jemanden, der 30 000 Dollar im Jahr verdient, bedeutet jeder zusätzliche Dollar an Steuern einen erheblichen Einschnitt in seine Lebensqualität. Für jemanden, der 300 000 Dollar verdient, stellt 1 Dollar mehr an Steuern eine weit weniger große Belastung dar – und für jemanden, der 3 Millionen Dollar verdient, ist er irrelevant. Progressive Steuersysteme nehmen also weniger von denen, die Steuern am schwersten treffen, und belasten diejenigen stärker, die mehr haben. Beachten Sie, dass nur die Einkommensteuer progressiv gehandhabt wird. Umsatzsteuer, Grundsteuer, Kfz-Steuer und fast jede andere Form der Besteuerung ist »regressiv«: Jeder zahlt das Gleiche, unabhängig von seinem Einkommen. Diese belasten Menschen mit niedrigem Einkommen mehr.

Das amerikanische Steuersystem ist bis zu einem gewissen Grad progressiv, flacht aber ab, sobald man die oberste Einkommensstufe erreicht (derzeit 539 900 Dollar). Infolgedessen wirken sich die Einkommensteuern am stärksten auf Spitzenverdiener aus: Ärzte, Anwälte, Ingenieure, leitende Angestellte, deren Gehalt sie in die Nähe des Spitzensteuersatzes bringt, aber nicht darüber. Und das berücksichtigt noch nicht einmal die Mittel und Wege, die die wirklich Reichen haben, um ihre Steuern niedrig zu halten. Warren Buffett hat bekanntlich gesagt, sein Steuersatz sei niedriger als der seiner Sekretärin.[126]

Stellen Sie sich zwei Haushalte vor, einen mit einem Jahreseinkommen von 500 000 Dollar und einen mit 2 Millionen Dollar im Jahr. Der zweite Haushalt zahlt einen etwas höheren Steuer-

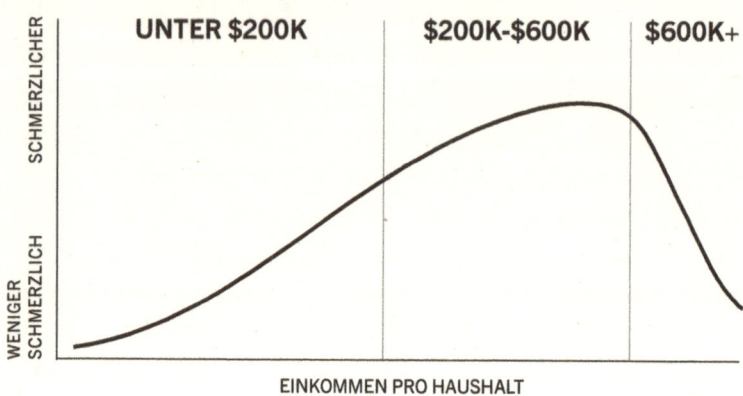

satz (wenn er nicht gerade Warren Buffetts Steueranwälte hat), aber wenn man davon ausgeht, dass beide in Bundesstaaten mit hohen Steuern leben, zahlen beide etwa 50 Prozent ihres Einkommens an Steuern. Der Steuersatz ist der gleiche, dennoch sind die Auswirkungen auf die Lebensqualität für den Haushalt mit dem niedrigeren Einkommen weitaus größer. Das liegt am abnehmenden Grenznutzen des Geldes, aber auch daran, dass die Aufwendungen für den Wohlstand –Privatschulen, Altersvorsorge, Auto- und Hypothekenzahlungen – vor allem im Bereich unter 500 000 Dollar zu Buche schlagen. Der Kapitalismus lässt sich endlos Dinge einfallen, die er uns verkaufen kann, aber sobald das Einkommen nach Steuern 500 000 Dollar oder so übersteigt, ist das, was übrig bleibt, in jeder Hinsicht Luxus. Die Steuern machen aus dem 500 000-Dollar-Haushalt einen 250 000-Dollar-Haushalt – was eine weitaus bedeutendere Veränderung darstellt als die Umwandlung eines 2-Millionen-Dollar-Haushalts in einen 1-Million-Dollar-Haushalt.

Das ist aber noch längst nicht alles. Verlängert man den zeitlichen Horizont, werden die relativen steuerlichen Auswirkungen auf den 500 000-Dollar-Haushalt sogar noch größer, weil Besserverdiener weit mehr Einkommen in Kapital umwandeln können. Ein 2-Millionen-Dollar-Haushalt, der von 500 000 Dollar pro Jahr lebt, genießt einen sehr hohen Lebensstandard, der für einen Haushalt mit 500 000 Dollar Einkommen (dem nach Steuern nur 250 000 Dollar pro Jahr zur Verfügung stehen) absolut unerreichbar ist. Und selbst auf diesem luxuriösen Niveau, bei dem er über 40 000 Dollar pro Monat ausgibt, spart er immer noch 500 000 Dollar pro Jahr. In nur zehn Jahren werden aus 500 000 Dollar im Jahr, zu einer Rendite von 8 Prozent angelegt, zu einem Investmentfonds von fast 8 Millionen Dollar, der über 600 000 Dollar pro Jahr an Kapitalerträgen einbringt (die zu Kapitalertragssätzen besteuert werden). Höchstverdiener zahlen in der Regel hohe Einkommensteuersätze, aber weder beeinträchtigt das groß ihre Lebensqualität, noch verlangsamt es ihren rapiden Vermögensaufbau, weil sie so viel Einkommen in Kapital umwandeln können.

Das System heißt nicht umsonst »Kapitalismus« und nicht »Arbeitismus«. Reichtum entsteht durch Kapitalinvestitionen, nicht durch Arbeitslöhne. Sobald man in der Lage ist, einen erheblichen Teil seines Lohns in Investitionskapital umzuwandeln, schafft man den Sprung zur Lichtgeschwindigkeit.

Lohnsteuer

Die Lohnsteuer ist eine Form der Einkommensteuer, aber viel einfacher – sowohl im Prinzip als auch in der Ausführung, vor allem für Angestellte, denen sie automatisch vom Lohn abgezogen wird. Für Selbstständige dagegen kann sie eine böse Überraschung darstellen.

Es gibt zwei Bundessteuern auf Ihren Lohn: Sozialversicherung und Medicare. Die Sozialversicherungssteuer beträgt 12,4 Prozent, aber die Hälfte »bezahlt der Arbeitgeber«, sodass auf Ihrer

Lohnabrechnung nur 6,2 Prozent Steuern stehen. Ich setze das allerdings in Anführungszeichen, da Ihr Unternehmen sich bei Ihrer Einstellung durchaus bewusst war, dass es die anderen 6,2 Prozent übernehmen würde. Die Sozialversicherungssteuer ist jedoch gedeckelt. Die Obergrenze lag 2023 bei 160 200 Dollar im Jahr – wenn Sie darüber verdienen, entfällt die Sozialversicherungssteuer für den Rest des Jahres. Die Medicare-Steuer beträgt 2,9 Prozent und wird auf dieselbe Weise aufgeteilt. Es gibt keine Obergrenze für die Medicare-Steuer und der Steuersatz steigt für Spitzenverdiener geringfügig an. Die meisten Bundesstaaten erheben auch noch eine Lohnsteuer, die jedoch in der Regel recht niedrig und obendrein niedrig gedeckelt ist.

Wenn Sie Lohn oder Gehalt beziehen, kommen Sie um die Lohnsteuer nicht herum – Sie können nichts abziehen, und Sie zahlen sie sogar für Geld, das Sie in die Altersvorsorge einzahlen. Als Selbstständiger kann man die Lohnsteuer leicht übersehen, aber sie schlägt stark zu Buche, da Sie sowohl den Arbeitgeber- als auch den Arbeitnehmeranteil bezahlen – insgesamt über 15 Prozent auf die ersten 160 000 Dollar Ihres Einkommens.

Effektive und marginale Steuersätze

Die Kombination aus gestaffelten Einkommensteuersätzen und gedeckelten Lohnsteuern bedeutet, dass nicht jeder Dollar unseres Einkommens mit dem gleichen Satz besteuert wird, und für so manchen Steuerzahler ist dieser Unterschied groß genug, um Lebensentscheidungen zu beeinflussen.

Der springende Punkt ist hier der Unterschied zwischen Ihrem »effektiven Steuersatz« und Ihrem »Grenzsteuersatz«. Das ist mehr was für Nerds, aber es ist nun mal wichtig. Ihr effektiver Steuersatz ist das, was Sie insgesamt gezahlt haben. Ihr Grenzsteuersatz ist dagegen der Steuersatz, den Sie auf den nächsten zusätzlichen Dollar zahlen. Nehmen wir ein Ehepaar, bei dem ein Ehepartner 200 000 Dollar verdient, während sich der andere ganztägig zu Hause um die Kinder kümmert. Mit einer Hypothek und einer vernünftigen Steuerplanung beläuft sich das zu versteuernde Einkommen der beiden auf nur 130 000 Dollar, die Bundeseinkommen- und Lohnsteuer beträgt etwa 32 000 Dollar – das entspricht einem effektiven Bundessteuersatz von 16 Prozent.*

Aber was passiert, wenn der andere Ehepartner wieder ins Berufsleben eintritt? Der effektive Steuersatz von 16 Prozent berücksichtigt bereits die Abzüge der beiden als Paar sowie die Obergrenze der Sozialversicherungsbeiträge des ersten Ehegatten und die Staffelung der Einkommensteuer. Weiteres Einkommen wird zu einem weit höheren Satz besteuert. Wenn der zweite Ehepartner einen Job mit einem Einkommen von 100 000 Dollar annimmt, ist das gesamte Einkommen steuerpflichtig und führt zu zusätzlichen 30 000 Dollar an Bundessteuern oder einem Grenzsteuersatz von 30 Prozent. Das sind 14 000 Dollar mehr an Steuern, als bei einem effektiven Steuersatz von 16 Prozent auf das zusätzliche Einkommen anfallen würden. In einem Bundesstaat mit höchster Besteuerung kann das Delta sogar noch größer ausfallen.

Derlei ungleiche Ergebnisse finden sich überall im Steuerrecht und machen es durchaus riskant, von Ihrer aktuellen Situation auszugehen. Ein erhöhtes Einkommen kann diverse Steuern auslösen und Ihre Ersparnisse auf unvorhergesehene Weise elimi-

---

* Vorausgesetzt, sie haben genügend Hypothekenzinsen und andere abziehbare Sonderausgaben zu veranschlagen, dazu einen maximalen Beitrag zur Altersversorgung (401(k)), beläuft sich das zu besteuernde Einkommen der beiden auf 130 000 Dollar, für die 19 800 Dollar Lohnsteuer und ein effektiver Bundessteuersatz von 16 Prozent fällig sind ((19 800 Dollar + 12 800 Dollar) / 200 000 Dollar). Aber vergessen Sie dabei nicht, dass das Steuergesetz (Abgabenordnung) sich jedes Jahr ändert, womit diese Zahlen rasch an Aktualität verlieren werden.

nieren. Desgleichen können kleine Änderungen im Steuergesetz die eine oder andere Strategie zum Schnee von gestern machen und neue Möglichkeiten eröffnen. Was das *Timing* zu einem wesentlichen Aspekt der Steuerplanung macht.

Aufschieben. Was? Wann? Warum?

Timing ist alles bei der Steuerplanung. Der Gedanke dahinter ist folgender: Sie sollten Ihr Einkommen so über die Zeitachse verteilen, dass Sie Ihren effektiven Steuersatz Ihr ganzes Leben über so niedrig wie möglich halten. Bei Einkommen, die den üblichen Tarifen unterliegen, bedeutet dies in der Regel, dass Sie Einkünfte aus Jahren mit besonders hohem Einkommen (oder an Orten mit besonders hohem Einkommen, wenn Sie einen Umzug in eine Hoch- oder Niedrigsteuergegend planen) aufschieben. In den Jahren, in denen Sie ein hohes Einkommen erzielen, wird Ihr Grenzsteuersatz hoch ausfallen – 37 Prozent beim Spitzensteuersatz auf Bundesebene (der bei einem zu versteuernden Einkommen von 540 000 Dollar einsetzt), plus weitere 10 Prozent oder mehr in Bundesstaaten mit hohen Steuern. Bei jedem Dollar Einkommen, den Sie aus einem Jahr mit einem Grenzsteuersatz von 47 Prozent in ein Jahr mit einem Grenzsteuersatz von nur 20 Prozent verschieben, sparen Sie 27 Cent. Eine Rendite von 27 Prozent *allein* durch den Steuereffekt ist unglaublich hoch. Addieren Sie nun die Kraft der Zinseszinsen, indem Sie diese zusätzlichen 27 % investieren, und allein die Steuerersparnis könnte Ihr Geld verdoppeln.

Das ist der Vorteil von Rentenplänen, sei es ein 401(k)-Plan oder ein IRA. Sie geben Ihnen die Kontrolle darüber, wann Sie Steuern auf einen Teil Ihres Einkommens zahlen wollen. Es gibt zwei verschiedene Arten dieser Pläne, den traditionellen und die Roth-Konvertierung, und welcher sich am besten eignet, hängt ab vom Einzelnen und seiner Situation.

Am einfachsten ist die Unterscheidung zwischen 401(k)-Plänen und IRAs. Ein 401(k)-Plan wird von einem Arbeitgeber angeboten, der Ihre Beiträge direkt von Ihrem Gehalt einbehält und sie auf Ihr persönliches Konto des Plans einzahlt. Ein IRA müssen Sie selbst einrichten. Außerdem ermöglichen Ihnen 401(k)-Pläne weit höhere jährliche Beiträge; allerdings muss Ihr Arbeitgeber einen solchen Plan anbieten. (Selbstständige können ein eigenes 401(k)-Konto einrichten.)

Komplexer gestaltet sich der Unterschied zwischen der traditionellen und der Roth-Variante. Wenn Sie Geld in einen traditionellen Altersvorsorgeplan einzahlen, wird der Betrag in dem Jahr von Ihrem steuerpflichtigen Einkommen abgezogen, in dem Sie den Beitrag leisten. Wenn Ihr Einkommensteuersatz also 30 Prozent beträgt und Sie 1000 Dollar in einen IRA einzahlen, verringert sich Ihr zu versteuerndes Einkommen um 1000 Dollar, und Sie sparen 300 Dollar an Steuern. Außerdem zahlen Sie keine Steuern auf Anlagegewinne, die das Geld erzielt, während es im Plan liegt. Erst wenn Sie Geld daraus abheben, fällt eine Einkommensteuer an. Das Geld ist illiquide, bis Sie 59 Jahre und sechs Monate alt sind; erst dann können Sie es abheben, ohne sowohl Steuern als auch eine Gebühr zu zahlen. Auf jeden Fall müssen Sie mit 73 mit dem Abheben beginnen.

Roth-Pläne funktionieren umgekehrt. Sie können Ihre Beiträge nicht von der Steuer absetzen, wenn Sie sie einzahlen, aber wenn Sie später Geld abheben, geht das steuerfrei. Außerdem können Sie in einen Roth-Plan eingezahltes Geld jederzeit abheben (wenn auch nicht die damit erzielten Kapitalerträge). Und zu guter Letzt besteht keine Verpflichtung, das Geld abzuheben. Roth-IRAs sind allerdings auf die Bezieher niederer und mittlerer Einkommen beschränkt, Roth-401(k)s dagegen nicht.

TRADITIONELLER 401K	TRADITIONELLES IRA
ROTH-401K	ROTH IRA

- Steuervorteil jetzt
- Gebühr für Entnahmen vor 59½

- Steuervorteil später
- Keine Gebühr für Entnahmen vor 59½

- Arbeitgeber
- Hohes Beitragslimit

- Selbst
- Beitragslimit niedrig

In den Jahren Ihrer Spitzenverdienste sollten Sie vermutlich die traditionellen Beiträge sowohl zum 401(k)- als auch zum IRA-Plan voll ausschöpfen, da Sie auf dieses Geld bei Ihren in diesen Jahren hohen Steuersätzen keine Steuern zahlen müssen. Zu Beginn Ihrer beruflichen Laufbahn jedoch, wenn Ihr Einkommen niedriger ist, fahren Sie vermutlich besser, wenn Sie in einen Roth-IRA- oder Roth-401(k)-Plan nach Abzug der Steuern einzahlen, weil Ihr Steuersatz da noch niedriger ist und aller Wahrscheinlichkeit nach im Ruhestand, wenn Sie Vermögen aufgebaut haben, höher sein wird. Außerdem haben Roth-Rentenpläne den zusätzlichen Vorteil, dass Sie bei Bedarf früher auf einen Teil des Geldes zugreifen können.

Es gibt darüber hinaus auch spezielle Spar- und Steuerpläne für bestimmte Situationen. So kann der 529-College-Sparplan Familien sowohl beim Sparen aufs College als auch beim Steuersparen helfen. Gesundheitssparkonten (Health Savings Accounts, HSA) können ebenfalls dazu genutzt werden, Steuern auf Einkommen zu vermeiden, das Sie voraussichtlich für Gesundheitskosten benötigen werden. Diese Art von Plänen sind das A und O des Einkommensaufschubs, das Konzept, das jeder Art von Steuerstrategie zugrunde liegt. Einer der Vorteile von Kapital gegenüber Arbeit ist die Möglichkeit, Erträge zeitlich zu timen: Sie können im Wert steigende Anlagewerte so lange halten, bis Sie das Geld benötigen, wodurch Sie Steuern aufschieben, wogegen Einkommen, das Sie mit Arbeit verdienen, in dem Augenblick besteuert wird, in dem Sie es verdienen.

Bei Altersvorsorgeplänen und anderen Instrumenten gilt: Betrachten Sie Ihr Einkommen als auf der Zeitachse verschiebbar. Nehmen Sie es mit, wenn Ihre Grenzsteuersätze niedrig sind, und schieben Sie es auf, wenn sie hoch sind. In den Jahren, in denen Sie besonders gut verdienen, sollten Sie sich – in der Regel – den Aufschub zum Ziel setzen. Die richtige Entscheidung für Sie im konkreten Fall freilich kann sich von Jahr zu Jahr ändern. Ihr Ziel ist es, Ihre Steuern über Ihre gesamte Lebenszeit so gering wie möglich zu halten, nicht nur in einem bestimmten Jahr. Nichtsdestoweniger sind die Steuern, die Sie zu Beginn Ihrer Karriere zahlen, teurer als die, die Sie später zahlen, da die Opportunitätskosten, die damit verbunden sind, Ihr Geld nicht anzulegen, höher sind.

Ratschläge aus einem Anlegerleben

Seien Sie kein Lemming!
Wenn alle in dieselbe Richtung laufen, geht der Überblick verloren und mit ihm unser Geld. Wenn alle nach rechts laufen, gehen Sie nach links. Fließt Geld in einen bestimmten Sektor, kann im ersten Augenblick ein Markt entstehen, da für den Start eines Trends eine gewisse Menge an Kapital erforderlich ist. Doch je mehr Geld fließt, desto höher wird der Einstiegspreis und desto niedriger die Rendite. Wenn alle Welt Eigentumswohnungen

in Miami kauft oder Geld für einen Studienkredit aufnehmen kann, steigt der Preis für Eigentumswohnungen und Bildung (Inflation), und die Rendite sinkt. Je mehr Schulden Sie für Ihr Studium aufnehmen, desto weniger ist Ihr Abschluss unterm Strich wert. In den letzten achtzig Jahren bot ein Collegeabschluss eine enorme Rendite. Meine Kollegen von der Universität und ich, wir stellen uns seit Jahrzehnten Tag für Tag ein und dieselbe Frage: »Wie kann ich meine Vergütung erhöhen und gleichzeitig meine Rechenschaftspflicht verringern?« Das daraus resultierende Streben nach einer Positionierung im Luxussektor und die massiven Erhöhungen der Studiengebühren haben einen Großteil der mit einem Collegeabschluss verbundenen Rendite aufgezehrt. Annähernd ein Drittel aller amerikanischen Akademiker sind nicht in der Lage, ihre Studienkredite zurückzuzahlen, so wie der allzu starke Zulauf den Renditen zugesetzt hat.

Misstrauen Sie Ihren Gefühlen

Alles, was mehr Risiko birgt als ein Sparkonto, wird auch mal schlechte Tage haben. Seien Sie sich darüber im Klaren, dass das dazugehört, und drehen Sie nicht gleich durch, wenn es passiert. Letztlich bestimmt Ihre Toleranz für Verluste, wie weit Sie sich auf der Risikoleiter nach oben wagen sollten.

Falls Sie mal einen Verlust erleiden, lernen Sie daraus. Machen Sie einen Selbstcheck: Wie schwer hat Sie der Schlag psychologisch getroffen? Wie lange brauchen Sie, um ihn zu überwinden? Es ist ein guter Indikator dafür, ob Sie fürs aktive Investieren geeignet sind. Checken Sie Ihre Strategie. Der Milliardär und Investor Ray Dalio ist geradezu davon besessen, aus Verlusten zu lernen. Sein Buch *Die Prinzipien des Erfolgs* ist ein mehrere Hundert Seiten langer Vortrag über die rigorose Analyse Ihrer Fehler und wie Sie aus ihnen lernen. Er predigt, den eigenen Entscheidungsprozess detailliert schriftlich festzuhalten und dann später zu überprüfen, um dahinterzukommen, was man falsch gemacht hat und wie man diesen Fehler künftig vermeiden kann: »Am häufigsten beobachte ich den Fehler, dass Menschen ihre Probleme als einmalige Angelegenheiten verstehen, statt mit ihrer Hilfe zu diagnostizieren, wie ihre Maschine funktioniert, um sie verbessern zu können … Eine gründliche und genaue Diagnose ist zwar zeitaufwendiger, wird aber in Zukunft riesige Dividenden bezahlen.«[127] Mir fehlt Rays Disziplin (wer hat die schon?), aber wann immer ich mir die Zeit genommen habe, gründlich darüber nachzudenken, was ich falsch gemacht habe – bei einer Investition, einer Geschäftsentscheidung, einer Beziehung –, dann hat mir das, Rays Versprechen gemäß, immer »riesige Dividenden« gebracht.

Das hat auch Auswirkungen auf die »guten« Tage. Nehmen Sie Profite bereitwillig mit. Schnellt eine Anlage in die Höhe, sei es, weil Sie bei einer Meme-Aktie richtig geraten haben oder Ihr Start-up an die Börse gegangen ist, nehmen Sie einen satten Teil dieses Wachstums aus dieser Anlage heraus und diversifizieren Sie. Gefühlsmäßig werden Sie sich dagegen sträuben, weil Sie denken, Sie hätten den Bogen raus, und wo Sie gestern gewonnen haben, werden Sie morgen wieder gewinnen. Aber die Schwerkraft und die Rückkehr zum Mittelwert sind eiserne Gesetze des finanziellen Universums. Auf jede Geschichte über einen Unternehmer, der für den Ankauf von Unternehmensaktien eine Hypothek auf Haus und Hof aufgenommen hat und damit megareich geworden ist, kommen Hunderte von Leuten, die auf ebendiese Weise pleitegegangen sind. Ich habe immer wieder auf Red Envelope (ein 1997 von mir gegründetes Unternehmen) gesetzt, und mit 40 war ich so gut wie pleite. Nehmen Sie die Gewinne ruhig mit, Sie haben sie sich verdient, und hoffen Sie, dass der Verkauf sich als Fehler erweist.

Finger weg vom Daytrading

Die Grenze zwischen aktivem Investieren und Zocken ist gerade beim Daytrading schmal, aber sofort deutlich erkennbar, hat man sie erst einmal überschritten. Und wahrscheinlich stehen Sie mit dieser Erkenntnis dann nicht allein. Beim Investieren in Bullenmärkten geht die Verwechslung von Glück mit Talent unter der Wirkung von Dopaminen rasch mal viral. Und die Maklerhäuser sind nur zu gerne bereit, Ihre Sucht zu bedienen. Diabetes, Bluthochdruck und das Teilen eines Screenshots Ihrer Robinhood-Gewinne sind Krankheiten unseres Industriezeitalters, gegen die unsere Instinkte machtlos sind. Trading, also der Handel mit Aktien im Unterschied zum »Investieren«, kann einem durchaus wie produktive Arbeit vorkommen. Ist es aber nicht. Es ist ein Glücksspiel, nur mit schlechteren Gewinnchancen als im Casino und ohne Gratisgetränke. Einer Studie von 2020 zufolge erzielten nur 3 Prozent aller aktiven Privatanleger über einen Zeitraum von zwei Jahren hinweg überhaupt einen Gewinn.[128] Während der jüngsten Daytrading-Epidemie entdeckten Millionen von (meist) jungen, durch Covid ans Haus gefesselten Männern Apps wie Robinhood mit ihrem Dopamine freisetzenden Konfetti-Feature und der rund um die Uhr laufende, äußerst volatile Kryptohandel wurde zu ihrer bevorzugten Droge.

Die meisten Daytrader werden es überstehen, sie kommen mit erschwinglichen Verlusten davon – die meisten, wie gesagt. Für viele jedoch sehen die Folgen düsterer aus. Junge Männer sind besonders gefährdet, da sie risikofreudiger sind. Neun von zehn Daytradern sind Männer,[129] und 14 Prozent der jungen Männer, die zocken, werden süchtig (im Gegensatz zu 3 Prozent der Frauen).[130] Die meisten vertragen Glücksspiele, ohne gleich süchtig zu werden, so wie die meisten von uns nicht gleich dem Alkoholismus verfallen, wenn sie mal etwas trinken. Wie gesagt: die meisten von uns.

Bleiben Sie in Bewegung

Eines Ihrer wirkungsvollsten Instrumente zum Vermögensaufbau besteht darin, Ihre wichtigste Ressource (Ihre Zeit) auf Märkte mit höheren Renditen zu verlagern. Das gilt umso mehr, je jünger Sie sind. Einer der Gründe, aus denen die amerikanische Wirtschaft in den letzten zwei Jahrhunderten schneller und beständiger gewachsen ist als jede andere, findet sich in unserer DNA, die uns anhält, in Bewegung zu bleiben: »Auf nach Westen, junger Mann!« Gerade als junger Mensch sollten Sie die geografische Flexibilität als Vorteil gegenüber älteren Kollegen sehen, die wahrscheinlich festere Wurzeln haben und entsprechend nicht so flexibel sind. Aber auch ungeachtet Ihres Alters sollten Sie stets ein Auge auf den Horizont haben – vielleicht tut sich da ja eine Gelegenheit auf.

Die erkannte und genutzte »Arbitrage« eines Umzugs von einem Bundesstaat mit hohen in einen mit niedrigen Steuern kann lebensverändernd sein. In mehreren Bundesstaaten, darunter Florida, Texas und Washington, zahlt man keine Einkommensteuer. (Washington hat kürzlich eine Kapitalertragssteuer eingeführt, allerdings mit hohen Abzugsmöglichkeiten.) Aber die Einkommensteuer ist nicht die einzige Überlegung – staatliche Leistungen wollen irgendwie bezahlt werden, und so gibt es in Staaten mit niedrigeren Einkommensteuern oft höhere Umsatz- oder Grundsteuern. Dennoch variiert die Gesamtsteuerbelastung von Staat zu Staat erheblich und je nach Einkommen und Ausgabenprofil können die Unterschiede beträchtlich sein.

Wenn Sie aus Bundesstaaten mit notorisch hoher Steuerlast wie New York und Kalifornien wegziehen, können Sie jedes Jahr mehr als 10 Prozent Ihres Bruttoeinkommens einsparen. Wenn Sie die Möglichkeit haben, die Entwicklung Ihrer Einkommensteuer im Auge zu behalten und obendrein die Disziplin, Ihre Steuerersparnisse zu investieren, sind Sie auf dem besten Weg,

Ihre langfristigen Anlageziele zu erreichen. Natürlich hat Ihr Wohnort nicht nur wirtschaftliche, sondern auch erhebliche persönliche Konsequenzen. Aber wenn Sie sich die verschiedenen Stellenangebote, Mieten und andere Faktoren unterschiedlicher Wohnorte ansehen, sollten Sie die steuerlichen Implikationen zumindest berücksichtigen.

Zum Abarbeiten: das Kapitel in Punkten

- Machen Sie Ihr Einkommen zu Kapital. Kapital ist Geld, das arbeitet und Wert schafft. Investieren bedeutet, anderen für einen Teil dieses Werts Kapital zur Verfügung zu stellen. Wohlstand entsteht nicht allein durch Einkommen, sondern durch Investieren.
- Beschäftigen Sie sich mit der Wirtschaft. Von der Geschäftstätigkeit des einzelnen Unternehmens bis hin zu den Leitzinsentscheidungen der Bundesbanken, das wirtschaftliche Ökosystem betrifft uns alle. Sie sollte hinter jeder Ihrer Entscheidungen stehen.
- Diversifizieren Sie, um Ihre Rendite zu maximieren, nicht Ihr Gewinnpotenzial. Ihr Ziel sind stetige langfristige Erträge, mit denen der Zinseszins seine Wirkung entfalten kann. Dazu ist es besser, Ihr Kapital in unterschiedliche Anlagen zu investieren, anstatt in die eine, von der Sie sich die höchste Rendite versprechen.
- Sehen Sie Geld als Mittel zum Austausch von Zeit. Zeit ist der uns allen gemeinsame grundlegende Wert, den wir im Austausch für Geld verkaufen, mit dem wir wiederum die Früchte von anderer Menschen Zeit erwerben. Wenn Sie eine Investition tätigen, messen Sie der Zeit, die Sie darauf verwenden, denselben Wert zu wie dem Geld, das Sie dafür bezahlen. Wenn Sie eine Kaufentscheidung treffen, sehen Sie die Kosten unter dem Aspekt der Stunden, die Sie gebraucht haben, um dieses Geld zu verdienen.

- Risiko ist der Preis der Rendite. Risiko ist ein Maß für die Wahrscheinlichkeit, Geld zu verdienen oder Geld zu verlieren. Es gibt keine Investition ohne Risiko; vergewissern Sie sich also, dass die potenzielle Rendite das jeweilige Maß an Risiko rechtfertigt.
- Wert errechnet sich auf der Basis von Wahrscheinlichkeit und Zeit. Geld, das Sie heute haben, ist mehr wert als Geld, das Ihnen für morgen versprochen wird. Geld, das für morgen versprochen wird, ist mehr wert als Geld, das Sie in einem Jahr bekommen sollen. Von einer zuverlässigen Quelle versprochenes Geld ist mehr wert als von einer unbekannten oder unzuverlässigen Quelle versprochenes Geld.
- Investieren Sie hauptsächlich diversifiziert in passive, kostengünstige Wertpapiere. Börsengehandelte Fonds (ETFs) sind des privaten Investors bester Freund. Sie bieten passive Diversifikation und ein überschaubares. Risiko.
- Legen Sie einen kleinen Teil Ihrer Ersparnisse für aktive Marktinvestitionen beiseite. Ich empfehle 20 % der ersten 10 000 Dollar, die Sie ansparen. Kaufen und verkaufen Sie Einzelaktien, gehen Sie Positionen in Commodities (Rohstoffe oder Waren) ein, spekulieren Sie. Lernen Sie durch Tun und erarbeiten Sie sich ein Gespür für Gewinne und Verluste. Führen Sie sorgfältig Buch über Investitionen, Gebühren, Gewinne, Verluste und Steuern.
- Kaufen Sie sich ein Zuhause, wenn Sie die Zeit für gekommen halten. Immobilien sind die Königsklasse der Anlageklassen, und ein Eigenheim ist die verbreitetste Art, in Immobilien zu investieren. Es zwingt Sie zum Sparen; es ist eine Anlage, die Tag für Tag Wert abwirft, und kann der Grundstein Ihres Portfolios sein. Allerdings ist ein Grundstein nicht sehr beweglich. Ein Eigenheim ist in erster Linie eine Entscheidung für einen Lebensabschnitt und erst in zweiter Linie eine Investition.
- Achten Sie auf Gebühren. Gebühren sind der Treibstoff der Finanzmärkte, kleine Scheibchen, die man Ihrem Kapital ent-

nimmt, wann immer es sich auf dem Markt bewegt. Oft im Kleingedruckten verborgen, addieren sich irreführend kleine Zahlen, die Ihre Rendite in erheblichem Maß reduzieren können.

- Achten Sie auf Steuern. Die größten aller Gebühren können diese eine signifikante Wirkung auf Ihre Rendite haben. Sie haben eine Investition nicht durchschaut, solange Sie die steuerlichen Implikationen nicht verstehen.
- Timen Sie Ihre Steuern. Ein Investment in Form eines traditionellen Rentenplans erhöht Ihre Rendite durch eine möglicherweise um Jahrzehnte, hinausgeschobene Besteuerung. Wenn Sie sich für eine Roth-Version entscheiden, bezahlen Sie die Steuer jetzt, haben dafür aber ein steuerfreies Einkommen im Alter. Die richtige Wahl hängt ab von Ihren gegenwärtigen und zu erwartenden Umständen.
- Lassen Sie Ihre Emotionen aus dem Spiel. Gefühle sind wertvoll und wichtig für gute Entscheidungen. Investieren jedoch weckt starke Emotionen, die den für Ihren Erfolg nötigen Berechnungen im Wege stehen.
- Lassen Sie die Finger vom Daytrading. Wenn Sie täglich mit Effekten handeln wollen, dann machen Sie das zum Beruf. Dies kann eine großartige Karriere sein, wenn Sie das Zeug dazu haben. Aber wenn es nur ein Hobby ist, dann sollte es auf keinen Fall zur Obsession werden. Sie werden nicht nur Geld, sondern noch etwas weit Wertvolleres verlieren, nämlich Zeit.

Epilog:
Alles, was es dazu zu sagen gibt

Bei allem, was im Leben zählt, geht es um andere. Um Ihre Fähigkeit, für andere da zu sein, sie zu lieben, und Ihre Bereitschaft, sich von ihnen lieben zu lassen. Nichts wirklich Gravierendes wird im Alleingang erreicht.

Als man bei meiner Mutter zum dritten Mal Krebs diagnostizierte, wussten wir, »das war's«. In der letzten Woche ihres Lebens lag sie zitternd da, weil sie gotterbärmlich fror. Ganz gleich, wie hoch wir das Thermostat drehten oder wie viele Decken wir ihr auflegten, sie zitterte immer noch. Schließlich nahm ich meine Mutter instinktiv in den Arm, so wie ein Vater ein Kind halten würde, das mitten unterm Abendessen eingeschlafen ist. Ihr Zittern ließ nach. Vom Krebs zerfressen, kaum vierzig Kilo schwer und völlig verschwitzt, fand diese Frau etwas Wärme in einer letzten Umarmung ihres Sohnes. Zum ersten Mal hatte der Erfolg und die Relevanz, hinter denen ich so lange her gewesen war, einen Sinn. Ich war ein Mann. Ein Mann, auf den Verlass war.

Das vergangene Wochenende schenkte ich meinem Sohn: »Wir machen, was immer du willst.« Das bedeutete ein Fußballspiel des FC Chelsea und zwei Einkaufszentren: die Battersea Power Station Mall und die Coal Drop Mall. Einkaufszentren … da werd' einer schlau draus. Fußballschuhe (Nike), Schlange stehen für Gelato und mit dem Aufzug in einem der Schornsteine rauf auf das Dach des ausrangierten Kraftwerks. Spoiler-Alert: Kinder müssen in jedem Bauwerk auf den »Gipfel«, sofern es einen Gipfel hat, von dem aus die Umgebung zu sehen ist.

Für meine Mutter sorgen und meinen Sohn (der ihren Namen als zweiten Vornamen trägt) verwöhnen zu können, ist eine Funktion des Menschseins und der väterlichen Instinkte. Und es ist meine wirtschaftliche Sicherheit, die es mir ermöglicht, diese Instinkte stärker auszuleben. Ich konnte meine Arbeit hintanstellen und die beträchtlichen Ressourcen koordinieren, die erforderlich waren, damit meine Mutter zu Hause sterben konnte und nicht im gleißenden Licht, umgeben von Fremden. Der Sohn, der Vater zu sein, den man sich vorstellt, ist auch ohne Geld möglich, aber es ist wahrscheinlicher, dass Sie, mit einer gewissen wirtschaftlichen Sicherheit im Rücken, da sein können, ohne den immensen Stress im Nacken, den eine kapitalistische Gesellschaft Ihnen aufbürdet.

Finden Sie etwas, worin Sie gut sind und womit Sie Geld verdienen können, und legen Sie sich ins Zeug. Geben Sie weniger aus, als Sie verdienen, um erst einen Zug, dann eine Division und schließlich eine Armee an Kapital aufstellen zu können, die für Sie und Ihre Lieben im Schlaf ins Feld zieht. Diversifizieren Sie, um das Unbekannte ertragen zu können, das uns umgibt. Und haben Sie eine langfristige Perspektive und die Weisheit, zu erkennen, dass die Zeit schneller vergeht, als Sie denken.

All dies kann Sie schneller zum Kern dessen führen, was zählt, und dazu, im Augenblick, in der Gesellschaft dessen zu leben, was zählt – Ihrer Mitmenschen. Das ist alles in allem alles.

Das Leben hat so viel zu geben,
Scott

Dank

Wie Vermögen entstehen auch Bücher nicht im Alleingang.

Zu erkennen, dass Größe nur durch das Zutun anderer möglich ist, und dann Kapital (Zeit und Geld) privat wie geschäftlich in dauerhafte Beziehungen zu investieren, ist eine Superpower.

Dieses Buch verdankt seine Existenz dem gesamten Team von Prof G Media. Direkten Anteil daran hatten:

PRODUKTIONSLEITUNG:	Jason Stavers
	Katherine Dillon
RECHERCHE UND ERSTE LESER:	Ed Elson
	Claire Miller
	Caroline Shagrin
	Mia Silvero
GRAFIK:	Olivia Reaney
VERWALTUNGSASSISTENZ:	Mary Jean Ribas

Seit wir vor mehreren Jahren und Büchern *The Four* gepitcht haben, habe ich dieselben Agenten und Verleger:
Jim Levine
Niki Papadopoulos
Adrian Zackheim.

Ich danke darüber hinaus meinem guten Freund Todd Benson, meiner Kollegin an der NYU Stern School of Business, Professor Sabrina Howell, sowie Joe Day von Bear Mountain Capital für ihre durchdachten Anregungen. Den Umschlag gestaltete Tyler Comrie.

In Kapitel vier erzähle ich von meiner Begegnung mit Cy Cordner, einem New Yorker Börsenmakler, der mir Zeit und Aufmerksamkeit schenkte, als ich gerade mal dreizehn Jahre alt war. Mentoren sind von unschätzbarem Wert. Nicht nur ihrer praktischen Ratschläge und Unterstützung wegen, sondern auch weil die Beziehungen mit ihnen auch menschlich wertvoll sind. Vierzig Jahre nach Cys großzügiger Betreuung beim Kauf meiner ersten Aktien erfreue ich mich heute Tag für Tag des Wohlstands, den ich Cy und vielen anderen verdanke, die Bäume pflanzten, in deren Schatten sie nie sitzen sollten. Auf der Liste all des Guten, das mir zuteilwurde, steht die Fülle von Mentoren ganz oben an. Und Cy war der erste.

Professor David Aaker war die Inspiration hinter der Gründung einer Firma für strategische Markenberatung und maßgeblich an deren Erfolg beteiligt. Warren Hellman nahm mich zu meinen ersten Board Meetings mit und brachte mir bei, wann ich sprechen und wann ich zuhören sollte. Pat Connolly von Williams Sonoma glaubte an mich und unser aufstrebendes Unternehmen Prophet und engagierte uns in den 1990er-Jahren. Die Liste ließe sich bis heute fortsetzen. Dieses Buch ist eine Hommage an die vielen, die mir beim Aufbau meiner wirtschaftlichen Sicherheit geholfen haben, sodass ich mich darauf konzentrieren konnte, ein guter Bürger und Vater zu sein.

Literaturverzeichnis

Eines der Ziele dieses Buches war es, das gesamte Spektrum dessen abzudecken, was zum Vermögensaufbau erforderlich ist. Es ist ein gesamtheitliches Projekt, kein mathematisches Problem oder ein optimales Set von Lifehacks. Zu jedem Thema, das wir behandelt haben, gibt es jedoch noch viel mehr zu sagen. Im Folgenden finden Sie die Bücher, die uns geholfen haben, unsere eigenen Ideen zu verfeinern, und die wir empfehlen, wenn Sie sich eingehender damit befassen wollen. *Tun Sie das unbedingt.*

Stoizismus und Lebenskompetenzen

Allen, David. *Wie ich die Dinge geregelt kriege: Selbstmanagement für den Alltag.* München: Piper Verlag, 2012. Deutsch von Helmut Reuter.

Cipolla, Carlo Maria. *Die Prinzipien der menschlichen Dummheit.* München: Liebeskind, 2018. Deutsch von Moshe Kahn.

Clear, James. *Die 1 %-Methode – Minimale Veränderung, Maximale Wirkung.* München: Wilhelm Goldmann Verlag, 2020. Deutsch von Annika Tschöpe.

Covey, Stephen R. *Die sieben Wege zur Effektivität. Ein Konzept zur Meisterung Ihres beruflichen und privaten Lebens.* München: Heyne Verlag, 2004. Deutsch von Angela Roethe, Ingrid Proß-Gill und Nikolas Bertheau.

Dalio, Ray. *Die Prinzipien des Erfolgs.* München: FinanzBuch Verlag, 2019. Deutsch von Sascha Mattke.

Duhigg, Charles. *Die Macht der Gewohnheit*. Berlin: Berlin Verlag, 2012. Deutsch von Thorsten Schmidt.

Holiday, Ryan. *Das Hindernis ist der Weg: Mit der Philosophie der Stoiker zum Triumph*. Freiburg im Breisgau: Herder, 2017. Deutsch von Jürgen Neubauer.

Kotler, Steven. *The Art of Impossible: A Peak Performance Primer*. Harper Wave 2021.

Fokus und Berufsplanung

Bolles, Richard Nelson und Brooks, Katherine. *Durchstarten zum Traumjob: das ultimative Handbuch für Ein-, Um- und Aufsteiger*. Frankfurt: Campus Verlag, 2021. Deutsch von Dr. Isabel Gräfin Bülow und Nicole Hölsken.

Burnett, Bill und Evans, Dave. *Design Thinking fürs Leben*. Berlin: Ullstein, 2016. Deutsch Christoph Bausum und Sybille Ullrich.

Mulcahy, Diane. *The Gig Economy*. New York: Amacom, 2016.

Newport, Cal. *Die Traumjoblüge: Warum Leidenschaft die Karriere killt*. Frankfurt: Campus, 2013. Deutsch von Birgit Schöbitz.

Tieger, Paul D., Barron-Tieger, Barbara und Tieger, Kelly. *Do What You Are*. New York: Little, Brown and Company, 1992.

Finanzplanung und Investment

Aliche, Tiffany. *Get Good With Money*. Emmaus, Pa.: Rodale Books, 2021.

Damodaran, Aswath. *Narrative and Numbers*. New York: Columbia University Press, 2017.

Graham, Benjamin. *The Intelligent Investor.* New York: Harper & Row, 1949. *Intelligent Investieren: Das Standardwerk des Value Investing.* München: FinanzBuch Verlag, 2024. Deutsch von Carsten Roth.

Greenblatt, Joel. *Auch Sie haben das Zeug zum Börsengenie! Außergewöhnliche Strategien für außergewöhnliche Gewinne.* Kulmbach: Börsenmedien, 2011. Deutsch von Egbert Neumüller.

Housel, Morgan. *Über die Psychologie des Geldes.* München: FinanzBuch Verlag, 2021. Deutsch von Martin Bauer.

Malkiel, Burton G. *A Random Walk down Wall Street – warum Börsenerfolg kein Zufall ist: die bewährte Strategie für erfolgreiches Investieren.* München: FinanzBuch Verlag, 2023. Deutsch von Petra Pyka.

Moss, David A. *A Concise Guide to Macroeconomics.* Cambridge, Mass.: Harvard Business School Press, 2007.

Orman, Suze. *The 9 Steps to Financial Freedom.* New York: Crown Publishers, 1997.

Ramsey, Dave. *The Total Money Makeover: A Proven Plan for Financial Fitness.* Nashville: Thomas Nelson, 2003.

Robbins, Anthony. *Money: Die 7 einfachen Schritte zur finanziellen Freiheit.* München: FinanzBuch Verlag, 2016.

Anmerkungen

1. Crow, Sheryl und Jeff Trott. »Soak Up the Sun«. C'mon, C'mon. A&M Records, 2002.
2. »While money doesn't talk, it swears«: Dylan, Bob. »It's Alright, Ma (I'm Only Bleeding)«. Bringing It All Back Home. Columbia Records, 1965.
3. Median Preis/Einkommen: https://listwithclever.com/research/home-price-v-income-historical-study/; Anteil von Erstkäufern: www.nytimes.com/2022/11/11/realestate/first-time-buyers-housing-market.html.
4. Medizinische Verschuldung: www.kff.org/report-section/kff-health-care-debt-survey-main-findings/
5. Sinkende Heiratsrate: www.wsj.com/articles/affluent-americans-still-say-i-do-its-the-middle-class-that-does-not-11583691336
6. Opportunity Insights, Harvard University: https://opportunityinsights.org/national_trends/
7. Gen Z: www.economist.com/business/2023/01/16/how-the-young-spend-their-money
8. Evans, Gary W et al. »Childhood poverty and blood pressure reactivity to and recovery from an acute stressor in late adolescence: the mediating role of family conflict«. Psychosomatic medicine vol. 75,7 (2013): 691–700.
9. Gathergood, John. »Self-Control, Financial Literacy and Consumer over-Indebtedness«. *Journal of Economic Psychology*, vol. 33, no. 3, 9. Dez. 2011, pp. 590–602., doi.org/10.1016/j.joep.2011.11.006.
10. Thoreau, Henry D. *Walden oder Leben in den Wäldern*. Jena: Eugen Diederichs, 1922. Deutsch von Wilhelm Nobbe.
11. Covey, Stephen R. *Die sieben Wege zur Effektivität. Ein Konzept zur Meisterung Ihres beruflichen und privaten Lebens*. München: Heyne Verlag, 2004. Deutsch von Angela Roethe, Ingrid Proß-Gill und Nikolas Bertheau.
12. Carnegie, Dale. *Wie man Freunde gewinnt: Die Kunst, beliebt und einflussreich zu werden*. Deutsch von Hedi Hänseler. Augsburg: Weltbild Verlag, 2000.
13. Ge, Long et al. »Comparison of Dietary Macronutrient Patterns of 14 Popular Named Dietary Programmes for Weight and Cardiovascular Risk

Factor Reduction in Adults: Systematic Review and Network Meta-Analysis of Randomised Trials«. *BMJ*, 1. Apr. 2020, S. m696., doi.org/10.1136/bmj.m696.
14 Holiday, Ryan. *Der tägliche Stoiker* München: FinanzBuch Verlag, 2017. Deutsch von Elisabeth und Thomas Gilbert.
15 Proulx, Annie. *Brokeback Mountain. Geschichten aus Wyoming.* München: Luchterhand, München. 1999. Deutsch von Oskar Halbsattel.
16 Duhigg, Charles. *Die Macht der Gewohnheit.* Berlin: Berlin Verlag, 2012. Deutsch von Thorsten Schmidt.
17 Clear, James. *Die 1 %-Methode – Minimale Veränderung, maximale Wirkung.* München: Wilhelm Goldmann Verlag, 2020. Deutsch von Annika Tschöpe.
18 Clear, James. *Die 1 %-Methode – Minimale Veränderung, maximale Wirkung.* München: Wilhelm Goldmann Verlag, 2020. Deutsch von Annika Tschöpe.
19 Brickman, Philip et al. »Lottery Winners and Accident Victims: Is Happiness Relative?« *Journal of Personality and Social Psychology*, vol. 36, no. 8, 1978, S. 917–927., doi.org/10.1037/0022-3514.36.8.917.
20 Lindqvist, Erik et al. »Long-Run Effects of Lottery Wealth on Psychological Well-Being«. *The Review of Economic Studies*, vol. 87, no. 6, 12. Feb. 2020, S. 2703–2726., doi.org/10.1093/restud/rdaa006.
21 Harari, Yuval Noah. *Eine kurze Geschichte der Menschheit.* München: Deutsche Verlags-Anstalt, 2013. Deutsch von Jürgen Neubauer.
22 »Die Goldene Pforte«. *Frasier*. S10.E11. 2003.
23 Lucas, George. *Krieg der Sterne.* Episode IV – Eine neue Hoffnung. 1977.
24 Kahneman, Daniel und Deaton, Angus. »High Income Improves Evaluation of Life but Not Emotional Well-Being«. *Proc. Natl. Acad. Sci. U.S.A.*, vol. 107, no. 38 (2010), S. 16489–93, www.pnas.org/doi/full/10.1073/pnas.1011492107 (Fazit: Glückslevels flachen mit zunehmender Einkommenshöhe ab); Killingsworth, Matthew A., »Experienced well-being rises with income, even above $75,000 per year«. *Proc. Natl. Acad. Sci. U.S.A.* 118, e2016976118 (2021), www.pnas.org/doi/full/10.1073/pnas.2016976118 (Ergebnisse auf der Basis selbstberichteter Smartphone-Daten zeigen einen linearen Anstieg der Zufriedenheit mit dem des Einkommens); Killingsworth, Matthew A., Kahneman, Daniel, Mellers, Barbara. »Income and emotional well-being: A conflict resolved«. *Proc. Natl. Acad. Sci. U.S.A.* 120 (10) e2208661120 (2023), www.pnas.org/doi/full/10.1073/

pnas.2208661120 (bestätigt, dass das Glück mit dem Einkommen steigt, dass aber bei den unzufriedensten 20 Prozent der Bevölkerung ein Abflachungseffekt einsetzt; weist außerdem auf mangelnde Belege für Korrelationen bei Einkommen von über 500 000 Dollar); *siehe auch* Picchi, Aimee. »One study said happiness peaked at $75,000 in income. Now, economists say it's higher – by a lot«. CBS News Money Watch (2023) www.cbsnews.com/news/money-happiness-study-daniel-kahneman-500000-versus-75000/ (Resümee einer Studie von 2023).

25 Røysamb, Espen et al. »Genetics, Personality and Wellbeing. A Twin Study of Traits, Facets and Life Satisfaction«. *Scientific Reports*, vol. 8, no. 1, 17. Aug. 2018, doi.org/10.1038/s41598-018-29881-x.

26 Pillemer, Karl. »The Most Surprising Regret Of The Very Old – And How You Can Avoid It«. *HuffPost*, 4. Apr. 2013.

27 Holiday, Ryan. *Das Hindernis ist der Weg: Mit der Philosophie der Stoiker zum Triumph*. Freiburg im Breisgau: Herder, 2017. Deutsch von Jürgen Neubauer.

28 Etemadi, Maryam et al. »A Review of the Importance of Physical Fitness to Company Performance and Productivity«. *American Journal of Applied Sciences*, vol. 13, no. 11, 1. Nov. 2016, S. 1104–1118., doi.org/10.3844/ajassp.2016.1104.1118.

29 Yemiscigil, Ayse und Vlaev, Ivo. »The Bidirectional Relationship between Sense of Purpose in Life and Physical Activity: A Longitudinal Study«. *Journal of Behavioral Medicine*, vol. 44, no. 5, 23. Apr. 2021, S. 715–725., doi.org/10.1007/s10865-021-00220-2.

30 Singh, Ben et al. »Effectiveness of Physical Activity Interventions for Improving Depression, Anxiety and Distress: An Overview of Systematic Reviews«. *British Journal of Sports Medicine*, 16. Feb. 2023, doi.org/10.1136/bjsports-2022-106195.

31 Kotler, Steven. *The Art of Impossible: A Peak Performance Primer*. New York, NY: Harper Wave, 2023, S. 47.

32 Flexibilität: Leite, Thalita B. et al. »Effects of Different Number of Sets of Resistance Training on Flexibility«. *International journal of exercise science* vol. 10,3 354–364. 1. Sep. 2017; zu weiteren Vorteilen: Lohmeyer, Suzette. »Weight Training Isn't Such a Heavy Lift. Here Are 7 Reasons Why You Should Try It«. NPR, NPR, 26. Sep. 2021, www.npr.org/sections/health-shots/2021/09/26/1040577137/how-to-weight-training-getting-started-tips.

33 »Espero alegre / la salida – y espero no volver jamás – FRIDA«. Von Becker, Peter. »Dein Wort durchläuft den ganzen Raum«. Deutschlandfunk, 2. Sep. 2010. www.deutschlandfunk.de/dein-wort-durchlaeuft-den-ganzen-raum-100.html.
34 Covey, Stephen R. *Die 7 Wege zur Effektivität: Prinzipien für persönlichen und beruflichen Erfolg.* Offenbach: Gabal, 2005. Deutsch von Angela Roethe, Ingrid Proß-Gill und Nikolas Bertheau.
35 Cipolla, Carlo M. *Allegro ma non troppo: Die Rolle der Gewürze und die Prinzipien der menschlichen Dummheit.* Berlin, Wagenbach, 2022. 4. Aufl. Deutsch von Moshe Kahn.
36 Stresshormone: McCraty, Rollin et al. »The Impact of a New Emotional Self-Management Program on Stress, Emotions, Heart Rate Variability, DHEA and Cortisol«. *Integrative Physiological and Behavioral Science*, vol. 33, no. 2. Apr. 1998, S. 151–170., doi.org/10.1007/bf02688660.; Glück: Buchanan, Kathryn E. und Anat Bardi. »Acts of Kindness and Acts of Novelty Affect Life Satisfaction«. *The Journal of Social Psychology*, vol. 150, no. 3, 30. Aug. 2010, S. 235–237., doi.org/10.1080/00224540903365554.; Schmerzreduktion: Buchanan, Kathryn E. und Anat Bardi. »Acts of Kindness and Acts of Novelty Affect Life Satisfaction«. *The Journal of Social Psychology*, vol. 150, no. 3, 30. Aug. 2010, S. 235–237., doi.org/10.1080/00224540903365554.; Blutdruck: Whillans, Ashley V. et al. »Is Spending Money on Others Good for Your Heart?« *Health Psychology*, vol. 35, no. 6. Nov. 2015, S. 574–583., doi.org/10.1037/hea0000332.
37 Law, Yao-Hua. »Why You Eat More When You're in Company«. *BBC Future*, BBC, 24. Feb. 2022, www.bbc.com/future/article/20180430-why-you-eat-more-when-youre-in-company.
38 McGuigan, Nicola et al. »From over-Imitation to Super-Copying: Adults Imitate Causally Irrelevant Aspects of Tool Use with Higher Fidelity than Young Children«. *British Journal of Psychology*, vol. 102, no. 1, 2011, S. 1–18., doi.org/10.1348/000712610x493115.
39 The Ad Council. »New Survey Finds Millennials Rely on Friends' Financial Habits to Determine Their Own«. *PR Newswire: Press Release Distribution, Targeting, Monitoring and Marketing*, 29. Juni 2018, www.prnewswire.com/news-releases/new-survey-finds-millennials-rely-on-friends-financial-habits-to-determine-their-own-229841261.html.
40 »7. Brief an Lucilius« aus Forbiger, Albert (Hg.). *Ausgewählte Schriften des Philosophen Lucius Annäus Seneca.* Stuttgart: Hoffmann'sche Verlags-Buchhandlung, 1866.

41 Holiday, Ryan. *Der tägliche Stoiker*. München: FinanzBuch Verlag, 2017. Deutsch von Elisabeth und Thomas Gilbert.

42 Zagorsky, Jay L. »Marriage and Divorce's Impact on Wealth«. Journal of Sociology, vol. 41, no. 4, 2005, S. 406–424., doi.org/10.1177/1440783305058478.

43 Lebenserwartung: Jia, Haomiao und Erica I. Lubetkin. »Life Expectancy and Active Life Expectancy by Marital Status among Older U.S. Adults: Results from the U.S. Medicare Health Outcome Survey (HOS)«. SSM – Population Health, vol. 12, 12. Dez. 2020, S. 100 642., doi.org/10.1016/j.ssmph.2020.100642. Glück: Stone, Lyman. »Does Getting Married Really Make You Happier?« Institute for Family Studies, 7. Feb. 2022, ifstudies.org/blog/does-getting-married-really-make-you-happier.

44 Zagorsky, Jay L. »Marriage and Divorce's Impact on Wealth«. *Journal of Sociology*, vol. 41, no. 4, Dez. 2005, S. 406–424., doi.org/10.1177/1440783305058478.

45 Orth, Taylor. »How and Why Do American Couples Argue?« *YouGov*, YouGov, 1. Juni 2022, today.yougov.com/topics/society/articles-reports/2022/06/01/how-and-why-do-american-couples-argue.

46 »Relationship Intimacy Being Crushed by Financial Tension: AICPA Survey«. *AICPA*, 4. Feb. 2021, www.aicpa-cima.com/news/article/relationship-intimacy-being-crushed-by-financial-tension-aicpa-survey.

47 Yau, Nathan. »Divorce Rates and Income«. *FlowingData*, 4. Mai 2021, flowingdata.com/2021/05/04/divorce-rates-and-income/.

48 Corley, Thomas C. »I Spent 5 Years Analyzing How Rich People Get Rich – and Found There Are Generally 4 Paths to Wealth«. *Business Insider*, 3. Sep. 2019, www.businessinsider.com/personal-finance/how-people-get-rich-paths-to-wealth.

49 Burnett, Bill und Evans, Dave. *Design Thinking fürs Leben*. Berlin: Ullstein, 2016. Deutsch von Christoph Bausum und Sybille Ullrich.

50 Cheryan, Sapna und Mortejo, Therese Anne, »The Most Common Graduation Advice Tends to Backfire«. *The New York Times*, 22. Mai 2023.

51 Newport, Cal. *Die Traumjoblüge: Warum Leidenschaft die Karriere killt*. Frankfurt: Campus, 2013. Deutsch von Birgit Schöbitz. Kap 1.

52 Williams, Oliver E. et al. »Quantifying and Predicting Success in Show Business«. *Nature Communications*, vol. 10, no. 1, 2019, doi.org/10.1038/s41467-019-10213-0; Mulligan, Mark. *The Death of the Long Tail The Superstar Music Economy*, 14. Juli 2014, www.midiaresearch.com/reports/the-death-of-the-long-tail#become-a-client; »Survey Report: A Study on the Financial State of

Visual Artists Today«. - *The Creative Independent*, 2018, thecreativeindependent.com/artist-survey/; Bärtl, Mathias. »YouTube Channels, Uploads and Views«. *Convergence: The International Journal of Research into New Media Technologies*, vol. 24, no. 1, 2018, S. 16–32., doi.org/10.1177/1354856517736979; Frankel, Todd C. »Why Almost No One is Making a Living on YouTube«. *Washington Post*, 2. März 2018, www.washingtonpost.com/news/the-switch/wp/2018/03/02/why-almost-no-one-is-making-a-living-on-youtube/.

53 Housel, Morgan. *Über die Psychologie des Geldes. Zeitlose Lektionen über Reichtum, Gier und Glück*. München: FinanzBuch Verlag, 2021. S. 80. Deutsch von Martin Bauer.

54 Zhang, Yi et al. »The Effect of Training on Workers' Perceived Job Match Quality – Empirical Economics«. *SpringerLink*, Springer Berlin Heidelberg, 2. März 2020, link.springer.com/article/10.1007/s00181-020-01833-3 (»Die Job-Match-Qualität wird zunehmend als wichtiger Prädikator nicht nur für das psychische, soziale und wirtschaftliche Wohlergehen des Einzelnen, sondern auch für Unternehmensproduktivität und sogar das Wirtschaftswachstum erkannt.«) (Die Arbeit zitiert zahlreiche Quellen.)

55 Kotler, Steven. *The Art of Impossible: A Peak Performance Primer*, HarperCollins 2021, p. 157.

56 Grant, Adam. *MBTI, If You Want Me Back, You Need to Change Too*, Medium, 17. Nov. 2015. Erhältlich unter: https://medium.com/@AdamMGrant/mbti-if-you-want-me-back-you-need-to-change-too-c7f1a7b6970(enthält einen Abriss der Fehler, die mit Myers-Briggs passieren); Chamorro-Premuzic, Tomas. »Strengths-Based Coaching Can Actually Weaken You.« *Havard Business Review*, 4. January,. 2016. Erhältlich unter: https://hbr.org/2016/01/strengths-based-coaching-can-actually-weaken-you (hier findet sich keine wissenschaftliche Basis für stärkenbasiertes Assessment und Management).

57 Burnett, Bill und Evans, Dave. *Mach, was Du willst: Design Thinking fürs Leben – Ein Manifest für nichtlineare Lebensläufe*. Düsseldorf: Econ, 2016. Deutsch von Christoph Bausum.

58 Antoncic, B. *et al.* (2020) »The big five personality–entrepreneurship relationship: Evidence from Slovenia«, *Journal of Small Business Management*, 53(3), S. 819–841. Verfügbar unter: doi.org/10.1111/jsbm.12089.

59 Nieß, C. und Biemann, T. (2014) »The role of risk propensity in predicting self-employment.«, *Journal of Applied Psychology*, 99(5), S. 1000–1009. Verfügbar unter: doi.org/10.1037/a0035992.

60 Nicolaou, N. *et al.* (2008) »Is the tendency to engage in entrepreneurship genetic?«, *Management Science*, 54(1), S. 167–179. Verfügbar unter: doi.org/10.1287/mnsc.1070.0761.

61 *Bill Burnett on Transforming Your Work Life* (2021). YouTube. Verfügbar unter: www.youtube.com/watch?v=af8adeD9uMM (Abgerufen am 11. Apr. 2023).

62 Mazzucato, Mariana *Das Kapital des Staates: Eine andere Geschichte von Innovation und Wachstum.* München: Verlag Antje Kunstmann, 2014. Deutsch von Ursel Schäfer.

63 Bolles, Richard Nelson und Brooks, Katherine. *Durchstarten zum Traumjob: Das ultimative Handbuch für Ein-, Um- und Aufsteiger*. Frankfurt: Campus Verlag, 2021. Deutsch von Dr. Isabel Gräfin Bülow und Nicole Hölsken.

64 Tieger, Paul D., Barron-Tieger, Barbara und Tieger, Kelly. *Do What You Are*. Little, Brown and Company, 1992.

65 U.S. Bureau of Labor Statistics, Business Employment Dynamics, www.bls.gov/bdm/us_age_naics_00_table7.txt.

66 Young, J. »Journalism is ›most regretted‹ major for college grads«, *The Post Millennial*, 2022. Verfügbar unter: thepostmillennial.com/journalism-is-most-regretted-major-for-college-grads.

67 www.nytimes.com/2023/04/07/world/africa/snake-plane-cobra-pilot.html

68 Small Business Association Office of Advocacy. *Small businesses generate 44 percent of U.S. economic activity*, *SBA's Office of Advocacy*, 2019. Verfügbar unter: advocacy.sba.gov/2019/01/30/small-businesses-generate-44-percent-of-u-s-economic-activity/

69 Small Business Association Office of Advocacy. *Analysis of Small Business Innovation in Green Technologies*, *SBA's Office of Advocacy*, 2019. Verfügbar unter: advocacy.sba.gov/2011/10/01/analysis-of-small-business-innovation-in-green-technologies/

70 www.bls.gov/ooh/construction-and-extraction/electricians.htm#tab-6

71 https://issuu.com/pmi-news/docs/2022-august-ripple-effect/s/16499947.

72 www.constructiondive.com/news/construction-recruiters-aim-to-capitalize-on-young-workers-driving-great-resignation/608507/

73 Balland, Pierre-Alexandre et al. »Complex Economic Activities Concentrate in Large Cities«. *ArXiv.org*, 20. Juli 2018, arxiv.org/abs/1807.07887.

74 »Urban Development«. *World Bank*, 6. Okt. 2022, www.worldbank.org/en/topic/urbandevelopment/overview.
75 Drapkin, Aaron. »41 % Of Execs Say Remote Employees Less Likely to Be Promoted«. *Tech.co*, 13. Apr. 2022, tech.co/news/41-execs-remote-employees-less-likely-promoted; Martin, Josh. »Homeworking Hours, Rewards and Opportunities in the UK: 2011 to 2020«. *Homeworking Hours, Rewards and Opportunities in the UK: 2011 to 2020 – Office for National Statistics*, Office for National Statistics, 18. Apr. 2021, www.ons.gov.uk/employmentandlabourmarket/peopleinwork/labourproductivity/articles/homeworkinghoursrewardsandopportunitiesintheuk2011to2020/2021-04-19.
76 Ramsey, Dave. *The Total Money Makeover Journal*, Nelson Books, 2013, S. 93.
77 Clear, James. *Die 1 %-Methode: Minimale Veränderung – maximale Wirkung*. München. Goldman, 2020. Deutsch von Annika Tschöpe.
78 Walsh, Bill. *The Score Takes Care of Itself: My Philosophy of Leadership*. New York, Portfolio, 2009.
79 Bashant, Jennifer. »Developing Grit in Our Students: Why Grit Is Such a Desirable Trait, and Practical Strategies for Teachers and Schools«. *Journal for Leadership and Instruction*, 30. Nov. 2013, eric.ed.gov/?id=EJ1081394.
80 Kotler, Steven. *The Art of Impossible: A Peak Performance Primer*, HarperCollins Publishers, New York, NY, 2023, S. 72.; siehe auch Hwang, Mae-Hyang und Nam, JeeEun Karin. »Enhancing Grit: Possibility and Intervention Strategies«. *SpringerLink*, Springer International Publishing, 1. Jan. 1970, link.springer.com/chapter/10.1007/978–3–030–57389–8_5.
81 Burnett, Bill und Evans, Dave. *Mach, was Du willst: Design Thinking fürs Leben*. Berlin: Ullstein, 2016. Christoph Bausum und Sybille Ullrich.
82 Duke, Annie. *Quit: Loslassen als Chance – Die Kraft des Neuanfangs*. Ariston, 2023. Deutsch von Jordan Wegberg.
83 Epstein, David J. *Range: Why Generalists Triumph in a Specialized World*. Riverhead Books, 2021.
84 »Wage Growth Tracker«. Federal Reserve Bank of Atlanta, www.atlantafed.org/chcs/wage-growth-tracker.
85 Copeland, Craig. »Trends in Employee Tenure, 1983–2018 – Employee Benefit Research«. *Employee Benefit Research Institute*, 28. Feb. 2019, www.ebri.org/docs/default-source/ebri-issue-brief/ebri_ib_474_tenure-28feb19.pdf?sfvrsn=70053f2f_13.

86 *Employee Tenure in 2022 – Bureau of Labor Statistics*. U.S. Department of Labor, 22. Sep. 2022, www.bls.gov/news.release/pdf/tenure.pdf.

87 Chapman, Cate. »Job Hopping Is the Gen Z Way«. *LinkedIn*, LinkedIn News, 29. März 2022, www.linkedin.com/news/story/job-hopping-is-the-gen-z-way-5743786/.

88 Woo, Sang Eun. »A Study of Ghiselli's Hobo Syndrome«. Journal of Vocational Behavior, vol. 79, no. 2, 4. März 2011, pp. 461–469., doi.org/10.1016/j.jvb.2011.02.003.

89 Quast, Lisa. »How Becoming a Mentor Can Boost Your Career«. *Forbes*, Forbes Magazine, 21. Aug. 2012, www.forbes.com/sites/lisaquast/2011/10/31/how-becoming-a-mentor-can-boost-your-career/?sh=529efb2c5f57.

90 Bennet, James. »The Bloomberg Way«. *The Atlantic*, Atlantic Media Company, 19. Feb. 2014, www.theatlantic.com/magazine/archive/2012/11/the-bloomberg-way/309136/.

91 Kowarski, Ilana. »Find MBAs That Lead to Employment, High Salaries«. US News, News & World Report L.P, 29. März 2022, www.usnews.com/education/best-graduate-schools/top-business-schools/articles/mba-salary-jobs.

92 Ramsey, Dave. *The Total Money Makeover. A proven Plan for Financial Fitness*. Harper Collins, 2013.

93 Schwartz, Delmore. »Calmly We Walk Through This April's Day«. *Selected Poems (1938–1958): Summer Knowledge*. New York: New Directions Publishing Corporation, 1967.

94 Tausen, Brittany. »Thinking about time: identifying prospective temporal illusions and their consequences«. *Cognitive Research: Principles and Implications,* 7 (16). 5. Mai 2021, www.ncbi.nlm.nih.gov/pmc/articles/PMC8850481/

95 Ebd,

96 Walters, Daniel und Fernbach, Philip. »Investor memory of past performance is positively biased and predicts overconfidence«. *PNAS*, 118 (36). 2. Sep. 2021, www.pnas.org/doi/10.1073/pnas.2026680118.

97 Bryson, Alex und MacKerron, George. »Are You Happy While You Work?« *The Economic Journal*, 127 (599). 15. Apr. 2015, doi.org/10.1111/ecoj.12269.

98 Allen, David. *Wie ich die Dinge geregelt kriege: Selbstmanagement für den Alltag*. München: Piper, 2012. Deutsch von Helmut Reuter.

99 Howard, Ray Charles et al. »Understanding and Neutralizing the Expense Prediction Bias«. *Journal of Marketing Research*, 59 (2). 6. Dez. 2021, doi.org/10.1177/00222437211068025.

100 Alter, Adam und Sussman, Abigail. »The Exception is the Rule: Underestimating and Overspending on Exceptional Expenses«. *Journal of Consumer Research*, 39 (4). Dez. 2012, doi.org/10.1086/665833.

101 Clason, George Samuel. *Der reichste Mann von Babylon: Erfolgsgeheimnisse der Antike – Der erste Schritt in die finanzielle Freiheit*. München: Goldmann, 2002. Deutsch von Antoinette Gittinger.

102 Tam, Leona und Dholakia, Utpal. »The Effects of Time Frames on Personal Savings Estimates, Saving Behavior, and Financial Decision Making«. *SSRN*. 1. Aug. 2008, dx.doi.org/10.2139/ssrn.1265095 (erörtert die Zielsetzungsforschung).

103 Reinicke, Carmen. »56 % of Americans can't cover a $1,000 emergency expense with savings«. *CNBC*. 19. Jan. 2022, www.cnbc.com/2022/01/19/56percent-of-americans-cant-cover-a-1000-emergency-expense-with-savings.html.

104 Consumer Finance Protection Bureau, »What is Credit Counseling«, www.consumerfinance.gov/ask-cfpb/what-is-credit-counseling-en-1451/

105 Loewenstein, George et al. »Projection Bias in Predicting Future Utility«. *The Quarterly Journal of Economics*, 118 (4). Nov. 2003, www.jstor.org/stable/25053938.

106 Orrell, Brent. »The Age of Re-retirement: Retirees and the Gig Economy«. American Enterprise Institute. 3. Aug. 2021, www.aei.org/poverty-studies/workforce/the-age-of-re-retirement-retirees-and-the-gig-economy/.

107 »The Nation's Retirement System: A Comprehensive Re-Evaluation Is Needed to Better Promote Future Retirement Security«. Government Accountability Office. 18. Okt. 2017, www.gao.gov/products/gao-18-111sp.

108 Housel, Morgan. *Über die Psychologie des Geldes: Zeitlose Lektionen über Reichtum, Gier und Glück*. München: FinanzBuch Verlag, 2021. Deutsch von Martin Bauer.

109 Buffett, Warren. Berkshire Hathaway Letter to Shareholders. 2017. <www.berkshirehathaway.com/letters/2017ltr.pdf>

110 Perry, Mark. »The SP 500 Index Out-performed Hedge Funds over the Last 10 Years. And It Wasn't Even Close«. American Enterprise Institute. 2021. <www.aei.org/carpe-diem/the-sp-500-index-out-performed-hedge-funds-over-the-last-10-years-and-it-wasnt-even-close/>

111 Auer, Raphael et al. »Crypto trading and Bitcoin prices: evidence from a new database of retail adoption«. BIS Working Papers, No. 1049 (2022).

112 Malkiel, Burton G. *A Random Walk down Wall Street – warum Börsenerfolg kein Zufall ist: Die bewährte Strategie für erfolgreiches Investieren.* München: FinanzBuch Verlag, 2023. Deutsch von Petra Pyka.

113 Ebd.

114 Wimmer, Brian et al. »The bumpy road to outperformance«. Vanguard Research. 2013. <static.vgcontent.info/crp/intl/auw/docs/literature/research/bumpy-road-to-outperformance-TLRV.pdf?20140124%7C1455>

115 Malkiel, Burton G.. *A Random Walk Down Wallstreet – warum Börsenerfolg kein Zufall ist: Die bewährte Strategie für erfolgreiches Investieren.* München: FinanzBuch Verlag, 2023. Deutsch von Petra Pyka.

116 Heilbroner, Robert. »The Wealth of Nations«. *Encyclopedia Britannica.* 24. Feb. 2023, www.britannica.com/topic/the-Wealth-of-Nations.

117 Romano, Fabrizio. »Cristiano Ronaldo completes deal to join Saudi Arabian club Al Nassr«. *The Guardian*, 2022. www.theguardian.com/football/2022/dec/30/cristiano-ronaldo-al-nassr-saudi-arabia.

118 »Debt to the Penny«. U.S. Treasury Fiscal Data. 7. Apr. 2023, fiscaldata.treasury.gov/datasets/debt-to-the-penny/debt-to-the-penny.

119 »Debt to the Penny«. U.S. Treasury Fiscal Data. 7. Apr. 2023, fiscaldata.treasury.gov/datasets/debt-to-the-penny/debt-to-the-penny.

120 Gachman, Dina. »Andy Warhol on Business, Celebrity and Life«. *Forbes.* 6. Aug. 2013, www.forbes.com/sites/dinagachman/2013/08/06/andy-warhol-on-business-celebrity-and-life/?sh=271aca0d304e.

121 Buffett, Warren. »Chairman's Letter«, 28. Feb. 2001 (www.berkshirehathaway.com/2000ar/2000letter.html).

122 Casselman, Ben und Tankersley, Jim. »As Mortgage-Interest Deduction Vanishes, Housing Market Offers a Shrug«. *The New York Times.* 2019. <www.nytimes.com/2019/08/04/business/economy/mortgage-interest-deduction-tax.html>

123 Maverick, J. B. »S&P 500 Average Return«. Investopedia. 2023. www.investopedia.com/ask/answers/042415/what-average-annual-return-sp-500.asp.

124 Schiller, Robert. »The Life-Cycle Personal Accounts Proposal For Social Security: An Evaluation«. Nat. Bureau of Econ. Rsrch. Working Paper 11300, 2005. www.nber.org/papers/w11300. Siehe dazu auch: Kintzel, Dale. »Portfolio Theory, Life-Cycle Investing, and Retirement Income«. Social Security Administration Policy Brief No. 2007–02.

125 Saunders, Laura und Rubin, Richard. »Standard Deduction 2020–2021: What it is and how it affects your taxes«. *The Wall Street Journal*. 8. Apr. 2021, www.wsj.com/articles/standard-deduction-2020-2021-what-it-is-and-how-it-affects-your-taxes-11617911161.
126 Isidore, Chris. »Buffett says he's still paying lower tax rate than his secretary«. *CNN Business*. 4. März 2013, money.cnn.com/2013/03/04/news/economy/buffett-secretary-taxes/index.htm.
127 Dalio, Ray. *Die Prinzipien des Erfolgs*. München: FinanzBuch Verlag, 2019. Deutsch von Sascha Mattke.
128 Chague, Fernando et al. »Day Trading for a Living?« 11. Juni 2020, papers.ssrn.com/sol3/papers.cfm?abstract_id=3423101.
129 Zippia. »Day Trader Demographics and Statistics in the US«. www.zippia.com/day-trader-jobs/demographics/
130 Wong, Gloria et al. »Examining gender differences for gambling engagement and gambling problems among emerging adults«. *Journal of Gambling Studies*, vol. 29,2 (2013): 171–89.